ACCESO GRATIS *a la Lectura en la Nube*

Para visualizar el libro electrónico en la nube de lectura envíe junto a su nombre y apellidos una fotografía del código de barras situado en la contraportada del libro y otra del ticket de compra a la dirección:

ebooktirant@tirant.com

En un máximo de 72 horas laborables le enviaremos el código de acceso con sus instrucciones.

LOS DERECHOS SOCIALES EN EL ESTATUTO DE AUTONOMÍA DE CANARIAS

Procedimiento de selección de originales, ver página web:
www.tirant.net/index.php/editorial/procedimiento-de-seleccion-de-originales

LOS DERECHOS SOCIALES EN EL ESTATUTO DE AUTONOMÍA DE CANARIAS

Director:
VICENTE NAVARRO MARCHANTE

Coordinadores:
DANIEL LÓPEZ RUBIO
SERGIO SIVERIO LUIS

Consejería de Bienestar Social, Igualdad, Juventud, Infancia y Familias
Viceconsejería de Igualdad y Diversidad

PID2020-114718RB-I00/AEI/10.13039/501100011033

tirant lo blanch
Valencia, 2025

En caso de erratas y actualizaciones, la Editorial Tirant lo Blanch publicará la pertinente corrección en la página web www.tirant.com.

La presente obra ha sido sometida a la revisión de pares ciegos según el protocolo de publicación de la editorial a efectos de ofrecer el rigor y calidad correspondiente tanto en su contenido como en su forma, aplicándose los criterios específicos aprobados por la Comisión Nacional E 016 (BOE núm. 286, de 26 de noviembre de 2016).

Esta obra colectiva es resultado del proyecto de investigación: **"Vulnerabilidad, precariedad y brechas sociales. ¿Hacia una redefinición de los derechos fundamentales?"**, *PID2020-114718RB-I00*, financiado por MICIU/AEI/10.13039/501100011033

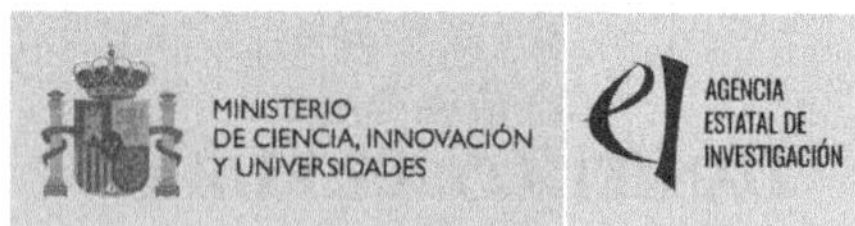

EDITA: TIRANT LO BLANCH
C/ Artes Gráficas, 14 - 46010 - Valencia
TELFS.: 96/361 00 48 - 50
FAX: 96/369 41 51
Email: tlb@tirant.com
www.tirant.com
Librería virtual: www.tirant.es
DEPÓSITO LEGAL: V-169-2025
ISBN: 978-84-1095-514-1

Si tiene alguna queja o sugerencia, envíenos un mail a: *atencioncliente@tirant.com*. En caso de no ser atendida su sugerencia, por favor, lea en *www.tirant.net/index.php/empresa/politicas-de-empresa* nuestro procedimiento de quejas.

Responsabilidad Social Corporativa: http://www.tirant.net/Docs/RSCTirant.pdf

Listado de autores por orden de aparición

Vicente J. Navarro Marchante
Ruth Martinón Quintero
Eduardo Pimentel González
Víctor Cuesta López
Israel Expósito Suárez
Gerardo Pérez Sánchez
Mª Elena Sánchez Jordán
Sergio Siverio Luis
Mª Aránzazu Calzadilla Medina
Mª Cristina Duce Pérez-Blasco
Mª Carolina Perera García
Lily Coromoto Afonso Pérez
María Cristina Arceo Melián
José Ignacio Navarro Méndez
Alberto Javier Báez García
Francisco Flores Muñoz
Josué Gutiérrez Barroso
Luis Javier Capote Pérez
Milagros Petit Sánchez
Yolanda Isabel Díaz Gutiérrez
Francisco Javier López Hernández
Elena Zárate Altamirano
Dulce María Cairós Barreto
Lourdes V. Melero Bosch
Antonio Domínguez Vila
Daniel López Rubio
Rubén García Higuera
Luis Fajardo López

ÍNDICE

B. LA IGUALDAD EN EL ESTATUTO DE AUTONOMÍA DE CANARIAS

C. DERECHOS RELACIONADOS CON LA SALUD

D. DERECHOS RELACIONADOS CON LA EDUCACIÓN, LA CULTURA Y LA MEMORIA DEMOCRÁTICA

E. DERECHOS RELACIONADOS CON LA ATENCIÓN A LA DISCAPACIDAD, LA DEPENDENCIA Y LOS SERVICIOS SOCIALES. LA RENTA DE CIUDADANÍA

F. EL DERECHO A LA VIVIENDA EN EL ESTATUTO DE AUTONOMÍA DE CANARIAS

G. DERECHOS DE LA CIUDADANÍA EN SU RELACIÓN CON LAS EMPRESAS, COMO TRABAJADOR Y COMO CONSUMIDOR

H. DERECHOS RELACIONADOS CON EL MEDIO AMBIENTE Y LOS ANIMALES

I. DERECHOS DE ACCESO A LAS TECNOLOGÍAS DE LA INFORMACIÓN Y LA COMUNICACIÓN Y A LA PROTECCIÓN DE LOS DATOS PERSONALES DE LA CIUDADANÍA

Abreviaturas

AN	Audiencia Nacional
AP/AAPP	Audiencia Provincial / Audiencias Provinciales
art./arts.	artículo / artículos
ATC	Auto del Tribunal Constitucional
BGB	*Bürgerliches Gesetzbuch*
BOE	Boletín Oficial del Estado
BOCG	Boletín Oficial de las Cortes Generales
BOC	Boletín Oficial de Canarias
CC	Código civil
CCAA	Comunidades autónomas
CCom	Código de comercio
CE	Constitución Española
CEDH	Convenio Europeo de Derechos Humanos
Cfr.	Confróntese / compruébese
CP	Código penal
DGRN	Dirección general de los registros y del notariado
Dir.	Director/a
EACan	Estatuto de Autonomía de Canarias
Ed.	Editores/as
EEAA	Estatutos de Autonomía
et al.	et alii (y otros)
disp. adic.	disposición adicional
disp. derog.	disposición derogatoria
disp. final	disposición final
FJ.	Fundamento Jurídico
ibid.	*ibidem* (en el mismo lugar)
LEC	Ley de Enjuiciamiento Civil
LECrim	Ley de Enjuiciamiento Criminal
LO	Ley Orgánica
LOTC	Ley Orgánica del Tribunal Constitucional

núm.	número
núms.	números
op. cit.	obra citada
pág. / págs.	Página / Páginas
párr.	párrafo
p. ej.	por ejemplo
RD	Real Decreto
RDLeg	Real Decreto Legislativo
RDLey	Real Decreto Ley
SAN / SSAN	Sentencia(s) de la Audiencia Nacional
SAP / SSAP	Sentencia(s) de Audiencia Provincial
ss.	siguientes
STC / SSTC	Sentencia(s) del Tribunal Constitucional
STEDH/SSTEDH	Sentencia(s) del Tribunal Europeo de Derechos Humanos
STJUE / SSTJUE	Sentencia(s) del Tribunal de Justicia de la UE
STS / SSTS	Sentencia(s) del Tribunal Supremo
STSJ / SSTSJ	Sentencia(s) del Tribunal Superior de Justicia
TC	Tribunal Constitucional
TEDH	Tribunal Europeo de Derechos Humanos
TJUE	Tribunal de Justicia de la Unión Europea
TS	Tribunal Supremo
TSJ	Tribunal Superior de Justicia
UE	Unión Europea
trad.	traducción
Vid.	vide (véase)
VV. AA.	Varios/as autores/as

Prólogo

Excma. Sra. Dña. **MARÍA CANDELARIA DELGADO TOLEDO**
Consejera de Bienestar Social, Igualdad, Juventud, Infancia y Familias
Gobierno de Canarias

Canarias reformó en el año 2018 su Estatuto de Autonomía, siendo, por el momento, la reforma estatutaria completa más reciente del conjunto del Estado español. De esta forma, nuestra Comunidad Autónoma se unió al grupo de aquellas que disponen de un Estatuto de Autonomía del siglo XXI y que, desde la doctrina, se han venido agrupando bajo la calificación de Estatutos de "nueva generación" (o también de "segunda generación").

Estos nuevos Estatutos de Autonomía tienen una serie de características comunes que pretenden intensificar el autogobierno de las Comunidades Autónomas. Así, se suele comprobar que diseñan un reforzamiento de las estructuras institucionales, mayor capacidad de los gobiernos autonómicos, un aumento de las competencias y blindaje de su régimen de exclusividad, así como en particular la incorporación de un extenso y detallado catálogo de derechos, aspecto sobre el que precisamente se centra la obra colectiva que tengo el honor de prologar y que hacemos posible desde la Consejería de Bienestar Social, Igualdad, Juventud, Infancia y Familias del Gobierno de Canarias.

En este sentido, el Título I del Estatuto de Autonomía de Canarias está dedicado en exclusiva a los derechos de las canarias y los canarios. Esta ubicación no es caprichosa: se trata de una declaración de principios que sitúa los derechos de la ciudadanía en primer lugar, configurándolos como los objetivos principales de los poderes públicos que deben procurar la mejora de la calidad de vida y el bienestar de las personas. Además, en su inmensa mayoría se trata de derechos de carácter social que conectan sin lugar a duda con las competencias que asumimos desde la Consejería de Bienestar Social, Igualdad, Juventud, Infancia y Familias del Gobierno de Canarias.

Tras la aprobación de la reforma del Estatuto de Autonomía de Canarias se han publicado varios trabajos doctrinales y comentarios al nuevo texto, tanto referidos al conjunto de la norma como a diversas partes de ésta, así como también se han defendido algunas tesis doctorales. Sin embargo, no se había realizado hasta la fecha una investigación amplia comprensiva del Título Primero, como la que hemos podido auspiciar con esta obra colectiva que se centra en las problemáticas actuales de los derechos estatutarios en Canarias.

Asimismo, en este trabajo han participado personas del mundo académico de las dos universidades públicas de Canarias y también personal al servicio del Gobierno de Canarias, Parlamento de Canarias y otros órganos de relevancia estatutaria con amplia experiencia en las materias que desarrollan, lo que convierte a esta obra en una especial referencia para quienes deseen conocer los entresijos jurídicos, políticos y sociales de los derechos que nuestro Estatuto de Autonomía reconoce.

De esta manera, desde la Consejería de Bienestar Social, Igualdad, Juventud, Infancia y Familias del Gobierno de Canarias hemos tenido interés en apoyar esta obra colectiva, con la intención de ofrecer a las personas interesadas los elementos jurídicos necesarios para la comprensión de todos y cada uno de los derechos contenidos en nuestro Estatuto de Autonomía, teniendo en cuenta sus elementos configuradores, desarrollo normativo, referencias de derecho autonómico comparado, jurisprudencia relevante del Tribunal Supremo, Tribunal Constitucional y, en su caso, Tribunal de Justicia de la Unión Europea y Tribunal Europeo de Derechos Humanos.

La implicación del Gobierno de Canarias en la publicación de esta obra colectiva permitirá ofrecer el texto en abierto de forma totalmente gratuita (se puede acceder al libro completo desde la página web del ejecutivo autonómico), lo que contribuye al acceso a la información y la cultura a cualquier persona interesada, sea o no parte del personal de la administración pública, y un uso académico para la comunidad universitaria, especialmente para el estudiantado y también para opositores y opositoras.

En definitiva, quisiera trasladar mi más sincero agradecimiento en nombre del Gobierno de Canarias a las personas implicadas en la elaboración de esta obra colectiva sobre los derechos reconocidos en el Estatuto de Autonomía de Canarias, así como desear que permita dar a conocer las problemáticas a las que nos enfrentamos en la actualidad para garantizar su eficacia por parte de los poderes públicos del archipiélago.

Prólogo

Ilma. Sra. Dña. **MARÍA CRISTINA ARCEO MELIÁN**
Viceconsejera de Igualdad y Diversidad
Gobierno de Canarias

Quiero dedicar estas breves líneas a mostrar mi inmensa satisfacción por la publicación de este volumen titulado "Los derechos sociales en el Estatuto de Autonomía de Canarias", cuya génesis ha impulsado la Viceconsejería de Igualdad y Diversidad del Gobierno de Canarias que tengo el honor de dirigir.

La ciudadanía canaria espera de sus servidores públicos un alto nivel de implicación en la defensa y ampliación del alcance de sus derechos, y ha sido esta máxima la que ha guiado esta feliz iniciativa que ahora ve la luz. Las nuevas realidades sociales, económicas, culturas y tecnológicas obligan, en efecto, a una constante reflexión sobre el modo en que son reconocidos los derechos de la ciudadanía y sobre las vías para garantizar mejor su contenido y adaptarlo a aquellas circunstancias cambiantes.

El volumen que ahora se alumbra supone un brillante y exhaustivo ejercicio de reflexión en ese sentido, e invita a las personas que se acerquen a su contenido, ya sean servidores públicos o ciudadanos y ciudadanas con otros cometidos, a analizar las principales fortalezas y debilidades de nuestro actual marco regulatorio en defensa de los derechos estatutarios.

Quiero aprovechar estas palabras para felicitar a todas las personas que, de un modo u otro, han estado implicadas en la confección de este volumen, así como a sus diversos autores y autoras. Su estudio y su trabajo servirán como estímulo al ejercicio de deliberación colectiva al que la democracia parlamentaria nos convoca en los albores de un tiempo nuevo. Aún no contamos con las soluciones para todos los nuevos retos que vienen planteando los cambios sociales, pero sí sabemos con certeza que aquellas nacerán de procesos reflexivos y analíticos como los que brindan los trabajos de este volumen.

Enhorabuena a todos y todas.

Presentación

VICENTE J. NAVARRO MARCHANTE
Director
DANIEL LÓPEZ RUBIO Y SERGIO SIVERIO LUIS
Coordinadores

El volumen colectivo que la persona lectora tiene entre sus manos ha sido impulsado y financiado por la Consejería de Bienestar Social, Igualdad, Juventud, Infancia y Familias del Gobierno de Canarias, y tiene por objetivo constituir un estudio detallado y estructurado de los derechos que asisten a la ciudadanía canaria en base al Estatuto de Autonomía de su Comunidad.

Como es conocido, el *status civitatis* de la ciudadanía viene encuadrado, fundamentalmente, por los derechos que la Constitución española reconoce en su Título I. Sin embargo, la jurisprudencia constitucional ha reconocido la posibilidad de que esta declaración de derechos sea complementada por las que puedan establecer los Estatutos de las Comunidades Autónomas, y que vendrían a vincular a las autoridades autonómicas a la hora de ejercer sus respectivas competencias.

Merece la pena recordar que la evolución de los derechos fundamentales ha tenido lugar en diferentes fases o estadios que han alumbrado derechos y libertades de diferente índole. Aunque tal evolución no ha sido homogénea en todos los países, tanto desde el punto de vista histórico como cronológico, idealmente suelen considerarse tres grandes generaciones de derechos. La primera sería la de los derechos civiles, que serían aquellos que buscan proteger un determinado marco de autonomía o libertad de acción. La segunda entroncaría con los derechos políticos, que amparan la participación en la gestión colectiva de los asuntos públicos. Y la tercera haría referencia a los derechos sociales, que buscan garantizar unas condiciones mínimas de vida sin las cuales la efectividad de los anteriores derechos tendría escaso recorrido. Cada una de estas generaciones, también en términos ideales, corresponde con una fase en la evolución del propio Estado. Así, los derechos civiles dieron lugar al Estado de Derecho que rompió el régimen absolutista; los derechos políticos alumbraron el Estado democrático; y los derechos sociales el Estado social.

La Constitución española, nacida en el marco del consenso europeo en torno al Estado social y democrático de Derecho que surgió tras la Segunda Guerra Mundial, incorpora una amplia declaración que incluye las tres generaciones o categorías de derechos. Pues bien, los Estatutos de Autonomía, en especial tras su segunda generación, han contemplado derechos que complementan esa declaración. Estos derechos, como pretende ilustrar la presente obra colectiva, entroncan con varias de aquellas categorías, pero muy especialmente encajan con la relativa a los derechos sociales.

En efecto, las Comunidades Autónomas se han convertido en el principal prestador de servicios públicos a la ciudadanía, como bien ilustra su competencia en materia educativa y sanitaria. Es en este contexto donde los derechos estatutarios tienen especial recorrido, pues enmarca el modo en que las autoridades autonómicas han de acometer sus diferentes obligaciones de prestación.

Dicho lo anterior, la presente obra colectiva arranca con una Primera Parte dedicada a algunas cuestiones de base para el correcto estudio de los derechos estatutarios. Así, en primer lugar, el profesor Vicente Navarro Marchante realiza un estudio general sobre estos derechos, analizando su naturaleza, titulares, garantías y exigibilidad. La profesora Ruth Martinón Quintero recuerda y explica con detenimiento en su capítulo que los derechos que el ordenamiento interno reconoce a la ciudadanía deben ser enmarcados en los instrumentos internacionales de protección de los derechos humanos, así como en el Derecho de la Unión Europea. Por su parte, el profesor Eduardo Pimentel González analiza uno de los presupuestos esenciales que rodean a cualquier derecho de prestación: su financiación. Así, reflexiona sobre el Régimen Económico y Fiscal de Canarias como instrumento que permite promocionar y desarrollar los derechos del Estatuto de Autonomía.

La Segunda Parte del presente trabajo colectivo realiza un estudio pormenorizado de cada uno de los derechos reconocidos en el Estatuto canario. Esta disección viene presentada a las personas lectoras en nueve subapartados que estructuran los derechos en función de temáticas comunes. Así, el primer subapartado (A) viene dedicado a aquellos derechos de los que goza la ciudadanía canaria en sus relaciones con los poderes públicos canarios. En él, el profesor Víctor Cuesta López comienza dando cuenta de los derechos de participación en los asuntos públicos que asiste a la ciudadanía. El profesor Israel Expósito Suárez analiza cómo se ha realizado el desarrollo legislativo del derecho estatutario a la buena administración y, por su parte, el profesor Gerardo Pérez Sánchez estudia la Administración de Justicia desde la óptica de los derechos estatutarios en Canarias.

El segundo subapartado (B) trata diferentes aspectos de la igualdad a los que el Estatuto de Autonomía canario presta especial atención. Así, la profesora María Elena Sánchez Jordán explora el derecho a la igualdad entre hombres y mujeres; el profesor Sergio Siverio Luis reflexiona sobre el derecho emergente a la orientación sexual y a la identidad de género; y la profesora María Aránzazu Calzadilla Medina se adentra en nuevas perspectivas en el reconocimiento de derechos a las personas en atención a su edad y a sus situaciones familiares.

El tercer subapartado (C) introduce cuatro trabajos relacionados con la salud de la ciudadanía. La letrada del Parlamento de Canarias María Cristina Duce Pérez-Blasco dedica su capítulo a los derechos relacionados con la protección de la salud en Canarias; la Jefa del Servicio de Estudios y Normativa de la Consejería de Sanidad Carolina Perera reflexiona sobre las manifestaciones anticipadas de voluntad; la Jefa del Servicio de Trabajo Social del Complejo Hospitalario Universitario de Canarias Lily Afonso Pérez analiza el trabajo social sanitario; y la trabajadora social sanitaria Cristina Arceo Melián escribe sobre los derechos relativos a la salud mental, cuestión de gran actualidad.

El cuarto subapartado (D) agrupa cuatro capítulos que guardan relación con la educación, la cultura y la memoria democrática, dada su evidente conexión común. La cuestión educativa se analiza desde dos perspectivas. Por un lado, el letrado y secretario general adjunto del Parlamento de Canarias José Ignacio Navarro Méndez expone el estado de la cuestión sobre los derechos de la ciudadanía en el ámbito educativo; y, por otro, los profesores Alberto Báez García, Francisco Flores Muñoz y Josué Gutiérrez Barroso reflexionan sobre cómo la digitalización puede servir de herramienta para el desarrollo de las políticas públicas educativas en un entorno insular como el canario. El profesor Luis Javier Capote Pérez estudia el marco jurídico de la creación, preservación y divulgación de la cultura en Canarias. Finalmente, el profesor Vicente Navarro Marchante analiza la previsión estatutaria en materia de memoria histórica y democrática, y analiza la actualidad al respecto en el ámbito autonómico comparado.

El quinto subapartado (E) trabaja aquellos derechos relacionados con la atención a la discapacidad, la dependencia y los servicios sociales, introduciendo también reflexiones sobre la renta mínima. De este modo, la profesora Milagros Petit Sánchez examina el cambio de paradigma en el tratamiento de los derechos de las personas en situación de discapacidad y de dependencia y su repercusión en el Derecho español, prestando especial interés al Estatuto de Autonomía de Canarias. La Jefa del Servicio de Régimen Jurídico de la Consejería de Bienestar Social Yolanda Díaz Gutiérrez, por su parte, explora los derechos que asisten a la ciudadanía en el ámbito de los servicios sociales. Finalmente, el Letrado del Parlamento de Canarias Francisco Javier López Hernández realiza un pormenorizado estudio sobre la tutela de la inclusión social a través de la renta canaria de ciudadanía.

El sexto subapartado (F) se dedica íntegramente, dada su importancia, a la cuestión de la vivienda, con un capítulo realizado por la letrada del Consejo Consultivo de Canarias Elena Zárate Altamirano en el que se reflexiona sobre los desafíos que enfrenta la garantía del derecho de acceso a la vivienda en el marco de un Estado de estructura territorial compleja como es el español.

El séptimo subapartado (G) busca explorar los derechos que protegen a la ciudadanía canaria en su relación con las empresas, y ello desde su doble condición de personas trabajadoras y consumidoras. Respecto de la primera cuestión, la profesora Dulce Cairós Barreto ahonda en el significado, contenido y desarrollo de los derechos laborales y profesionales en el Estatuto de Autonomía de Canarias. Respecto de la segunda, la profesora Lourdes Melero Bosch expone los derechos estatutarios en materia de consumidores y usuarios.

El octavo subapartado (H) pretende trazar una reflexión sobre dos cuestiones íntimamente vinculadas: el medio ambiente y la protección de los animales. La primera viene desarrollada por un detallado capítulo realizado por el profesor Antonio Domínguez Vila, en el que se analiza el marco jurídico en la lucha contra el cambio climático y en favor del desarrollo sostenible. La segunda es tratada por el profesor Daniel López Rubio, quien se pregunta si la protección a los animales a la que obliga el Estatuto canario puede realmente encuadrarse en la teoría de los derechos subjetivos.

El noveno y último subapartado (I) del presente trabajo colectivo incluye dos trabajos relacionados con el derecho a las nuevas tecnologías y con la protección de datos personales de la ciudadanía, tan importante en nuestro uso de aquellas. El profesor Rubén García Higuera, así, estudia el derecho de acceso a las nuevas tecnologías en el ámbito internacional, estatal y autonómico, prestando lógicamente especial atención al marco estatutario canario. Por su parte, el profesor Luis Fajardo López expone los requisitos que, en materia de protección de datos, deben cumplirse para poder calificar una tecnología como cualificada para el uso por las Administraciones Públicas.

Esperamos, en fin, que la mirada amplia, estructurada y actual trazada en esta obra en torno a los derechos estatutarios en Canarias resulte útil y sugestiva a quienes decidan acercarse a ella.

PRIMERA PARTE

REFLEXIONES GENERALES SOBRE LOS DERECHOS DE LA CIUDADANÍA EN EL ESTATUTO DE AUTONOMÍA DE CANARIAS

Aspectos generales de los derechos estatutarios[1]

VICENTE J. NAVARRO MARCHANTE
Profesor Titular de Derecho Constitucional
Universidad de La Laguna
https://doi.org/10.36151/TLB_9788410955158.1

SUMARIO: I. Introducción. II. Naturaleza jurídica de los derechos estatutarios. III. Disposiciones generales de los derechos estatutarios en el EACan. 1. Titulares de los derechos. 2. Aplicación, interpretación, garantías y exigibilidad. 3. Derecho de igualdad y cooperación. IV. Los principios rectores. Referencias bibliográficas

I. INTRODUCCIÓN

Tras la aprobación de la Constitución Española de 1978 se comenzó a dar cumplimiento a la previsión de una estructura territorial del Estado políticamente descentralizada (art. 2 CE) y a desarrollar su Título VIII "De la Organización Territorial del Estado" y, en particular, se fue diseñando el mapa de las Autonomías[2]. La CE de 1978 dispuso un modelo abierto basado en el principio dispositivo, sin predeterminar ni los territorios que se constituirían en Comunidades Autónomas, ni las concretas vías de acceso a la autonomía para cada caso,

---

1 Este trabajo forma parte del proyecto de investigación «Vulnerabilidad, precariedad y brechas sociales. ¿Hacia una redefinición de los derechos fundamentales?», PID2020-114718RB-100, financiado por MICIU/AEI/10.13039/501100011033.

2 Durante los años de la transición y antes de la aprobación de la CE de 1978 ya fueron estableciéndose entes preautonómicos que serían el germen de las estructuras autonómicas en ciernes. En el caso de Canarias se estableció con el Real Decreto Ley 9/1978, de 17 de marzo. Respecto al origen del autogobierno en Canarias véase Cuesta López, V. (2023). "Origen y evolución del régimen de autogobierno de la Comunidad Autónoma de Canarias y del reconocimiento de las singularidades archipielágicas". *1982-2022. Un panorama del Estado Autonómico a través del nacimiento y la evolución de siete Comunidades Autónomas.* CEPC, Madrid, 235 y ss. y Ruano León, J. M. (2023). *Archipiélago Atlántico. La singularidad de Canarias en el sistema autonómico español dentro del marco de la integración europea.* Aranzadi, Cizur Menor, 73 y ss.

ni unas competencias tasadas que se debieran asumir, por lo que se aceptaba que el modelo fuera asimétrico. Aquel complejo proceso político terminó aprobando los diecisiete Estatutos de Autonomía, entre 1979 y 1983, en que finalmente quedó configurado nuestro país[3].

Los EEAA de esos primeros años se limitaron esencialmente a cumplir con la previsión del art. 147.2[4] de la CE respecto al contenido que tendría que tener la norma básica de la Comunidad Autónoma, con especial atención a la organización institucional que permitiría el autogobierno. La CE diseñó distintas vías de acceso para que los territorios que aspiraban a constituirse en CCAA pudieran materializarlo, eran los artículos 143, 151 y la disposición transitoria segunda, que condicionaban el nivel de autogobierno que se podría alcanzar. Como es de sobra conocido, Cataluña, País Vasco y Galicia utilizaron la DT 2ª, Andalucía el art. 151 y el resto el art. 143 (con algunas singularidades para el caso de Navarra con la LORAFNA, y para Valencia y Canarias con el complemento de la LOTRAVA y LOTRACA).

Durante la última década del siglo pasado, los pactos autonómicos entre las dos principales fuerzas políticas nacionales (Partido Popular y Partido Socialista) permitieron una serie de reformas de buena parte de los EEAA aprobados por la vía del art. 143 CE con la intención de ampliar el régimen competencial de las entonces denominadas CCAA de "vía lenta", entre ellas la LO 4/1996, de 30 de diciembre, de reforma del EACan. Con aquella reforma, Canarias modificó su identidad política como "nacionalidad", se ampliaron las barreras electorales, se reforzó el papel de los Cabildos Insulares y se potenció la participación de las instituciones canarias tanto en la modificación del REF como en la reforma estatutaria.

---

3 A las diecisiete Comunidades Autónomas que finalmente se constituyeron también hay que añadir las Ciudades Autónomas de Ceuta y Melilla (ambos Estatutos de 1995).

4 Art. 147.2 CE: "Los Estatutos de autonomía deberán contener: a) La denominación de la Comunidad que mejor corresponda a su identidad histórica. b) La delimitación de su territorio. c) La denominación, organización y sede de las instituciones autónomas propias. d) Las competencias asumidas dentro del marco establecido en la Constitución y las bases para el traspaso de los servicios correspondientes a las mismas".

Ya en el siglo XXI han sido ocho las Comunidades Autónomas que han realizado reformas de gran calado de los respectivos EEAA, hacia lo que se ha venido a denominar como Estatutos de Autonomía de "segunda o nueva generación": Comunidad Valenciana (LO 1/2006, de 10 de abril), Cataluña (LO 6/2006, de 19 de julio)[5], Illes Balears (LO 1/2007, de 28 de febrero), Andalucía (LO 2/2007, de 19 de marzo), Aragón (LO 5/2007, de 20 de abril), Castilla y León (LO 14/2007, de 30 de noviembre), Extremadura (LO 1/2011, de 28 de enero) y Canarias, el más reciente, por ahora, de estos nuevos Estatutos, aprobado por la LO 1/2018, de 5 de noviembre. También ha habido reformas parciales en Navarra (LO 7/2010), Murcia (LO 7/2013) o Castilla-La Mancha (LO 2/2014).

Si bien estas reformas presentan aspectos diferenciados, se puede hacer un intento por destacar las principales características comunes que se detectan:

- Aumenta el número y la intensidad de las competencias que se asumen, con un intento de "blindarlas" como exclusivas, con la intención de evitar intromisiones del Estado.
- Respecto a las instituciones y organización del autogobierno, se observa un aumento de las capacidades de los ejecutivos y, en muchos casos, la creación de nuevos órganos de relevancia estatutaria.
- Se incluyen catálogos de derechos, de distinta naturaleza a los derechos fundamentales de la CE, y destacan los derechos sociales y los de "cuarta generación".
- Hay un reforzamiento de los elementos identitarios y hechos diferenciales de cada región, desde culturales e históricos a geográficos.
- Se añaden menciones específicas a la acción exterior de la CA, especialmente en referencia a la Unión Europea.

---

5 La reforma del Estatuto catalán se realizó sin el acuerdo del Partido Popular (en todas las demás ha habido acuerdo entre los dos grandes partidos nacionales) y fue objeto de recurso de inconstitucionalidad que generó la polémica STC 31/2010 y que declaró la inconstitucionalidad de catorce artículos y la interpretación conforme de otros veintisiete preceptos.

- Respecto a la financiación, se incluyen regulaciones minuciosas y se detecta recelo a no obtener la financiación anhelada y frente a los agravios comparativos, lo que conduce a intentar garantizar las obligaciones de inversión.

Una prueba de la relevancia y calado de las reformas estatutarias del siglo XXI es atender al dato cuantitativo de que, por ejemplo, el EACan de 1982 tenía 64 artículos, tras la reforma parcial de 1996 pasó a 65, y con la reforma de 2018 ha llegado a 202.

El EACan de 2018 logró un apoyo político de gran alcance, tanto en el Parlamento de Canarias como en las Cortes Generales. Las razones principales del alto consenso alcanzado hay que centrarlas en dos elementos, por un lado se tuvo en cuenta de forma muy escrupulosa los criterios jurisprudenciales sentados por el Tribunal Constitucional en las SSTC 247/2007, de 12 de diciembre (*Tol 1224508*) y 31/2010, de 28 de junio (*Tol 1880189*) y en la experiencia de derecho autonómico comparado de la última década que ofrecían los EEAA de nueva generación, lo que permitió poder redactar un articulado completamente respetuoso con el texto constitucional y con contrastada seguridad. En segundo lugar hay que destacar que finalmente se pudo alcanzar un amplio acuerdo político en torno a la reforma del sistema de elección del Parlamento de Canarias, que se había convertido en el principal escollo para lograr las mayorías necesarias y que, de hecho, había sido causa principal del fracaso de los intentos de modificación estatutaria de los últimos lustros[6].

Además de responder a los parámetros comunes de los EEAA de nueva generación, el EACan de 2018 presenta singularidades relevantes, entre ellas destacan las siguientes:

- La definición de la Comunidad como "Archipiélago Atlántico" y que, más allá de su estricto sentido geográfico, quiere proyectar el principal elemento identitario y hecho diferencial que caracteriza a Canarias como ente político singular (art. 1.1 EACan)[7].

---

6 Véase un estudio de las propuestas fallidas de reforma estatutaria del siglo XXI en Ruano León, J. M. (2023), *op. cit.*, 155-163.

7 Para un desarrollo más amplio véase Ruano León, J. M. (2023), *op. cit.*, 164 a 167.

- La incorporación de las "aguas canarias" dentro de la delimitación territorial de la Comunidad Autónoma, dotando a esas aguas interinsulares de un régimen jurídico singular y que es única entre las CCAA ribereñas (art. 4 EACan)[8].
- Las referencias a la dimensión europea del Archipiélago impregnan el articulado del Estatuto, algo derivado de su reconocimiento como Región Ultraperiférica de la Unión Europea y su expresa mención en el art. 349 del Tratado de Funcionamiento de la UE.
- Los elementos definitorios del Régimen Económico y Fiscal (amparados tanto en la Disposición Adicional Tercera de la CE como en el art. 349 TFUE) son ampliamente destacados y se señala expresamente que los recursos derivados del REF quedan expresamente desvinculados del sistema general de financiación autonómica (art. 166.3 EACan). Como complemento y en paralelo al EACan de 2018 entró en vigor la Ley 8/2018, de 5 de noviembre, de modificación del Régimen Económico y Fiscal de Canarias.
- El art. 39 junto a la Disposición Transitoria Primera del EACan diseñan un nuevo sistema electoral que aumenta el número de diputados a 70, crea una nueva circunscripción regional junto a las siete circunscripciones insulares ya existentes y baja las barreras electorales[9]. La Ley 1/2022, de 11 de mayo, de Elecciones al Parlamento de Canarias, vendrá a confirmar el régimen transitorio previsto en la Disposición estatutaria.

---

8 Para un desarrollo más amplio véase Navarro Marchante, V. J. (2020). "Artículo 4". *Comentarios al Estatuto de Autonomía de Canarias*. BOE, Madrid, 65-68.

9 Para un desarrollo más amplio véase López Aguilar, J. F. y García Mahamut, R. (2019). "El nuevo Estatuto de Autonomía de Canarias: 'tercera generación'. Hecho diferencial y nuevo sistema electoral". *Revista Española de Derecho* Constitucional, (115), 13-45; Cuesta López, V. (2020). "Reforma electoral en Canarias: génesis, alcance, implementación e incidencia práctica". *Teoría y Realidad Constitucional*, (45); y Navarro Marchante, V. J. (2022). "Elección y estatuto de los miembros del Parlamento de Canarias". *Derecho Autonómico de Canarias*. Francis Lefebvre, Madrid, 57-77.

- Es el primer Estatuto de Autonomía que suprime el aforamiento para los miembros del Parlamento y del Gobierno de Canarias.
- Se crea, como nuevo órgano de relevancia estatutaria y dentro de la organización institucional, el Comisionado de Transparencia y Acceso a la Información (art. 60 EACan), que es consecuencia del derecho a una buena administración (art. 32 EACan) y que deriva del derecho al buen gobierno y la buena administración recogidos para los ciudadanos europeos en los arts. 41 y 42 de la Carta de los Derechos Fundamentales de la Unión Europea.
- El texto incorpora formulaciones de lenguaje inclusivo.

II. NATURALEZA JURÍDICA DE LOS DERECHOS ESTATUTARIOS

Como se señalaba anteriormente, las reformas estatutarias del siglo XXI incluyen nuevos catálogos de derechos, de distinta naturaleza a los derechos fundamentales de la CE, y entre ellos destacan los derechos sociales y los de "cuarta generación". Las justificaciones que se han dado para añadir estos listados de derechos a los nuevos EEAA han sido muy variadas, entre ellas las siguientes:

- Tras varias décadas desde la aprobación de la Constitución Española de 1978, que contiene un amplio catálogo de derechos en su Título I, y dadas las dificultades que presenta para su reforma (especialmente por la rigidez de este Título que prevé el art. 168 de la Constitución), una de las opciones para actualizar y añadir nuevos derechos es incorporarlos en la norma básica de las Comunidades Autónomas. Especial interés político ha existido en lo referente a los derechos sociales, cuyo reconocimiento y garantía ha sido objeto de preocupación por diversos sectores sociales y políticos.
- En la pionera iniciativa catalana de reforma estatutaria también latía un interés político en tratar de acercar el Estatuto de Autonomía, como norma básica de la Comunidad Autónoma, a un texto semejante a una Constitución, texto que, en el cons-

titucionalismo posterior a la II Guerra Mundial, normalmente incorpora un catálogo de derechos. Obviamente, también se puede enmarcar en la tendencia federalizante del sistema autonómico español, en el que es consustancial que existan los dos niveles institucionales y competenciales, y también es frecuente que ocurra respecto a los derechos.

- También hay que señalar que es más sencillo provocar cierta identificación y adhesión popular a un texto jurídico que incorpore derechos para la ciudadanía, entendiendo que si el texto se limita a la organización institucional y la relación de competencias es más difícil que genere entusiasmo, algo que resulta aun más relevante si la reforma estatutaria debe someterse a referéndum y se pretende lograr una participación y apoyo significativos.

Lo cierto es que la pretensión del estatuyente de incorporar ese catálogo de derechos a los EEAA fue objeto de debate entre la doctrina desde los momentos iniciales, primero cuestionando que la norma estatutaria pudiera admitir ese contenido[10] y segundo tratando de determinar la naturaleza jurídica de los mismos y su posición funcional dentro del sistema de fuentes del ordenamiento jurídico. Las claves han sido determinadas por el Tribunal Constitucional en las SSTC 247/2007, de 12 de diciembre (*Tol 1224508*), sobre el EA de la Comunidad Valenciana y 31/2010, de 28 de junio (*Tol 1880189*), sobre el EA de Cataluña.

En la STC 247/2007, de 12 de diciembre (*Tol 1224508*) se resolvía el recurso de inconstitucionalidad interpuesto por Aragón en rela-

---

[10] Como muestra y resumen de ese debate doctrinal se puede atender a las interesantes argumentaciones que cruzaron en la Revista Española de Derecho Constitucional Luis María Díez Picazo y Francisco Caamaño: Díez Picazo, L. M. (2006). "¿Pueden los Estatutos de Autonomía declarar, derechos, deberes y principios?". *Revista Española de Derecho Constitucional*, (78), 63-75; Caamaño, F. (2007). "Sí, pueden (declaraciones de derechos y Estatutos de Autonomía)". *Revista Española de Derecho Constitucional*, (79), 33-46; Díez Picazo, L. M. (2007). "De nuevo sobre las declaraciones estatutarias de derechos: respuesta a Francisco Caamaño". *Revista Española de Derecho Constitucional*, (81), 63-70. En cualquier caso, hay que recordar que algunos de los EEAA en sus versiones anteriores a las reformas del siglo XXI ya incluían "derechos", si bien de forma ocasional y simbólica.

ción el "derecho al agua" (art. 17.1 EAVal). En la STC se recuerdan una serie de principios de nuestro sistema autonómico: la compatibilidad de la unidad indisoluble de la Nación española con un Estado políticamente descentralizado, y que el principio de igualdad debe permitir el de diversidad. En consecuencia, se determina que el principio dispositivo ofrece a las CCAA un margen importante de opciones, aunque, lógicamente, dentro de los límites constitucionales.

Una vez admitida la constitucionalidad de los catálogos de derechos en los EEAA, el Alto Tribunal tendrá la posibilidad de profundizar en su naturaleza jurídica en la STC 31/2010, de 28 de junio (*Tol 1880189*). Se proclama de forma clara que los derechos estatutarios deben distinguirse de los derechos fundamentales recogidos en la CE, éstos últimos vinculan a todos los legisladores, a las Cortes Generales y a todas las asambleas legislativas autonómicas. Sin embargo, los "los derechos reconocidos en Estatutos de Autonomía han de ser, por tanto, cosa distinta", esto es, derechos que sólo vinculan al legislador autonómico y que, además, deben estar materialmente vinculados al ámbito competencial propio de la Comunidad Autónoma. Añade también la STC que los derechos estatutarios no son derechos subjetivos sino mandatos a los poderes públicos, esto es, establecen una serie de pautas y directrices para el legislador autonómico en el ejercicio de sus competencias. Así, no cabe confundir los derechos estatutarios con los derechos fundamentales constitucionales, que sí crean derechos subjetivos y son directamente aplicables sin necesidad de la *interpositio legislatoris*, que tienen la rigidez constitucional del art. 168 CE, que gozan de la tutela del recurso de amparo constitucional, que sólo pueden ser regulados por ley orgánica y reconocidos a todos los españoles (art. 81.1 CE) y que suponen un límite infranqueable para todos los poderes públicos.

III. DISPOSICIONES GENERALES DE LOS DERECHOS ESTATUTARIOS EN EL EACAN

El Título I del EACan está dedicado a los derechos, deberes y principios rectores y su Capítulo I (arts. 9 a 11) contiene las disposiciones generales aplicables a los derechos que se relacionan en el Capítulo II. Entre los aspectos generales se trata la titularidad de los derechos (art. 9), previsiones sobre su aplicación e interpretación (art. 10) y el derecho a la igualdad y cooperación (art. 11) que, de forma similar a los artículos 9 y 14 de la CE, sirve de declaración previa general para la interpretación de los concretos derechos que se relacionan a continuación. Veremos el alcance de cada una de estas disposiciones.

1. Titulares de los derechos

Desde la primera versión del EACan de 1982 se ha atribuido la "condición política de canarios" a las personas de nacionalidad española con vecindad administrativa (inscritos como residentes en el padrón) en alguno de los municipios de Canarias (art. 6.1 EACan). Se comprueba, por tanto, que se mantiene el doble requisito de nacionalidad y vecindad para ser titular de todos los derechos estatutarios. En este punto no se ha seguido el precedente del EA de Andalucía que únicamente exigía el requisito de vecindad. La prudencia del EACan en este punto puede justificarse si se tiene en cuenta que Canarias se encuentra en los últimos puestos del país en cuanto a prestaciones sociales y, al mismo tiempo, que tiene un alto porcentaje de población extranjera residente. Además, hay que recordar que la STC 139/2016, de 21 de julio (*Tol 5862685*) aceptó la constitucionalidad del Decreto Ley 16/2012, de 20 de abril, de medidas urgentes para garantizar la sostenibilidad del Sistema Nacional de Salud y mejora de la calidad y seguridad de sus prestaciones, que excluye la atención sanitaria pública y gratuita a los extranjeros que carezcan de autorización de residencia, aunque estuvieran inscritos en el Padrón municipal, salvo en casos de urgencia por enfermedad grave o accidente, mujeres embarazadas y menores.

Sin embargo, pese a lo señalado anteriormente, en numerosos casos, como recuerda Rodríguez-Drincourt, hay preceptos que reconocen derechos concretos que al señalar la titularidad de los mismos recurren a fórmulas que apuntan a un perfil amplio y genérico que permite hablar de una tendencia o vocación de alcance universal[11], es el caso de expresiones como "todos" (art. 12 EACan sobre familias), "las personas menores de edad" (art. 13), "las mujeres" (art. 17)

---

[11] Rodríguez-Drincourt, J. R. (2020). "Artículo 10. Aplicaciones e interpretación". *Comentarios al Estatuto de Autonomía de Canarias.* BOE, Madrid, 91.

e incluso “todas las personas” (arts. 19, 21 y 26), si bien con referencia añadida de que será “en los términos establecidos por las leyes”.

También se ha venido considerando titulares de los derechos a los nacionales españoles cuya última residencia, antes de cambiarla al extranjero, haya sido un municipio canario. Así, las personas incluidas en estos supuestos, según el actual art. 6 EACan, gozan tanto de los derechos políticos, en especial el que reconoce el derecho de sufragio activo y pasivo en las elecciones al Parlamento de Canarias (arts. 31 y 39 EACan), como a los derechos del Título Primero.

En el art. 6 se ha añadido un tercer apartado que prevé que “Los descendientes de canarios inscritos como españoles, si así lo solicitan, se considerarán integrados en la comunidad política autonómica, aunque solo podrán ejercer los derechos políticos en los términos establecidos por la Constitución y las leyes”. Este precepto debe complementarse con lo dispuesto en el art. 8 del propio EACan dedicado a las comunidades canarias en el exterior.

El legislador canario ha sido tradicionalmente sensible con los canarios de la emigración y en normativa específica como la de vivienda ha incorporado de forma expresa ciertas ventajas de acceso a viviendas sociales para los canarios emigrantes, y sus descendientes, retornados a las Islas[12].

Finalmente, como vía para la ampliación de los derechos a otras personas, el art. 9.2 del EACan prevé que “Los derechos reconocidos en el presente Estatuto se podrán extender a otras personas, en los términos que establezcan las leyes”.

2. *Aplicación, interpretación, garantías y exigibilidad*

El art. 10 del EACan se refiere a la aplicación e interpretación de los derechos estatutarios. Este precepto, como se viene señalando, es un nuevo ejemplo en el que el EACan asume la experiencia de las reformas estatutarias del siglo XXI y la jurisprudencia constitucional

[12] Véase el Decreto 138/2007, de 24 de mayo, por el que se establece el régimen de adjudicación de las viviendas protegidas de promoción pública del Instituto Canario de Vivienda, su art. 9.2.b) establece un cupo para emigrantes retornados.

que delimita el alcance de los derechos estatutarios. Así, en el art. 10.1 se hace referencia a lo que se conoce como la "cláusula del estándar mínimo", que establece que "Ninguna de las disposiciones de este título puede ser desarrollada, aplicada o interpretada de forma que reduzca o limite los derechos fundamentales reconocidos en la Constitución y por los tratados y convenios internacionales ratificados por el Estado español". Así, la pretensión de esta previsión no es impedir que las normas autonómicas puedan ocuparse de los derechos recogidos en el texto constitucional, si no que no los pueda limitar o reducir, por eso la catalogación del "estándar mínimo", y debe ponerse en conexión con el concepto de contenido esencial (art. 53.1 CE) y la reserva de ley orgánica (art. 81.1 CE). Además, como se ha expuesto en otro de los capítulos de este libro, también se deberá tener en cuenta los textos internacionales suscritos por España, con especial referencia a la Carta de Derechos de la Unión Europea y el Convenio Europeo de Derechos Humanos y la muy relevante jurisprudencia interpretativa del Tribunal de Estrasburgo.

El art. 10.2 del EACan recoge la aclaración de que los derechos y principios del Título primero se ejercerán en el ámbito competencial que haya asumido la Comunidad Autónoma a través de alguno de sus títulos competenciales, pero estos derechos, por sí mismos, no suponen la asunción de nuevas competencias ni un nuevo marco de redistribución competencial. De esta manera se quiere cerrar la puerta a una interpretación extensiva de tales derechos hacia ámbitos no expresamente previstos y que, en materia de derechos, por vía interpretativa, podría tener un amplio recorrido.

Anteriormente se destacó que los EEAA de nueva generación habían reforzado la capacidad política de los ejecutivos autonómicos, y una muestra de ello había sido la incorporación de la capacidad para dictar decretos leyes, provistos de fuerza de ley, para casos de extraordinaria y urgente necesidad. Así, de forma también análoga al modelo estatal, se excluye, entre otras materias, que puedan regular los derechos y deberes establecidos en el EACan (art. 46.2). En consecuencia, deberá ser una ley del Parlamento de Canarias la norma llamada a desarrollar tales preceptos.

El EACan de 2018 también introdujo mayor rigidez para las futuras reformas estatutarias, señalando que, junto a la necesaria mayoría de 3/5 del Parlamento canario, la reforma por las Cortes Generales mediante ley orgánica incluirá la autorización del Estado para que el Gobierno de Canarias convoque, en el plazo de tres meses, una consulta preceptiva y vinculante (art. 200 EACan). Sin embargo, no será necesario celebrar tal referéndum cuando el objeto de la reforma sea la modificación de los derechos y deberes del capítulo II del título I (art. 201 EACan). Probablemente la intención del estatuyente previendo este procedimiento abreviado haya sido facilitar que el catálogo de derechos pueda ser ampliado y actualizado de una forma más flexible.

El art. 9.3 EACan señala que son los poderes públicos canarios los que están vinculados por estos derechos y libertades, y que deben velar por su protección y respeto, así como por el cumplimiento de los deberes. La STC 247/2007, de 12 de diciembre (*Tol 1224508*), como ya se ha mencionado, dejó establecido que tales derechos son "mandatos al legislador y restantes poderes públicos autonómicos, imponiéndoles prescripciones que son vinculantes para los mismos". Así, "el principio o derecho enunciado carecerá de justiciabilidad directa hasta que se concrete, efectivamente, su régimen jurídico, pues solo entonces se configurarán los consiguientes derechos subjetivos de los ciudadanos". No obstante, la doctrina[13] ha señalado que en algunos EEAA los derechos se han formulado sobre materias competencia de la Comunidad Autónoma y en unos términos tan concretos que no necesitarían desarrollo legislativo posterior, por lo que no debiera descartarse totalmente que en tales casos que estemos ante derechos directamente justiciables.

Ciertamente, hay supuestos en los que la norma autonómica complementa a la norma estatal, pero sin invasión de competencias. Así, la reciente STC 44/2024, de 12 de marzo (*Tol 9957048*), que resuelve el recurso de inconstitucionalidad planteado contra la ley catalana de protección de las víctimas de violencia de género considera que ésta, que añade a las mujeres *trans*, incluidas las que no han formalizado el cambio de sexo en el Registro Civil, no vulnera competencias exclusivas del Estado, pues "con base en la competencia autonómica en materia de políticas de género (art. 153

---

13 Cámara Villar, G. (2011). "Veste y realidad de los derechos estatutarios". *Revista de Estudios Políticos*, (151), 99.

EAC), la norma se limita a dotar a las mujeres de una protección integral frente a la violencia de género, estableciendo una serie de medidas de prevención, detección y sensibilización, así como de asistencia, protección y recuperación integral de las víctimas de esta lacra social, sin que nada haya de objetarse a la inclusión en su finalidad tuitiva de las mujeres transgénero que no hayan rectificado registralmente la mención del sexo".

3. Derecho de igualdad y cooperación

Los apartados primero y segundo del art. 11 del EACan guardan una evidente equivalencia con los arts. 9.2 y 14 de la CE. El art. 11.1 del EACan establece: "Los poderes públicos canarios garantizarán las medidas necesarias para hacer efectivos los derechos de las personas a la igualdad, la no discriminación, la participación en la vida pública, al desarrollo económico, la libertad y el respecto a los derechos humanos", lo que supone concebir la igualdad, real y efectiva, como objetivo de los poderes públicos, esto es, aceptando la necesidad de que exista un intervencionismo público propio del Estado Social. El art. 11.2 responde a la concepción clásica liberal de la igualdad que prohíbe todo tipo de "discriminación por razones de sexo, género, nacimiento, etnicidad, ideas políticas y religiosas, edad, discapacidad, orientación o identidad sexual, enfermedad, lengua o cualquier otra condición o circunstancia personal o social", se detecta que hay una evidente inspiración en el art. 14 de la CE pero se amplía el listado de circunstancias que suelen ser motivo de discriminación y también incluye, como el precepto constitucional, una cláusula abierta a cualquier otro tipo de condición que pudiera ser causa de discriminación. Finalmente el precepto, volviendo a una concepción progresista de la igualdad, añade también que la "prohibición de discriminación no impedirá acciones positivas en beneficio de sectores, grupos o personas desfavorecidas".

Se puede comprobar que la norma estatutaria recoge el ideal clásico, nacido con las primeras declaraciones de derechos y las primeras Constituciones, de la igualdad formal, la igualdad ante la ley que busca la abolición de los privilegios y la prohibición de la discriminación. No obstante, siglos de experiencia demostraron que esa igualdad formal propia del Estado Liberal con sistema económico capitalista no conseguía sociedades más igualitarias ni una mejor redistribución de la riqueza, por lo que los Estados occidentales surgidos tras la II Guerra Mundial, aplicando las tesis de intervencionismo económico de J. M. Keynes, evolucionan hacia la economía social de mercado, reconociendo los derechos económico sociales reivindicados por el movimiento obrero y defendiendo un papel activo e intervencionista de los poderes públicos en la economía y políticas públicas, alumbrando así el Estado Social. En las últimas décadas del siglo XX, detectados grupos sociales que vienen padeciendo discriminación secular por múltiples razones e inercias difíciles de romper, se aplicarán medidas de discriminación en positivo hacia personas de colectivos vulnerables, lo que supone establecer en la norma alguna ventaja respecto al resto de personas, tales medidas parten del principio de que "no hay mayor desigualdad que tratar igual lo que no lo es". Las medidas de discriminación positiva deben estar suficientemente justificadas, deben ser proporcionales y adecuadas para lograr la finalidad perseguida y debieran ser temporales, hasta que dejaran de ser necesarias. Nuestro Tribunal Constitucional, desde los primeros años, confirmó la validez de las medidas de acción positiva como obligación de los poderes públicos, al amparo del art. 9.2, que permitirá matizar el principio general de igualdad del art. 14, y tomando también la igualdad como valor superior (art. 1.1), así las SSTC 19/1982, de 5 de mayo (*Tol 78993*) o 216/1991, de 14 de noviembre (*Tol 81899*) línea confirmada más adelante por muchas otras como la STC 31/2018, de 10 de abril (*Tol 8485296*). También el Tratado de Ámsterdam de 1997 de la UE consagra este tipo de medidas.

El art. 11.3 del EACan también incluye una referencia a la cooperación que deben desplegar los poderes públicos de Canarias con otros entes: países vecinos (geográfica y culturalmente), ONGs, y, en general, instituciones públicas y privadas. El objeto de tal cooperación será el fomento de la paz, la tolerancia y la cooperación al desarrollo, que se llevará a cabo mediante programas y acuerdos. Se trata de un llamamiento tanto en el orden interior como exterior.

Debe señalarse que las relaciones internacionales en sentido estricto son competencia del Estado, pero las CCAA pueden tener acción exterior[14], si bien esta no constituye un título competencial específico, pero legitima cierta actividad de la comunidad autónoma que debe estar vinculada al ejercicio de competencias propias. Conviene también recordar que, con anterioridad al vigente EACan, se aprobó la Ley 4/2009, de 24 de abril, Canaria de Cooperación Internacional para el desarrollo.

IV. LOS PRINCIPIOS RECTORES

El EACan de 2018 incluye, tras los derechos y deberes relacionados en el Capítulo II (arts. 12 a 36) del Título Primero, un Capítulo III, con un único artículo, el 37, que incluye treinta apartados, dedicado a Principios rectores. Se trata de un apartado novedoso, que no tenía equivalente en el anterior EACan, pero que sí en otros EEAA como los de Cataluña, Andalucía, Aragón, Baleares y Castilla y León.

Como se señalaba anteriormente al analizar la naturaleza jurídica de los derechos estatutarios, la jurisprudencia constitucional ha determinado que no se trata en puridad de derechos subjetivos, si no que son mandatos o directrices para el legislador, por lo que los derechos para los ciudadanos nacerán realmente con el desarrollo normativo posterior. Así, pues, los derechos del Capítulo II serían principios rectores, que es la rúbrica que ampara al Capítulo III, algo que, evidentemente, genera confusión conceptual.

Una de las razones que podría explicar la técnica utilizada por el constituyente es, como ya también se señalaba con anterioridad, tanto mimetizar en la norma estatutaria la estructura constitucional, que contiene ese Capítulo III "De los principios rectores de la política social y económica" dentro del Título Primero "De los derechos y deberes fundamentales".

Respecto a su contenido, hay que señalar que varios de los principios suponen una traslación casi idéntica de algunos de los preceptos constitucionales equivalentes, pero también hay que destacar que otros son una duplicidad respecto a cuestiones ya incluidas dentro

---

14 A estos efectos véanse los comentarios de Navarro Méndez al Capítulo II del Título VII del EACan (arts. 195 a 199) en VV.AA. (2020). *Comentarios al Estatuto de Autonomía de Canarias*. BOE, Madrid.

del Capítulo II sobre los derechos, reiteración que ha sido criticada por la doctrina[15].

Respecto a su clasificación, podemos agruparlos en tres bloques:

1. De carácter asistencial: que relaciona aquellos apartados que encomiendan a los poderes públicos la tutela de personas de colectivos vulnerables (menores y mayores, dependientes, discapacitados, inmigrantes, etc.).
2. De carácter socioeconómico y cultural: orientados a lograr un sistema de desarrollo económico sostenible y a lograr un modelo de pleno empleo y cohesión social, la defensa de la igualdad de género, la lucha contra la xenofobia, el acceso a la cultura, la conservación del patrimonio, la diversidad cultural, etc.
3. De "cuarta generación": la transparencia y el buen gobierno, los elementos medioambientales y de generaciones futuras, los derechos de los animales, etc.

Referencias bibliográficas

Caamaño, F. (2007). "Sí, pueden (declaraciones de derechos y Estatutos de Autonomía)". *Revista Española de Derecho Constitucional,* (79), 33-46.

Cámara Villar, G. (2011). "Veste y realidad de los derechos estatutarios". *Revista de Estudios Políticos,* (151), 57-107.

Cuesta López, V. (2020). "Reforma electoral en Canarias: génesis, alcance, implementación e incidencia práctica". *Teoría y Realidad Constitucional,* (45), 429-449.

Cuesta López, V. (2023). "Origen y evolución del régimen de autogobierno de la Comunidad Autónoma de Canarias y del reconocimiento de las singularidades archipielágicas". *1982-2022. Un panorama del Estado Autonómico a través del nacimiento y la evolución de siete Comunidades Autónomas.* CEPC, Madrid, 235-271.

Díez Picazo, L. M. (2006). "¿Pueden los Estatutos de Autonomía declarar, derechos, deberes y principios?". *Revista Española de Derecho Constitucional,* (78), 63-75.

---

[15] Véase Pérez Sánchez, en VV.AA. (2022). *Derecho Autonómico de Canarias.* Francis Lefebvre, Madrid.

Díez Picazo, L. M. (2007). "De nuevo sobre las declaraciones estatutarias de derechos: respuesta a Francisco Caamaño". *Revista Española de Derecho Constitucional,* (81), 63-70.

Gómez Sánchez, Y. (2023). *Constitucionalismo multinivel: derechos fundamentales.* Sanz y Torres, Madrid.

Risquete Fernández, J. L. (2019). "Título I. Capítulo I. Disposiciones generales. Capítulo III. Derechos y deberes". *El Estatuto de Autonomía de Canarias.* Civitas Aranzadi, Cizur Menor, 75-108.

López Aguilar, J. F. y García Mahamut, R. (2019). "El nuevo Estatuto de Autonomía de Canarias: 'tercera generación'. Hecho diferencial y nuevo sistema electoral". *Revista Española de Derecho* Constitucional, (115), 13-45.

Navarro Marchante, V. J. (2020). "Artículo 4". *Comentarios al Estatuto de Autonomía de Canarias.* BOE, Madrid, 65-68.

Navarro Marchante, V. J. (2022). "Elección y estatuto de los miembros del Parlamento de Canarias". *Derecho Autonómico de Canarias.* Francis Lefebvre, Madrid, 57-77.

Ruano León, J. M. (2023). *Archipiélago Atlántico. La singularidad de Canarias en el sistema autonómico español dentro del marco de la integración europea.* Aranzadi, Cizur Menor.

Sáenz Royo, E. (2022). "Protección social asistencial y Estado Autonómico; cuestiones resueltas y cuestiones pendientes". *Cuadernos Manuel Giménez Abad,* (24), 58-68.

Rodríguez-Drincourt, J. R. (2020). "Artículo 10. Aplicaciones e interpretación". *Comentarios al Estatuto de Autonomía de Canarias.* BOE, Madrid, 91.

Trujillo Fernández, G. (1997). "La reforma del Estatuto de Canarias: caracterización general". *Cuadernos de Derecho Público,* (2), 141-174.

VV.AA. (2016). *Textos para la reforma electoral,* ULPGC.

Marco jurídico internacional de los derechos[1]

RUTH MARTINÓN QUINTERO
Profa. Contratada Dra. Derecho Internacional Público
Universidad de La Laguna
https://doi.org/10.36151/TLB_9788410955158.2

SUMARIO: I. Introducción. II. El derecho internacional de los derechos humanos. El ámbito universal. III. El Consejo de Europa. IV. La Unión Europea. V. Reflexiones finales. Referencias bibliográficas

I. INTRODUCCIÓN

El artículo 9.1 del Estatuto de Autonomía de Canarias[2] establece que "Las personas que ostentan la condición política de canarios[3] son titulares de los derechos, deberes y libertades reconocidos en la Constitución española y en el presente Estatuto, así como en el Derecho de la Unión Europea y en los instrumentos internacionales de protección de los derechos humanos, individuales y colectivos, en particular, en la Declaración Universal de Derechos Humanos". Y el art. 10.1 añade que "Ninguna de las disposiciones de este título [De los derechos, deberes y principios rectores] puede ser desarrollada, aplicada o interpretada de forma que reduzca o limite los derechos fundamentales reconocidos por la Constitución y por los tratados y convenios internacionales ratificados por el Estado español". De esta

---

1 Este trabajo se ha realizado en el marco de los proyectos de investigación siguientes: "Sostenibilidad ambiental, social y económica de la justicia. Retos de la Agenda 2030" (PID2021-126145OB-100) financiado por el Ministerio de Ciencia e Innovación; y "Nuevas vulnerabilidades, transiciones y gobernanza global: Propuestas para la ecologización del derecho internacional" (PID2023-146588NB-C21) financiado por el Ministerio de Ciencia, Innovación y Universidades y el Fondo Europeo de Desarrollo Regional/Unión Europea.

2 Ley Orgánica 1/2018, de 5 de noviembre, de reforma del Estatuto de Autonomía de Canarias, BOE nº 268, de 6 de noviembre de 2018.

3 Véase art. 6 de la LO 1/2018.

forma se explicita la relevancia del derecho internacional de los derechos humanos (DIDH) en la protección de las personas en nuestro ordenamiento jurídico.

II. EL DERECHO INTERNACIONAL DE LOS DERECHOS HUMANOS. EL ÁMBITO UNIVERSAL

El 10 de diciembre de 1948, la Asamblea General de Naciones Unidas (AGNU) aprobó en su Resolución 217 (III) la Declaración Universal de Derechos Humanos. En ella se proclamó, como había hecho la Carta de las Naciones Unidas en 1945, la dignidad intrínseca de todos los seres humanos e incorporó al derecho internacional los derechos reconocidos por muchos Estados occidentales (en ese momento, mayoría en la Organización de Naciones Unidas). Comenzó así la construcción del DIDH, que actualmente se compone de normas internacionales universales y regionales, convencionales y consuetudinarias, junto a principios propios del mismo, y las decisiones y observaciones de las instituciones encargadas de su garantía y protección.

La importancia de esta rama del ordenamiento jurídico internacional es enorme, en tanto limita la acción de los Estados soberanos respecto a las personas que se encuentran bajo su jurisdicción. Aunque la soberanía de los Estados sigue siendo un principio estructural del derecho internacional, ha quedado erosionada y relativizada en la medida en que "con el reconocimiento de los derechos humanos, el Derecho internacional penetra en el corazón mismo de la soberanía, es decir, en las relaciones de un Estado con las personas que se encuentran bajo su jurisdicción, incluidos sus nacionales"[4].

El artículo 10.2 de la Constitución española de 1978 recoge que "Las normas relativas a los derechos fundamentales y a las libertades que la Constitución reconoce se interpretarán de conformidad con la Declaración Universal de Derechos Humanos y los tratados y acuerdos internacionales sobre las mismas materias ratificados por España". Este precepto supone que los tratados internacionales sobre

---

[4] Carrillo Salcedo, J. A. (1999). Dignidad frente a barbarie. La Declaración Universal de Derechos Humanos, cincuenta años después. Trotta, Madrid, 20.

derechos humanos de los que España es parte suministran criterios de interpretación de la Constitución y del conjunto del ordenamiento jurídico. Para precisar el contenido de los derechos constitucionalmente reconocidos deben tenerse en cuenta dichos tratados y los criterios interpretativos de los órganos jurisdiccionales (como el Tribunal Europeo de Derechos Humanos, TEDH) o cuasi jurisdiccionales (como los órganos de tratados de Naciones Unidas) creados para su garantía y protección.

En múltiples sentencias, el Tribunal Constitucional ha considerado que estos tratados son una fuente de inspiración de todo nuestro ordenamiento jurídico ya que "los derechos fundamentales responden a un sistema de valores y principios de alcance universal que subyacen a la Declaración Universal y a los diversos convenios internacionales sobre derechos humanos, ratificados por España, y que, asumidos como decisión constitucional básica, han de informar todo nuestro ordenamiento jurídico"[5].

Sin embargo, esto no significa que el derecho positivo español ni nuestra jurisprudencia ordinaria y constitucional esté siempre en armonía con la protección internacional exigida. En ese sentido, veremos posteriormente algunos de los ejemplos más relevantes que han exigido la modificación de nuestras normas o nuestra jurisprudencia. Ello pone de relieve la importancia de estas normas internacionales y los pronunciamientos de los órganos y tribunales vinculados a su protección en la medida en que impulsan reformas legislativas y otras modificaciones de políticas públicas de gran calado en muchos ámbitos.

El carácter jurídico de la Declaración Universal de Derechos Humanos como resolución de la AGNU es discutido: simple derecho blando, derecho internacional consuetudinario... Tal vez sea una discusión con poco recorrido en la medida en que los derechos que recoge se encuentran en múltiples tratados de los que España es parte.

---

5 Para la jurisprudencia constitucional al respecto, véase Agencia Estatal Boletín Oficial del Estado. Derechos fundamentales. Artículo 10.2 CE. Disponible en: https://www.boe.es/legislacion/derechos_fundamentales.php?id_articulo=10.2

Primeramente, encontramos los dos grandes tratados generales de 1966[6]: el Pacto International de Derechos Civiles y Políticos (PIDCP) y el Pacto Internacional de Derechos Económicos, Sociales y Culturales (PIDESC). El primero de ellos previó el Comité de Derechos Humanos para la supervisión e interpretación del PIDCP a través de los informes periódicos, las denuncias interestatales y las reclamaciones individuales[7], además de las observaciones generales de interpretación de los artículos del Pacto.

En el caso del PIDESC, el Consejo Económico Social de Naciones Unidas no autorizó hasta 1985 la creación del Comité DESC[8]. Este también cuenta con el sistema de informes periódicos y observaciones generales, sin embargo no existió la posibilidad de presentar comunicaciones individuales hasta la adopción del Protocolo Facultativo del PIDESC por la AGNU el 20 de diciembre de 2008[9], que supuso el primer paso para la equiparación de la protección de los derechos económicos, sociales y culturales (DESC) con la de los derechos civiles y políticos en la medida en que se establece un mecanismo de comunicaciones individuales en relación con los DESC, además de la posibilidad, si así se reconoce expresamente por los Estados parte, de comunicación de Estado contra Estado y de los procedimientos de

---

6 Ambos Pactos fueron incorporados a nuestro ordenamiento jurídico con su publicación en el BOE nº 103, de 30 de abril de 1977. Junto a la Declaración Universal de Derechos Humanos conforman la denominada Carta International de Derechos Humanos.

7 Aunque este Comité ya estaba previsto en el PIDCP, fue a partir de la entrada en vigor en 1976 del Protocolo Facultativo (BOE nº 79, de 2 de abril de 1985) que pudo recibir y pronunciarse sobre comunicaciones individuales sobre violaciones de los derechos del PIDCP.

8 ECOSOC, Resolución 1985/17, de 28 de mayo de 1985. Pese a esta creación diferenciada respecto a los demás órganos de tratados, el Comité DESC funciona como tal.

9 Resolución A/RES/63/11 de 10 de diciembre de 2008. Este Protocolo Facultativo del que comenzó a hablarse a principios de los años noventa entró en vigor el 5 de mayo de 2013. "Las comunicaciones podrán ser presentadas por personas o grupos de personas que se hallen bajo la jurisdicción de un Estado Parte y que aleguen ser víctimas de una violación por ese Estado Parte de cualquiera de los derechos económicos, sociales y culturales enunciados en el Pacto. Para presentar una comunicación en nombre de personas o grupos de personas se requerirá su consentimiento, a menos que el autor pueda justificar que actúa en su nombre sin tal consentimiento" (art. 2).

investigación. Estos últimos pueden tener lugar si el Comité recibe información fidedigna que da cuenta de violaciones graves o sistemáticas por un Estado Parte de cualesquiera de los DESC enunciados en el Pacto (art. 11.2 Protocolo Facultativo), lo cual podría permitir abordar violaciones estructurales de estos derechos[10]. Hay que tener en cuenta que mientras la mayor parte de los miembros de Naciones Unidas son parte del PIDESC, solo 26 de ellos han ratificado el Protocolo de 2008 y, por tanto, son parte de él, entre ellos, España[11].

En el ámbito del Comité de Derechos Humanos, los principales temas abordados tanto en los informes como en las comunicaciones individuales contra España destacan los problemas referidos a los procesos judiciales españoles y el trato a las personas privadas de libertad, y ha tenido una repercusión fundamental en materia de memoria histórica o democrática. Tuvo una repercusión especial el Dictamen de 20 de julio de 2000 que estableció que la casación penal no cumplía con el derecho a una verdadera doble instancia, lo cual llevó a la modificación de la Ley Orgánica del Poder Judicial. En el caso del Comité DESC, los informes han sido especialmente duros en los períodos de recesión económica, y las comunicaciones individuales se han centrado en la violación del derecho a la vivienda.

Junto a estos tratados de derechos humanos calificables de generales, existen dos tipos de tratados específicos en el ámbito de Naciones Unidas, bien por la relevancia del objeto de protección o de la conducta que se quiere evitar (genocidio[12], tortura[13], discriminación

---

10 Si bien, la competencia del Comité DESC respecto a esta posibilidad de los procedimientos de investigación solo ha sido reconocida por Bélgica, El Salvador, Finlandia, San Marino y Portugal.

11 Instrumento de Ratificación del Protocolo Facultativo del Pacto Internacional de Derechos Económicos, Sociales y Culturales, hecho en Nueva York el 10 de diciembre de 2008, BOE nº 48 de 25 de febrero de 2013.

12 Convenio para la prevención y la sanción del delito de genocidio, aprobado por la Asamblea General de las Naciones Unidas el 9 de diciembre de 1948. BOE nº 34, de 8 de febrero de 1969.

13 Instrumento de ratificación de la Convención contra la tortura y otros tratos o penas crueles, inhumanos o degradantes, hecha en Nueva York el 10 de diciembre de 1984. BOE nº 268, de 9 de noviembre de 1987.

racial[14]), bien por su carácter tuitivo de grupos de personas especialmente vulnerables: las mujeres[15], los niños[16], los trabajadores migratorios y sus familias[17], las personas con discapacidad[18].

Estos tratados cuentan con mecanismos de protección equivalentes a los de los Pactos de 1966, es decir, los comentarios generales que interpretan los derechos del tratado en cuestión, las observaciones finales en respuesta a los informes presentados por los Estados y los dictámenes con los que concluyen los procedimientos de comunicaciones o reclamaciones particulares en las que se puede dictaminar la violación por parte de los Estados de sus obligaciones internacionales y recomendar medidas al respecto.

Los pronunciamientos de todos estos órganos de tratados tienen dos tipos de repercusiones en nuestro ordenamiento jurídico. Por un lado, la valiosa interpretación que supone de los propios derechos. Por otro, la influencia que ejercen en nuestra legislación a través de las observaciones finales y los dictámenes. En ese sentido, además de lo comentado respecto a los Pactos de 1996, son paradigmáticas las modificaciones acontecidas en la protección a la infancia en el marco de la Convención de los derechos del niño y la labor de su Comité[19], cuyo último hito es la LO 8/2021, de 4 de junio de protección integral a la infancia y la adolescencia frente a la violencia; o

---

14 Adhesión de España al Convenio Internacional sobre Eliminación de todas las Formas de Discriminación Racial, aprobado por la Asamblea General de las Naciones Unidas el 21 de diciembre de 1965, con una reserva a la totalidad del artículo XXII (Jurisdicción del Tribunal Internacional de Justicia), BOE nº 118, de 17 de mayo de 1969.

15 Instrumento de Ratificación de 16 de diciembre de 1983 de la Convención sobre la eliminación de todas las formas de discriminación contra la mujer, hecha en Nueva York el 18 de diciembre de 1979. BOE nº 69, de 21 de marzo de 1984.

16 Instrumento de Ratificación de la Convención sobre los Derechos del Niño, adoptada por la Asamblea General de las Naciones Unidas el 20 de noviembre de 1989. BOE nº 313, de 31 de diciembre de 1990.

17 Convención internacional sobre la protección de los derechos de todos los trabajadores migratorios y de sus familiares, 1990. España no es parte.

18 Instrumento de Ratificación de la Convención sobre los derechos de las personas con discapacidad, hecho en Nueva York el 13 de diciembre de 2006. BOE nº 96, de 21 de abril de 2008.

19 Véase Martinón Quintero, R. (2021). “La trascendencia del Derecho internacional en materia de protección jurídica de los menores de edad frente a la violen-

los cambios llevados a cabo con origen en Convención Internacional sobre los Derechos de las personas con discapacidad[20], como la Ley 8/2021, de 2 de junio por la que se reforma la legislación civil y procesal para el apoyo a las personas con discapacidad en el ejercicio de su capacidad jurídica.

Tanto en nuestro país como en otros, es abundante la jurisprudencia y el debate doctrinal sobre los efectos jurídicos de los dictámenes de estos Comités, que en la medida en que no son sentencias, no tienen un claro valor de obligatoriedad jurídica[21]. En nuestro ordenamiento, aunque el Tribunal Constitucional ya había considerado que los pronunciamientos de los órganos de tratados (tanto los dictámenes como las observaciones) no carecían de todo valor jurídico en el ámbito interno, el verdadero punto de inflexión se produjo con la sentencia del Tribunal Supremo del 17 de julio de 2018[22]. En ella se consideró que un dictamen del Comité de la Convención sobre la Eliminación de Toda Forma de Discriminación contra la Mujer (Dictamen 47/2012, de 16 de julio de 2014) tenía suficiente interés casacional y se dio cumplimiento al mismo, considerándolo así jurídicamente obligatorio. Sin embargo, el propio Tribunal Supremo no se ha mantenido constante con esta interpretación.

Muy recientemente, el Tribunal Constitucional ha sentenciado otorgar el amparo al demandante por violación del derecho a la tutela judicial efectiva por no haberse reconocido un cauce procesal efectivo para examinar la reparación de una eventual lesión del derecho a no ser sometido a torturas ni a tratos inhumanos o degradan-

---

cia en el Derecho español". *Estudios jurídicos sobre la eliminación de la infancia y la adolescencia*. Aranzadi, Cizur Menor, 85-113.

20 Véase Sánchez París, S. (2023). "El derecho de las personas con discapacidad en España: la incidencia de la Convención de Nueva York de 2006 en la última década". *Revista Hispanoamericana de Derechos Humanos*, (3), 74-97.

21 Véase Martínez Pérez, E. J. (2023). "Los órganos de tratados de las Naciones Unidas como alternativa limitada para la salvaguarda de los derechos humanos en España". *Cuadernos de derecho trasnacional*, (15.1), 519-548.

22 Sentencia 1263/2018, de 17 de julio de 2018, de la Sala de lo Contencioso-Administrativo del Tribunal Supremo (*Tol 6672463*). En el mismo sentido, pero respecto a un dictamen de Comité de Personas con Discapacidad, la Sentencia 1597/2023, de 29 de noviembre de 2023, de la Sala de lo Contencioso-Administrativo del Tribunal Supremo (*Tol 9813804*).

tes, tal como se estableció en el Dictamen de Comité de Derechos Humanos de 21 de julio de 2014[23]. En la culminación de su argumentación el Tribunal afirma que el compromiso de cumplimiento con los tratados de derechos humanos ratificados e incorporados al ordenamiento español "lleva aparejada la exigencia de respeto a los mecanismos internacionales de garantía de tratados cuando exista, como es aquí el caso, una voluntad estatal expresa de sumisión a dichos mecanismos"[24].

Por último, hay que tener en cuenta que no solo los órganos de tratados se ocupan de los derechos humanos en el ámbito de Naciones Unidas. Su respeto, promoción y garantía es mandato de todas sus instituciones y, en especial, para la Oficina del Alto Comisionado para los Derechos Humanos (máximo responsable en esta materia de la organización) y el Consejo de Derechos Humanos. Este último es un órgano intergubernamental encargado del Examen periódico universal (por el cual, cada cuatro años todos los Estados miembro de Naciones Unidas han de dar cuenta de sus obligaciones en este ámbito), los procedimientos especiales encargados a expertos (por temas o países) y las misiones o comisiones de investigación.

III. CONSEJO DE EUROPA

En el ámbito del Consejo de Europa, organización internacional centrada en la protección de la democracia, el Estado de derecho y los derechos humanos, se ha desarrollado un sistema paradigmático de protección de estos últimos, el más perfeccionado en el ámbito internacional. En primer lugar, por la ingente labor codificadora, pues además del emblemático Convenio Europeo para la Protección de los Derechos Humanos y las Libertades Fundamentales (CEDH)[25] y la Carta Social Europea, en los que nos detendremos, se ha promo-

---

23 Comité de Derechos Humanos, Dictamen del 21 de julio de 2014, recaído en la Comunicación 2008/2010, Aarrass c. España (NU. Doc. CCPR/C/111/D/2008/2010).

24 Sentencia del Pleno del Tribunal Constitucional 61/2024, de 9 de abril de 2024. Recurso de amparo 1186-2019 (*Tol 9983634*).

25 Adoptado en Roma el 4 de noviembre de 1950, fue ratificado por España el 26 de septiembre de 1979 (BOE nº 243, de 10 de octubre de 1979).

vido la firma de decenas de tratados de derechos humanos y materias conexas[26].

En segundo lugar, por la perfección del sistema de protección desarrollado para los derechos del CEDH. Este tratado, completado con 16 protocolos adicionales de los que España no ha ratificado el número 16[27], se centra en la protección de los derechos civiles y políticos y cuenta, entre otros mecanismos, con el Tribunal Europeo de Derechos Humanos (TEDH)[28] para su protección, bien a través de litigios interestatales bien a través de las demandas individuales que puede presentar cualquier persona física, organización no gubernamental o grupo de particulares que se consideren víctimas de la violación de los derechos reconocidos en el CEDH cometida por un Estado parte de él. Las demandas ante el TEDH requieren haber agotado "las vías de recursos internas, tal como se entiende según los principios de derecho internacional generalmente reconocidos y en el plazo de cuatro meses a partir de la fecha de la resolución interna definitiva"[29].

El TEDH tiene carácter subsidiario en el sentido de que no constituye una instancia de casación: no tiene competencia para anular una decisión nacional, ni judicial ni administrativa, ni para derogar ninguna disposición legal o reglamentaria. Se limita a declarar la conformidad o no con el CEDH de las actuaciones u omisiones estatales. Sin embargo, ello no resta carácter obligatorio a sus sentencias:

---

26 Tratados promovidos por el Consejo de Europa ratificados por España: véase la Oficina de los Tratados. Disponible en: https://www.coe.int/en/web/conventions/by-member-states-of-the-council-of-europe?module=treaties-full-list-signature&CodePays=SPA&CodeSignatureEnum=RATIFIED&DateStatus=06-03-2024/

27 CEDH y protocolos ratificados por España. El Protocolo 10 nunca entró en vigor. El Protocolo nº 16 al CEDH entró en vigor el 1 de agosto de 2018; permite que altos tribunales de los Estados parte soliciten al TEDH opiniones consultivas sobre la interpretación o aplicación de derechos y libertades del CEDH y sus Protocolos. España, de momento, no tiene previsto ni su firma ni su ratificación.

28 El Protocolo 11º del CEDH, que entró en vigor el 1 de noviembre de 1998, creó un nuevo Tribunal Europeo de Derechos Humanos al que se puede acudir directamente tanto a través de las reclamaciones interestatales como individuales.

29 Art. 35 CEDH. El CEDH ha sido modificado por los Protocolos 11, 14 y 15, y completado por el Protocolo adicional y por los Protocolos 4, 6, 7, 12, 13 y 16.

los Estados se han comprometido a acatar las sentencias definitivas dictadas por el TEDH en los casos en los que son parte, sin perjuicio de los efectos indirectos para las otros Estados parte del CEDH, entre otras cosas por los efectos *erga omnes* de la interpretación del Convenio que se realiza en las propias sentencias[30]. Desde 2015, en España existe un cauce procesal determinado para ejecutar internamente estas sentencias a través de un recurso de revisión[31].

Tienen una caracterización especial las calificadas por el propio TEDH como sentencias piloto, existentes desde 2004. Tienen origen en la constatación por parte del TEDH de la existencia de un problema estructural que origina la violación del CEDH. En esos casos puede seleccionar una demanda de entre varias que obedecen a la misma causa, de tal manera que esta sirve como referente en la resolución de un elevado número de casos idénticos. Los efectos de estas sentencias piloto son de gran transcendencia para el Estado demandado, en tanto que le obliga a adoptar leyes internas para corregir el problema estructural. Se suspenden los procesos sobre casos idénticos y el demandante (y todos los individuos afectados por el problema estructural) verá aplazado su proceso hasta que el Estado adopte dichas medidas[32].

España ha sido condenada en más de un centenar de sentencias, especialmente por la violación del art. 6 CEDH, identificado con el derecho a la tutela judicial efectiva del art. 24 CE, y también por la violación, entre otros, del art. 8 CEDH, derecho a la vida privada y familiar; del art. 3 CEDH, prohibición de la tortura (principalmente, por la no investigación de casos de denuncia de existencia de torturas); y del art. 10 CEDH, libertad de expresión.

Respecto a los DESC, en el Consejo de Europa se estableció la Carta Social Europea en 1961, que fue ampliada respecto a los dere-

---

30 Casadevall, J. (2012). *El Convenio Europeo de Derechos Humanos, el Tribunal de Estrasburgo y su Jurisprudencia.* Tirant lo Blanch, Valencia, 89-90 y 110.

31 Art. 954.3 de la Ley de Enjuiciamiento Criminal, modificado por última vez por el art. 101.10 del Real Decreto-ley 6/2023, de 19 de diciembre (BOE nº 303, de 20 de diciembre de 2023).

32 Abrisketa Uriarte, J. (2013). "Las sentencias piloto: el Tribunal Europeo de Derechos Humanos, de juez a legislador". *Revista Española de Derecho Internacional,* (LXV), 74.

chos protegidos en 1996 dando lugar a la Carta Social Europea revisada. España era parte de la primera desde 1980 y ratificó la segunda en mayo de 2021[33]. Su principal sistema de protección lo lidera el Comité Europeo de Derechos Sociales (CEDS) a través de un sistema de presentación de informes y a través del Protocolo adicional de 1995 que introdujo un sistema de reclamaciones colectivas (en vigor para España desde el primero de diciembre de 2022[34]) por el cual ciertas organizaciones[35] tienen derecho a presentar quejas ante el CEDS en un sistema cuasi jurisdiccional en el que el Comité llega a una decisión sobre el fondo. Hasta ahora se han presentado 9 reclamaciones contra España[36], principalmente por parte de sindicatos.

IV. UNIÓN EUROPEA

No cabe duda de que la incorporación progresiva de los derechos humanos al Derecho europeo ha sido principalmente obra del Tribunal de Justicia (TJUE)[37] como principios generales, porque los Tratados fundacionales de las Comunidades Europeas no contemplaron ninguna disposición específica sobre los derechos humanos, los cuales no se mencionan en el derecho originario hasta el Tratado de la Unión Europea (TUE) en 1992[38]. La modificación de este por el

---

33 Instrumento de Ratificación de la Carta Social Europea (revisada), hecha en Estrasburgo el 3 de mayo de 1996, BOE nº 139 de 11 de junio de 2021.

34 Instrumento de ratificación del Protocolo Adicional a la Carta Social Europea en el que se establece un sistema de reclamaciones colectivas, hecho en Estrasburgo el 9 de noviembre de 1995, *BOE* nº 263 de 2 de noviembre de 2022.

35 Se ha establecido una lista especial compuesta por ONG que disfrutan de un estatus participativo en el Consejo de Europa. Disponible en: https://rm.coe.int/gc-2023-39-bil-list-ingos-01-01-2024/1680ae3089

36 Sobre uno de los casos que más relevancia ha tenido debido a la gravedad de la situación denunciada puede verse Salcedo Beltrán, C. (2023). "La efectividad de la Carta Social Europea en la Cañada Real Galiana: análisis jurídico de las pioneras medidas inmediatas instadas al gobierno español por el Comité Europeo de Derechos Sociales". *Lex Social: Revista De Derechos Sociales*, (13.1), 1-19.

37 Con las siglas TJUE nos referimos a la institución judicial de las Comunidades Europeas primero y de la Unión Europea después.

38 "La Unión respetará los derechos fundamentales tal y como se garantizan en el Convenio Europeo para la Protección de los Derechos Humanos y de las Libertades Fundamentales firmado en Roma el 4 de noviembre de 1950, y tal y como

Tratado de Lisboa (que entró en vigor el primero de diciembre de 2009) supuso un cambio fundamental que ha llegado hasta hoy, aunque, como veremos, no han terminado de materializarse las reformas requeridas.

Efectivamente, a partir del Tratado de Lisboa, el TUE aborda la regulación de los derechos humanos en varios sentidos, principalmente en su art. 6 que comienza estableciendo que "La Unión reconoce los derechos, libertades y principios enunciados en la Carta de los Derechos Fundamentales de la Unión Europea [CDDFF] de 7 de diciembre de 2000 (...), la cual tendrá el mismo valor jurídico que los Tratados. Las disposiciones de la Carta no ampliarán en modo alguno las competencias 14 de la Unión tal como se definen en los Tratados". Por tanto, se da valor jurídico a la CDDFF aprobada en Niza en el año 2000 con el mismo rango que el derecho originario a través de la técnica jurídico internacional de incorporación por referencia[39].

Los efectos de la CDDFF se limitan a los aspectos incluidos en el ámbito de aplicación del derecho de la Unión resultado de la atribución competencial, y no crea nuevas competencias ni modifica las existentes en los Tratados (art. 51 CDDFF). Es decir, la CDDFF no posee una aplicabilidad ni general ni autónoma, sino que su alcance está directamente vinculado o limitado al alcance del derecho de la Unión. Sus efectos jurídicos se producen frente a la actuación de instituciones, órganos y organismos de la Unión Europea y a la de los Estados cuando aplican el derecho de la Unión[40].

El segundo punto del art. 6 de TUE continúa afirmando que "La Unión se adherirá al Convenio Europeo para la Protección de los Derechos Humanos y de las Libertades Fundamentales. Esta adhe-

---

resultan de las tradiciones constitucionales comunes a los Estados miembros como principios generales del Derecho comunitario" (párrafo 2 del artículo F del Tratado de la Unión Europea, firmado en Maastricht el 7 de febrero de 1992; entró en vigor el 1 de noviembre de 1993).

39 Para la explicación del porqué de esta solución, vid. Mangas Martín, A. (2008). *Carta de los derechos fundamentales de la Unión Europea. Comentario artículo por artículo.* Fundación BBVA, Bilbao, 66-67.

40 Mangas Martín, A. y Liñán Nogueras, D. J., (2020). *Instituciones y Derecho de la Unión Europea.* Tecnos, Madrid, 139.

sión no modificará las competencias de la Unión que se definen en los Tratados". Con esta afirmación los Estados respondían al Dictamen 2/1994[41] con el cual el TJUE había explicado de manera breve y concisa la imposibilidad de dicha adhesión por la inexistencia de base jurídica para ello, de modo que se requeriría la modificación de los Tratados. Por tanto, el nuevo artículo 6.2 del TUE dejaba atrás la falta de competencia, lo que unido al reconocimiento formal de personalidad jurídica a la Unión —art. 47 TUE— parecía significar la superación de los obstáculos anteriores para la adhesión, aunque ello debiera de hacerse dentro de los márgenes permitidos por el Protocolo 8 *Sobre el apartado 2 del art. 6 del Tratado de la Unión Europea relativo a la adhesión de la Unión al Convenio Europeo para la Protección de los Derechos Humanos y de las Libertades Fundamentales.* Sin embargo, en el nuevo Dictamen 2/13[42] (mucho más amplio y complejo que el anterior) el TJUE volvió a impedir la adhesión de la Unión Europea al CEDH. Las negociaciones para solventar todos los obstáculos señalados por el Tribunal de Luxemburgo continúan hoy[43].

Por último, el art. 6 del TUE finaliza con un tercer párrafo en el cual se afirma que los derechos del CEDH y los que son fruto de las tradiciones constitucionales comunes a los Estados miembros formarán parte del derecho de la Unión como principios generales. Parecía que los derechos y libertades del CEDH tendrían este tratamiento de forma provisional, mientras no se produjera la adhesión al Convenio prevista en el art. 6.2 TUE, puesto que entonces pasarían a ser derecho convencional de la Unión Europea. En cualquier caso, se trata del precepto que debía permitir continuar como hasta la entrada en vigor del Tratado de Lisboa en la media en que supuso positivar la labor desarrollada por el Tribunal de Justicia.

---

41 Dictamen 2/94 del Tribunal de Justicia de 28 de marzo de 1996.

42 Dictamen 2/2013 del Tribunal de Justicia del 18 de diciembre de 2014.

43 Son varias las razones que explican la idoneidad de la adhesión de la Unión Europea al CEDH. Véase Martinón Quintero, R. (2016). "Los derechos humanos en la Unión Europea. En especial, el problema de la adhesión de la Unión al Convenio Europeo de Derechos Humanos". *Revista Europea de Derechos Fundamentales,* (25), 58.

V. REFLEXIONES FINALES

España es parte de la mayoría de los tratados de derechos humanos, universales y regionales, que una vez publicados en el *Boletín Oficial del Estado* son parte de nuestro ordenamiento jurídico (art. 96.1 CE). Junto a ello, el artículo 10 de la Constitución y la dotrina jurisprudencial, especialmente la constitucional, han ido dando cabida a las interpretaciones y resoluciones de los órganos encargados de garantizar el respeto de dichas normas, pese a la ausencia de cauces procesales adecuados para ello, salvo en el caso de las sentencias del TEDH. Todo esto sin perjuicio de las modificaciones legislativas y de políticas públicas, más o menos ágiles y acertadas, que obedecen, en definitiva, a las obligaciones de España en el ámbito del DIDH. Los poderes autonómicos, obviamente, no son ajenos a esta realidad jurídico-política, de lo que es muestra la referencia del Estatuto de Autonomía de Canarias al DIDH.

Referencias bibliográficas

Abrisketa Uriarte, J. (2013). "Las sentencias piloto: el Tribunal Europeo de Derechos Humanos, de juez a legislador". *Revista Española de Derecho Internacional,* (LXV), 73-99.

Carrillo Salcedo, J. A. (1999). *Dignidad frente a barbarie. La Declaración Universal de Derechos Humanos, cincuenta años después.* Trotta, Madrid.

Casadevall, J. (2012). *El Convenio Europeo de Derechos Humanos, el Tribunal de Estrasburgo y su Jurisprudencia.* Tirant lo Blanch, Valencia.

Mangas Martín, A. y Liñán Nogueras, D. J., (2020). *Instituciones y Derecho de la Unión Europea.* Tecnos, Madrid.

Mangas Martín, A. (2008). *Carta de los derechos fundamentales de la Unión Europea. Comentario artículo por artículo.* Fundación BBVA, Bilbao.

Martínez Pérez, E. J. (2023). "Los órganos de tratados de las Naciones Unidas como alternativa limitada para la salvaguarda de los derechos humanos en España". *Cuadernos de derecho trasnacional,* (15.1), 519-548.

Martinón Quintero, R. (2016). "Los derechos humanos en la Unión Europea. En especial, el problema de la adhesión de la Unión al Convenio Europeo de Derechos Humanos". *Revista Europea de Derechos Fundamentales,* (25), 49-71.

Martinón Quintero, R. (2021). "La trascendencia del Derecho internacional en materia de protección jurídica de los menores de edad frente a la violencia en el Derecho español". *Estudios jurídicos sobre la eliminación de la infancia y la adolescencia.* Aranzadi, Cizur Menor, 85-113.

Salcedo Beltrán, C. (2023). "La efectividad de la Carta Social Europea en la Cañada Real Galiana: análisis jurídico de las pioneras medidas inmediatas instadas al gobierno español por el Comité Europeo de Derechos Sociales". *Lex Social: Revista De Derechos Sociales,* (13.1), 1-19.

Sánchez París, S. (2023). "El derecho de las personas con discapacidad en España: la incidencia de la Convención de Nueva York de 2006 en la última década". *Revista Hispanoamericana de Derechos Humanos,* (3), 74-97.

El Régimen Económico y Fiscal de Canarias como medio para la promoción y desarrollo de los derechos y principios rectores del Estatuto de Autonomía[1]

EDUARDO PIMENTEL GONZÁLEZ
Investigador Predoctoral de Derecho Financiero y Tributario
Universidad de La Laguna
https://doi.org/10.36151/TLB_9788410955158.3

I. INTRODUCCIÓN

El reconocimiento, la protección y el impulso de los derechos y principios rectores reconocidos en la Ley Orgánica 1/2018, de 5 de noviembre, de reforma del Estatuto de Autonomía de Canarias, requieren de medios con los que hacer efectiva la materialización de su contenido. El Régimen Económico y Fiscal de Canarias (en lo sucesivo, REF), como "institución jurídica diferencial del archipiélago canario"[2], representa un factor fundamental en la persecución de dicho fin, cuyo reconocimiento y garantía estriban en la disposición

---

1 Este trabajo es resultado del proyecto de I+D+i de Generación de Conocimiento, titulado *Sostenibilidad ambiental, social y económica de la justicia. Retos de la Agenda 2030 (SOST JUST 2030)*, con referencia PID2021-126145OB-I00, financiado por MCIN/AEI/10.13039/501100011033/ y «FEDER Una manera de hacer Europa». Además, se realiza en el marco de un contrato predoctoral financiado por la Consejería de Universidades, Ciencia e Innovación y Cultura del Gobierno de Canarias y el Fondo Social Europeo Plus (FSE+).

2 Categoría que tomamos de la definición de Orozco Muñoz, M. (1997). *El Régimen Fiscal de Canarias. Su conformación por el bloque de constitucionalidad.* Marcial Pons, Madrid, 20. Esta tesis es compartida por Génova Galván, A. (2023). "La

adicional tercera de la Constitución[3], quedando, además, delimitado sustantiva y competencialmente en otras normas del Bloque de Constitucionalidad[4], como el propio Estatuto de Autonomía.

El contenido del REF, al constituir un Derecho especial para Canarias en materia tributaria y económica[5], es amplio y heterogéneo; como lo es su capacidad para incidir en el desarrollo e impulso de los derechos y principios referidos. Entre sus elementos, pertenezcan o no a su núcleo esencial, destacan tres ejes a través de los cuales esta institución interviene en la atención de las peculiaridades de la Comunidad Autónoma de Canarias a los efectos de nuestro estudio: primero, la configuración de ciertos tributos con los que dar cobertura a las singularidades históricas del archipiélago, que otorgan, fundamentalmente, una financiación adicional; segundo, el establecimiento en el ámbito geográfico canario de diversos incentivos fiscales para contribuir al desarrollo económico y social de las islas; y, tercero, la ordenación sobre los distintos entes territoriales de obligaciones de coordinación y salvaguardia de las atenciones precisas para favorecer el desarrollo y crecimiento de la Comunidad Autónoma de Canarias en igualdad con el resto del territorio nacional y europeo. A través de dichos extremos, el REF interviene, desde diferentes perspectivas, en el desarrollo, promoción y protección de los derechos y principios rectores reconocidos en el Estatuto de Autonomía.

---

institución del Régimen Económico-Fiscal de Canarias en la Constitución". *Nueva Fiscalidad*, (1), 93.

3 Véase, en este punto, el estudio sobre la garantía institucional del REF y su contenido amparado en la disposición adicional tercera realizado en Clavijo Hernández, F. (2019). "El Régimen Económico Fiscal de Canarias en la Constitución. Un análisis de la disposición adicional tercera". *Revista Técnica Tributaria*, (124), 39-52; en Clavijo Hernández, F., y Génova Galván, A. (2020). "Artículos 166 y 167. El régimen económico-fiscal de Canarias". *Comentarios a la Ley Orgánica 1/2018, de 5 de noviembre, de Reforma del Estatuto de Autonomía.* Boletín Oficial del Estado, 975-990; y en Clavijo Hernández, F., y Génova Galván, A. (2019). "Capítulo 37. Título VI. Capítulo I. Del Régimen Económico y Fiscal de Canarias: (Artículos 165 a 168)". *El Estatuto de Autonomía de Canarias (Ley Orgánica 1/2018, de 5 de noviembre).* Civitas, 727-748.

4 Orozco Muñoz, M. (1997), *op. cit.*, 24.

5 Así lo delimita, como institución, Martín Cáceres, A. F. (1988). "La protección constitucional del régimen económico-fiscal canario". *Civitas. Revista Española de Derecho Financiero*, (59), 460 y 468-469.

II. EL REF COMO MEDIO DE FINANCIACIÓN

Los derechos y principios rectores recogidos en el Estatuto de Autonomía precisan de la financiación oportuna para su correcta implementación. Para afrontar dichas necesidades de financiación, la Comunidad Autónoma cuenta con los recursos de la hacienda autonómica canaria, que son múltiples y de diversa naturaleza, de acuerdo con el artículo 169 del Estatuto de Autonomía, que recoge recursos de Derecho privado y Derecho público, como diferencia Sánchez Blázquez[6]. Entre estos recursos se encuentran los procedentes del REF, por lo que resulta ineludible señalar el papel que desempeña dicha institución en la financiación autonómica.

De acuerdo con la Ley Orgánica 8/1980, de 22 de septiembre, de Financiación de las Comunidades Autónomas (en adelante, LOFCA), y la Ley 22/2009, de 18 de diciembre, por la que se regula el sistema de financiación de las Comunidades Autónomas de régimen común y Ciudades con Estatuto de Autonomía y se modifican determinadas normas tributarias (en lo sucesivo LSFCA), los entes autonómicos disponen de diversos recursos con los que nutrir su financiación, para atender, entre otras necesidades, los gastos derivados de la satisfacción de los derechos sociales y los fines impuestos en el Estatuto de Autonomía que aquí nos ocupan.

Primordialmente, a tal efecto, las Comunidades Autónomas de régimen común, como Canarias, disponen de su "capacidad tributaria", que se encontrará conformada por el conjunto de los recursos tributarios que corresponden —vía cesión— a la Comunidad Autónoma y que enumera el artículo 8 de la LSFCA[7].

---

6 Sánchez Blázquez, V. M. (2019). "Título VI. Capítulo II. Del Régimen Económico y Fiscal de Canarias: (Artículos 169 a 170, 172, 173, 176 a 178, disposición adicional primera y tercera)". *El Estatuto de Autonomía de Canarias (Ley Orgánica 1/2018, de 5 de noviembre).* Civitas, 756-757.

7 La capacidad tributaria comprende —limitándonos solo a enumerarlos en aras de una aproximación sintética y sistematizada— los siguientes recursos tributarios: i) la tarifa autonómica del Impuesto sobre la Renta de las Personas Físicas de los residentes en la Comunidad Autónoma, correspondiente a una participación autonómica del 50% en el rendimiento del referido impuesto; ii) la recaudación del Impuesto sobre Transmisiones Patrimoniales y Actos Jurídicos Documentados, del Impuesto sobre Sucesiones y Donaciones, Tributos sobre el

Para completar esta fuente de financiación, se articula el Fondo de Garantía de Servicios Públicos Fundamentales, cuyas transferencias tienen por objeto asegurar que cada Comunidad Autónoma reciba los mismos recursos por "habitante ajustado"[8] al objeto de financiar los servicios públicos esenciales del Estado de Bienestar (artículo 9 de la LSFCA). Estos servicios públicos fundamentales son los dirigidos a atender la educación, la sanidad y los servicios sociales esenciales (artículo 15 LOFCA), que responden a la protección de los derechos y principios rectores regulados en los artículos 19, 21, 29 y 37, entre otros, del Estatuto de Autonomía.

Como cierre a este sistema, se cuenta con el Fondo de Suficiencia Global para cubrir, en su caso, la diferencia que pueda existir entre las necesidades globales de financiación de la Comunidad Autónoma y la suma de los recursos constitutivos de la capacidad tributaria y la transferencia positiva o negativa del Fondo de Garantía de los Servicios Públicos Fundamentales (artículo 10 de la LSFCA).

Además, el ordenamiento español contiene otros fondos dirigidos a favorecer el equilibrio entre Comunidades Autónomas. Particularmente, la LSFCA prevé la participación de las Comunidades Autónomas en los Fondos de Convergencia Autonómica (Fondo de Competitividad y Fondo de Cooperación) con el objetivo de aproximar las Comunidades Autónomas de régimen común en términos de

---

juego y las tasas afectas a los servicios transferidos, del Impuesto sobre las Ventas Minoristas de Determinados Hidrocarburos y del Impuesto Especial sobre Determinados Medios de Transporte; iii) la cesión del 50% de la recaudación líquida del Impuesto sobre el Valor Añadido; iv) la cesión del 58% de la recaudación líquida por el Impuesto sobre la Cerveza, por el Impuesto sobre el Vino y Bebidas Fermentadas (que, aunque no lo precisa el artículo 8, queda limitado por el artículo 37), por los Impuestos sobre Productos Intermedios y sobre Alcohol y Bebidas Derivadas, por el Impuesto sobre las Labores del Tabaco, y por el Impuesto sobre Hidrocarburos; y v) la cesión del 100% de la recaudación líquida por el Impuesto sobre la Electricidad.

8 El parámetro de habitante ajustado deriva de la unidad de necesidad o "población ajustada", la cual se fija atendiendo a variables geográficas de la Comunidad Autónoma, como la superficie, la insularidad, la población y la dispersión; y humanas vinculadas a los ámbitos de los servicios públicos fundamentales, tales como la "población protegida equivalente" (sanidad), la población con edad entre 0 y 16 años (educación) y la población mayor de 65 años (servicios sociales).

habitante ajustado, en aras de favorecer la igualdad, así como impulsar el equilibrio económico territorial de las Comunidades y Ciudades Autónomas (artículo 22 de la LSFCA).

Todos los recursos expuestos se encuentran a disposición de las Comunidades Autónomas de régimen común, entre las que se encuentra Canarias, para sufragar sus necesidades de financiación. Sin embargo, en el caso del territorio canario concurren circunstancias particulares que demandan la adaptación de estas reglas generales de financiación a su especial régimen económico y fiscal[9]. Concretamente, el REF cuenta con diversos tributos destinados exclusivamente a la financiación del archipiélago canario; a saber, el Impuesto General Indirecto Canario, el Arbitrio sobre Importaciones y Entregas de Mercancías y el Impuesto Especial sobre Determinados Medios de Transporte[10]. Tales recursos no forman parte de la capacidad tributaria de la Comunidad Autónoma, como ya han puesto de manifiesto Clavijo Hernández, Génova Galván y Sánchez Blázquez[11]. Así se evidencia con la modificación de la disposición adicional segunda de la LSFCA, que hasta 2017 contemplaba en relación con el Fondo de Competitividad los recursos del REF, y lo ratifican, además, el artículo 3.4 de la Ley 19/1994, de 6 de julio, de modificación del Régimen Económico y Fiscal de Canarias (en adelante, LREF), tras su modificación en 2018, y el artículo 166.3 del Estatuto de Autonomía: "estos recursos tributarios no se integrarán, ni computarán, en el Sistema de Financiación Autonómica para respetar el espacio fiscal propio canario y para que su desarrollo no penalice la autonomía financiera de la Comunidad Autónoma de Canarias".

---

9 Así lo contempla la disposición adicional cuarta de la LOFCA y la disposición adicional segunda de la LSFCA.

10 Así lo señala el Tribunal Constitucional en sus Sentencias 16/2003, de 30 de enero (*Tol 239214*), y 62/2003, de 27 de marzo (*Tol 255046*). En efecto, la recaudación líquida de tales tributos conforma el Bloque de Financiación Canario y se distribuirá entre las haciendas territoriales canarias de acuerdo con la Ley 9/2003, de 3 de abril, de Medidas Tributarias y de Financiación de las Haciendas Territoriales Canarias.

11 Véase Clavijo Hernández, F., Génova Galván, A., y Sánchez Blázquez, V. M. (2018). "El régimen económico y fiscal de Canarias y el sistema de financiación autonómica". *Revista de Contabilidad y Tributación. CEF*, (421), 100-107.

En consecuencia, la Comunidad Autónoma de Canarias cuenta con un "sistema específico y complementario de financiación", como destaca Sánchez Blázquez[12]. Ello conlleva, por tanto, la percepción del REF desde una doble perspectiva: supone una fuente adicional de financiación para la Comunidad Autónoma y, por otro lado, incrementa su grado de corresponsabilidad fiscal[13].

Los recursos del REF no son parte de la capacidad tributaria contemplada en la señalada normativa, por lo que aumenta la magnitud de financiación de la Comunidad Autónoma. De este modo, no sólo constituyen ingresos adicionales, sino que su exclusión de la capacidad tributaria repercute en el incremento de las demás fuentes de financiación en la medida en que cuanto menor sea la capacidad tributaria de la Comunidad Autónoma mayor deberá ser la transferencia desde los fondos contemplados en la normativa para cubrir las necesidades de la Comunidad Autónoma[14]. Lo que permite que,

---

12 Sánchez Blázquez, V. M. (2017). "Las especialidades en la financiación de las haciendas territoriales canarias". *La reforma de la financiación territorial.* Tirant lo Blanch, Valencia, 533.

13 Se entiende por corresponsabilidad fiscal de los gobiernos subcentrales, en palabras de Monasterio Escudero, C. (2015). "La interminable historia de la corresponsabilidad fiscal". *Presupuesto y Gasto Público,* (81), 23, "el porcentaje de sus recursos que corresponde a ingresos fiscales sobre los cuales tienen algún poder de decisión".
Se manifiesta, en consecuencia, como un "principio que aspira a que las comunidades autónomas participen y se hagan responsables en la determinación de la presión fiscal y la obtención de ingresos con los que financiar el creciente gasto público" [Sentencia del Tribunal Constitucional 190/2023, de 12 de diciembre (*Tol 9818298*)]. Esta aspiración de autonomía y corresponsabilidad por medio del aumento de los porcentajes de cesión de los tributos parcialmente cedidos a las Comunidades Autónomas y el incremento de su capacidad normativa es uno de los objetivos de la LSFCA, como señala Piñero Campos, J. M. (2019). "Capacidad tributaria de las comunidades autónomas y transferencias: tratando de definir un diseño alternativo más sencillo". *Presupuesto y Gasto Público,* (96), 59; si bien se revela como un principio no exento de efectos negativos, como la desigualdad entre los ciudadanos de las distintas Comunidades y la competencia entre las mismas. A este respecto, véanse Piñero Campos, J. M. (2019), *op. cit.*, pág. 65, y Menéndez Moreno, A. (2023). "¿Qué fue de la reforma del sistema de financiación de las Comunidades Autónomas?". *Quincena Fiscal,* (9); entre otros.

14 Como destaca Melián González, A. (2023). "Dinámica de la articulación del REF en la financiación autonómica en los últimos veinte años". *El REF tras la*

para atender sus condiciones singulares, Canarias pueda disponer de crédito suficiente.

Asimismo, su carácter independiente contribuye a reequilibrar su grado de corresponsabilidad fiscal. Mientras que en la financiación a través de los impuestos cedidos en la LOFCA y la LSFCA se manifiesta la traslación a la Comunidad Autónoma de Canarias de una menor corresponsabilidad fiscal, motivada por la no exigencia en dicho territorio de algunos de esos tributos, la existencia del Impuesto General Indirecto Canario y el Arbitrio sobre Importaciones y Entregas de Mercancías, por los ingresos que proporcionan y por las potestades normativas cedidas en relación con ellos[15], compensa dicha capacidad fiscal y otorga un mayor grado de corresponsabilidad fiscal, dentro del principio de solidaridad, como señala Martín Cáceres[16]; lo que proporciona a la Comunidad Autónoma de Canarias mayor grado de autonomía financiera[17].

---

pandemia: Retos económicos y seguridad jurídica, Universidad de las Palmas de Gran Canaria, 178, el desfase en la financiación de la Comunidad Autónoma de Canarias ocasionado por su menor capacidad tributaria es compensada por las transferencias que forman parte del modelo de financiación autonómica, principalmente, en los últimos años, a través de la Transferencia de Garantía y el Fondo de Competitividad.

15 La disposición adicional octava de la LSFCA atribuye a la Comunidad Autónoma de Canarias capacidad normativa para regular, respecto del Impuesto General Indirecto Canario, las exenciones en operaciones interiores, los tipos de gravamen y el tipo de recargo sobre las importaciones efectuadas por los comerciantes minoristas, los regímenes especiales y las obligaciones formales. En cuanto al Arbitrio sobre Importaciones y Entregas de Mercancías, se otorga capacidad normativa para regular los bienes muebles corporales cuya entrega o importación determine la realización del hecho imponible; las exenciones en operaciones interiores; los tipos de gravamen, proporcionales o específicos, con cumplimiento, en su caso, de ciertas condiciones dispuestas en la norma; el régimen especial simplificado, y las obligaciones formales.

16 Martín Cáceres, A. F. (2008). "Financiación autonómica, corresponsabilidad fiscal y Régimen Económico-Fiscal de Canarias". *Estudios jurídicos en memoria de Don César Albiñana García-Quintana*. Instituto de Estudios Fiscales, Madrid, 3.277.

17 En este sentido, véase el estudio realizado sobre la autonomía financiera de la Comunidad Autónoma de Canarias en Melián González, A., Apolinario Hidalgo, L., y Gil Doreste, M. T. (2024). "Análisis de la evolución de los recursos no financieros de las Comunidades Autónomas. Especial referencia a la Comunidad Autónoma de Canarias". *Hacienda Canaria*, (61), 73-74.

Dicho esto, el papel del REF resulta, por consiguiente, fundamental en la financiación del gasto público de Canarias, pues su ausencia determinaría una disminución significativa de la capacidad para atender las necesidades de la ciudadanía canaria. Y, en consecuencia, deviene en un beneficio para la atención de los derechos del Estatuto y las políticas dirigidas a cumplir con los principios rectores del mismo[18].

Atendiendo a las cifras económicas concretas, en el año 2023 la recaudación líquida anual procedente del REF alcanzó los 2.427.420.619 euros[19], a distribuir entre las haciendas territoriales de acuerdo con la anteriormente mencionada Ley 9/2003, de 3 de abril, de Medidas Tributarias y de Financiación de las Haciendas Territoriales Canarias. A su vez, tomando como referencia los Presupuestos de la Comunidad Autónoma de Canarias, la hacienda territorial con mayor participación en los recursos totales del REF, se prevén para este 2024 unos ingresos procedentes de recursos derivados del REF de 1.032.791.549 euros[20]; cuantía que representa, aproximadamente, una cuarta parte de los gastos destinados a la sección de Sanidad (4.109.171.222 euros), la mitad de los gastos de la sección de Educación, Formación Profesional, Actividad Física y Deportes (2.092.788.541 euros) y casi el 150% de lo destinado a la sección de Bienestar Social, Igualdad, Juventud, Infancia y Familias

---

18 Del análisis económico de Melián González, A. (2023). "Dinámica de la articulación del REF…", *op. cit.*, 179, resulta que la presencia de los recursos del REF en el sistema de financiación canario sitúa al archipiélago entre las Comunidades Autónomas de régimen común con mayor financiación en los últimos años. De este modo, como señala este autor, la existencia del REF resulta compatible, bajo la cobertura del principio constitucional de solidaridad, con una financiación que permite a Canarias contar con unos servicios públicos fundamentales —recordemos, relativos a la sanidad, educación y servicios sociales y, por ende, vinculados a derechos y principios del Estatuto— equivalentes a los del resto del territorio nacional.

19 Datos del Instituto Canario de Estadística (ISTAC), disponible en: https://www3.gobiernodecanarias.org/istac/statistical-visualizer/visualizer/data.html?resourceType=dataset&agencyId=ISTAC&resourceId=C00003A_000001&version=~latest#visualization/table (consultado por última vez en mayo de 2024).

20 Véase a tal efecto el Presupuesto de la Comunidad Autónoma de Canarias para el año 2024, disponible en: https://www.gobiernodecanarias.org/hacienda/dgplani/presupuestos/2024_1/ (consultado por última vez en mayo de 2024).

(715.191.225 euros). Lo cual aporta una visión comparativa importante del rol fundamental del REF como medio de financiación y las implicaciones que conllevaría su ausencia en el desarrollo de tales políticas y derechos de contenido social y esencial.

De esta forma, el REF se erige, en su primer enfoque, como un medio adicional de financiación que incide con relevancia en la financiación del gasto público canario y, por extensión, de los gastos derivados de los derechos estudiados en el presente libro.

III. EL REF COMO INSTRUMENTO DE POLÍTICAS FISCALES IMPULSORAS DE LOS DERECHOS Y PRINCIPIOS RECTORES DEL ESTATUTO DE AUTONOMÍA

En su vertiente fiscal, el REF constituye una institución que asume la regulación de tributos concretos y que introduce ciertos incentivos de naturaleza fiscal[21]. La configuración de estos incentivos y tributos responde a políticas fiscales concretas que, evidentemente, afectarán a la atención de los derechos y principios rectores contemplados en el Estatuto.

Por un lado, la LREF regula algunos mecanismos enfocados a la implementación de concretas políticas fiscales. El artículo 1 de la citada Ley, en sus apartados b) y c), proyecta dos objetivos que la regulación del REF debe perseguir: i) la garantía de políticas específicas y suficientes que permitan compensar la lejanía e insularidad y las limitaciones estructurales permanentes de Canarias, motivadas por su condición de región ultraperiférica de acuerdo con lo dispuesto en el artículo 349 del Tratado de Funcionamiento, y ii) el desarrollo de un "conjunto estable de medidas económicas y fiscales encaminadas a promover el desarrollo y la cohesión económica, social y territorial

---

[21] Como señala la Sentencia del Tribunal Constitucional 164/2013, de 26 de septiembre (*Tol 3974066*), el núcleo principal del contenido tributario del REF recae sobre su particular sistema de imposición indirecta y sobre determinados beneficios fiscales. Tal contenido nuclear es, asimismo, reconocido por CLAVIJO HERNÁNDEZ, F. (2019). "El Régimen Económico Fiscal de Canarias en la Constitución...", *op. cit.*, 49.

de Canarias". La conjunción de ambos objetivos permite que en el citado texto legal se contemplen medidas fiscales de promoción del desarrollo social y económico de Canarias, las cuales, en la materia que aquí nos ocupan, responden a políticas dirigidas a fomentar el crecimiento económico y la cohesión social del archipiélago mediante la atracción de entidades al ámbito geográfico canario, garantizando a través de la imposición de diversas obligaciones, como la realización de inversiones de capital y de empleo, que reviertan en la consecución de dichos fines. De estas medidas, nos centraremos en la Reserva para Inversiones en Canarias y la Zona Especial Canaria, por ser aquellos incentivos principales en relación con la promoción de derechos y principios estatutarios[22].

La primera de ellas permite que las entidades sujetas al Impuesto sobre Sociedades puedan reducir en la base imponible las cantidades que, con relación a sus establecimientos situados en Canarias, destinen de sus beneficios a la reserva para inversiones, de acuerdo con lo dispuesto en el artículo 27 de la citada LREF. Las inversiones a que se refiere este incentivo se pueden materializar en la adquisición de inmovilizado material o intangible, la creación de empleo o la

---

22 Ambos incentivos fiscales constituyen ayudas de Estado compatibles con el Derecho comunitario que, debido a las condiciones particulares de las Islas Canarias como región ultraperiférica, persiguen la equidad de las empresas canarias en el mercado comunitario, quedando esta última sujeta a un juicio de proporcionalidad entre las ventajas que reportan dichos beneficios —teniendo en cuenta, a su vez, la proporcionalidad de los requisitos establecidos para su concesión— y sus posibles efectos negativos en dicho mercado. Véase Pascual González, M. M. (2006). *Las ayudas de Estado de carácter fiscal: su incidencia en el régimen económico y fiscal de Canarias*. Consejería de Economía y Hacienda: Hacienda Canaria, Las Palmas de Gran Canaria, 324-326 y 382-386.
Cabría señalar, a su vez, la existencia de otros incentivos fiscales que redundan en los derechos y principios rectores contenidos en el Estatuto, como apunta Hernández López, C. (2019). "Capítulo 30. Título VI. Educación, investigación, cultura y deporte: (Artículos 133 a 138)". *El Estatuto de Autonomía de Canarias (Ley Orgánica 1/2018, de 5 de noviembre)*. Civitas, 613, en relación con el fomento de la cultura mediante las deducciones por inversiones en producciones cinematográficas, series audiovisuales y espectáculos en vivo de artes escénicas y musicales realizadas en Canarias, con los límites comprendidos en la disposición adicional decimocuarta de la LREF.

suscripción de determinados valores mobiliarios en el archipiélago canario[23].

La segunda permite a las entidades y sucursales del ámbito geográfico canario que puedan beneficiarse de ciertas exenciones y beneficios fiscales en la medida en que desarrollen sus actividades en dicho territorio y cumplan con obligaciones de inversión de capital y de creación de empleo[24]. El fundamento de su existencia reside en la creación de empleo de calidad, el desarrollo económico y social del archipiélago y la diversificación de su estructura productiva (artículo 28 de la LREF).

La contemplación de ambas fórmulas posibilita dar respuesta a diversos mandatos y derechos contenidos en el Estatuto de Autonomía. El principal de ellos es el reconocido en el artículo 23 del Estatuto de Autonomía, el derecho al trabajo, que se articula como uno de los elementos centrales del Estado de Bienestar en el ámbito regional[25].

---

23 Dentro de estas posibles inversiones, se logra también impulsar la investigación universitaria, ya que, de acuerdo con el artículo 27.6 de la LREF, la materialización de la reserva en gastos de investigación puede incluir proyectos contratados con universidades y organismos públicos de investigación.

24 Obsérvese que muchas de las operaciones descritas en el Anexo de la Ley, que son las que habilitan la aplicación de dichos beneficios fiscales, permiten la atracción a Canarias de entidades cuyos fines sociales redundan en sectores promovidos por los principios rectores del Estatuto de Autonomía. Ejemplo de ello son las operaciones de pesca y acuicultura (NACE 03) o de cultivo de plantas medicinales y terapéuticas (NACE 01.28), en cumplimiento del principio rector de "fomento del sector agrícola, ganadero y pesquero" (artículo 37.29 del Estatuto de Autonomía); así como las operaciones de investigación y desarrollo (NACE 72) o telecomunicaciones (NACE 61), que cumplen con el principio rector relativo al "impulso de la investigación científica y técnica de calidad y de la creatividad artística, la incorporación de los procesos innovadores, el acceso a la información y a las nuevas tecnologías" (artículo 37.10 del Estatuto de Autonomía).

25 Así lo destaca Alemán Páez, F. (2020). "Artículo 23. Derechos en el ámbito laboral". *Comentarios a la Ley Orgánica 1/2018, de 5 de noviembre, de Reforma del Estatuto de Autonomía.* Boletín Oficial del Estado, 160.
Además, señala otro elemento central en el marco de este artículo 23: las políticas activas de empleo. Es preciso aclarar que la regulación de estos incentivos fiscales presentes en el REF es competencia estatal. Sin embargo, los poderes públicos canarios intervienen en la protección y actualización de dichos beneficios, velando por su vigencia y demandando su adaptación a las circunstancias coyunturales de la economía canaria, como ha acontecido recientemente con

No cabe duda de que el establecimiento de incentivos fiscales que incrementen la oferta de empleo en las Islas contribuye a garantizar el derecho al empleo en Canarias[26].

Asimismo, aparte de impulsar este derecho de la ciudadanía, son un vehículo para la conformación y desarrollo de la economía canaria. Estos incentivos contribuyen a la promoción de una política fiscal y económica orientada a un crecimiento estable y, prioritariamente, a la consecución del pleno empleo (principio rector contenido en el artículo 37.25 del Estatuto de Autonomía) y de la diversificación de las actividades productivas en Canarias (principio rector contemplado en el artículo 37.30), además de favorecer la protección de la libertad de empresa mediante la ordenación de los mercados (principio rector del artículo 37.26).

Por otro lado, amén de los comentados incentivos fiscales, los tributos propios del REF coadyuvan a los mismos propósitos mediante la configuración de algunos de sus elementos estructurales; en concreto, de sus tipos de gravamen y exenciones, sobre las cuales tiene competencias normativas la Comunidad Autónoma de Canarias.

En primer lugar, la Ley 20/1991, de 7 de junio, de modificación de los aspectos fiscales del Régimen Económico Fiscal de Canarias (en adelante, LIGIC), en su remisión a la Ley 4/2012, de 25 de junio, de medidas administrativas y fiscales, reconoce diversas exenciones con el fin de evitar el gravamen de determinadas entregas de bienes y prestaciones de servicio que se encuentran estrechamente vinculadas con los derechos contemplados en el Estatuto. Entre ellas, cabe destacar aquellas que inciden en los servicios públicos fundamentales anteriormente comentados, como derechos esenciales de la confi-

---

la inclusión de las operaciones triangulares en las reglas de localización de la Zona Especial Canaria. Todo ello con el objeto de asegurar el fin último de estas medidas: la creación de empleo de calidad, la diversificación productiva y el desarrollo económico y social de las Islas Canarias.

26 Así se evidencia en el último informe del Consorcio de la ZEC. El Informe de Gestión de 2022, aprobado en enero de 2024, cifra la creación de empleo neto a través de este régimen preferencial hasta 2022 en 10.692 puestos, a los que se deben sumar los 1.611 creados durante dicho año. Para más detalle, véase el señalado informe, disponible en: https://canariaszec.com/wp-content/uploads/BASE_memoria-Anual-2022-v-FINAL.pdf (consultado por última vez en mayo de 2024).

guración social de la Comunidad Autónoma, contempladas en los apartados 2º, 8º y 9º del artículo 50.1 de la Ley 4/2012[27], en la medida en que no someten a gravamen tributario el acceso a los servicios de responsabilidad pública sanitarios (artículo 19 del Estatuto), de asistencia social (artículo 29 del Estatuto) y de educación y formación profesional (artículos 21 y 23 del Estatuto).

En segundo lugar, contribuye al mismo fin la aplicación de tipos de gravamen inferiores al general sobre ciertas entregas o prestaciones de servicios relacionadas con derechos y principios del Estatuto. Muestra de ello es la aplicación del tipo de gravamen cero a materias medioambientales, como las entregas de bienes, prestaciones de servicios e importaciones destinadas a la captación, almacenamiento y transporte del agua que enumera el artículo 52.a) de la Ley 4/2012, para proteger los recursos naturales estratégicos básicos de Canarias (principio rector del artículo 37.14 del Estatuto); al igual que culturales, como las entregas de ciertos productos grabados por medios magnéticos u ópticos de utilización educativa o cultural, comprendidos en el artículo 52.e) de la misma ley, en relación con los derechos educativos y culturales del Estatuto (artículos 21 y 27, respectivamente).

IV. EL REF COMO MEDIO DE REGULACIÓN PROGRAMÁTICA DE LAS POLÍTICAS ECONÓMICAS Y SOCIALES

La LREF contiene en su articulado multiplicidad de normas, en muchos casos de naturaleza programática, que pretenden aportar estructura y medios para la promoción, el desarrollo y la cohesión económica, social y territorial de Canarias[28]. De ellas nos centraremos en

---

27 La LIGIC asume en este punto las mismas exenciones previstas en los apartados 2º, 8º y 9º del artículo 20 de la Ley 37/1992, de 28 de diciembre, del Impuesto sobre el Valor Añadido (en adelante, LIVA).

28 Nos referimos a los preceptos que el Tribunal Constitucional diferencia como "medidas de fomento de la economía de la Comunidad Autónoma, de contenido heterogéneo", frente a las "medidas tributarias específicas" [véase *e. g.* la Sentencia del Tribunal Constitucional 164/2014, de 7 de octubre (*Tol 4530969*)] y que se podrían denominar, como hace el artículo 1.a) de la LREF y titula Mau-

aquellos preceptos que no contienen elementos concretos de política fiscal, sino medidas de organización y coordinación dirigidas a la consecución de los fines perseguidos por el REF, que coinciden con los protegidos y potenciados en el Estatuto de Autonomía a través de sus derechos y principios rectores.

En relación con los derechos sociales que inspiran este libro, el Título IV de la LREF regula las medidas complementarias de promoción del desarrollo económico y social de Canarias. Estas medidas pretenden ofrecer mecanismos de política económica y social, así como de coordinación entre Administraciones, a fin de asegurar la consecución de los objetivos perseguidos por la normativa del Régimen Económico y Fiscal de Canarias[29].

En materia de empleo, además de los incentivos fiscales impulsados a través del REF, la LREF impone ciertos deberes de colaboración y coordinación entre el Estado y la Comunidad Autónoma, con un resultado marcadamente presupuestario en torno a la financiación de este ente territorial. En primer término, de acuerdo con el artículo 21.2, la situación económica, social y laboral deberá ser tenida en cuenta por el Estado en la elaboración del Plan Anual de Política de Empleo, en el cual se deberá incluir un plan de empleo para Canarias. Este mandato se ve, asimismo, reforzado por la dispo-

---

ricio Subirana, los "aspectos económicos del REF". Véase a tal efecto Mauricio Subirana, S. (2019). "Los aspectos económicos del Régimen económico y Fiscal de Canarias con la nueva Ley 8/2018, de 5 de noviembre". *La actualización del REF. La ultraperificidad atlántica: medidas económicas y fiscales*. Universidad de Las Palmas de Gran Canaria, 125-146.

29 Como puso de manifiesto Mauricio Subirana, S. (2016). "La necesaria y urgente reforma de los aspectos económicos del Régimen Económico y Fiscal de Canarias". *Hacienda Canaria*, (44), 7-28, antes de la introducción de muchas de estas medidas económicas, se ha de potenciar el bloque económico del REF para evitar que sus medidas fundamentales queden relegadas a un plano meramente programático sin aplicabilidad efectiva frente a las complejas circunstancias políticas y presupuestarias de cada ejercicio. Todo ello se consuma en la introducción de directrices y obligaciones dirigidas a la internacionalización de la economía canaria y, como indica la citada autora, en la aplicación de los principios básicos derivados del carácter ultraperiférico de Canarias, del principio de equidad en materia de financiación u otros derivados de la cohesión social y territorial, y del principio de libertad de importación y exportación (libertad comercial).

sición adicional cuarta de la Ley 3/2023, de 28 de febrero, de Empleo, y encuentra en el momento en que se escriben estas líneas su reflejo más reciente en el Convenio suscrito entre el Servicio Público de Empleo Estatal y la Comunidad Autónoma de Canarias para el desarrollo de un Plan Integral de Empleo de Canarias, firmado el 26 de abril de 2023 y publicado en el Boletín Oficial de Canarias con fecha de 15 de mayo del mismo año, dotado con una financiación de 45 millones de euros.

Asimismo, se ha aprobado y publicado el Real Decreto 659/2024, de 9 de julio, por el que se regula la concesión directa de determinadas subvenciones en el ámbito del empleo y de la formación en el trabajo para el ejercicio presupuestario 2024. En él se contemplan las aportaciones del Servicio Público de Empleo Estatal al Plan Integral de Empleo de Canarias para el año 2024, con una dotación de 45 millones de euros, y al Plan Integral de Empleo de la isla de La Palma, con 30 millones de euros.

En segundo término, teniendo en cuenta la elevada tasa de desempleo y de exclusión social existente en el territorio canario, el artículo 24 *bis* de la LREF obliga al Gobierno de la Nación y al Gobierno de Canarias a coordinar sus esfuerzos y recursos, al objeto de promocionar al máximo el empleo de calidad. A tal efecto, tendrán la consideración de recursos básicos susceptibles de ser destinados al señalado propósito "las inversiones a desarrollar por el Estado y la Comunidad Autónoma; los convenios entre el Servicio Público de Empleo Estatal, la Comunidad Autónoma y las Corporaciones Locales; los fondos que integran los planes en materia de empleo de la Comunidad Autónoma y las aportaciones de los marcos comunitarios de apoyo".

En el ámbito cultural, el artículo 27 del Estatuto de Autonomía reconoce a la ciudadanía canaria el derecho a "acceder en condiciones de igualdad a la cultura"[30]. Impone, asimismo, a los poderes públicos canarios el deber de garantizar "la práctica de actividades culturales,

---

[30] Se trata de un derecho que precisa, como indica Fajardo Spínola, L. (2019). "Capítulo 7. Título I. Capítulo II. Derechos y deberes: (artículos 26 y 27)". *El Estatuto de Autonomía de Canarias (Ley Orgánica 1/2018, de 5 de noviembre).* Civitas, 181, "que sean removidos los obstáculos, a que se faciliten pasarelas, para llegar a los bienes y servicios culturales a disposición de todos"; si bien no supone la

artísticas y formativas en condiciones de igualdad en todo el territorio de Canarias, promoviendo las acciones y medidas necesarias y teniendo en cuenta la doble insularidad".

Este derecho y deber se manifiesta en el ámbito fiscal a través de la obligación impuesta en el artículo 25 *bis* de la LREF. De acuerdo con su tenor, estarán exentos de gravámenes tributarios y aduaneros los traslados de bienes artísticos desde Canarias hacia el resto del territorio nacional o europeo realizados con motivo de su exposición, así como los producidos en sentido inverso, con el propósito de equiparar dichos desplazamientos con los que se producen dentro del espacio comunitario.

Este objetivo se alcanza en las importaciones definitivas con la exención prevista en el artículo 14.3.32°. de la LIGIC, relativa a la importación de "objetos de colección u objetos de arte de carácter educativo, científico o cultural; que se importen por museos, galerías u otros establecimientos para destinarlos exclusivamente a su exposición"[31]. Sin embargo, esta exención puede resultar insuficiente, en atención a la literalidad del precepto programático, al limitarse a las importaciones de bienes adquiridos a título gratuito, en todo caso, u oneroso, solo cuando proceda de personas o entidades que no tengan la consideración de empresario ni profesional[32]. A priori, el mandato debería extenderse a cualquier desplazamiento de bienes artísticos con arribo en Canarias, con independencia del sujeto del que provengan los bienes, al objeto de asegurar el acceso de la ciudadanía canaria a estas manifestaciones culturales.

En el caso de importaciones temporales de dichos bienes, podrán acogerse a nivel impositivo a la correspondiente exención prevista en la LIGIC o LIVA; a lo que se debería sumar la ausencia de gravámenes aduaneros, como requiere el referido artículo 25 *bis*, con la aspiración, además, de simplificar el cumplimiento de las obligaciones y formalidades aduaneras, como también pretendía la disposición adi-

---

libre entrada a cualquier manifestación cultural, sino a los espacios abiertos a la ciudadanía en general.

[31] En términos semejantes se reconoce dicha exención en el artículo 54 de la LIVA.

[32] La exigencia de dichos requisitos se evidencia en la Consulta n°. 1896, de 27 de junio de 2018, dirigida a la Agencia Tributaria Canaria.

cional segunda de la Ley 8/2018, de 4 de noviembre, por la que se modifica la Ley 19/1994, de 6 de julio, de modificación del Régimen Económico y Fiscal de Canarias, que introdujo el estudiado precepto, y como demanda la doctrina[33].

A su vez, en el marco de las operaciones interiores, en relación con el referido derecho a acceder a la cultura en condiciones de igualdad, el artículo 50.1.14º. de la LIGIC declara exentas ciertas prestaciones de servicios que tienen por objeto las manifestaciones culturales enumeradas en dicho precepto cuando sean efectuadas por entidades de Derecho público o establecimientos culturales privados de carácter social[34].

En materia de educación e investigación, de forma transversal a la promoción y desarrollo del empleo y la cultura, la LREF programa también políticas dirigidas al impulso y crecimiento de las Universidades canarias y de los centros de formación profesional, en aras de fomentar una enseñanza de calidad, la potenciación de la investigación y el acceso al empleo. El artículo 22 *bis* ubica a las universidades establecidas en Canarias en el epicentro del desarrollo económico y social del archipiélago por medio de la investigación, la innovación, la formación y la aplicación de conocimiento de excelencia. A su alrededor estructura diversas directrices, unas orientadas a la potenciación de estos centros a través de programas docentes e investigadores de ámbito nacional e internacional, y otras circunscritas a su papel en la economía productiva de la Comunidad Autónoma, quedando al servicio del REF. Su papel se revela, por consiguiente, muy interesante para el desarrollo de la Agenda Canaria 2030 y sirve de ejemplo para establecer a través del REF, como propone Expósito Suárez, estrategias concretas con las que reforzar la especial posición de Canarias en la Unión Europea y la consecución de los Objetivos

---

33 El artículo 25 *bis* es fruto de una intensa labor reivindicativa de los colectivos de artistas canarios para mejorar las posibilidades de exportación e importación de sus obras en condiciones de igualdad respecto del resto del territorio nacional y europeo. A tal fin se requiere la ausencia de gravámenes impositivos sobre dichos objetos artísticos y la simplificación de los trámites aduaneros aparejados con el fin de reducir los costes asociados y de respetar los principios reconocidos en el Estatuto de Autonomía, como indica Mauricio Subirana, S. (2019). "Los aspectos económicos...", *op. cit.*, 138-141,

34 Del mismo modo se pronuncia el artículo 20.1.14º de la LIVA.

de Desarrollo Sostenible[35]. Una muestra de ello podrían ser los programas de índole docente e investigadora aprobados en el año 2024 en favor de las Universidades de La Laguna y de Las Palmas de Gran Canaria, como parte de la red del Laboratorio de la Sostenibilidad de Canarias[36].

En lo que respecta a la formación profesional, para facilitar el acceso al empleo, el artículo 23 de la LREF favorece el acceso a este tipo de formación de manera dual. Impone a la Administración General del Estado el deber de colaborar con la Comunidad Autónoma de Canarias en la elaboración de programas especiales de formación profesional para el empleo en sectores de servicios avanzados, los cuales pueden estar orientados, por ejemplo, al turismo, dentro del Plan Estratégico de Turismo y de la formación técnico-profesional demandados en el artículo 19 de la LREF. Y exige la oferta necesaria de plazas y de becas de estudio para promover el acceso del alumnado a dicha formación profesional.

Por último, en referencia al ámbito concerniente a los servicios sociales, el REF introduce medidas programáticas de contenido presupuestario. El artículo 21 *bis* de la LREF, de fomento de la integración social, establece que el Gobierno de España consignará anualmente en los Presupuestos Generales del Estado una "dotación suficiente" para impulsar medidas orientadas a paliar la pobreza y la exclusión social en Canarias, teniendo en cuenta la elevada tasa de pobreza y exclusión social del archipiélago y su condición ultraperiférica, mientras los indicadores sociales la sitúen por encima de la media nacional[37].

---

35 Expósito Suárez, I. (2023). "La Agenda Canaria de Desarrollo Sostenible como eje de la política normativa autonómica". *Revista Canaria de Administración Pública*, (1), 139.

36 Véase la información relativa a estos proyectos presente en el Portal de Noticias del Gobierno de Canarias, accesible en: https://www3.gobiernodecanarias.org/noticias/gobierno-y-universidades-se-unen-en-la-busqueda-de-soluciones-innovadoras-que-impulsen-la-agenda-canaria-2030/ (consultado por última vez en mayo de 2024).

37 Como se constata en la enmienda nº. 50 presentada en el Congreso de los Diputados en relación con el Proyecto de Ley que introdujo el citado precepto, el objeto de esta medida es dotar de financiación complementaria a la Comunidad Autónoma de Canarias en la medida en que la tasa de riesgo de pobreza y exclu-

Fruto de este deber se contemplan en los Presupuestos Generales de 2023 y en su prórroga para 2024 un crédito presupuestario a cargo del Ministerio de Derechos Sociales, Consumo y Agenda 2030 por importe de 30 millones de euros[38]. Sin embargo, no queda claro si se cumple con la exigencia del precepto; y ello se encuentra motivado por la relatividad de su objeto: una dotación "suficiente".

Si el parámetro sobre el que se ha de valorar la suficiencia de la financiación es su aptitud para impulsar medidas dirigidas a la disminución de la pobreza y la exclusión social, la cantidad asignada cumplirá el estándar requerido. Pero tal interpretación supondría sujetar la medición de dicha suficiencia a un factor insustancial, pues la adecuación para impulsar esos efectos es connatural a cualquier medida concreta de dicha naturaleza, por mínima que sea su magnitud, pudiendo asumirse su cumplimiento en cualquier caso.

Si, por el contrario, como entendemos, el parámetro sobre el que se ha de valorar la suficiencia de la financiación es su idoneidad para reducir la tasa de riesgo de pobreza y exclusión, como magnitud y fundamento reflejados en el propio precepto, resulta más cuestionable su cumplimiento. Atendiendo a la evolución de la tasa de pobreza y exclusión social del Instituto Nacional de Estadística (INE) de los últimos años[39], se aprecia que la situación de Canarias no experimenta cambios sensibles e, incluso, empeora en algunos períodos, a pesar de contar con los mismos importes anuales derivados de esta financiación adicional. Con lo cual, aun siendo solo un mecanismo complementario creado para atenuar una situación estructural, denota que la financiación pueda no ser suficiente para impulsar las

---

sión social —ya atendamos a los datos del Instituto Nacional de Estadística o del indicador AROPE— resulta notablemente superior a la media nacional, con el propósito de fomentar la integración y la cohesión social en Canarias.

38 Transferencia del programa presupuestario "231F. Otros servicios sociales del Estado" con clasificación económica "455. A la Comunidad Autónoma de Canarias. Programa de Lucha contra la pobreza y prestaciones básicas de servicios sociales".

39 La tasa de pobreza y exclusión social se situó en el año 2023 en el 37%, muy por encima del 26% de la media nacional, sin que se observe una continuidad decreciente en los últimos años. Véase a tal efecto los datos del INE, disponibles en: https://www.ine.es/jaxiT3/Datos.htm?t=29288 (consultado por última vez en mayo de 2024).

políticas necesarias y emplaza a los organismos públicos oportunos a la redefinición e impulso de esta medida.

V. CONCLUSIONES

El REF constituye un medio fundamental de promoción y desarrollo de los derechos y principios rectores del Estatuto de Autonomía. Su respaldo permite el abordaje de políticas fiscales y la financiación de gastos orientados hacia la consecución y protección de dichos principios y derechos, que, sin esta institución, podrían quedar desatendidos o, desde luego, con una menor capacidad de crecimiento.

Su importante rol no desvirtúa su aptitud para continuar evolucionando y, como hemos visto, seguir impulsando la coordinación y colaboración entre los organismos territoriales para dar satisfacción a las necesidades que demandan las peculiares circunstancias del archipiélago y su ciudadanía, sobre todo en aquellos puntos en los que dicha coordinación se revela insuficiente.

En cualquier caso, su incidencia en el crecimiento de los derechos y principios autonómicos se manifiesta positivamente y no cabe duda de que el crecimiento y evolución del REF, como institución, y el refuerzo de sus medidas continuarán brindando una importante cobertura a su desarrollo y promoción.

Referencias bibliográficas

Alemán Páez, F. (2020). "Artículo 23. Derechos en el ámbito laboral". *Comentarios a la Ley Orgánica 1/2018, de 5 de noviembre, de Reforma del Estatuto de Autonomía.* Boletín Oficial del Estado, 159-165.

Clavijo Hernández, F. (2019). "El Régimen Económico Fiscal de Canarias en la Constitución. Un análisis de la disposición adicional tercera". *Revista Técnica Tributaria,* (124), 39-52.

Clavijo Hernández, F., y Génova Galván, A. (2019). "Capítulo 37. Título VI. Capítulo I. Del Régimen Económico y Fiscal de Canarias: (Artículos 165 a 168)". *El Estatuto de Autonomía de Canarias (Ley Orgánica 1/2018, de 5 de noviembre).* Civitas, 727-748.

Clavijo Hernández, F., y Génova Galván, A. (2020). "Artículos 166 y 167. El régimen económico-fiscal de Canarias". *Comentarios a la Ley Orgánica 1/2018, de 5 de noviembre, de Reforma del Estatuto de Autonomía.* Boletín Oficial del Estado, 975-990.

Clavijo Hernández, F., Génova Galván, A., y Sánchez Blázquez, V. M. (2018). "El régimen económico y fiscal de Canarias y el sistema de financiación autonómica". *Revista de Contabilidad y Tributación. CEF,* (421), 85-114.

Expósito Suárez, I. (2023). "La Agenda Canaria de Desarrollo Sostenible como eje de la política normativa autonómica". *Revista Canaria de Administración Pública,* (1), 109-143.

Fajardo Spínola, L. (2019). "Capítulo 7. Título I. Capítulo II. Derechos y deberes: (artículos 26 y 27)". *El Estatuto de Autonomía de Canarias (Ley Orgánica 1/2018, de 5 de noviembre).* Civitas, 175-182.

Génova Galván, A. (2023). "La institución del Régimen Económico-Fiscal de Canarias en la Constitución". *Nueva Fiscalidad,* (1), 89-122.

Hernández López, C. (2019). "Capítulo 30. Título VI. Educación, investigación, cultura y deporte: (Artículos 133 a 138)". *El Estatuto de Autonomía de Canarias (Ley Orgánica 1/2018, de 5 de noviembre).* Civitas, 599-620.

Martín Cáceres, A. F. (1988). "La protección constitucional del régimen económico-fiscal canario". *Civitas. Revista Española de Derecho Financiero,* (59), 451-469.

Martín Cáceres, A. F. (2008). "Financiación autonómica, corresponsabilidad fiscal y Régimen Económico-Fiscal de Canarias". *Estudios jurídicos en memoria de Don César Albiñana García-Quintana.* Instituto de Estudios Fiscales, Madrid, 3251-3281.

Mauricio Subirana, S. (2016). "La necesaria y urgente reforma de los aspectos económicos del Régimen Económico y Fiscal de Canarias". *Hacienda Canaria,* (44), 7-28.

Mauricio Subirana, S. (2019). "Los aspectos económicos del Régimen económico y Fiscal de Canarias con la nueva Ley 8/2018, de 5 de noviembre". *La actualización del REF. La ultraperificidad atlántica: medidas económicas y fiscales.* Universidad de Las Palmas de Gran Canaria, 125-146.

Melián González, A. (2023). "Dinámica de la articulación del REF en la financiación autonómica en los últimos veinte años". *El REF tras la pandemia: Retos económicos y seguridad jurídica,* Universidad de las Palmas de Gran Canaria, 147-181.

Melián González, A., Apolinario Hidalgo, L., y Gil Doreste, M. T. (2024). "Análisis de la evolución de los recursos no financieros de las Comunidades Autónomas. Especial referencia a la Comunidad Autónoma de Canarias". *Hacienda Canaria,* (61), 61-96.

Menéndez Moreno, A. (2023). "¿Qué fue de la reforma del sistema de financiación de las Comunidades Autónomas?". *Quincena Fiscal,* (9).

Monasterio Escudero, C. (2015). "La interminable historia de la corresponsabilidad fiscal". *Presupuesto y Gasto Público,* (81), 21-38.

Orozco Muñoz, M. (1997). *El Régimen Fiscal de Canarias. Su conformación por el bloque de constitucionalidad.* Marcial Pons, Madrid.

Pascual González, M. M. (2006). *Las ayudas de Estado de carácter fiscal: su incidencia en el régimen económico y fiscal de Canarias.* Consejería de Economía y Hacienda: Hacienda Canaria, Las Palmas de Gran Canaria.

Piñero Campos, J. M. (2019). "Capacidad tributaria de las comunidades autónomas y transferencias: tratando de definir un diseño alternativo más sencillo". *Presupuesto y Gasto Público,* (96), 57-87.

Sánchez Blázquez, V. M. (2019). "Título VI. Capítulo II. Del Régimen Económico y Fiscal de Canarias: (Artículos 169 a 170, 172, 173, 176 a 178, disposición adicional primera y tercera)". *El Estatuto de Autonomía de Canarias (Ley Orgánica 1/2018, de 5 de noviembre).* Civitas, 749-786.

Sánchez Blázquez, V. M. (2017). "Las especialidades en la financiación de las haciendas territoriales canarias". *La reforma de la financiación territorial.* Tirant lo Blanch, Valencia, 533-550.

SEGUNDA PARTE

LOS DERECHOS PROTEGIDOS POR EL ESTATUTO DE AUTONOMÍA DE CANARIAS

A. DERECHOS RELACIONADOS CON LOS PODERES PÚBLICOS CANARIOS

Los derechos de participación política de la ciudadanía canaria

VÍCTOR CUESTA LÓPEZ
Profesor Titular de Derecho Constitucional
Universidad de Las Palmas de Gran Canaria
https://doi.org/10.36151/TLB_9788410955158.4

SUMARIO: I. Presentación. II. Participación política a través del derecho de sufragio. III. Los derechos de participación en el procedimiento legislativo. IV. El derecho de petición. V. Participación ciudadana en las consultas populares. VI. Algunas notas sobre la Ley canaria de participación. Referencias bibliográficas

I. PRESENTACIÓN

Entre los principios que inspiran el vigente Estatuto de Autonomía de Canarias (en adelante, EACan), aprobado mediante Ley Orgánica 1/2018, de 5 de noviembre, su Preámbulo se refiere, en términos muy generales, a la "consolidación y mejora de la calidad de nuestro sistema democrático". Una de las vías tradicionales para la profundización democrática del Estado constitucional ha sido la afirmación y extensión progresiva de los derechos de participación política de la ciudadanía. En ese sentido, el EACan incluye entre los derechos subjetivos de su Título I una lista relativamente extensa de derechos de participación política (art. 31) que se proclaman a favor de los ciudadanos que ostentan la condición de canarios (art. 6). No obstante, como podremos comprobar en los próximos apartados del presente capítulo, este listado de derechos políticos, que se reproduce de modo muy similar en otros Estatutos de Autonomía de tercera generación (sirvan como ejemplo, el art. 30.1 del Estatuto de Autonomía de Andalucía y el art. 29 del Estatuto de Autonomía de Cataluña), viene, en gran medida, a reiterar derechos de participación política que ya habían sido previamente reconocidos por el ordenamiento jurídico nacional y/o autonómico.

II. PARTICIPACIÓN POLÍTICA A TRAVÉS DEL DERECHO DE SUFRAGIO

Empleando un enunciado muy similar al del art. 23 de la Constitución española de 1978, el art. 31.a EACan proclama el derecho subjetivo de los ciudadanos a "participar en condiciones de igualdad en los asuntos públicos de Canarias, de forma directa o bien a través de representantes". Como no podría ser de otro modo en un sistema de democracia representativa, el derecho de participación de la ciudadanía canaria se articula fundamentalmente a través del sufragio (art. 31.b. EACan), mecanismo que permite ejercer el derecho a "elegir libremente a sus representantes en los órganos políticos representativos" (derecho de sufragio activo) y también a "concurrir como candidatos y candidatas en los procesos electorales" (derecho de sufragio pasivo). Tratándose de un derecho fundamental integrado en la Sección 1ª del Capítulo II del Título I CE, las condiciones de ejercicio del derecho de sufragio en las distintas elecciones están reguladas en la Ley Orgánica 5/1985, de 19 de junio, del Régimen Electoral General (Capítulo I, Título I). La legislación orgánica se complementa, en el caso de las elecciones autonómicas, con las previsiones contenidas en la Ley 1/2022, de 11 de mayo, de Elecciones al Parlamento de Canarias. De este régimen jurídico resulta que el ejercicio del derecho de sufragio activo se reserva a los ciudadanos que gocen de la condición política de canarios (art. 6 EACan), que estén inscritos debidamente en el censo electoral, y que "no se encuentren incursos en ninguno de los supuestos de privación del derecho de sufragio" contenidos en la propia legislación electoral. En lo que respecta al sufragio pasivo, su ejercicio también está condicionado por las causas de inelegibilidad previstas en el art. 4 de la ley electoral canaria que contiene un extenso listado de supuestos entre los que se incluyen, además de los mismos supuestos descritos en la LOREG, los ciudadanos que ya ostentan otras responsabilidades institucionales autonómicas[1].

---

[1] El art. 4 Ley 1/2022, de 11 de mayo, de Elecciones al Parlamento de Canarias determina las causas de inelegibilidad: "a) Quienes se encuentren en alguno de los supuestos previstos como causas de inelegibilidad en las disposiciones comunes de la Ley Orgánica del Régimen Electoral General. b) El diputado o diputada del común y sus adjuntos y adjuntas. c) La persona que ejerza la

III. LOS DERECHOS DE PARTICIPACIÓN EN EL PROCEDIMIENTO LEGISLATIVO

En lo que respecta a los instrumentos de participación política directa, o de democracia participativa, el Estatuto de Autonomía declara el derecho de los ciudadanos canarios a promover y presentar iniciativas legislativas ante el Parlamento de Canarias (art. 31.c). Este derecho subjetivo se encontraba ya regulado por la todavía vigente Ley 10/1986, de 11 de diciembre, sobre iniciativa legislativa popular que, a su vez, había sido aprobada en desarrollo del art. 12.5 del EACan de 1982. El art. 44.4 del vigente EACan también integra expresamente a la iniciativa legislativa popular en su modelo plural de iniciativa legislativa. Al igual que el procedimiento de iniciativa legislativa popular ante las Cortes Generales, la iniciativa popular ante el Parlamento de Canarias se ejerce mediante la presentación de proposiciones de ley —suscritas por al menos 15.000 mil electores, o por el 50 por 100 de los electores de una circunscripción insular en aquellas iniciativas cuyo contenido afecte en exclusiva a un isla— que son sometidas a la toma en consideración del Pleno de la Cámara atendiendo a criterios de oportunidad política. Las proposiciones de ley son presentadas por una Comisión promotora[2] ante la Mesa del

---

presidencia y quienes sean consejeros y consejeras del Consejo Consultivo de Canarias. d) El presidente o presidenta y los auditores y auditoras de la Audiencia de Cuentas de Canarias. e) Los ministros y ministras y las secretarias y secretarios de Estado. f) Quienes sean miembros de los Consejos de Gobierno de las demás comunidades autónomas, así como los cargos de libre designación de los citados consejos. g) Quienes sean miembros de las asambleas legislativas de las restantes comunidades autónomas. h) Las personas titulares de las direcciones generales y de las secretarías generales técnicas de las consejerías del Gobierno de Canarias y demás altos cargos que se les equiparen. i) La persona titular de la dirección general o quien ejerza la administración única del ente público Radiotelevisión Canaria y sus sociedades mercantiles. j) Quienes ejerzan funciones o cargos conferidos y remunerados por un Estado extranjero. k) El presidente o presidenta, los vocales y las vocales y el secretario o secretaria de la Junta Electoral de Canarias. l) Quien ostente la titularidad del Comisionado de Transparencia y Acceso a la Información Pública.

2 El art. 4 de la Ley 10/1986 determina que la identidad de los miembros de la comisión promotora debe quedar reflejada en el escrito que activa el procedimiento de iniciativa popular. No podrán formar parte de la misma los diputados del Parlamento de Canarias, los miembros del Gobierno de Canarias y de los

Parlamento que las somete a un control de legalidad en el que, entre otras cuestiones, se determina si se ajustan a los importantes límites materiales determinados en el art. 2 de la Ley 10/1986: no serán admitidas las proposiciones de ley sobre una materia que no sea competencia propias de la CA; las de naturaleza presupuestaria, tributaria o sobre planificación de la actividad económica; las que impliquen una reforma del EACan; las relativas a los órganos propios de la CACan; la propia iniciativa legislativa popular; o el régimen electoral[3]. La Comisión promotora se encarga de promover la campaña en la que, en un plazo de tres meses, deben reunirse al menos quince mil firmas de electores, o las del cincuenta por ciento de los de una circunscripción insular cuando las iniciativas afecten en exclusiva a una isla. Una Junta de Control constituida en el Parlamento de Canarias controlará la validez de las firmas y en el caso de superar el mínimo establecido la proposición de ley se someterá a su toma en consideración en un Pleno en el que será defendida por uno de los integrantes de la Comisión Promotora[4]. Conviene advertir que el régimen jurídico de la iniciativa legislativa popular, muy restrictivo, debería someterse a una revisión en la que, de modo particular, se supriman los importantes límites materiales que acabamos de mencionar[5].

Cabildos Insulares "siempre que desde esta condición puedan presentar iniciativas legislativas sobre la materia objeto de la proposición de ley, tanto individualmente como por conducto de la institución de la cual son miembros" (art. 4.4)

3 A la hora de valorar la admisión a trámite de las iniciativas legislativas popular, la Presidencia del Parlamento "recabará dictamen del Consejo Consultivo a los efectos de determinar la existencia de alguna de las causas de exclusión previstas en el artículo 2 de la Ley 10/1986, de 11 de diciembre, sobre iniciativa legislativa popular" (art. 142.3 Reglamento del Parlamento de Canarias). En los supuestos en que una iniciativa legislativa popular haya resultado inadmitida por no cumplir con todos los requisitos previstos en su normativa reguladora, a solicitud de sus firmantes podrá convertirse en petición ante el Parlamento de Canarias, en los términos previstos en el presente artículo, Art. 51.6

4 Esta posibilidad está prevista en el art. 12.2 Ley 10/1986 y en el art. 141 del Reglamento del Parlamento de Canarias.

5 Consultar en este sentido, Cabedo Mallol, V. (2009). "La iniciativa legislativa popular en las Comunidades Autónomas. La necesaria reforma de su legislación". *Teoría y Realidad Constitucional*, (24), 455-476. Sobre la iniciativa legislativa popular ante las Cortes Generales y ante los parlamentos autonómicos consultar la extensa monografía de Cuesta López, V. (2008). *Participación directa e iniciativa*

Además de la participación del ciudadano en el impulso del procedimiento legislativo, el art. 31.c) EACan también incluye, del mismo modo que lo hacen el art. 30.1.b EAAnd, y el art. 29.4 EACat, el "derecho a participar, directamente o a través de entidades asociativas, en el proceso de elaboración de las leyes del Parlamento". Este precepto parece referirse a la intervención del ciudadano y de las organizaciones de la sociedad civil en la fase central o deliberativa del procedimiento legislativo que se desarrolla principalmente en las comisiones legislativas constituidas en el seno de la Cámara. Para regular las posibles vías de participación en el procedimiento legislativo, el EACan se remite al Reglamento del Parlamento que en el art. 219.2 encarga a la Mesa la adopción de "las medidas e instrumentos necesarios para que dicha participación sea efectiva, en especial en relación con el ejercicio de la función legislativa y de control político del Gobierno de Canarias". En este sentido, ya en la IX Legislatura, la Mesa del Parlamento habilitó una plataforma de participación, de acceso abierto en la web institucional[6], que posibilita la presentación de aportaciones y sugerencias en la fase de presentación de enmiendas a los proyectos y proposiciones de ley y que cuenta con unas sencillas normas de moderación[7]. También debemos mencionar, aunque no esté integrado en el listado de derechos subjetivos del art. 31 EACan, el derecho de los ciudadanos residentes en Canarias a formular preguntas de control al Gobierno, declarado en el art. 182 del Reglamento del Parlamento. Las preguntas de iniciativa ciudadana, que se presentan por escrito y podrán ser contestadas oralmente, se dirigen a los miembros del Gobierno, con la excepción del Presidente de Canarias. Para ser formuladas en Pleno o comisión, las preguntas deben ser asumidas por un diputado dentro del plazo de los quinces días a contar desde su publicación[8].

---

legislativa del ciudadano en democracia constitucional. Thomson-Civitas, Cizur Menor.

6 https://www.parcan.es/participacion/parlamenta/

7 https://www.parcan.es/participacion/parlamenta/moderacion/

8 El art. 182 del Reglamento del Parlamento regula en detalle las preguntas de iniciativa ciudadana. En el supuesto de que las preguntas no sean asumidas por ningún diputado "se considerarán decaídas, no pudiendo ser objeto de tramitación ni en Pleno ni en comisión" (art. 182.5). En el caso de que sean asumidas, "la decisión sobre si la pregunta de iniciativa popular se tramita en Pleno o en

IV. EL DERECHO DE PETICIÓN

El derecho a dirigir peticiones y a plantear quejas a las instituciones y administraciones públicas canarias, proclamado en el art. 31.d EACan, es otra reiteración, sin mayor trascendencia jurídica, del derecho fundamental de petición declarado en el art. 29 CE. En cualquier caso, la Ley Orgánica 4/2001, de 12 de noviembre, que determina las condiciones de ejercicio de este derecho fundamental de petición tiene un carácter supletorio respecto de la regulación que puedan hacer otras normas jurídicas más específicas. En lo que respecta a la legislación autonómica, debemos mencionar otros regímenes jurídicos particulares como el del derecho de petición ante el Parlamento de Canarias, contenido en el art. 51 del Reglamento de la Cámara. En este caso, la Mesa del Parlamento de Canarias es el órgano encargado de la admisión a trámite de las peticiones formuladas por escrito en las que deben constar "los datos completos que permitan identificar a la persona que formuló la petición, un domicilio a efectos de notificaciones y se señale de forma clara cuál es el objeto de la misma" (art. 51.1). La petición se traslada a la Comisión del Estatuto de los miembros de la Cámara y de Peticiones, cuya mesa "podrá acordar excepcionalmente dar una audiencia especial a la persona solicitante al objeto de que pueda, si lo desea, completar o aclarar su petición en los extremos que aquella aprecie incompletos u oscuros, fijando a tales efectos una fecha para su realización" (art. 51.4). Finalmente, la Comisión del Estatuto de los miembros de la Cámara y de Peticiones tiene la obligación de notificar al peticionario "el acuerdo adoptado en relación con su solicitud, cualquiera que fuera el sentido de aquel" (art. 51.5).

---

comisión corresponde al diputado o a la diputada que la haya asumido. De no hacerse indicación al respecto, corresponderá tramitar la pregunta ante el Pleno. En todo caso, este habrá de hacer constar en su intervención el autor o autora de la iniciativa, salvo que expresamente este haya solicitado permanecer en el anonimato haciéndolo constar en su escrito de presentación. Asimismo, el miembro de la Cámara no podrá modificar de forma sustancial en su intervención el contenido originario del texto de la pregunta" (art. 182.6).

V. PARTICIPACIÓN CIUDADANA EN LAS CONSULTAS POPULARES

En el listado de derechos políticos del EACan también se incluye el derecho a "promover la convocatoria de consultas populares en el ámbito espacial de Canarias, así como participar en ellas. Todo ello sin perjuicio de las competencias del Estado en materia de referéndum" (art. 31.e). Para averiguar cuál es el verdadero alcance de este precepto, cuya redacción es bastante similar a la de los Estatutos de Autonomía de Cataluña (art. 29.6 EACat[9]), Andalucía (art. 30.1.c EAAnd[10]), Islas Baleares (art. 15.2.c EAIB[11]) y Castilla y León (art. 11.5 EACyL[12]), debemos acudir a la jurisprudencia de Tribunal Constitucional y hacer una distinción entre la institución del referéndum, una consulta popular mediante la que "el poder público convoca al conjunto de los ciudadanos de un ámbito territorial determinado para que ejerzan el derecho fundamental de participación en los asuntos públicos emitiendo su opinión, vinculante o no, sobre una determinada cuestión, mediante votación y con las garantías propias de un proceso electoral" [STC 32/2015, de 25 de febrero (*Tol 4775454*), FJ 6º.], del resto de consultas populares que no tienen este carácter refrendario[13].

---

9 "Los ciudadanos de Cataluña tienen derecho a promover la convocatoria de consultas populares por parte de la Generalitat y los Ayuntamientos, en materia de las competencias respectivas, en la forma y las condiciones que las leyes establecen".

10 Entre los derechos de participación política de los ciudadanos andaluces se incluye el "derecho a promover la convocatoria de consultas populares por la Junta de Andalucía o por los Ayuntamientos, en los términos que establezcan las leyes ".

11 Entre los derechos de participación política de los ciudadanos baleares se incluye el "derecho a promover la convocatoria de consultas populares por el Gobierno de las Illes Balears, Consejos Insulares o por los Ayuntamientos en los términos que establezca la Constitución española y las leyes".

12 "Los ciudadanos de Castilla y León tienen derecho a promover la convocatoria de consultas populares, relativas a decisiones políticas que sean competencia de la Comunidad, en las condiciones y con los requisitos que señalen las leyes, respetando lo dispuesto en el artículo 149.1.32ª. de la Constitución Española".

13 Sobre la regulación del referéndum en el ordenamiento jurídico español y la jurisprudencia constitucional al respecto consultar Sáenz Royo, E. (2018). *El referéndum en España*. Marcial Pons, Madrid.

En lo que respecta a la institución del referéndum, debemos advertir, como ya lo hace el propio art. 31.e) EACan, que la regulación autonómica está seriamente limitada toda vez que el art. 92.3 CE remite a una ley orgánica para regular las condiciones y el procedimiento de las distintas modalidades de referéndum en nuestro país[14], que éste constituye una vía de expresión del derecho fundamental de participación política directa que también debe ser regulado mediante ley orgánica (arts. 23 y 81.1 CE) y que la autorización de su convocatoria es competencia exclusiva del Estado (art. 149.1.32 CE). Además, el EACan reserva a la Comunidad Autónoma de Canarias la competencia exclusiva para regular "el régimen jurídico, las modalidades, el procedimiento, la realización y la convocatoria por ella misma o por los entes locales, en el ámbito de sus competencias, de encuestas, audiencias públicas, foros de participación y cualquier otro instrumento análogo de consulta popular, con la excepción del referéndum" (art. 108.a). Este título competencial, prácticamente idéntico a su correlativo en el Estatuto de Autonomía de Andalucía (art. 78) y el de Aragón (art. 71.27), supone la renuncia expresa de la Comunidad Autónoma a la regulación de todas aquellas consultas populares que tengan carácter refrendario, es decir, de cualquier consulta dirigida al conjunto de la ciudadanía para determinar mediante el voto cuál es la voluntad general respecto una cuestión de trascendencia política.

En cualquier caso, el propio EACan determina que los ciudadanos de la Comunidad Autónoma de Canarias sí podrían participar en un referéndum de ratificación de su próxima reforma ("Procedimiento general de reforma del Estatuto"). La convocatoria de esta consulta popular, eso sí, debe ser expresamente autorizada por la Cortes Generales en la ley orgánica que apruebe dicha reforma estatutaria (arts. 200.4 y 5 EACan). Conviene tener presente, no obstante, que el procedimiento de reforma estatutaria que puede llevar a la celebración de un referéndum de ratificación no podrá ser activado, a diferencia de lo que ocurre en Cataluña (art. 222.1.a EACat), a instancias de la ciudadanía, ya que la iniciativa de reforma se encuentra reservada al Gobierno de Canarias y al Parlamento de Canarias, a

---

[14] Ley Orgánica 2/1980, de 18 de enero, sobre regulación de las distintas modalidades de referéndum.

propuesta de al menos una quinta parte de sus diputados (art. 200.1 EACan).

Otra de las referencias a la institución del referéndum en el ordenamiento jurídico autonómico la encontramos en el art. 211 del Reglamento del Parlamento de Canarias ("De las consultas populares en el ámbito de Canarias") que regula el procedimiento que debe seguirse para solicitar al Gobierno de España la convocatoria de un referéndum consultivo sobre cuestiones políticas de especial trascendencia (art. 92 CE) "en el ámbito territorial de Canarias". En este caso, la solicitud de la convocatoria corresponde exclusivamente al Gobierno de Canarias y requiere la aprobación previa de la mayoría absoluta del Parlamento de Canarias. El Gobierno deberá comunicar al Parlamento "los términos exactos de la consulta, así como el ámbito territorial de la misma". El debate plenario y la votación sobre la propuesta de consulta siguen las normas previstas para los de primera lectura (art. 211.2). La decisión del Parlamento de Canarias se traslada al Gobierno de Canarias para que, en caso de ser afirmativa, remita al Gobierno de España la solicitud de la convocatoria.

Finalmente, y a pesar de que la Comunidad Autónoma de Canarias ha asumido las competencias de desarrollo legislativo y de ejecución en materia de régimen local (art. 105 EACan), lo cierto es que la Ley 7/2015, de 1 de abril, de los municipios de Canarias no ha previsto ninguna regulación específica sobre los referéndums locales[15]. Tampoco existe, como en el caso de Andalucía, Baleares, Cataluña o Navarra[16], una legislación autonómica específica sobre consultas populares de carácter refrendario en el ámbito local. Por lo tanto, la convocatoria de los referéndums en los municipios y las islas, que siempre deberá ser autorizada por el Estado, se encuentra en la actualidad regulada por los arts. 70 bis.2 y 71 de la Ley de Bases

---

15 La Ley 7/2015, de 1 de abril, de los municipios de Canarias enumera en su art. 17 la lista de "instrumentos participativos" limitándose a mencionar las "Consultas ciudadanas" (letra h) sin más referencias.

16 Ley 2/2001, de 3 de mayo, de Regulación de las Consultas Populares Locales en Andalucía; Ley 12/2019, de 12 de marzo, de consultas populares y procesos participativos (Illes Balears); Ley 4/2010, de 17 de marzo, de consultas populares por vía de referéndum en Cataluña; Ley Foral 27/2002, de 28 de octubre, reguladora de Consultas Populares de ámbito local.

de Régimen Local o, en su caso, por la normativa orgánica municipal o insular que haya sido adoptada en el respectivo ayuntamiento o cabildo insular[17].

En lo que respecta a las consultas populares de carácter no refrendario, debemos referirnos a la Ley 5/2010, de 21 de junio, Canaria de Fomento de la Participación Ciudadana que, en su art. 20, establece que el "Gobierno podrá, a instancias del presidente, recabar la opinión de la ciudadanía sobre asuntos de interés general de competencia autonómica, mediante sondeos, encuestas o cualquier otro instrumento de participación ciudadana". De una primera lectura de este precepto, podemos deducir que el legislador autonómico concibe las consultas a la ciudadanía, principalmente, como herramientas de investigación sociológica para la prospección de la opinión pública y no como consultas populares en el sentido tradicional del término. Sin embargo, debemos advertir que el Gobierno de Canarias se amparó en la cláusula de apertura de este artículo ("cualquier otro instrumento") para regular mediante el Decreto 95/2014, de 25 de septiembre por el que se aprueba el Reglamento de las consultas ciudadanas en asuntos de interés general de competencia autonómica, la convocatoria de "consultas ciudadanas mediante pregunta directa" que, a la postre, fueron consideradas como auténticos referéndums por el Tribunal Constitucional y declaradas, en consecuencia, inconstitucionales[18] [STC 137/2015, de 11 de junio (*Tol 5421302*)].

---

17 Sirva como ejemplo, en este sentido, la convocatoria de las consultas a la ciudadanía previstas en el Reglamento Orgánico de Participación Ciudadana del Cabildo Insular de Gran Canaria. Su art. 13 determina que la "consulta a la ciudadanía es un instrumento participativo que permite al Cabildo conocer la opinión de la ciudadanía en materias de su competencia, la cual se expresa mediante el voto directo, libre, igual y secreto en las urnas presenciales o electrónicas establecidas al efecto, en el marco de la normativa insular, autonómica y estatal vigente". La iniciativa para convocar la consulta ciudadana corresponde: "a) A la presidencia del Cabildo y al menos tres grupos políticos que integren como mínimo a un tercio de miembros del Pleno, sometiéndose en última instancia al Pleno de la Corporación para su aprobación. b) A las personas mayores de dieciséis años empadronadas en la isla y cuenten con el respaldo de diez mil firmas válidas, correspondiendo la decisión, en cualquier caso, al Pleno de la Corporación".

18 Consultar, en este sentido, Cuesta López, V. (2019). "Referéndums y consultas populares en Canarias: la consulta ciudadana mediante pregunta directa sobre

En definitiva, aunque el EACan proclama el derecho de los ciudadanos a promover la convocatoria de consultas populares en el ámbito espacial de Canarias y a participar en ellas, lo cierto es que el vigente régimen jurídico autonómico es sumamente restrictivo y hace su ejercicio inviable en la actualidad, con la excepción de los referéndums locales en virtud de la legislación estatal y la normativa propia de las administraciones locales canarias (también inédita en la práctica).

VI. ALGUNAS NOTAS SOBRE LA LEY CANARIA DE PARTICIPACIÓN

Concluiremos el presente capítulo refiriéndonos, brevemente, a la Ley 5/2010, de 21 de junio, canaria de fomento a la participación ciudadana que fue en su momento, junto a la Ley 11/2008, de 3 de julio de 2008, de la Generalitat, de Participación Ciudadana de la Comunitat Valenciana, una norma pionera en la España autonómica[19]. Su procedimiento de elaboración contó con la implicación de representantes políticos, técnicos de la administración autonómica y local y agentes de la sociedad civil. En efecto, la Dirección General de Participación Ciudadana del Gobierno de Canarias difundió en marzo de 2008 un Documento Abierto para el debate que se remite a entidades ciudadanas, agentes y cargos públicos locales. Entre octubre de 2008 y abril de 2009 se crearon grupos de trabajo que fueron analizando las sugerencias y aportaciones recibidas y que también programaron reuniones con diversas organizaciones de la sociedad civil. En este sentido, Tur Ausina comenta que "fruto de este proceso fue la recepción de un gran número de aportaciones por parte de la

---

las prospecciones petrolíferas de 2014". *Referéndums y consultas populares en el Estado autonómico*. Marcial Pons, Madrid, 237-258.

19 Esta ley se aprueba en el ejercicio de las competencias legislativas atribuidas a la Comunidad Autónoma de Canarias en los artículos 30.1 (Organización, régimen y funcionamiento de sus instituciones de autogobierno), 32.5 (sistema de consultas populares) y 32.6 (régimen jurídico y sistema de responsabilidades de la Administración Pública de la Comunidad Autónoma y de los entes públicos dependientes de ella, así como el estatuto de sus funcionarios) del EACan vigente en el momento de su promulgación.

ciudadanía (bien transmitidas en las mismas reuniones, bien remitidas por correo o a través de los medios dispuestos a través de la web). Y es interesante reseñar que el mayor número de aportaciones venían referidos al "ámbito local", al que en consecuencia la política autonómica no puede dar la espalda, aunque también fueron relevantes las "posibilidades de participación de colectivos desfavorecidos"[20].

En lo que respecta a su contenido, la Ley 5/2010 integra en su Título II una serie de derechos subjetivos de los ciudadanos —derechos de información y protección de datos de carácter personal (arts. 5-7); derecho de audiencia ciudadana (art. 8); acceso a archivos y registros (art. 9); derecho de propuestas o actuaciones de interés público (art. 10); derecho a recabar la colaboración en la realización de actividades ciudadanas (art. 11) y derecho a la propuesta de iniciativa reglamentaria[21] (art. 12)—, así como los deberes de los poderes públicos canarios (art. 4). Además de los ciudadanos que ostentan la condición política de canarios, el ámbito subjetivo de la ley integra, "en la medida que no lo impida la legislación correspondiente", a los ciudadanos residentes en Canarias, independientemente de su condición política y nacionalidad, a los ciudadanos españoles residentes en el extranjero con última vecindad administrativa en Canarias (art. 2.2), así como a las entidades ciudadanas que regula el Título III de la Ley. Para ostentar la condición de entidades ciudadanas a los efectos de la Ley 5/2010, las personas jurídicas sin ánimo de lucro que reúnan las condiciones establecidas en su art. 13, deben inscribirse en un Registro de Participación (art. 15)[22].

---

20 Tur Ausina, R. (2013). "Leyes de participación ciudadana: las experiencias canaria y valenciana". *Monografías de la Revista Aragonesa de Administración Pública,* (XIV), 215.

21 El derecho de iniciativa reglamentaria posibilita la presentación de propuestas de disposiciones reglamentarias respaldadas por un mínimo de 15.000 ciudadanos y tres entidades ciudadanas. De acuerdo con Tur Ausina, "Conviene anotar las dificultades y eficacia práctica de una previsión como ésta, pues si ya resulta complejo el impulso y elaboración ciudadana de una ley, más lo es, sin lugar a dudas, la de una disposición reglamentaria, donde parece que es el poder público quien está capacitado para dotarla de contenido, dado el detallismo que generalmente tiene esta norma", *Ibid.*, págs. 220-221.

22 El Registro de Entidades Ciudadanas fue regulado mediante el Decreto 94/2014, de 25 de septiembre, de la Consejería de Presidencia, Justicia e Igualdad, por el que se aprueba el Reglamento de organización y funcionamiento

Finalmente, en su Título IV, la Ley 5/2010 propone una serie de instrumentos de participación ciudadana diseñados para integrar a ciudadanos, asociaciones representativas de la sociedad civil, técnicos y representantes políticos en la deliberación sobre políticas propias de las Administraciones Públicas canarias. El art. 18 anuncia un "proceso participativo", de carácter genérico, al que deberá someterse la elaboración de programas o políticas de actuación sectorial del Gobierno de Canarias, así como de las disposiciones reglamentarias que los desarrollen. El resultado del proceso participativo deberá reflejarse en un informe, elaborado por el órgano o departamento de la Administración Pública que impulsa el proceso, en el que se indiquen los mecanismos de participación utilizados, así como las sugerencias y recomendaciones de la ciudadanía que hayan sido tomadas en consideración (art. 18.2). La Ley 5/2010 también integra, utilizando la calificación propuesta por TUR AUSINA, otros instrumentos de participación de carácter puntual[23]: los foros de consulta (art. 21)[24], los paneles ciudadanos (art. 22)[25] y los jurados ciudadanos (art. 23)[26]. Estos espacios de deliberación participativa, cada

---

del Registro de Participación Ciudadana. Esta norma ha quedado derogada tras la aprobación del Decreto-ley 12/2020, de 30 de julio, sobre régimen excepcional del Fondo Canario de Financiación Municipal para 2020 y de fomento de la participación ciudadana.

23 Tur Ausina, R. (2013), *op. cit.*, nota 16, pág. 225.

24 "Se consideran foros de consulta aquellos espacios de debate y análisis de las políticas públicas, de carácter orgánico, establecidos por las normativas sectoriales cualquiera que fuera su concreta denominación, o, sin aquel carácter, que se establezcan por la administración con el objetivo de obtener de forma dinámica y actualizada opiniones, propuestas o críticas a las diferentes iniciativas de actuación pública, tanto en la fase de elaboración como con posterioridad a su implementación en procesos de carácter evaluativo".

25 "Son espacios de información constante e inmediata que se crean con carácter temporal, sobre cuestiones de interés para la ciudadanía, en temas de gestión pública, mediante los que la Administración informa o realiza consultas relacionadas con cualquier asunto de interés público. La Administración evaluará, cuando proceda, la productividad y calidad de los resultados obtenidos a través de los paneles de consulta".

26 "Los jurados ciudadanos son instrumentos de participación ciudadana, establecidos por la Administración, cuando lo estime oportuno, cuya función es valorar la eficacia y el resultado de una iniciativa concreta o un programa de actuación llevada a cabo por la Administración Pública".

uno con sus propios matices, resultan "idóneos para la movilización ciudadana pues la selección aleatoria de los sujetos implicados impide la intervención de los profesionales de la participación"[27].

Referencias bibliográficas

Cabedo Mallol, V. (2009). "La iniciativa legislativa popular en las Comunidades Autónomas. La necesaria reforma de su legislación". *Teoría y Realidad Constitucional*, (24), 455-476.

Cuesta López, V. (2008). *Participación directa e iniciativa legislativa del ciudadano en democracia constitucional.* Thomson-Civitas, Cizur Menor.

Cuesta López, V. (2019). "Referéndums y consultas populares en Canarias: la consulta ciudadana mediante pregunta directa sobre las prospecciones petrolíferas de 2014". *Referéndums y consultas populares en el Estado autonómico.* Marcial Pons, Madrid, 237-258.

Sáenz Royo, E. (2018). *El referéndum en España.* Marcial Pons, Madrid.

Tur Ausina, R. (2013). "Leyes de participación ciudadana: las experiencias canaria y valenciana". *Monografías de la Revista Aragonesa de Administración Pública,* (XIV), 203-232.

27 Tur Ausina, R. (2013), *op. cit.*, nota 16, cit., pág. 225.

El desarrollo legislativo del derecho a la buena administración en el ámbito autonómico: ¿un modelo para la Comunidad Autónoma de Canarias?

ISRAEL EXPÓSITO SUÁREZ
Profesor Asociado de Derecho Constitucional
Cuerpo Superior de Administración General de la Comunidad Autónoma de Canarias
https://doi.org/10.36151/TLB_9788410955158.5

SUMARIO: I. Introducción. II. ¿Qué implica el derecho a la buena administración? III. La regulación autonómica sobre el derecho a la buena administración. 1. Las previsiones de los EEAA. 2. La buena administración en la legislación autonómica. 3. El derecho a la buena administración en la planificación normativa del Gobierno de Canarias. IV. Algunas reflexiones finales. Referencias bibliográficas

I. INTRODUCCIÓN

La Ley Orgánica 1/2018, de 5 de noviembre, de reforma del Estatuto de Autonomía de Canarias (EAC), al igual que la mayoría de los Estatutos de Autonomía (EEAA) de tercera generación, comprende un catálogo de derechos de los que son titulares las personas que pueden asumir la condición política de canario, con arreglo a los arts. 6 y 9 EAC. En cualquier caso, respecto a la determinación del significado y alcance de tales derechos me remito a la consideración de la STC 247/2007, de 12 de diciembre, así como al trabajo del Profesor Navarro Marchante que encabeza la presente obra; sin menoscabo de otros muchos estudios de la academia sobre dicha materia.

La inclusión en la norma institucional básica de la Comunidad Autónoma de Canarias (CAC) de un Título extenso que recopila el conjunto de los denominados informalmente derechos sociales, por consiguiente, no es una cuestión inédita o una característica singular del EAC. Tampoco lo es que el art. 32 EAC contemple el derecho a la buena administración, pues la mayoría de las reformas estatutarias más ambiciosas posteriores al año 2006 recogen el mismo derecho, aunque no de forma homogénea. Así, el EAC y otros siete EEAA (Valencia, Cataluña, Andalucía, Islas Baleares, Castilla y León, Extremadura y Navarra) han previsto en los respectivos ordenamientos autonómicos el derecho a la buena administración.

Desde una perspectiva general, la legislación básica aplicable en materia de organización y funcionamiento del sector público o sobre las relaciones entre las Administraciones Públicas (AAPP) y la ciudadanía no contiene una regulación específica sobre la buena administración. Así, por ejemplo, tanto la Ley 40/2015, de 1 de octubre, de Régimen Jurídico del Sector Público (LRJSP) como la Ley 39/2015, de 1 de octubre, de Procedimiento Administrativo Común de las Administraciones Públicas (LPAC) carecen de referencias explícitas al respecto[1]. Sin embargo, no es menos cierto que la jurisprudencia ha señalado que el derecho a la buena administración se entiende implícito en los principios que enuncian los arts. 9.1 y 103.1 CE y 3.1 LRJSP[2].

Por su parte, las CCAA progresivamente han avanzado en la regulación del mencionado derecho a la buena administración, vinculándolo, en términos generales, con la transparencia de la acción administrativa y con determinados elementos que se dirigen a mejorar la prestación de los servicios públicos a la ciudadanía.

La CAC aún no ha desarrollado una regulación específica del derecho a la buena administración, por lo que puede resultar de interés considerar cómo se ha articulado en otros ordenamientos autonómicos el derecho objeto de estudio, especialmente a la luz del actual Programa legislativo del Gobierno de la CAC en la XI Legislatura[3]. Este Programa comprende diferentes iniciativas normativas que podrían contribuir a fortalecer los elementos que deben presidir las

---

1 No obstante, sí pueden localizarse algunas referencias en otras leyes de carácter básico, como es el caso del art. 34 de la Ley 9/2017, de 8 de noviembre, de Contratos del Sector Público, en relación con los límites de la libertad de pactos que pueden alcanzarse para configurar los contratos del sector público.

2 En este sentido, la STS 3880/2020, de 19 de noviembre (*Tol 8221865*), entre otras.

3 Disponible en: https://www.gobiernodecanarias.org/transparencia/temas/accion-gobierno-normativa/normativa/programa-legislativo/

relaciones entre el sector público y la ciudadanía del Archipiélago; así como para mejorar la calidad de los servicios públicos.

II. ¿QUÉ IMPLICA EL DERECHO A LA BUENA ADMINISTRACIÓN?

Una de las primeras referencias normativas sobre el derecho a la buena administración se halla en el art. 41 de la Carta de Derechos Fundamentales de la Unión Europea (CDFUE). A partir de la lectura del citado precepto, el derecho a la buena administración se identifica con el deber de los entes públicos de tratar los asuntos con imparcialidad y equidad, despachándolos en un plazo razonable. El derecho objeto de estudio conlleva, además, el reconocimiento de un conjunto de derechos de las personas que se relacionan con los poderes públicos, entre los que se comprendería el derecho a ser oídas con carácter previo a la adopción de medidas de naturaleza desfavorable, el derecho de acceso a los expedientes[4], con los límites que prevea el ordenamiento; la obligación de las AAPP de motivar sus decisiones; el derecho a la reparación de los daños causados en el ejercicio de funciones públicas; así como el derecho a comunicarse (dirigirse y recibir respuesta) haciendo uso de las lenguas de los Tratados (en el ámbito de las instituciones europeas).

El derecho a la buena administración es una figura poliédrica que ampara el ejercicio de diferentes derechos que las personas interesadas pueden ejercer en el marco de sus relaciones con las AAPP. Desde esta perspectiva conceptual, en el ámbito estatal muchos de esos derechos están reconocidos fundamentalmente en la LPAC (arts. 13, 14, 15 o 53, entre otros). Sin embargo, no aparece en la legislación estatal una regulación específica acuñada con aquella nomenclatura: buena administración. En este sentido, Carrillo Donaire ha señalado que el derecho a la buena administración "no es un nuevo derecho, ni tampoco la expresión 'quintaesenciada' de los derechos que encierra, sino que —más bien— aporta una nueva dimensión, una relectu-

---

[4] El art. 42 del mismo cuerpo normativo reconoce igualmente el derecho de acceso a los documentos.

ra de derechos preexistentes, otorgándoles un cariz más incisivo"[5]. Por su parte, Blanes Climent subraya que nos encontramos ante un concepto jurídico indeterminado que obliga a las AAPP a "desplegar una conducta lo suficientemente diligente como para evitar posibles disfunciones derivadas de su actuación o resultados arbitrarios. No es suficiente el mero respeto de los procedimientos y trámites, ya que el objetivo es conseguir la plena efectividad de las garantías y derechos reconocidos legal y constitucionalmente a los ciudadanos"[6].

La lectura del art. 32 EAC desplaza sobre los poderes públicos de la CAC la responsabilidad de hacer efectivo el derecho a una buena administración de todas las personas que se relacionan con las AAPP canarias. Sin embargo, no resultaría controvertido afirmar que el citado precepto se limita a reproducir, en líneas generales, el art. 41 CDFUE. Por el contrario, cómo se expondrá seguidamente, la normativa autonómica ha destacado la relevancia de otros elementos característicos del derecho objeto de estudio.

Asimismo, al margen de las disposiciones autonómicas relativas a la buena administración, resulta preciso recordar la relevancia de la jurisprudencia autonómica y del Tribunal Supremo, que ha ido configurando los contornos de este derecho[7]. No en vano, Ceballos Revilla ha señalado que este derecho es "una institución jurídica en permanente evolución gracias a las aportaciones jurisprudenciales;

---

5 Carrillo Donaire, J. A. (2010). "Buena administración, ¿un principio, un mandato o un derecho subjetivo". *Los principios jurídicos del derecho administrativo.* La Ley, 1163.

6 Climent, M. A. (2024). "La ilusión de la 'buena administración'". *Blog Hay Derecho.* https://www.hayderecho.com/2024/05/23/buena-administracion-ilusion/. Recuperado el 1 de octubre de 2024.

7 Véase, entre otras, la STS 1752/2022, de 23 de diciembre (*Tol 9365394*), que reitera, de acuerdo con la jurisprudencia anterior, "la efectividad del derecho a la buena administración del que derivan una serie de derechos de los ciudadanos con plasmación efectiva, y precisamos que no se trata, por tanto, de una mera fórmula vacía de contenido, sino que se impone a las Administraciones públicas de suerte que a dichos derechos sigue un correlativo elenco de deberes a estas exigibles, entre los que se encuentran, desde luego, el derecho a la tutela administrativa efectiva (...)".

configurándose como un derecho fundamental europeo en constante desarrollo”[8].

III. LA REGULACIÓN AUTONÓMICA SOBRE EL DERECHO A LA BUENA ADMINISTRACIÓN

Para disponer de una visión más completa sobre cómo se concibe el derecho a la buena administración en España parece conveniente considerar su configuración legal en las CCAA. A estos efectos, a continuación, se destacan las disposiciones de cada Estatuto de Autonomía (EA) relativas a la buena administración y posteriormente, también de forma sucinta, se describen diferentes normas legales aprobadas por los Legisladores autonómicos en relación con dicha materia.

1. Las previsiones de los EEAA

A partir del año 2006 se aprobaron nuevas reformas de los EEAA. Entre las características comunes que, en líneas generales, comparten estos EEAA se encuentra la inclusión en su articulado de un Título específico relativo a los Derechos y deberes de sus ciudadanos[9],

---

8 Ceballos Revilla, H. (2022). “El principio de buena administración. Visión práctica”. *Actualidad. Derecho Administrativo 2022.* Tirant lo Blanch, 99.

9 En este sentido, pueden verse:
- El Título II, “De los derechos de los valencianos y valencianas” de la Ley Orgánica 1/2006, de 10 de abril, de Reforma de la Ley Orgánica 5/1982, de 1 de julio, de Estatuto de Autonomía de la Comunidad Valenciana.
- El Título I “Derechos, deberes y principios rectores” de la Ley Orgánica 6/2006, de 19 de julio, de reforma del Estatuto de Autonomía de Cataluña.
- El Título II “De los derechos, los deberes y las libertades de los ciudadanos de las Illes Balears” de la Ley Orgánica 1/2007, de 28 de febrero, de reforma del Estatuto de Autonomía de las Illes Balears.
- El Título I “Derechos sociales, deberes y políticas públicas” de la Ley Orgánica 2/2007, de 19 de marzo, de reforma del Estatuto de Autonomía para Andalucía.
- El Título I “Derechos y principios rectores” de la Ley Orgánica 14/2007, de 30 de noviembre, de reforma del Estatuto de Autonomía de Castilla y León.

entre los que la mayoría de estos EEAA reconocen el derecho a la buena administración[10].

El art. 9 del EA valenciano encomienda a una ley autonómica, sin perjuicio de la legislación básica estatal, regular el derecho a una buena administración, así como el acceso a los documentos de las instituciones y AAPP valencianas. Con arreglo al citado precepto, el derecho a la buena administración comprendería, además de los derechos previstos en el art. 41 CDFUE en relación con las AAPP de la Generalitat, el reconocimiento explícito e innovador del derecho a gozar de servicios públicos de calidad. Además, el EA valenciano reconoce expresamente el derecho de todos los valencianos a participar de forma individual, o colectiva, en la vida política, económica, cultural y social de la Comunitat Valenciana, debiendo ésta promover la participación de los agentes sociales y de la sociedad civil en los asuntos públicos.

Al margen de lo anterior, el mismo precepto estatuario obliga a la Generalitat a velar por una Administración de Justicia[11] sin demoras indebidas y próxima al ciudadano y a garantizar políticas de protección y defensa de consumidores y usuarios, así como sus derechos al asociacionismo.

El art. 30 de la Ley Orgánica 6/2006, de 19 de julio, de reforma del Estatuto de Autonomía de Cataluña tiene por objeto el reconocimiento de los derechos de acceso a los servicios públicos y a una buena Administración. El citado precepto recuerda, por un lado, que todas las personas tienen derecho a acceder en condiciones de igualdad a los servicios públicos y a los servicios económicos de interés general, debiendo las AAPP fijar las condiciones de acceso y los estándares de calidad correspondientes. Y, por otro lado, señala que todas las personas tienen derecho a ser tratadas por los poderes públicos de Cataluña de forma imparcial y objetiva, y a que la actuación

---

10 No obstante, tampoco es extraño el ejemplo de CCAA que, como Galicia, regulan legalmente esta materia, sin que su norma institucional básica se pronuncie expresamente sobre la buena administración.

11 En relación con la buena administración de justicia, véanse, por ejemplo, las SSTC 85/2024, de 3 de junio (*Tol 10069602*) o 151/2022, de 30 de noviembre (*Tol 9331451*); entre otras.

de los poderes públicos sea proporcionada a las finalidades que la justifican.

Con arreglo al mencionado precepto, el legislador autonómico debe regular el ejercicio y las garantías de los derechos indicados anteriormente y determinar los casos en que las AAPP de Cataluña y sus servicios públicos deben adoptar una carta de derechos de los usuarios y de obligaciones de los prestadores.

En el caso de las Islas Baleares, la reforma estatutaria aprobada en el año 2007 también reconoció el mencionado derecho a la buena administración. El art. 14 de la Ley Orgánica 1/2007, de 28 de febrero, de reforma del Estatuto de Autonomía de las Illes Balears coincide, en líneas generales, con el ya citado art. 9 del EA valenciano. Si bien, el EA balear introduce en la concepción del derecho a la buena administración la necesidad de garantizar el acceso a la función pública en condiciones de igualdad y con arreglo a los principios de mérito y capacidad. Además, en relación con la calidad de los servicios de la Administración de Justicia, las disposiciones estatutarias de Baleares también integran la atención a las víctimas y el acceso a la justicia gratuita. Y, por lo que se refiere a la protección y defensa de las personas consumidoras y usuarias y de sus asociaciones, el EA balear reconoce el derecho a ser informadas y a intervenir, directamente o mediante sus representantes, ante las AAPP.

El art. 31 de la Ley Orgánica 2/2007, de 19 de marzo, de reforma del Estatuto de Autonomía para Andalucía reconoce el derecho a una buena administración, incidiendo en los derechos enunciados anteriormente en otros EEAA y confiando en el correspondiente desarrollo legal para lograr su efectividad[12]. No obstante, no comprende referencias a la Administración de Justicia o a la prestación de los servicios públicos.

La Ley Orgánica 14/2007, de 30 de noviembre, de reforma del Estatuto de Autonomía de Castilla y León contempla (art. 12) que la ley autonómica deberá asegurar un conjunto de derechos de las

---

[12] El art. 28.2 *bis* de la Ley Orgánica 13/1982, de 10 de agosto, de reintegración y amejoramiento del Régimen Foral de Navarra, después de la reforma aprobada en el año 2010, integra el principio a la buena administración en la relación de principios que informan la actuación de la Administración foral.

personas en sus relaciones con la Administración autonómica, identificando, al margen de los previstos en el art. 41 CDFUE, el derecho a recibir información suficiente sobre los servicios y prestaciones a los que pueden acceder; a la protección de los datos personales; a acceder al empleo público en condiciones de igualdad y con respeto a los principios de mérito y capacidad; así como el derecho a formular quejas sobre el funcionamiento de los servicios públicos.

Por su parte, la Ley Orgánica 1/2011, de 28 de enero, de reforma del Estatuto de Autonomía de la Comunidad Autónoma de Extremadura no recoge en un Título *ad hoc* sobre derechos sociales[13] un "derecho a la buena administración". En su lugar, introduce en el marco de la regulación estatutaria de la Administración autonómica, junto con la identificación de sus principios rectores (art. 37) y de sus potestades (art. 38), un conjunto de "Medidas de buena administración" (art. 39). En mi opinión, esta sutil novedad sistemática de la norma institucional básica extremeña respecto al régimen de la buena administración permite hacer hincapié en uno de sus pilares fundamentales: la organización y funcionamiento del sector público. De poco sirve reconocer un amplio e innovador abanico de derechos a las personas que se relacionen con las AAPP si éstas no están en condiciones de atender adecuadamente sus obligaciones paralelas. Este enfoque permite poner el acento en los recursos, la organización y el marco normativo que rige el funcionamiento del sector público; que precisa herramientas para garantizar la efectividad de una buena administración.

En relación con la efectividad de la buena administración, el EA de Extremadura prevé que la legislación autonómica regule la creación y funcionamiento de los órganos administrativos, atendiendo a "criterios de calidad en la prestación de los servicios públicos". Además, contempla la regulación legal de la participación ciudadana en los procedimientos de elaboración de las disposiciones generales, y establece la obligación de la Comunidad Autónoma de regular los procedimientos administrativos propios y adaptar los procedimientos generales con la finalidad de dar celeridad y transparencia a la

---

13 Véanse los arts. 6 y 7 de la citada Ley Orgánica, que estructuran el Capítulo II "Derechos, deberes y principios rectores" de su Título Preliminar.

tramitación administrativa. Igualmente, la Comunidad Autónoma debe extender las relaciones interadministrativas y con la ciudadanía por medios telemáticos y para la simplificación de trámites.

Asimismo, entre las medidas de buena administración previstas en el EA de Extremadura se incluye la obligación de los poderes públicos autonómicos de redactar sus normas, acuerdos y actos con sencillez y claridad; procurando la permanente ordenación sistemática y la codificación de las normas autonómicas. Estas medidas expresan un compromiso evidente con la necesidad de reducir las barreras que pudiera representar, por ejemplo, el uso de tecnicismos administrativos que dificultan la comprensión de la actuación de las AAPP por parte de las personas interesadas.

2. *La buena administración en la legislación autonómica*

La legislación autonómica sobre la buena administración permite constatar la preocupación institucional por asegurar la transparencia y el acceso a la información pública, así como por reforzar los instrumentos que pueden contribuir a asegurar la calidad de los servicios públicos. Con el propósito de proporcionar una visión esquemática de dicha normativa, sin menoscabo de la legislación en materia de transparencia, acceso a la información pública y participación ciudadana, a continuación, se señalan algunos textos normativos que reflejan las diferentes dimensiones de la buena administración.

En el caso de Castilla y León, al amparo del citado art. 12 de su EA, se aprobó la Ley 2/2010, de 11 de marzo, de Derechos de los Ciudadanos en sus relaciones con la Administración de la Comunidad de Castilla y León y de Gestión Pública. Esta Ley tiene por objeto regular y desarrollar el mencionado derecho (art. 1); reconociendo diferentes derechos de la ciudadanía en sus relaciones con la Administración autonómica; y regulando la gestión pública y las medidas de modernización y mejora de la Administración autonómica; así como la evaluación de sus políticas públicas y la calidad de los servicios que presta.

La Ley 4/2011, de 31 de marzo, de la buena administración y del buen gobierno de las Illes Balears explica que el derecho a una buena administración es un derecho "a la presencia y al despliegue del conjunto de principios, herramientas, estrategias e instrumentos que dirigen la actuación de la administración hacia la ciudadanía"[14]; y que actualmente pone el acento en "la calidad de las organizaciones y de los servicios públicos"[15]. Desde esta perspectiva, en relación con la buena administración, la Ley 4/2011 trata de asegurar que la ciudadanía pueda acceder a los contenidos elaborados por las entidades del sector público; y que participe en la toma de decisiones. Igualmente, persigue extender la utilización de la administración electrónica y fortalecer la simplificación administrativa. Por otra parte, de acuerdo con la citada Ley autonómica, la buena administración también descansaría sobre las medidas encaminadas a favorecer la transparencia sobre la gestión; así como la implementación de medidas orientadas a mejorar la calidad de las organizaciones y servicios.

La Ley 19/2014, de 29 de diciembre, de transparencia, acceso a la información pública y buen gobierno (Cataluña) destaca, en su exposición de motivos, que una "buena administración requiere el establecimiento de unos estándares mínimos de calidad y una definición clara de las condiciones de acceso a los servicios y de los derechos y deberes de los usuarios y de la Administración". A partir de esta perspectiva conceptual, la citada Ley autonómica atribuye un protagonismo significativo a las cartas de servicios; articula un sistema de evaluación permanente de los servicios y reconoce el derecho de la ciudadanía a formular propuestas de mejora y sugerencias, a través del Portal de transparencia, en relación con el funcionamiento de los servicios públicos (art. 61).

Por lo que se refiere a las cartas de servicios, la Ley 19/2014 contempla que éstas deben incluirse en el marco regulador de los servicios públicos que gestiona directamente[16] la Administración con el fin de garantizar que los servicios de su competencia se prestan en condiciones mínimas y razonables de calidad (art. 59.1). En relación con la evaluación de los servicios públicos, el art. 60 del mismo cuer-

---

[14] Exposición de motivos de la Ley 4/2011, de 31 de marzo, de la buena administración y del buen gobierno de las Illes Balears.

[15] *Ibídem.*

[16] De acuerdo con el art. 59.4 d) de dicha Ley, las cartas de servicio deben comprender, entre otros aspectos informativos, los estándares mínimos de calidad; así como los indicadores para evaluar su aplicación.

po normativo reconoce a las personas usuarias de los servicios —y, en su caso, al resto de la ciudadanía— el derecho a ser consultadas de forma periódica sobre su grado de satisfacción con los servicios públicos y las actividades gestionadas por la Administración.

La Ley 4/2016, de 15 de diciembre, de Transparencia y Buen Gobierno de Castilla-La Mancha coincide en reconocer a la ciudadanía de dicha Comunidad el derecho a acceder a servicios públicos de calidad. A estos efectos, atribuye a la Administración autonómica la responsabilidad de impulsar de forma constante la mejora de su calidad; debiendo, además, suprimir las cargas administrativas innecesarias y evaluar de forma permanente y objetiva la gestión administrativa y los procesos de participación (art. 37). A partir de la relevancia de la calidad de los servicios públicos como parámetro de la buena administración, la Ley 4/2016 también concibe las cartas de servicio como un instrumento de utilidad para verificar el cumplimiento de dicho objetivo[17] (art. 38.1).

Por otra parte, resulta de interés señalar que el Legislador de Castilla-La Mancha ha integrado entre las medidas previstas para asegurar la buena administración el cumplimiento de los denominados principios de buena regulación (art. 39); cuyo régimen jurídico, en líneas generales, coincide con lo dispuesto en el art. 129 LPAC.

En el ámbito de Galicia, el enfoque de la buena administración desde la perspectiva de los servicios públicos fundamenta la Ley 1/2015, de 1 de abril, de garantía de la calidad de los servicios públicos y de la buena administración. Esta Ley reconoce los derechos que asisten a la ciudadanía en sus relaciones con el sector público autonómico gallego y regula aquellos mecanismos que se consideran apropiados para garantizar servicios públicos de calidad (art. 1). Con este propósito, la citada Ley gallega señala (art. 3) que la ciudadanía tiene derecho a una Administración eficaz que gestione sus asuntos de acuerdo con lo dispuesto en los arts. 103.1 CE o 41 CDFUE, recordando asimismo algunos derechos previstos actualmente en la

---

17 La Ley 4/2016 igualmente incluye entre los elementos que integran el contenido de las cartas de servicios la información relativa a los compromisos mínimos de calidad, los indicadores para su medición o, por ejemplo, los datos relativos a la periodicidad con la que se conocerán los resultados de las correspondientes evaluaciones [art. 38.1 f) y g)].

LPAC[18]. A partir de la identificación de estos derechos, la citada Ley gallega, en relación con la buena administración (arts. 6 y siguientes), hace hincapié en el marco normativo que regula la atención a la ciudadanía; y presta una atención relevante a la simplificación administrativa, con el objetivo de agilizar y facilitar la puesta a disposición de la ciudadanía de los servicios públicos autonómicos[19].

También desde muy temprano la legislación autonómica en materia de transparencia destacó el valor de su contribución a la configuración de la buena administración. Así, por ejemplo, la Ley 4/2013, de 21 de mayo, de Gobierno Abierto de Extremadura pone de manifiesto la relevancia de la transparencia y la participación ciudadana como elementos necesarios de cara a la efectividad del derecho a la buena administración. Este cuerpo normativo enfatiza que el modelo de gobierno abierto —en el que se funden la transparencia y la participación ciudadana— sirve para profundizar en las medidas previstas en el anteriormente citado art. 39 EA de Extremadura.

En cualquier caso, en el marco de las medidas específicas del citado art. 39 del EA extremeño se han aprobado diferentes regulaciones legales que tienen por objeto mejorar la organización y funcionamiento del sector público autonómico; favoreciendo la prestación de los servicios públicos. En este sentido, cabe recordar, a modo de ejemplo, la Ley 8/2019, de 5 de abril, para una Administración más ágil en la Comunidad Autónoma de Extremadura; la Ley 4/2022, de 27 de julio, de racionalización y simplificación administrativa de Extremadura; así como la Ley 5/2022, de 25 de noviembre, de medidas

---

18 En relación con esta materia, la Ley 1/2016, de 18 de enero, de transparencia y buen gobierno de Galicia reconoce el derecho de las personas solicitantes de información pública a recibir orientación y asesoramiento mediante el Sistema integrado de atención a la ciudadanía previsto en la citada Ley 1/2015 (art. 26.2). Además, la misma norma prescribe que, respecto al sector público autonómico, la coordinación general y el control interno en materia de transparencia serán ejercidos por la Comisión Interdepartamental de Información y Evaluación prevista en la citada Ley 1/2015 (art. 31.1).

19 Al margen de las previsiones indicadas, la misma Ley autonómica regula los mecanismos para la gestión, evaluación y supervisión de la calidad de los servicios públicos (arts. 19 y siguientes) y las herramientas necesarias para lograr un elevado nivel de calidad de los servicios públicos (arts. 33 y siguientes).

de mejora de los procesos de respuesta administrativa a la ciudadanía y para la prestación útil de los servicios públicos.

Sin perjuicio de las consideraciones anteriores, el derecho a la buena administración se ha reflejado igualmente en la legislación autonómica en materia de buen gobierno. Así, por ejemplo, Ley 12/2014, de 16 de diciembre, de Transparencia y Participación Ciudadana de la Comunidad Autónoma de la Región de Murcia incluye entre los principios éticos que rigen en el ámbito de la gestión pública aquellos relacionados con el fomento de la calidad en la prestación de los servicios públicos y la aplicación del principio de buena administración[20] [art. 52.2 g)].

En una línea similar, la Ley 1/2022, de 13 de abril, de Transparencia y Buen Gobierno de la Comunitat Valenciana subraya que, a la luz del art. 9 del EA valenciano, se llevó a cabo una modificación del modelo de organización y funcionamiento del sector público autonómico. Este cambio de paradigma, como expresa la parte expositiva de la citada Ley, fue consecuencia del reconocimiento del "derecho de la ciudadanía a disfrutar de unos servicios públicos de calidad e incorporar el mandato a las Corts Valencianes de regular el derecho a una buena administración y el acceso a los documentos" de las instituciones y las AAPP valencianas. Este proceso evolutivo se refleja en las modificaciones introducidas en la normativa en materia de transparencia e integridad en el sector público. En este sentido, la Ley 1/2022 fija los principios que deben guiar la actuación de las personas que hayan asumido la responsabilidad de altos cargos en la Administración (art. 6). Con arreglo a estos principios, resulta destacable que, en relación con la gestión financiera, debe garantizarse la mejora del bienestar de la ciudadanía, de acuerdo con el principio de buena administración, entre otros. Asimismo, la misma norma autonómica subraya el deber de fomentar la calidad en la prestación de los servicios públicos y la aplicación del mencionado principio de buena administración [art. 54.1 b) y f)].

---

20 Por su parte, la Ley 4/2013, de 21 de mayo, de Gobierno Abierto de Extremadura comprende una referencia similar en relación con los principios éticos y de actuación de los miembros del Consejo de Gobierno y el resto de altos cargos de la Administración y de las entidades del sector público autonómico [art. 31.2 f)].

3. *El derecho a la buena administración en la planificación normativa del Gobierno de Canarias*

El Programa normativo del Ejecutivo canario contempla un anteproyecto de ley que persigue la renovación del marco normativo aplicable a la Administración Pública de la Comunidad Autónoma (APCAC) —que en la actualidad se articula principalmente a partir de la Ley 14/1990, de 26 de julio, de Régimen Jurídico de las Administraciones Públicas de Canarias—. Al margen de otros objetivos específicos, esta renovación de la columna jurídica de la APCAC pretende llevarse a cabo "fortaleciendo los elementos que actualmente conforman el derecho a una buena administración e introduciendo en el ordenamiento administrativo de Canarias las bases fundamentales para llevar a cabo una efectiva planificación y evaluación de políticas públicas"[21]. En este sentido, esta iniciativa normativa de carácter transversal obedece, entre otros fines, a la pretensión de asegurar un régimen jurídico del sector público autonómico que impulse la eficiencia y la efectividad de la actuación administrativa, la simplificación administrativa, así como la planificación y evaluación de las políticas públicas.

A mayor abundamiento, la agenda legislativa propuesta por el Gobierno autonómico comprende asimismo un anteproyecto de ley de transparencia y participación ciudadana; y se complementa con un conjunto de proyectos de iniciativas reglamentarias que pretenden determinar, por ejemplo, el nuevo régimen jurídico de los criterios que deben garantizar la mejora de la calidad de los servicios públicos que presta la APCAC; así como la actualización del Sistema de Gestión Documental y organización de los archivos de la APCAC; del sistema de presentación y registro de escritos y documentos y las oficinas de asistencia en materia de registro de la CAC; y del siste-

---

21 Presidencia del Gobierno de Canarias: Programa legislativo del Gobierno de la XI Legislatura, 2024, pág. 24 (https://www.gobiernodecanarias.org/cmsweb/export/sites/transparencia/temas/accion-gobierno-normativa/normativa/programa-legislativo/doc/p11-20-mayo.pdf).

ma de sugerencias, reclamaciones y felicitaciones en el ámbito de la APCAC[22].

Estos elementos inciden, a mi juicio, en la capacidad de la APCAC para estructurar una respuesta administrativa coherente con las expectativas ciudadanas, e institucionales, de una buena administración.

IV. ALGUNAS REFLEXIONES FINALES

En línea con la jurisprudencia constitucional, los EEAA que reconocen el derecho a la buena administración encomiendan a las correspondientes Asambleas legislativas la tarea de garantizar las condiciones necesarias para su disfrute efectivo por parte de la ciudadanía, sin menoscabo de las previsiones de la legislación básica estatal. En este sentido, lejos de ser proclamas estériles, las previsiones de los EEAA deben fundamentar una actuación efectiva, clara y coherente de los poderes públicos autonómicos con el fin de satisfacer las expectativas de las personas que residen en su territorio. Este compromiso institucional, además, debería ser especialmente visible en relación con los mandatos que la norma institucional básica de la Comunidad Autónoma recoge respecto a los denominados derechos sociales.

El reconocimiento del derecho a la buena administración en los EEAA expresa un compromiso institucional que pone de manifiesto el protagonismo que paulatinamente ha adquirido este derecho en el ámbito autonómico. Sin embargo, para su efectividad, se requiere un marco jurídico adecuado que facilite la adopción de medidas específicas que permitan alcanzar los objetivos inherentes al mencionado derecho.

En la actualidad, no se ha aprobado un desarrollo específico del art. 32 EAC. Además, el contenido de este precepto fundamental-

---

22 Durante la XI Legislatura canaria, con el propósito de favorecer la participación ciudadana y fortalecer la integridad en el sector público, se aprobó el Decreto 91/2024, de 24 de junio, por el que se crea y regula el Sistema interno de información de infracciones normativas de la Administración Pública de la Comunidad Autónoma de Canarias y de sus organismos públicos vinculados o dependientes.

mente reproduce el art. 41 CDFUE; por lo que resultaría conveniente que su desarrollo legal partiera de una concepción más amplia y actualizada de la buena administración, de conformidad con la línea marcada por otros EEAA y por la jurisprudencia. Si bien, en cualquier caso, la consideración del art. 41 CDFUE, de las disposiciones de los EEAA o de la normativa autonómica no debe concluir con la identificación de una relación cerrada de los elementos que configuran una buena administración.

El derecho a la buena administración evoluciona de la mano de la propia sociedad; por lo que resulta primordial que las AAPP dispongan de herramientas que les permitan diagnosticar el nivel de satisfacción de la ciudadanía respecto a los servicios públicos correspondientes, facilitando, además, la participación ciudadana en dicha evaluación. De este modo, para que las personas puedan desempeñar un rol protagonista en la identificación de los obstáculos en el buen funcionamiento de la APCAC, se precisan canales permanentes, ágiles, comprensibles y fácilmente accesibles a través de los cuales se detecten los problemas que puedan lastrar la calidad deseable de los servicios que presta una buena administración.

Para fortalecer la buena administración es preciso profundizar en las obligaciones de las AAPP y los derechos de las personas en relación con la transparencia y el acceso a la información pública, así como respecto a la participación ciudadana. Sin embargo, es igualmente necesario mejorar la estructura organizativa de la Administración para atender de forma adecuada a las persones. En este sentido, la legislación canaria que trata de garantizar la efectividad de una buena administración debería comprender la regulación de diferentes elementos, entre los que, por ejemplo, cabría señalar las medidas dirigidas a garantizar la simplificación de la organización, de los procedimientos y de los marcos regulatorios; a mejorar el lenguaje con el que se formaliza cualquier actuación administrativa (normas, actos, etc.); así como a implementar medidas de evaluación de la calidad de los servicios públicos.

Referencias bibliográficas

Blanes Climent, M. A. (2024). "La ilusión de la 'buena administración'". *Blog Hay Derecho.* https://www.hayderecho.com/2024/05/23/buena-administracion-ilusion/. Recuperado el 1 de octubre de 2024.

Carrillo Donaire, J. A. (2010). "Buena administración, ¿un principio, un mandato o un derecho subjetivo". *Los principios jurídicos del derecho administrativo.* La Ley, 1137-1165.

Ceballos Revilla, H. (2022). "El principio de buena administración. Visión práctica". *Actualidad. Derecho Administrativo 2022.* Tirant lo Blanch, 95-118.

Expósito Suárez, I. (2021). "El Derecho a la Buena Administración en el Ordenamiento Canario. A propósito de la reflexión sobre el desarrollo Estatutario en la X Legislatura Autonómica". *Estatuto de Autonomía de Canarias ante el reto de su desarrollo en la X Legislatura autonómica (2019-2023).* Instituto Canario de Administración Pública - Wolters Kluwer, 133-146.

Expósito Suárez, I. (2023). "Promesas y actuaciones sobre la simplificación administrativa". *La transformación de las Administraciones Públicas de Canarias.* Instituto Canario de Administración Pública - La Ley, 107-119.

Ponce Solé, J. (2023). "El derecho a una buena administración, su exigencia judicial y el privilegio de ejecutoriedad de los actos administrativos. A propósito de la Sentencia de la Sala 3ª del Tribunal Supremo 1421/2020, de 28 de mayo de 2020, recurso de casación 5751/2017". *Revista de Administración Pública,* (221), 163-182.

Tomás Mallén, B. (2004). *El derecho fundamental a la buena administración,* INAP.

La Administración de Justicia desde la perspectiva de los derechos estatutarios en Canarias

GERARDO PÉREZ SÁNCHEZ
Profesor Asociado de Derecho Constitucional
Universidad de La Laguna
https://doi.org/10.36151/TLB_9788410955158.6

SUMARIO: I. Introducción y breve análisis en derecho comparado interno. II. Sobre las declaraciones de Derechos en los Estatutos de Autonomía. III. Desarrollo en el ámbito de la Justicia. Referencias bibliográficas

I. INTRODUCCIÓN Y BREVE ANÁLISIS EN DERECHO COMPARADO INTERNO

El artículo 33 del Estatuto de Autonomía de Canarias establece que "Los poderes públicos canarios garantizarán, en el ámbito de sus competencias, la calidad de los servicios de la Administración de Justicia, la atención a las víctimas y el acceso a la justicia gratuita", añadiendo un segundo apartado de ese artículo que establece que "en el marco de la legislación penitenciaria estatal, los poderes públicos canarios promoverán los acuerdos necesarios para que las personas privadas de libertad con residencia en Canarias cumplan sus condenas en territorio canario, facilitando a su vez las medidas de reinserción e integración social de los mismos".

Es un precepto novedoso y con pocas referencias similares en otros Estatutos de Autonomía. Sólo en los Estatutos de las Islas Baleares[1] y de Andalucía[2] se hace referencia a la calidad en el servicio pú-

---

1 En el artículo 14.4 se establece que "En el ámbito de sus competencias, la Comunidad Autónoma garantizará la calidad de los servicios de la Administración de Justicia, la atención a las víctimas y el acceso a la justicia gratuita".

2 En el artículo 29 se proclama de forma idéntica al anterior que "En el ámbito de sus competencias, la Comunidad Autónoma garantiza la calidad de los servicios

blico de la Administración de Justicia, a la atención a las víctimas y la justicia gratuita. En el de la Comunidad Valenciana se menciona un compromiso a una Administración de Justicia sin demoras y próxima al ciudadano[3], y en el de La Rioja se hace una referencia genérica a la participación de la ciudadanía en la Justicia[4]. Por su parte, en el caso de Cataluña, las referencias a los derechos de los ciudadanos en esta Administración se central en cuestiones lingüísticas[5].

Fuera de esas Comunidades Autónomas, el resto regula la Administración de Justicia desde un punto de vista competencial[6], así como de configuración de su respectivo Tribunal Superior de Justicia, abordando cuestiones relacionadas con el personal de dicha Administración y la dotación de medios materiales.

II. SOBRE LAS DECLARACIONES DE DERECHOS EN LOS ESTATUTOS DE AUTONOMÍA

Hay que comenzar haciendo mención al tema genérico de la inclusión de un catálogo de derechos en los Estatutos de Autonomía.

---

de la Administración de Justicia, la atención de las víctimas y el acceso a la justicia gratuita".

3 En el artículo 9.3 se puede leer que "La Generalitat velará por una Administración de Justicia sin demoras indebidas y próxima al ciudadano".

4 En su artículo 41 se dispone que "En la Comunidad Autónoma se propiciará la participación de los ciudadanos en la Administración de Justicia en las formas que la legislación estatal prevea".

5 En el artículo 33 del Estatuto catalán se establece que "Todas las personas, en las relaciones con la Administración de Justicia, el Ministerio Fiscal, el notariado y los registros públicos, tienen derecho a utilizar la lengua oficial que elijan en todas las actuaciones judiciales, notariales y registrales, y a recibir toda la documentación oficial emitida en Cataluña en la lengua solicitada, sin que puedan sufrir indefensión ni dilaciones indebidas debido a la lengua utilizada, ni se les pueda exigir ningún tipo de traducción".

6 Dentro del escaso margen que deja el artículo 149.1 apartado 5° de la Constitución que establece que el Estado tiene competencia exclusiva en materia de Administración de Justicia, entendida en la forma a la que se refiere el artículo 117 de la misma Constitución, cuando habla de la potestad jurisdiccional, es decir, juzgando y haciendo ejecutar lo juzgado.

Fue una cuestión muy controvertida y debatida[7], llegando a publicarse artículos a favor y en contra a modo de réplica y contra réplica en los primeros momentos[8]. El Tribunal Constitucional, en sus sentencias sobre el Estatuto de Autonomía catalán y valenciano[9], ha admitido esta inclusión de cartas de derechos en los Estatutos, si bien con importantes condiciones y matizaciones que llevaban, finalmente, a desdibujar la propia proclamación sobre la constitucionalidad de la medida de introducir esos listados de derechos en la norma estatutaria. La matización es esencial dado que afecta a la propia naturaleza del concepto, y supone que los Estatutos no pueden establecer derechos subjetivos sino, en su caso, directrices o mandatos para lograr determinados objetivos, por lo que los derechos subjetivos nacerán con el desarrollo normativo del precepto estatutario, convirtiendo los denominados "derechos" en "principios rectores"[10], rebajando considerablemente lo que se enuncia con el concepto hasta cambiarlo por completo, en otro ejercicio de disfunción entre el uso lingüís-

---

7 Ver, por ejemplo, DIEZ PICAZO, L. M., "¿Pueden los Estatutos de Autonomía declarar derechos, deberes y principios?", *Revista Española de Derecho Constitucional*, 78, 2006, págs. 63-75; PÉREZ SANCHEZ, G., "Las declaraciones de derecho (¿fundamentales?) en las reformas de los Estatutos de Autonomía", *Constitución y Democracia: ayer y hoy*, Madrid: Universitas, 2012, págs. 3793 y ss.

8 El artículo de Luis María Diez-Picazo anteriormente citado, en el cual el autor daba una opinión negativa sobre esta opción de establecer catálogo de derechos en los Estatutos de Autonomía, fue respondido por Francisco Caamaño con otro que tituló con un contundente Caamaño Domínguez, F. (2007). "Sí, pueden. (declaraciones de derechos y estatutos de autonomía)". *Revista Española de Derecho Constitucional*, (79), 33-46, artículo este último que volvió a ser replicado por Díez-Picazo, L. M. (2007). "De nuevo sobre las declaraciones estatutarias de Derechos: Respuesta a Francisco Caamaño. Revista Española de Derecho Constitucional, (81), 63-70.

9 SSTC 247/2007, de 12 de diciembre (*Tol 1224508*) y 31/2010, de 28 de junio (*Tol 1880189*).

10 En la sentencia del Tribunal Constitucional 247/2007, de 12 de diciembre (*Tol 1224508*) sobre el Estatuto de Autonomía de la Comunidad Valenciana, fundamento jurídico 18, se dice "el derecho estatutario así enunciado presenta como rasgo distintivo el de no ser ejercitable de modo directo e inmediato en vía jurisdiccional, pues sólo podrá serlo cuando los poderes autonómicos lo instrumenten y, aún ello, de acuerdo con la Constitución, 'la legislación estatal' o 'la ley', estatal o autonómica, según los casos. Es decir, el art. 17.1 EACV, aunque formalizado en su dicción como derecho, se sitúa en la órbita de las directrices, objetivos básicos o mandatos dirigidos a los 'poderes públicos valencianos'".

tico de una palabra y su significado[11]. A las matizaciones se unen una serie de condiciones, tales como que la Comunidad Autónoma cuente con competencias suficientes sobre lo que es objeto de dichas Cartas; que no afecten a derechos fundamentales; o que los derechos contenidos en dichas tablas respeten el principio de igualdad del artículo 139 de la Constitución[12].

Es la redacción del artículo 139 la que fundamentó buena parte de los recursos planteados contra estas declaraciones de derechos[13]. La proclamación literal de que "Todos los españoles tienen los mismos derechos y obligaciones en cualquier parte del territorio del Estado" genera una tensión entre uniformidad y autonomía en los Estados descentralizados, generando interpretaciones que tienden a apartarse de la estricta exégesis de las palabras del precepto[14].

En este sentido, procede hacer una reflexión sobre el uso del lenguaje jurídico y su posterior interpretación por los tribunales, dado que el destinatario de ese lenguaje es el ciudadano, no sólo el jurista,

---

11 En el fundamento jurídico décimo sexto de la sentencia del Tribunal Constitucional 31/2010, de 28 de junio (*Tol 1880189*) relativa al Estatuto de Autonomía de Cataluña se establece que "Derechos fundamentales son, estrictamente, aquellos que, en garantía de la libertad y de la igualdad, vinculan a todos los legisladores, esto es, a las Cortes Generales y a las Asambleas legislativas de las Comunidades Autónomas, sin excepción. Esa función limitativa sólo puede realizarse desde la norma común y superior a todos los legisladores, es decir, desde la Constitución, norma suprema que hace de los derechos que en ella se reconocen un límite insuperable para todos los poderes constituidos y dotado de un contenido que se les opone por igual y con el mismo alcance sustantivo en virtud de la unidad de las jurisdicciones (ordinaria y constitucional) competentes para su definición y garantía. Derechos, por tanto, que no se reconocen en la Constitución por ser fundamentales, sino que son tales, justamente, por venir proclamados en la norma que es expresión de la voluntad constituyente. Los derechos reconocidos en Estatutos de Autonomía han de ser, por tanto, cosa distinta".

12 López Menudo, F. (2012). "Título I. Derechos sociales, deberes y políticas públicas". *Comentarios al Estatuto de Autonomía para Andalucía*. Parlamento de Andalucía, 194.

13 Por ejemplo el Recurso del Gobierno de Aragón contra el artículo 17.1 del Estatuto de la Comunidad de Valencia o el del Grupo Parlamentario Popular contra el Estatuto de Autonomía de Cataluña.

14 López Menudo, F. (2010). "Los derechos proclamados en los Estatutos de Autonomía y la igualdad interterritorial". *Revista Española de Control Externo*, (34), 76.

generando en muchas ocasiones confusiones innecesarias. Proclamar derechos para luego reconocer que no son tales es, en el análisis más benévolo, una forma sutil de engaño a la sociedad que lee la norma y, a mi juicio, una falta de rigor en la importante y noble tarea de legislar.

III. DESARROLLO EN EL ÁMBITO DE LA JUSTICIA

Con relación a los derechos en el específico ámbito de la Justicia, y pese al engañoso título que pone nombre al artículo, es evidente que en nada se asemeja el artículo 33 del Estatuto canario a los tradicionales derechos fundamentales contenidos en el artículo 24.1 de la Constitución y que configuran ese "macroderecho" que es la tutela judicial efectiva, salvo por la conexión que puede existir entre el acceso a la tutela judicial efectiva y el reconocimiento al beneficio de la justicia gratuita, aunque en su caso sería más correcto vincularlo directamente con el artículo 119 del texto constitucional. Algo similar se puede predicar de los derechos del 24.2 del texto constitucional que quedan muy alejados de lo proclamado en el Estatuto salvo por la posible vinculación entre la calidad del servicio de la Administración de Justicia con las dilaciones indebidas en los procesos judiciales. En cualquier caso, el artículo 33 del Estatuto canario no puede entenderse como un correlativo de los derechos del artículo 24 de la Constitución, sino como una prolongación de las competencias que tiene la Comunidad Autónoma en materia de Administración de Justicia o, por ser más específico, en materia de "administración de la Administración de Justicia"[15], diferenciación que también ha derivado en polémicas doctrinales y en intensos debates sobre el desarrollo

---

[15] La Administración de Justicia también ha participado en el desarrollo del Estado Autonómico y, partiendo del artículo 149.1.5°. de la Constitución, el Tribunal Constitucional declaró en las sentencias 56/1990, de 29 de marzo (*Tol 80348*) y 62/1990, de 30 de marzo (*Tol 80354*) que hay que distinguir entre la Administración de Justicia en sentido estricto, consistente en la función jurisdiccional de juzgar y hacer ejecutar lo juzgado (vinculado al artículo 117 de la Constitución) y vinculado al Poder Judicial, y la Administración de Justicia en sentido amplio (o administración de la Administración de Justicia) que comprende la competencia sobre los medios materiales y personales necesarios.

y ampliación del modelo autonómico y la función jurisdiccional[16]. Sobre este punto se volverá al finalizar este comentario.

La redacción del primer apartado del artículo determina claramente que no se proclama ningún derecho para el ciudadano, sino que se impone a los poderes públicos canarios la obligación de garantizar, dentro de sus competencias, la calidad de los servicios de la Administración de Justicia, la atención a las víctimas y el acceso a la justicia gratuita. Este párrafo es muy similar al artículo 29 del Estatuto de Autonomía de Andalucía[17]. Como en el caso andaluz, se trata de un precepto de estricta configuración legal, correspondiendo en su caso a la ley determinar, en el marco de sus competencias, la organización y el funcionamiento de dichos servicios y los parámetros de esa calidad que se proclama[18].

Actualmente, no existen muchas normas autonómicas que regulen esta cuestión. Se puede mencionar el Decreto 57/1998, de 28 de abril, por el que se regula la composición y funcionamiento de las Comisiones de Asistencia Jurídica Gratuita de Canarias, así como el procedimiento para el reconocimiento de la misma[19]; la orden de 17 de mayo de 2019, por la que se aprueban los módulos y bases de compensación económica de los servicios de asistencia jurídica gratuita de los profesionales de la abogacía y procuraduría; así como la regulación de los Institutos de Medicina Legal[20] y el Decreto 89/2019, de 22 de mayo, por el que se regula la creación y organización de

---

16 López Aguilar, J. F. (1996). *La Justicia y sus problemas en la Constitución*. Tecnos, 65 y ss.

17 Que dice: Artículo 29. Acceso a la justicia. En el ámbito de sus competencias, la Comunidad Autónoma garantiza la calidad de los servicios de la Administración de Justicia, la atención de las víctimas y el acceso a la justicia gratuita.

18 Carrasco Durán, M. (2012). "Artículo 29". *Comentarios al Estatuto de Autonomía para Andalucía*. Parlamento de Andalucía, 474.

19 Fuera del ámbito normativo también se debe mencionar que el Gobierno de Canarias y los Colegios de Abogados de Las Palmas, Lanzarote y La Palma, firmaron, en junio de 2010, un acuerdo de colaboración en materia de Asistencia Jurídica Gratuita.

20 Decreto 198/2002, de 20 de diciembre, por el que se crea el Instituto de Medicina Legal de Santa Cruz de Tenerife y Decreto 83/2007, de 23 de abril, por el que se crea el Instituto de Medicina Legal de Las Palmas.

las Oficinas de Asistencia a las Víctimas del Delito en el ámbito de la Comunidad Autónoma de Canarias.

Sin embargo, también es de aplicación la normativa estatal. En el ámbito de la atención a las víctimas del delito está la Ley 35/1995, de 11 de diciembre, de ayudas y asistencia a las víctimas de delitos violentos y contra la libertad sexual. Así como la Ley 4/2015, de 27 de abril, del Estatuto de la Víctima del delito y, en la Justicia Gratuita, la Ley 1/1996, de 10 de enero de Asistencia Jurídica gratuita.

Entre la jurisprudencia del Tribunal Constitucional referida a la Justicia Gratuita, procede citar dos sentencias. Por un lado la sentencia 16/1994, de 20 de enero (*Tol 82425*) la cual estableció que estamos ante un derecho prestacional y de configuración legal, cuyo contenido y concretas condiciones de ejercicio corresponde delimitarlos al legislador atendiendo a los intereses públicos y privados implicados y a las concretas disponibilidades presupuestarias, si bien esta libertad de configuración no es absoluta, ya que el art. 119 de la Constitución obliga a reconocer este derecho a quienes acrediten insuficiencia de recursos económicos para litigar. Por otro lado la Sentencia 103/2018, de 4 de octubre (*Tol 6861904*), en la que se la obligatoriedad de prestar el servicio de asistencia jurídica gratuita para loa profesional de la abogacía y procuraduría trae causa de la necesidad de asegurar el derecho constitucional a la asistencia jurídica gratuita reconocido en el artículo 119 de la Constitución como derecho prestacional y de configuración legal, cuyo contenido y concretas condiciones de ejercicio corresponde delimitar al legislador atendiendo a los intereses públicos y privados implicados y a las disponibilidades presupuestarias. De su plena efectividad y garantía dependen importantes intereses, tanto públicos como privados, vinculados al ejercicio del derecho a la tutela judicial efectiva de las personas que carecen de medios económicos para litigar, por lo que no resulta inconstitucional que sean los colegios de abogados, como corporaciones de derecho público de base asociativa, los que ejerzan en este campo una función pública delegada del Estado.

La referencia del artículo 33 sobre el acceso a la Justicia Gratuita se debe poner en relación con el artículo 90 del propio Estatuto, el cual establece que le corresponde a la Comunidad Autónoma de Canarias la competencia para ordenar los servicios de justicia gratuita y de orientación jurídica gratuita.

Por lo que se refiere al apartado segundo del artículo, también es evidente que no otorga ningún derecho como tal a los canarios, sino que impone a los poderes públicos canarios la obligación de llegar a acuerdos, en el marco de la legislación penitenciaria estatal, para que las personas privadas de libertad con residencia en Canarias cumplan sus condenas en territorio canario, facilitando a su vez las medidas de reinserción e integración social de los mismos.

Este es un precepto novedoso y genera algunas dudas interpretativas a falta de jurisprudencia que lo haya analizado. En realidad, debemos acudir a normativa internacional para encontrar contenidos similares. Las Reglas Mínimas de las Naciones Unidas para el Tratamiento de los Reclusos (denominadas como Reglas Nelson Mandela)[21], establecen en su regla 59 que "los reclusos serán internados en establecimientos penitenciarios cercanos a su hogar o a su lugar de reinserción social". La Regla 106, por su parte, indica que "se velará particularmente por el mantenimiento y mejoramiento de las relaciones entre el recluso y su familia que redunden en beneficio de ambas partes". También se puede mencionar la Resolución 43/173, de 9 de diciembre de 1988, que afirma que, si lo solicita la persona detenida o presa, será mantenida en lo posible en un lugar de detención o prisión situado a una distancia razonable de su lugar de residencia habitual.

En el ámbito del derecho penitenciario del Consejo de Europa están las Reglas Penitenciarias Europeas[22]. El Principio 17.1 de las mismas establece que los internos deben ser destinados a prisiones situadas lo más cerca posible de su domicilio o de su centro de reinserción social. En el apartado tercero de ese mismo Principio se dice que en la medida de lo posible, los internos deben ser consultados

---

21 La Asamblea General de la ONU adoptó el 17 de diciembre del 2015 la revisión de las "Reglas Mínimas de las Naciones Unidas para el Tratamiento de los Reclusos". El Grupo de Expertos recomendó que las reglas revisadas fueran también denominadas "Reglas Nelson Mandela" en homenaje al legado del difunto Presidente de Sudáfrica, Nelson Rolihlahla Mandela, quien pasó 27 años en prisión.

22 Recomendación Rec (2006) del Comité de Ministros de los Estados Miembros sobre las Reglas Penitenciarias Europeas, adoptada por la Comisión de Ministros de 11 de enero de 2006, durante la 952 Reunión de los Delegados de los Ministros.

en relación con su destino inicial y respecto a cada traslado posterior de una prisión a otra.

Ya en la Unión Europea, podemos citar la "Resolución sobre las condiciones carcelarias en la Unión Europea: reorganización y penas de sustitución"[23] el que, textualmente, se "pide enérgicamente que se tome en consideración el entorno familiar de los condenados, favoreciendo, en particular el encarcelamiento en un lugar próximo al domicilio de su familia".

En el derecho interno, no se recogen estas manifestaciones de forma tan clara y contundente. En su caso se puede citar el artículo 12.1 de la Ley Orgánica General Penitenciaria que establece que "la ubicación de los establecimientos será fijada por la administración penitenciaria dentro de las áreas territoriales que se designen. En todo caso, se procurará que cada una cuente con el número suficiente de aquéllos para satisfacer las necesidades penitenciarias y evitar el desarraigo social de los penados", si bien el artículo 79 establece que "corresponde a la Dirección General de Instituciones Penitenciarias del Ministerio de Justicia la dirección, organización e inspección de las instituciones que se regulan en la presente Ley, salvo respecto de las Comunidades Autónomas que hayan asumido en sus respectivos Estatutos la ejecución de la legislación penitenciaria y consiguiente gestión de la actividad penitenciaria", lo que facultaba a cierta discrecionalidad a la hora de asignar a los presos sus centros de cumplimiento. Pero lo cierto es que conforme al artículo 151 del Estatuto, "corresponde a la Comunidad Autónoma de Canarias la competencia ejecutiva en materia penitenciaria", por ello los acuerdos a los que se refiere el artículo 33, sólo parecen tener sentido cuando el residente canario está cumpliendo condena por delitos fuera del territorio de las islas, dado que, en el resto de los casos, la competencia es de la propia Comunidad Autónoma canaria.

Por último, para finalizar, al estar conectado con la esencia del artículo 33 del Estatuto de Autonomía de Canarias, la Administración de Justicia no podía ser ajena a la naturaleza de nuestro Estado Autonómico. Así, pese a que se debe partir del artículo 149.1.5º de la Constitución, en el que se enumera esta materia como exclusiva del

---

[23] Publicadas en el BOCE del 9 de abril de 1999.

Estado, el Tribunal Constitucional declaró en las importantes sentencias 56/1990, de 29 de marzo (*Tol 80348*) y 62/1990, de 30 de marzo (*Tol 80354*) que hay que distinguir entre la Administración de Justicia en sentido estricto, vinculada con la potestad jurisdiccional de juzgar y hacer ejecutar lo juzgado, y la Administración de Justicia en sentido amplio (o lo que se ha venido en denominar "administración de la Administración de Justicia") que comprende, además de ello, la utilización de los medios materiales y personales necesarios para esa función[24]. Es en esta segunda acepción en donde algunas Comunidades Autónomas (entre ellas, Canarias) adquieren competencias y deben, en sus respectivos ámbitos territoriales, dotar a juzgados y tribunales del personal, instalaciones y medios informáticos necesarios para el adecuado desarrollo de las funciones de juzgar y hacer ejecutar lo juzgado. El personal no judicial de los juzgados tiene, por ello, una doble dependencia, porque en lo funcional estarán supeditados a lo que dispongan jueces, fiscales y secretarios judiciales pero, en lo orgánico, a lo señalado por la Comunidad Autónoma correspondiente, que ostenta competencia y potestad reglamentaria reconocida en la Ley Orgánica del Poder Judicial, en materia de jornada laboral, organización, gestión, inspección y dirección de personal.

La sentencia 56/1990, de 29 de marzo (*Tol 80348*) antes mencionada se dictó tras la presentación de varios recursos de inconstitucionalidad presentados desde los ejecutivos de Cataluña, Galicia y País Vasco contra determinados preceptos de la Ley Orgánica 6/1985, de 1 de julio, del Poder Judicial y, además de validar la diferenciación antes reseñada entre Administración de Justicia y administración de la Administración de Justicia, estableció los siguientes límites a las competencias autonómicas:

A) En primer lugar, las competencias que asumen las Comunidades Autónomas no pueden entrar en el núcleo de la Administración de Justicia en sentido estricto, materia inaccesible por mandato del art. 149.1.5 de la Constitución, sin perjuicio de la excepción relativa a la demarcación judicial.

B) En segundo lugar, tampoco pueden las Comunidades Autónomas actuar en el ámbito de la «administración de la Ad-

[24] STC 56/1990, de 29 de marzo. FJ 6º. (*Tol 80348*).

ministración de Justicia» en aquellos aspectos que la LOPJ reserva a órganos distintos del Gobierno o de alguno de sus departamentos.

C) En tercer lugar, la asunción de las facultades que corresponden al Gobierno encuentra un límite natural: El propio ámbito de la Comunidad Autónoma.

D) En cuarto lugar, la remisión se realiza a las facultades del Gobierno lo que, en consecuencia, identifica las competencias asumidas como de naturaleza de ejecución simple y reglamentaria, excluyéndose, en todo caso, las competencias legislativas.

Referencias bibliográficas

Caamaño Domínguez, F. (2007). "Sí, pueden. (declaraciones de derechos y estatutos de autonomía)". *Revista Española de Derecho Constitucional,* (79), 33-46.

Carrasco Durán, M. (2012). "Artículo 29". *Comentarios al Estatuto de Autonomía para Andalucía.* Parlamento de Andalucía.

Díez-Picazo, L. M. (2006). "¿Pueden los Estatutos de Autonomía declarar derechos, deberes y principios?". *Revista Española de Derecho Constitucional,* (78), 63-75.

Díez-Picazo, L. M. (2007). "De nuevo sobre las declaraciones estatutarias de Derechos: Respuesta a Francisco Caamaño. *Revista Española de Derecho Constitucional,* (81), 63-70.

López Aguilar, J. F. (1996). *La Justicia y sus problemas en la Constitución.* Tecnos.

López Menudo, F. (2010). "Los derechos proclamados en los Estatutos de Autonomía y la igualdad interterritorial". *Revista Española de Control Externo,* (34), 69-87.

López Menudo, F. (2012). "Título I. Derechos sociales, deberes y políticas públicas". *Comentarios al Estatuto de Autonomía para Andalucía.* Parlamento de Andalucía.

Pérez Sánchez, G. (2012). "Las declaraciones de derecho (¿fundamentales?) en las reformas de los Estatutos de Autonomía". *Constitución y Democracia: ayer y hoy.* Universitas.

B. LA IGUALDAD EN EL ESTATUTO DE AUTONOMÍA DE CANARIAS

El derecho a la igualdad entre mujeres y hombres en el Estatuto de Autonomía de Canarias

Mª ELENA SÁNCHEZ JORDÁN
Catedrática de Derecho civil
Instituto Universitario de Estudios de las Mujeres
Universidad de La Laguna
https://doi.org/10.36151/TLB_9788410955158.7

SUMARIO: I. Introducción. II. La igualdad entre mujeres y hombres en el EACan y su regulación autonómica. 1. En particular, el artículo 17 del EACan. 2. Regulación autonómica. III. La proclamación estatutaria de la igualdad entre mujeres y hombres: un panorama comparado. IV. La igualdad entre mujeres y hombres: consideraciones críticas sobre algunas sentencias recientes del TC. V. Conclusiones

I. INTRODUCCIÓN

Las modificaciones estatutarias que se han producido en las dos últimas décadas, alumbrando los denominados Estatutos *de segunda* —o, según un sector doctrinal, de tercera— *generación* se caracterizan, entre otros extremos, por la decidida incorporación de un importante catálogo de derechos civiles, deberes y principios rectores, junto a sus respectivas garantías[1], enumeraciones que en realidad parecen más propias de los textos constitucionales que de las normas de cabecera de las CCAA.

---

1 Caracteriza de esta manera a los que denomina estatutos de segunda generación, por ejemplo, Pérez García, M. L. (2012). "Los derechos sociales y sus garantías en la Reforma del Estatuto de Autonomía de Cataluña y en la jurisprudencia constitucional". *Derechos sociales y principios rectores (Actas del IX Congreso de la Asociación de constitucionalistas de España).* Tirant lo Blanch, Valencia, 230 y 231. En cambio, hay quien los califica como estatutos de tercera generación; por todos, véase López Aguilar, J. F. y García Mahamut, R. (2019). "El nuevo Estatuto de Autonomía de Canarias: «tercera generación». Hecho diferencial y nuevo sistema electoral". *Revista Española de Derecho Constitucional,* (39), 16 y 17.

Varios de esos derechos forman parte del denominado Derecho antidiscriminatorio[2], que ha conocido un importante desarrollo en el ámbito comunitario[3], sobre todo de la mano de un conjunto de directivas aprobadas para erradicar la discriminación por razones como la nacionalidad y el sexo, a las que con posterioridad se han añadido otras como la raza o la etnia, la religión o las convicciones, la orientación sexual, la edad y la discapacidad[4].

Aquella proclamación estatutaria de derechos de la ciudadanía, que en todo caso ha de respetar los límites fijados por el TC —en particular, en sus sentencias 31/2010, de 28 de junio[5] (*Tol 6442111*)

---

2 Sobre el origen, las características y el concepto del denominado Derecho antidiscriminatorio, *vid.*, entre otros, Rey Martínez, F. (2012), "El modelo europeo de lucha contra la discriminación y su incompleta incorporación en el ordenamiento español". *Iguales y diferentes ante el Derecho privado.* Tirant lo Blanch, Valencia, 25 y ss.; Schiek, D. (2012). "European Union Non-Discrimination Law: a multidimensional perspective". *Iguales y diferentes ante el Derecho privado,* Tirant lo Blanch, Valencia, 61 y ss.

3 Infante Ruiz, F. (2013). "Principales ámbitos de aplicación: las denominadas discriminaciones odiosas". *Tratado de Derecho de la persona física,* T. II. Thomson Reuters Civitas, Cizur Menor, 699-709, donde destaca la importancia que tiene en esta materia la normativa comunitaria.

4 A pesar de la importancia de esta batería de normas antidiscriminatorias, de aplicación en todos los Estados miembros de la UE, debe tenerse en cuenta, con Ballester Pastor, M. A. (2019). "La transposición pendiente en el ordenamiento español de la Directiva 92/85 de protección de la maternidad (lo que significa prevenir)". *Revista del Ministerio de Trabajo, Migraciones y Seguridad Social,* (extra 1), 190, que "el gran defecto de nuestra normativa, tal y como nos advierten las recientes sentencias del TJUE, es que la transposición en España de la regulación antidiscriminatoria de la Unión Europea no ha llegado a impregnar todo el ordenamiento, porque las normas siguen formulándose al margen del principio antidiscriminatorio".

5 En el FJ 16 de esta STC 31/2010, de 28 de junio (*Tol 6442111*) se afirma que "Los derechos reconocidos en Estatutos de Autonomía han de ser, por tanto ... derechos que sólo vinculen al legislador autonómico... y derechos, además, materialmente vinculados al ámbito competencial propio de la Comunidad Autónoma", y que "ya en la propia Constitución bajo el término "derecho" se comprenden tanto verdaderos derechos subjetivos como cláusulas de legitimación para el desarrollo de determinadas opciones legislativas, si bien en ambos casos se trata siempre, al cabo, de mandatos dirigidos al legislador, bien imponiéndole un hacer o una omisión que se erigen en objeto de una pretensión subjetiva exigible ante los Tribunales de justicia; bien obligándole a la persecución de un resultado sin prescribirle específicamente los medios para alcanzarlo y sin hacer

y 137/2010, de 16 de diciembre (*Tol 2016009*)—, se ha concretado, en lo que aquí interesa, en la inclusión en numerosos textos del derecho a la igualdad entre mujeres y hombres, que por lo general viene acompañado de la imposición a los poderes públicos autonómicos de la obligación de adoptar las medidas pertinentes para garantizar la no discriminación por motivos de sexo o género[6]. En el caso de Canarias, una interpretación sistemática de los arts. 17.1 y 11.2 EA permite afirmar que, de acuerdo con el Estatuto de 2018, los poderes públicos canarios quedan obligados a garantizar tanto la igualdad efectiva entre mujeres y hombres como la no discriminación por razones de sexo y de género[7].

Esta suerte de *avanzadilla* que representan algunos EEAA en lo que se refiere a la concreta enunciación de derechos (y, en particular, en lo relativo a la igualdad entre mujeres y hombres) ha ido incluso por delante de la evolución constitucional en la materia; en este sentido, la mayor parte de los textos constitucionales de los países de nuestro entorno —entre los que también se sitúa la CE— se limitan a enunciar un conjunto de derechos de forma mucho más genérica que la contenida en varios de los EEAA de nuevo cuño. En cualquier caso, y en lo que aquí importa —alcanzar la igualdad de mujeres y hombres—, en los últimos tiempos puede detectarse algún signo de

---

de esa obligación el contenido de ningún derecho subjetivo, que sólo nacerá, en su caso, de las normas dictadas para cumplir con ella".

6 Puede encontrarse un panorama comparado de la proclamación estatutaria de la igualdad de mujeres y hombres en Sánchez Jordán, M. E. (2021). "La proclamación de la igualdad entre mujeres y hombres en los Estatutos de Autonomía: algunas reflexiones". *Mujer como motor de innovación jurídica y social.* Tirant lo Blanch, Valencia, 787-806.

7 En relación con la igualdad y prohibición de discriminación pueden distinguirse dos tesis doctrinales: la que considera que discriminación y desigualdad son conceptos diferentes (véase, por ejemplo, Cerdá Martínez-Pujalte, C. (2005). "Los principios constitucionales de igualdad de trato y de prohibición de la discriminación: Un intento de delimitación". *Cuadernos Constitucionales de la Cátedra Fadrique Furió Ceriol*, (50/51), 196 a 198), frente a la que entiende que la prohibición de discriminación coincide con el principio de igualdad (formal) en su vertiente negativa, entendida como prohibición de tratamiento desigual entre personas que se encuentren en la misma situación (por ejemplo, López y López, Á. (1996). "Estado social y sujeto privado: una reflexión finisecular". *Quaderni Fiorentini*, (25), 433), postura esta que parece ser la acogida por la norma estatutaria canaria.

cambio; cabría citar, como ejemplo, la reciente modificación del art. 34 de la Constitución francesa, precepto al que se ha incorporado, tras una votación por abrumadora mayoría, la "libertad garantizada" a la interrupción voluntaria del embarazo, blindando así un derecho de la mujer que en los últimos años se ha visto amenazado en destacados ordenamientos occidentales[8]. En el extremo opuesto se sitúan aquellos otros países que, habiendo tenido la ocasión de modernizar sus textos constitucionales en el ámbito de los derechos de la ciudadanía —y, en concreto, en materia de igualdad de mujeres y hombres—, han optado por mantener una redacción claramente discriminatoria: es el caso de Irlanda, que el pasado 8 de marzo de 2024 votó en referéndum contra la propuesta dirigida a eliminar las referencias constitucionales tanto al papel de la mujer en casa[9], como la limitada definición de la familia, centrada en la de origen matrimonial[10].

En este trabajo se examinará la proclamación del derecho a la igualdad entre mujeres y hombres que efectúa el EACan, para a renglón seguido exponer cuál es la regulación autonómica relacionada con este derecho. El análisis de la cuestión se completará con un somero repaso a la situación de esta materia en los EEAA de las

---

8 Baste citar aquí la sentencia del Tribunal Supremo de los Estados Unidos en el caso *Dobbs vs. Jackson Women's Health Organization* (pronunciada el 24 de junio de 2022), que revoca tanto la histórica decisión *Roe v. Wade* (1973), como el caso *Planned Parenthood v. Casey* (1992). La sentencia pronunciada en el caso Dobbs afirma que la Constitución de los EE.UU. no protege el derecho al aborto, lo que permite a cada Estado decidir acerca de la posibilidad de permitir o no la interrupción voluntaria del embarazo.

9 Que se contiene en su art. 41.2, que dispone lo siguiente: "1° *In particular, the State recognises that by her life within the home, woman gives to the State a support without which the common good cannot be achieved.* 2° *The State shall, therefore, endeavour to ensure that mothers shall not be obliged by economic necessity to engage in labour to the neglect of their duties in the home*".

10 Pues se combina la previsión del art. 41.1 con la del 41.3. Así, el art. 41.1 dispone que: "*1° The State recognises the Family as the natural primary and fundamental unit group of Society, and as a moral institution possessing inalienable and imprescriptible rights, antecedent and superior to all positive law. 2° The State, therefore, guarantees to protect the Family in its constitution and authority, as the necessary basis of social order and as indispensable to the welfare of the Nation and the State.*" Por su parte, el art. 41.3 establece que: "*1° The State pledges itself to guard with special care the institution of Marriage, on which the Family is founded, and to protect it against attack.*"

restantes CCAA y concluirá con una revisión crítica de algunas sentencias recientes del TC en las que, teniendo en cuenta los asuntos enjuiciados, se echa en falta la aplicación de la perspectiva de género, omisión que dificulta la consecución de la igualdad real entre mujeres y hombres.

II. LA IGUALDAD ENTRE MUJERES Y HOMBRES EN EL EACAN Y SU REGULACIÓN AUTONÓMICA

1. En particular, el artículo 17 del EACan

El art. 17, que lleva por rúbrica "Derecho a la igualdad entre mujeres y hombres", dispone, en su apartado 1, que "Los poderes públicos canarios garantizarán la igualdad efectiva entre mujeres y hombres en el ámbito público y privado, y velarán por la conciliación de la vida familiar y profesional". Ni este apartado del precepto ni el siguiente se refieren de manera expresa a la prohibición de discriminación por razón de sexo o género, lo que no impide entender que la obligación que asumen los poderes públicos canarios de garantizar la igualdad efectiva entre mujeres y hombres tanto en el sector público como en el ámbito privado debe desembocar en la asunción de una serie de compromisos por parte de las administraciones públicas y en la imposición de obligaciones a los sujetos privados —en este segundo supuesto, con respeto al ámbito competencial de la Comunidad Autónoma de Canarias— dirigidos a la consecución de la citada igualdad efectiva. Para alcanzar dicho propósito será preciso adoptar medidas tendentes a eliminar y corregir toda forma de discriminación por razón de sexo, en línea con lo dispuesto en el art. 1 de la fundamental Ley Orgánica 3/2007, de 22 de marzo, para la igualdad efectiva de mujeres y hombres (desde ahora, LOIMH), disposición que encuentra su reflejo a nivel autonómico en el art. 1 de la Ley 1/2010, de 26 de febrero, canaria de igualdad entre mujeres y hombres (en adelante, LCIMH).

Como señaló hace años Valpuesta —en su caso, a propósito de las soluciones contempladas en la recién mencionada LOIMH—, "conviene dejar constancia de la pertinencia de un tratamiento específico de la discriminación por sexo, pues la realidad pone de manifiesto que la discriminación de las mujeres tiene unos perfiles específicos que no se pueden reconducir a un tratamiento general del Derecho antidiscriminatorio"[11]. Dicha circunstancia lleva, por un lado, a valorar favorablemente la inclusión de preceptos que aluden expresamente a la igualdad entre mujeres y hombres (o a la prohibición de discriminación por razones de sexo, entre otros motivos) en los Tratados UE, que han de inspirar a toda la normativa dictada por los Estados miembros[12]. Por otro, conduce a aplaudir la insistencia en la proclamación de este derecho o principio de igualdad en reglas del máximo rango —nivel que sin lugar a dudas ocupan, en el ordenamiento español, las normas estatutarias—, pues a pesar del elevado número de disposiciones que se han dictado en la materia, que permiten afirmar que la igualdad formal entre mujeres y hombres se ha alcanzado, a día de hoy la igualdad real o sustantiva —exigencia clave del Estado social, conectada con el principio de igualdad de trato real y efectiva que proclama el art. 9 CE— dista de ser una realidad[13]. Por lo tanto, no debe considerarse redundante la regla que obliga a los poderes públicos canarios a garantizar "la igualdad efectiva entre mujeres y hombres en el ámbito público y privado", autorizando, así, la adopción de medidas destinadas a erradicar de manera definitiva la discriminación entre mujeres y hombres.

En este contexto destaca el inciso final del número 1 del art. 17 EACan, que impone a esos mismos poderes públicos el deber de velar por la conciliación de la vida familiar y profesional, objetivo que podrá lograrse si realmente se legisla y se adoptan decisiones partiendo de la base de que las mujeres son diferentes de los varones y que, en consecuencia, no son suficientes las declaraciones legales, sino que es precisa la adopción de disposiciones específicas para lograr la igualdad real con los hombres[14].

---

11 Valpuesta Fernández, R. (2013). "Identidad, derecho y género". *Tratado de Derecho de la persona física*, T. I. Thomson Reuters Civitas, Cizur Menor, pág. 547.

12 Es el caso, por ejemplo, de los arts. 2 y 3.3-II TUE, o de los arts. 8, 10 y 19.1 TFUE, texto que, además, también se refiere a la promoción de la igualdad entre mujeres y hombres en el ámbito laboral

13 Como advierte Infante Ruiz, F. (2013). "La consideración del principio de igualdad en Derecho privado y la prohibición de discriminar". *Tratado de Derecho de la persona física*, T. II. Thomson Reuters Civitas, Cizur Menor, 685 y 686.

14 En este sentido se pronunciaba, hace más de una década, Valpuesta Fernández, R. (2013). "Identidad, derecho y género", *op. cit.*, 542. Cabe afirmar que fue jus-

Si además se tiene en cuenta que el art. 17.1 EACan impone a los poderes públicos el deber de garantizar la igualdad entre mujeres y hombres también en el ámbito privado —en consonancia no solo con los arts. 1 y 2 LCIMH, sino, también, con los arts. 1.2, 11 y 14.10 LOIMH—, cabe afirmar que los operadores privados también se encuentran sometidos al principio de igualdad de trato[15], ya que el Derecho antidiscriminatorio también opera en el Derecho privado, en virtud de la necesaria e imprescindible transversalidad del principio de igualdad y de las políticas que han de adoptarse en orden a su consecución, dimensión transversal que informa la LOIMH, como afirma su propia Exposición de Motivos. En este punto, baste ahora recordar que en nuestro ordenamiento está expresamente prohibida la discriminación por razón de sexo en el ámbito de las relaciones obligatorias civiles en los términos previstos en los arts. 3 a 13 y 69 a 72 LOIMH y 4 y 73 LCIMH, en línea con la Directiva del Consejo 2004/113/CE, de 13 de diciembre de 2004, por la que se aplica el principio de igualdad de trato entre hombres y mujeres al acceso a bienes y servicios y su suministro.

A lo expuesto ha de añadirse que el apartado 2 del art. 17 concreta algunos tipos de actuaciones destinadas a hacer efectiva la igualdad afirmada en su párrafo anterior y contiene un doble mandato: por un lado, el que se dirige a la aprobación de medidas efectivas para educar en valores de igualdad y no sexistas, y, por otro, el que se refiere a la adopción de medidas de protección para las mujeres que son víctima de violencia de género, consciente el legislador autonómico de que son estos algunos de los principales ámbitos en los que

---

tamente la consecución de la igualdad real la aspiración que guió, en un ámbito limitado pero de gran trascendencia para las mujeres, la aprobación del RDLey 6/2019, de 1 de marzo, de medidas urgentes para garantía de la igualdad de trato y de oportunidades entre mujeres y hombres en el empleo y la ocupación, una de cuyas previsiones consiste en la equiparación de la duración de los permisos por nacimiento a favor de ambos progenitores. Se trata de una medida de implantación progresiva, como prevé la propia norma, que va más allá de una mera declaración programática y parece directamente dirigida a hacer efectivo el principio de igualdad de trato y oportunidades, como se explica en su Preámbulo.

15 Valpuesta Fernández, R. (2013). "Identidad, derecho y género", *op. cit.*, pág. 548.

se ha de insistir para lograr que la igualdad entre mujeres y hombres sea real y efectiva.

2. *Regulación autonómica*

En Canarias, la normativa autonómica en materia de igualdad de mujeres y hombres precede a la aprobación del EACan de 2018, por lo que, más que de desarrollo autonómico del mandato contenido en el art. 17, cabe hablar de reglas que inspiran al legislador autonómico. Así, debe aludirse, por un lado, a la Ley (canaria) 16/2003, de 8 de abril, de Prevención y Protección Integral de las Mujeres contra la Violencia de Género (LCPVG), que incluso precede a la norma estatal en la materia (Ley Orgánica 1/2004, de 28 de diciembre, de Medidas de Protección Integral contra la Violencia de Género) y, por otro, a la ya mencionada LCIMH, que data de 2010 y que, en este caso, es posterior a la LOIMH, aprobada en 2007.

Por lo que a la LCPVG se refiere, esta tiene por objeto "el establecimiento y ordenación del sistema canario de prevención y protección integral de las mujeres contra la violencia de género" (art. 1.1 LCPVG), sistema en el que se articula "el conjunto de actividades, servicios y prestaciones que, en el ámbito de la Comunidad Autónoma de Canarias, tienen por finalidad la prevención de las situaciones de violencia contra las mujeres, así como la asistencia, protección y reinserción de sus víctimas para garantizar su dignidad personal y el pleno respeto de sus entornos familiares y sociales" (art. 1.1-II LCPVG).

En lo que atañe a la LCIMH, se ha de subrayar que su art. 1 dispone que la misma "tiene como objetivo hacer real y efectivo el derecho de igualdad de trato y oportunidades para ... seguir avanzando para lograr una sociedad más democrática, justa, solidaria e igualitaria, tanto en el ámbito público como privado", así como el establecimiento de "los principios generales que han de presidir la actuación de los poderes públicos en materia de igualdad entre mujeres y hombres en todos los ámbitos de su vida, con independencia del lugar donde residan" mientras que, al describir en su art. 2 su ámbito de aplicación, afirma la sujeción a las disposiciones de la ley no solo de las administraciones públicas y de sus entidades colaboradoras, públicas y privadas (art. 2.2 LCIMH), sino también de las personas físicas y jurídicas, en los términos establecidos en la propia ley (art. 2.3 LCIMH), en línea además con el art. 2.2 de la LOIMH.

III. LA PROCLAMACIÓN ESTATUTARIA DE LA IGUALDAD ENTRE MUJERES Y HOMBRES: UN PANORAMA COMPARADO[16]

En los EEAA de las diecisiete CCAA y de las dos ciudades autónomas que conforman el Estado español se advierte un tratamiento dispar del principio de igualdad entre mujeres y hombres, circunstancia que se encuentra vinculada, en gran medida, a la fecha de aprobación de los respectivos Estatutos y al dato de que hayan sido o no reformados en los últimos veinte años. Si se examinan los diversos textos estatutarios, es posible efectuar la siguiente clasificación (que va de menos a más):

En un primer grupo se ubica la Ley Orgánica 13/1982, de 10 de agosto, de reintegración y amejoramiento del Régimen Foral de Navarra, que no contiene ninguna previsión explícita que contemple la igualdad de mujeres y hombres. Su art. 6 se limita a apuntar que "Los navarros tendrán los mismos derechos, libertades y deberes fundamentales que los demás españoles", sin más precisiones; únicamente existe una referencia a las "políticas de igualdad" en el art. 44.18, al enunciar las materias de competencia exclusiva de la Comunidad Foral.

En un segundo escalón se sitúan los Estatutos de País Vasco, Galicia, Asturias, Cantabria, Castilla-La Mancha, La Rioja, Murcia, Madrid, Ceuta y Melilla, que se caracterizan por las dos notas siguientes: de una parte, porque todos ellos reiteran el reconocimiento de los derechos que consagra la Constitución; de otra, porque aunque no proclaman específicamente la igualdad de mujeres y hombres, sí que contienen un mandato, dirigido a los poderes públicos competentes, encaminado a promover la adopción de políticas de igualdad.

---

16 Se va a seguir aquí en parte la exposición efectuada en Sánchez Jordán, M. E. (2021). "La proclamación de la igualdad entre mujeres y hombres en los Estatutos de Autonomía: algunas reflexiones", *op. cit.*

En el peldaño más alto se colocan los Estatutos de *nueva generación*, que sí que se refieren de manera expresa a la igualdad entre mujeres y hombres, y que a su vez pueden ser subdivididos en tres grupos. En primer lugar, los que simplemente aluden a la igualdad entre mujeres y hombres en el marco de los principios rectores de las políticas públicas de esa Comunidad: es el caso de Aragón, que contiene una regla genérica en el art. 20.a) y una particular en su art. 24 (relativo a la protección personal y familiar) cuya letra c) dispone que "Los poderes públicos aragoneses orientarán sus políticas de acuerdo con los siguientes objetivos: ... Garantizar la igualdad entre el hombre y la mujer en todos los ámbitos...". También recoge la igualdad entre mujeres y hombres a propósito de la ordenación de los principios rectores el art. 7.12 del Estatuto de Extremadura, que señala, de forma más contundente y completa que la norma aragonesa, que "Los poderes públicos regionales: ... Consideran un objetivo irrenunciable que informará todas las políticas regionales y la práctica de las instituciones, la plena y efectiva igualdad de la mujer en todos los ámbitos de la vida pública, familiar, social, laboral, económica y cultural. Asimismo, removerán los obstáculos que impidan o dificulten la igualdad real y efectiva mediante las medidas de acción positiva que resulten necesarias".

En un segundo subgrupo se incluyen aquellos Estatutos que contemplan la igualdad entre mujeres y hombres en el título que dedican a derechos, deberes y libertades de las personas destinatarias. Aquí se sitúan los siguientes textos estatutarios:

- El de Andalucía, que desde su Título preliminar alude a la igualdad (art. 10.2), manifestación que se completa con las disposiciones contenidas en sede de derechos y deberes (arts. 14 y 15) y se refuerza con una regla específica en materia de protección contra la violencia de género (art. 16).
- El de Baleares, que en su art. 16.3, sobre derechos sociales, afirma que la actuación de las Administraciones públicas de las Islas Baleares deberá centrarse primordialmente, entre otros aspectos, en la igualdad de derechos de hombres y mujeres en todos los ámbitos, en particular en materia de empleo y trabajo y que, además, en su art. 17 recoge el derecho a la no discriminación por motivos de sexo.

- El de Canarias, que dedica un precepto completo (art. 17) a la igualdad entre mujeres y hombres, en el Capítulo relativo a derechos y deberes, y se complementa con su fundamental art. 11, en el que no solo se insiste en la adopción de medidas por parte de los poderes públicos canarios para hacer efectivos, entre otros, los derechos a la igualdad y a la no discriminación (número 1), sino que en su número 2 se añade, de manera muy contundente, que los poderes públicos garantizarán el derecho a la igualdad de trato y a la no discriminación por distintas razones (entre ellas, por motivos de sexo, género y orientación o identidad sexual), autorizando, además, la adopción de medidas específicas para lograr la igualdad sustancial.
- También recoge la prohibición de discriminación y la garantía de igualdad entre mujeres y hombres en sede de derechos el Estatuto de Castilla y León, (art. 14), que, como el canario, prevé de forma expresa la posibilidad de adoptar acciones positivas para erradicar la discriminación entre mujeres y hombres.
- Debe mencionarse, en último término, el Estatuto de la Comunidad Valenciana, cuyo art. 10.3, ubicado en el Título II, contempla la "igualdad de derechos de hombres y mujeres en todos los ámbitos, en particular en materia de empleo y trabajo", así como la "protección social contra la violencia, especialmente de la violencia de género y actos terroristas" entre los derechos sociales en los que se centrará de forma primordial la actuación de la Generalitat.

En el tercer subgrupo se ubicaría el Estatuto catalán, que es particularmente interesante en este concreto ámbito, no en vano ya desde su Preámbulo menciona de forma expresa la igualdad entre mujeres y hombres. Poco después, en el Título preliminar, alude a la promoción de los valores de igualdad y de equidad de género (art. 4), hasta culminar este reconocimiento estatutario en su art. 19, titulado "derechos de las mujeres", en el que se afirma: "1. Todas las mujeres tienen derecho al libre desarrollo de su personalidad y capacidad personal, y a vivir con dignidad, seguridad y autonomía, libres de explotación, malos tratos y todo tipo de discriminación. 2. Las mujeres tienen derecho a participar en condiciones de igualdad de oportunidades con los hombres en todos los ámbitos públicos y privados".

Podría afirmarse, en definitiva, que el EACan es, como los restantes EEAA de última generación, muy avanzado desde el punto de vista de la proclamación de la igualdad entre mujeres y hombres, siendo el Estatuto catalán el más completo en este punto, superando incluso a la normativa dictada a nivel estatal.

IV. LA IGUALDAD ENTRE MUJERES Y HOMBRES: CONSIDERACIONES CRÍTICAS SOBRE ALGUNAS SENTENCIAS RECIENTES DEL TC[17]

La jurisprudencia del TC nos proporciona desde hace tiempo ejemplos de incorporación de conceptos propios de la teoría feminista[18] —en sentencias de las que probablemente se pueda decir que han empleado la perspectiva de género en su fundamentación jurídica, a pesar de que casi en ningún caso se haya utilizado de forma literal tal expresión—, si bien en los últimos años se han dictado varias resoluciones en las que, aun tratando *cuestiones de mujeres*[19], el TC no decide con perspectiva de género —negando en estos supuestos la aplicación del principio evolutivo en la interpretación de la Constitución—, aproximación que en cambio sí que aparece en los votos particulares formulados por algunas magistradas y magistrados.

En tales sentencias, la mayoría de componentes del TC olvida (o simplemente juzga innecesario) aplicar la perspectiva de género a los

---

17 Este apartado se apoya en Sánchez Jordán, M. E. (2023). "Juzgar con perspectiva de género (en el orden constitucional): un apunte a propósito de algunas sentencias recientes del Tribunal Constitucional". *Mujer, discapacidad y derecho.* Tirant lo Blanch, Valencia, 971-992.

18 Puede encontrarse un repaso de las SSTC que emplean estos conceptos en Gómez Fernández, I. (2019). "Perspectiva feminista en la jurisprudencia reciente del Tribunal Constitucional de España". *Aranzadi doctrinal,* (11), 7-10.

19 Gómez Fernández, I. (2019). "Perspectiva feminista...", *op. cit.*, 11-12, critica que el TC haya desarrollado su jurisprudencia con perspectiva de género tan solo en relación con lo que la teoría feminista ha denominado *cuestiones femeninas* o *temas de mujeres,* mientras que no ha empleado este método a propósito de temas que a primera vista no se ocupan de asuntos de este tipo. Sobre la base de tales antecedentes, manifiesta su extrañeza por la falta de aplicación de la perspectiva feminista en sentencias recientes que precisamente se ocupan de cuestiones de mujeres.

asuntos sometidos a su consideración, aun cuando se refieren a materias que tienen una incidencia directa o indirecta en la situación de las mujeres, como son la pensión de viudedad [asunto decidido en la STC 1/2021, de 25 de enero (*Tol 8318455*)], el ingreso obligatorio en un centro hospitalario para un parto de riesgo [abordado en la STC 66/2022, de 2 junio (*Tol 9013845*)] y el régimen de comunicación y visitas de los progenitores a hijos e hijas menores en casos de ruptura de la relación conyugal así como ciertas condiciones de ejercicio de la patria potestad en contextos familiares en que las madres son víctimas de violencia por parte de sus parejas o exparejas, padres de los menores [STC 106/2022, de 13 septiembre (*Tol 9239683*)]. La otra nota común a las tres resoluciones mencionadas está en que la perspectiva de género únicamente se menciona por quienes emiten votos particulares.

En definitiva, cabe afirmar que en el período en el que se pronunciaron tales sentencias, la mayoría del TC adolecía de una *falta de sensibilidad en materia de género*, pues en las tres sentencias aludidas, que, como se ha dicho, se ocupan además de cuestiones de mujeres, la opinión mayoritaria no apreció sesgos discriminatorios por motivos de sexo o género en las resoluciones judiciales impugnadas a través de los recursos de amparo de los que se ocupó en las dos primeras sentencias referidas, ni aplica una óptica de género cuando desestima el recurso de inconstitucionalidad resuelto en la tercera sentencia mencionada. La situación descrita ha variado, siquiera muy levemente, a partir de la renovación del TC, ocurrida en diciembre de 2022. A partir de entonces, el máximo intérprete de la Constitución ha tenido ocasión de ocuparse en unas pocas ocasiones sobre asuntos de mujeres, y aunque la perspectiva de género ha sido muy escasamente empleada —en un supuesto es aludida, como sucedía en el período precedente, en uno de los votos particulares a la sentencia (es lo que sucede en la STC 28/2024, de 27 de febrero (*Tol 9944170*), en la que se resuelve un recurso de amparo por vulneración del derecho a la tutela judicial efectiva interpuesto por la esposa del que se considera padre biológico de un menor, nacido de gestación por sustitución, frente a la sentencia que deniega la constitución a su favor de la adopción del menor, solicitada por la recurrente)— desde hace escasas fechas contamos con un caso en el que la aplicación de la perspectiva de género sirve como base, en gran medida, para estimar parcialmente el recurso planteado: se trata de la STC 48/2024, de 8 de abril (*Tol 9982965*). En dicha sentencia se resuelve un recurso de amparo por vulneración del derecho a la tutela judicial efectiva interpuesto por una mujer contra dos resoluciones de la Audiencia provincial de Sevilla, dictadas en un procedimiento penal en el que la recurrente en amparo era acusación particular. La primera de tales decisiones (sentencia dictada en diciembre de 2019) había estimado en parte el recurso de apelación interpuesto por el acusado, absolviéndole de un delito de lesiones psicológicas; además, aplica una atenuante de dilaciones indebidas en relación con tres delitos continuados de abusos sexuales de los que fueron víctimas la recurrente y otras dos mujeres. La segunda (auto de 5 de mayo de 2020), inadmite el incidente de nulidad interpuesto por la ahora recurrente en amparo frente a la sentencia de apelación. El TC desestima la queja por inaplicación del delito de lesiones, al considerar que entrar a resolver sobre esta cuestión exigiría del tribunal una nueva valoración de los hechos probados contenidos en la sentencia de instancia, mientras que estima el recurso de amparo en lo relativo a la reducción de la pena por haberse apreciado la atenuante muy cualificada de dilaciones indebidas, afirmando que la sentencia impugnada vulneró el derecho a la tutela judicial efectiva en relación con el derecho a no ser discriminada por razón de sexo. Además, el voto particular concurrente (formulado por la magistrada Mª Luisa Balaguer Callejón) dedica una extensa argumentación para fundamentar la necesidad de una aplicación más extensa de la perspectiva de género en esta ocasión, al tratarse de un asunto directamente relacionado con formas de violencia contras las mujeres.

Esta sentencia ha de ser valorada de forma positiva, con la esperanza de que represente un hito en la aplicación de la perspectiva de género por parte de los magistrados y las magistradas del TC en aquellos casos en los que sea necesario, contribuyendo así a avanzar en la consecución de la igualdad real entre mujeres y hombres.

Referencias bibliográficas

Ballester Pastor, M. A. (2019). "La transposición pendiente en el ordenamiento español de la Directiva 92/85 de protección de la maternidad (lo que significa prevenir)". *Revista del Ministerio de Trabajo, Migraciones y Seguridad Social,* (extra 1), 189-222.

Cerdá Martínez-Pujalte, C. (2005). "Los principios constitucionales de igualdad de trato y de prohibición de la discriminación: Un intento de delimitación". *Cuadernos Constitucionales de la Cátedra Fadrique Furió Ceriol*, (50/51), 193-218.

Gómez Fernández, I. (2019). "Perspectiva feminista en la jurisprudencia reciente del Tribunal Constitucional de España". *Aranzadi doctrinal*, (11).

Infante Ruiz, F. (2013). "La consideración del principio de igualdad en Derecho privado y la prohibición de discriminar". *Tratado de Derecho de la persona física*, T. II. Thomson Reuters Civitas, Cizur Menor.

Infante Ruiz, F. (2013). "Principales ámbitos de aplicación: las denominadas discriminaciones odiosas". *Tratado de Derecho de la persona física*, T. II. Thomson Reuters Civitas, Cizur Menor.

López Aguilar, J. F. y García Mahamut, R. (2019). "El nuevo Estatuto de Autonomía de Canarias: «tercera generación». Hecho diferencial y nuevo sistema electoral". *Revista Española de Derecho Constitucional*, (39), 13-45.

López y López, Á. (1996). "Estado social y sujeto privado: una reflexión finisecular". *Quaderni Fiorentini*, (25), 409-466.

Pérez García, M. L. (2012). "Los derechos sociales y sus garantías en la Reforma del Estatuto de Autonomía de Cataluña y en la jurisprudencia constitucional". *Derechos sociales y principios rectores (Actas del IX Congreso de la Asociación de constitucionalistas de España)*. Tirant lo Blanch, Valencia.

Rey Martínez, F. (2012), "El modelo europeo de lucha contra la discriminación y su incompleta incorporación en el ordenamiento español". *Iguales y diferentes ante el Derecho privado*. Tirant lo Blanch, Valencia, 25-60.

Sánchez Jordán, M. E. (2021). "La proclamación de la igualdad entre mujeres y hombres en los Estatutos de Autonomía: algunas reflexiones". *Mujer como motor de innovación jurídica y social*. Tirant lo Blanch, Valencia, 787-806.

Sánchez Jordán, M. E. (2023). "Juzgar con perspectiva de género (en el orden constitucional): un apunte a propósito de algunas sentencias recientes del Tribunal Constitucional". *Mujer, discapacidad y derecho*. Tirant lo Blanch, Valencia, 971-992.

Schiek, D. (2012). "European Union Non-Discrimination Law: a multidimensional perspective". *Iguales y diferentes ante el Derecho privado*, Tirant lo Blanch, Valencia, 61-82.

Valpuesta Fernández, R. (2013). "Identidad, derecho y género". *Tratado de Derecho de la persona física*, T. I. Thomson Reuters Civitas, Cizur Menor, 523-550.

El derecho emergente a la identidad de género y a la orientación sexual: la protección de los derechos LGTBI en el ordenamiento jurídico autonómico[1]

SERGIO SIVERIO LUIS
Profesor Ayudante de Derecho Constitucional
Universidad de La Laguna
https://doi.org/10.36151/TLB_9788410955158.8

I. INTRODUCCIÓN: LA DIVERSIDAD SEXUAL Y DE GÉNERO COMO DERECHO ESTATUTARIO EMERGENTE

La orientación sexual y la identidad de género son dimensiones ausentes en la Constitución Española de 1978, que se han ido incorporando a nuestro ordenamiento jurídico por la vía jurisprudencial y legislativa, especialmente a través de los nuevos Estatutos de Autonomía[2]. Así, aunque no figuren expresamente en nuestra Carta Magna, el Tribunal Constitucional ha señalado en múltiples ocasiones que la orientación sexual y la identidad de género forman parte del ca-

---

1 Este trabajo forma parte del proyecto de investigación «Vulnerabilidad, precariedad y brechas sociales. ¿Hacia una redefinición de los derechos fundamentales?», PID2020-114718RB-100, financiado por MICIU/AEI/10.13039/501100011033.

2 Salazar Benítez, O. (2015). "La identidad de género como derecho emergente". *Revista de Estudios Políticos*, (169), 77.

tálogo abierto de causas de discriminación prohibidas, del derecho fundamental a la igualdad y no discriminación (art. 14 CE)[3].

Sin perjuicio de la citada jurisprudencia constitucional, ante las carencias que tenía el ordenamiento jurídico estatal, las Comunidades Autónomas han sido las pioneras en el inicio del camino hacia una regulación integral de las cuestiones relacionadas con la orientación sexual e identidad de género[4]. Además, muchas de ellas lo han hecho partiendo de las previsiones que consagran la diversidad sexual como un derecho en los Estatutos de Autonomía de nueva generación[5], pasando así a formar parte del denominado "bloque de constitucionalidad"[6].

El nuevo Estatuto de Autonomía de Canarias (Ley Orgánica 1/2018, de 5 de noviembre)[7] es un ejemplo de ello, pues su artículo 18 consagra el derecho a la orientación sexual y a la identidad de género dentro de lo que Sánchez Jordán ha denominado como "bloque estatutario antidiscriminatorio"[8]. En el presente capítulo se pretende realizar un estudio del contenido de este nuevo derecho estatutario, así como su posterior desarrollo legislativo y reglamentario, con un análisis comparativo respecto a lo realizado por otras Comunidades Autónomas, con el fin de apuntar los retos jurídicos

---

3 Sirvan como ejemplo de ello la STC 41/2006, de 13 de febrero (*Tol 834049*), respecto a la orientación sexual y las SSTC 176/2008, de 22 de diciembre (*Tol 1416108*) y 67/2022, de 2 de junio (*Tol 9013844*), en relación con la identidad de género.

4 Alventosa Del Río, J. (2015). "La regulación de la identidad de género en las Comunidades Autónomas". *Actualidad Jurídica Iberoamericana*, (2), pág. 751.

5 Que forman parte del denominado "segundo Estado de las autonomías", siguiendo a Cruz Villalón, P. (2006). "La reforma del Estado de las autonomías". *Revista d'estudis autonòmics i federals*, (2), 84.

6 Los Estatutos de Autonomía se integran en el concepto de "Constitución total" del Estado, siguiendo a Rubio Llorente, F. (1989). "El bloque de Constitucionalidad". *Revista Española de Derecho Constitucional*, (27), 26.

7 Acuñado como estatuto de autonomía de "tercera generación", por López Aguilar, J. F. y García Mahamut, R. (2019). "El nuevo Estatuto de Autonomía de Canarias: «tercera generación». Hecho diferencial y nuevo sistema electoral". *Revista Española de Derecho Constitucional*, (115), 16.

8 Sánchez Jordán, M. E. (2019). "Capítulo 4. Título I. Capítulo II. Derechos y Deberes (Artículos 16 a 18)". *El Estatuto de Autonomía de Canarias (Ley Orgánica 1/2018, de 5 de noviembre)*. Thomson Reuters Aranzadi, 128.

que quedan pendientes para hacerlo efectivo en Canarias, a la vista también de la aprobación de una nueva normativa estatal al respecto: la Ley 4/2023, de 28 de febrero, para la igualdad real y efectiva de las personas trans y para la garantía de los derechos de las personas LGTBI.

Así, este trabajo nos permitirá confirmar que la orientación sexual y la identidad de género se han conformado como derechos estatutarios emergentes, que conectan con otros derechos fundamentales y principios constitucionales, como la dignidad y el libre desarrollo de la personalidad (art. 10.1 CE), el derecho a la igualdad y la no discriminación (art. 14 CE), el derecho a la intimidad personal y familiar (art. 18 CE), entre otros. Todo ello siguiendo el mandato constitucional de los poderes públicos de promover la igualdad real y efectiva de las personas en la sociedad, removiendo los obstáculos que impidan o dificulten su consecución (art. 9.2 CE), lo que de manera inequívoca debe incluir a las personas LGTBI.

II. EL DERECHO A LA ORIENTACIÓN SEXUAL Y A LA IDENTIDAD DE GÉNERO EN CANARIAS

1. El artículo 18 del Estatuto de Autonomía de Canarias y otras referencias en el ámbito estatutario comparado

El artículo 18 del nuevo Estatuto de Autonomía de Canarias establece que los "poderes públicos canarios reconocerán, de acuerdo con la ley, el derecho de las personas a su identidad de género y garantizarán la no discriminación por este motivo o por su orientación sexual". Este precepto se incorpora en el catálogo de derechos, deberes y principios rectores del Título I del Estatuto, si bien la redacción de su rúbrica resulta incompleta y confusa, pues solo menciona la orientación sexual, mientras que el contenido cita también la identidad de género, categorías que no son equivalentes y se refieren a manifestaciones diferentes de la personalidad[9], a la par que se proclama

---

9 Godoy Domínguez, L. A. (2020). "Artículo 18. Derecho a la orientación sexual". *Comentarios a la Ley Orgánica 1/2018, de 5 de noviembre, de Reforma del Estatuto de Autonomía de Canarias*. Boletín Oficial del Estado, 135.

un derecho a la identidad de género y un derecho a la no discriminación por esta causa o por orientación sexual, pero no se consagra un derecho a la orientación sexual[10].

Tal como en su momento pudo constatar la profesora Sánchez Jordán, la confusión en la rúbrica del precepto estatutario se mantuvo a pesar de que, durante la tramitación parlamentaria, se aprobó una enmienda del Grupo Parlamentario Socialista que la modificaba, si bien no fue transcrita correctamente a la versión definitiva del Estatuto publicada en el Boletín Oficial del Estado[11]. En este sentido, al hilo de la elaboración de este trabajo, la Mesa del Parlamento de Canarias acordó en reunión celebrada el 4 de junio de 2024 elevar una solicitud al Congreso de los Diputados para que se impulsara el correspondiente procedimiento de corrección de errores de la Ley Orgánica del Estatuto de Autonomía de Canarias para transcribir adecuadamente la enmienda aprobada, de tal manera que la rúbrica del precepto expresara: "Derecho a la identidad y orientación sexual"[12].

A pesar de ello, se ha tenido constancia de que el Congreso de los Diputados ha contestado al legislativo autonómico señalando la imposibilidad de realizar una modificación de la rúbrica de dicho precepto seis años después de la entrada en vigor del Estatuto, por no ser posible la aplicación del artículo 26.b) del Real Decreto 181/2008, de 8 de febrero, de ordenación del diario oficial «Boletín Oficial del Estado», que sin embargo no señala plazo alguno para realizar una corrección de errores. A juicio de la cámara legislativa, si bien indica que se ha identificado la enmienda aprobada que desde el punto de vista de técnica legislativa debió haberse incorporado al texto del dictamen modificando la rúbrica del artículo 18 del vigente

---

10 Sánchez Jordán, M. E. (2019), *op. cit.*, 129.

11 *Ibídem*, 116 y 128.

12 Queremos dejar constancia del trabajo de estudio e impulso de esta iniciativa por parte del Letrado y Secretario General Adjunto del Parlamento de Canarias, José Ignacio Navarro Méndez, así como de la Catedrática de Derecho Civil de la Universidad de La Laguna, María Elena Sánchez Jordán, por haber descubierto el error y dejar constancia de ello en un trabajo que ha sido fundamental para darlo a conocer a las instituciones para que realicen los trámites oportunos para solicitar la corrección, independientemente del resultado finamente obtenido.

Estatuto de Autonomía, se concluye que se trata de una omisión material que no altera el sentido del precepto en cuestión, así como que el órgano competente para apreciar la naturaleza del error eran las Cortes Generales de la XII Legislatura y no las actuales.

A nuestro parecer, la decisión del Congreso de los Diputados de no atender la solicitud de corrección de errores planteada por la Mesa del Parlamento de Canarias hace que se consolide definitivamente y sin justificación razonable alguna un defecto de técnica legislativa que habría sido sumamente importante corregir para materializar lo que se aprobó por la comisión que tramitó la iniciativa legislativa en la cámara baja. A la vista de ello, la única salida posible para corregir el error detectado pasa por impulsar una modificación legislativa del Estatuto de Autonomía de Canarias para adecuar la rúbrica de este precepto al reconocimiento del derecho a la identidad de género y a la orientación sexual, tal como ya lo hace el propio contenido del artículo que analizamos en este trabajo.

Por otro lado, como hemos señalado, Canarias no es la única Comunidad Autónoma que ha incluido en su marco estatutario referencias a la diversidad sexual y de género en su catálogo de derechos, sino que así lo han hecho también las otras seis autonomías que han aprobado estatutos de nueva generación a partir del año 2006, quedando ausente en los primeros estatutos de autonomía, que no lo han introducido tampoco por la vía de su reforma[13]. No obstante, no todas las Comunidades Autónomas que han establecido este derecho estatutario lo han hecho de la misma forma:

En Cataluña (LO 6/2006, de 19 de julio) el Estatuto de Autonomía protege las uniones estables de parejas, con independencia de su orientación sexual (art. 40.7), a la par que se incorpora esta última condición en el mandato de los poderes públicos de promover la igualdad, con independencia de su orientación sexual (art. 40.8), por lo que no se menciona la identidad de género.

En Baleares (LO 1/2007, de 28 de febrero) se señala exclusivamente que todas las personas tienen derecho a no ser discriminadas

---

[13] El primer Estatuto de Autonomía de Canarias (LO 10/1982, de 10 de agosto) tampoco contenía esta referencia, ni la incorporó con la reforma producida por la LO 4/1996, de 30 de diciembre.

por su orientación sexual (art. 17.3), así que en este caso tampoco se menciona la identidad de género en el catálogo de derechos.

En Andalucía (LO 2/2007, de 19 de marzo) también se menciona expresamente la orientación sexual como una causa de discriminación prohibida, entre otras condiciones o circunstancias personales o sociales (art. 14). Además, esta norma cuenta con una previsión expresa del derecho de toda persona a que se respete su orientación sexual y su identidad de género, con un mandato a los poderes públicos para la promoción de políticas que garanticen el ejercicio de este derecho (art. 35)[14].

En Aragón (LO 5/2007, de 20 de abril), en cambio, se establece que los poderes públicos orientarán sus políticas en torno al objetivo de garantizar el derecho de las personas a no ser discriminadas por razón de su orientación sexual y su identidad de género, que sí se cita expresamente (art. 24.d).

En Castilla y León (LO 14/2007, de 30 de noviembre) se prohíbe la discriminación directa e indirecta por razón de género u orientación sexual (art. 14), uniendo dos categorías (la igualdad de género y la diversidad sexual) que habitualmente se abordan por separado, sin incluir en este caso tampoco una mención expresa a la identidad de género.

En Extremadura (LO 1/2011, de 28 de enero) este asunto se incluye entre los principios rectores de los poderes públicos (art. 7.13), señalando que promoverán políticas para garantizar el respeto a la orientación sexual y a la identidad de género de todas las personas.

Así, podemos concluir en primera instancia que la Comunidad Autónoma de Canarias ha ido un paso más allá en su nuevo estatuto en lo que respecta a la protección jurídica de la diversidad sexual, pues, no solo menciona expresamente en su catálogo de derechos la identidad de género junto con la orientación sexual, sino que, además del derecho a la no discriminación por estos motivos, reconoce

---

14 Al igual que ha sucedido en el Estatuto de Autonomía de Canarias, en el andaluz la rúbrica del artículo 35 también menciona exclusivamente la orientación sexual, sin hacer ninguna referencia a la identidad de género que el derecho estatutario contempla.

la existencia de un derecho específico a la identidad de género y a la orientación sexual de todas las personas.

De esta forma, si bien es conocido el limitado alcance jurídico de los denominados derechos estatutarios, que más que derechos subjetivos podrían entenderse como mandatos al poder legislativo para el desarrollo de las competencias autonómicas[15], no es menos cierto que el Estatuto de Autonomía de Canarias sirve como norma de cobertura para consagrar un derecho que no consta expresamente en nuestro marco constitucional y que en realidad tiene dos vertientes: el derecho a la identidad de género, entendido como el reconocimiento a tener un género libremente autodeterminado con independencia del asignado al nacer[16] y el derecho a la orientación sexual, como una manifestación de la libertad sexual de la persona[17], además del derecho a la no discriminación por ninguno de estos dos motivos.

2. *El desarrollo legislativo sobre igualdad social y no discriminación por identidad de género, expresión de género y características sexuales*

Tal como destaca Ruano León, el propósito de los derechos estatutarios no es otro que asumir un compromiso normativo con la ciudadanía de la Comunidad Autónoma correspondiente, que se ejerce mediante el desarrollo legislativo de las competencias auto-

---

15 Cámara Villar, G. (2011). "Veste y realidad de los derechos estatutarios". *Revista de Estudios Políticos (nueva época).* (151), 107. Siguiendo la jurisprudencia constitucional marcada por las SSTC 247/2007, de 12 de diciembre, FJ 16°. (*Tol 1224508*) y 31/2010, de 28 de junio, FJ 16°. (*Tol 1880189*).

16 Para un estudio sobre la protección de este derecho por el Tribunal Europeo de Derechos Humanos, véase López Rubio, D. (2024). "La Ley 4/2023 en el marco de la jurisprudencia del Tribunal Europeo de Derechos Humanos sobre identidad de género". *En defensa de los derechos humanos: riesgos, oportunidades y desafíos.* Dykinson, 299-311.

17 Sánchez Jordán, M. E. (2019), *op. cit.*, 129. La autora entiende que habría sido preferible expresar de forma clara y nítida que los derechos reconocidos en el precepto en realidad son dos y no uno.

nómicas[18]. Ello se denota precisamente en la literalidad del artículo 18 del Estatuto de Autonomía de Canarias que contiene un expreso reenvío legal cuando señala que los poderes públicos reconocerán, "de acuerdo con la ley", el derecho a la identidad de género y a la orientación sexual.

En Canarias, el desarrollo normativo más profundo de este nuevo derecho estatutario[19] lo podemos encontrar en la Ley 2/2021, de 7 de junio, de igualdad social y no discriminación por razón de identidad de género, expresión de género y características sexuales, aprobada por unanimidad de todos los grupos con representación en el Parlamento de Canarias en la X Legislatura[20], cuyo proceso de tramitación se caracterizó por suponer un proceso participativo de la sociedad civil organizada y un ejercicio de consenso de todos los grupos parlamentarios de la mano de las asociaciones especializadas en la materia. Esta nueva norma sustituyó a otra previa que fue aprobada antes del Estatuto de Autonomía de 2018 y que, tal como destacó Godoy Domínguez, se basaba "en un concepto todavía patologizante de la transexualidad" y era más bien una regulación parcial que no abordaba de forma integral esta materia[21], además de reflejarse en esta una confusión generalizada del legislador autonómico[22].

---

18 Ruano León, J. M. (2023). *Archipiélago Atlántico. La singularidad de Canarias en el sistema autonómico español dentro del marco de la integración europea.* Thomson Reuters Aranzadi, 219.

19 Cabe también citar como desarrollo normativo de este derecho estatutario en el ámbito deportivo el artículo 5 de la Ley 1/2019, de 30 de enero, de la Actividad Física y el Deporte de Canarias, que elimina la exigencia de acreditar la identidad de género mediante informes médico o psicológicos. Cfr. Godoy Domínguez, L. A. (2020), *op. cit.*, 138.

20 Suárez Mateu, A., Téllez Infantes, A. y Martínez Guirao, J. E. (2022). "Partidos políticos, género y leyes de identidad en España". *IgualdadES*, (7), 400. En la tabla 1 del citado trabajo pueden comprobarse las posiciones comparadas de los diversos partidos políticos en las votaciones de las leyes autonómicas sobre identidad de género.

21 Godoy Domínguez, L. A. (2020), *op. cit.*, 138. Nos referimos a la Ley 8/2014, de 28 de octubre, de no discriminación por motivos de identidad de género y de reconocimiento de los derechos de las personas transexuales, una norma de mínimos que muy pronto quedó caduca en comparación con otras regulaciones autonómicas y fue derogada con la Ley 2/2021, tal como también sucedió en otras Comunidades Autónomas como Navarra y País Vasco.

22 Sánchez Jordán, M. E. (2019), *op. cit.*, 130.

En cambio, la Ley canaria 2/2021, de 7 de junio, parte del derecho a la identidad de género introducido en el nuevo Estatuto de Autonomía para aprobar, según se establece en su propio preámbulo, “un marco normativo actualizado e interseccional, a la vez que más amplio e inclusivo, que no solo reconozca sino que regule con mayor amplitud el derecho a la libre determinación de la identidad y expresión de género de toda persona a través de un conjunto de medidas dirigidas a garantizar su pleno ejercicio en todos los ámbitos de la sociedad”. Así, podemos calificar a esta norma autonómica como una ley que pretende ofrecer un tratamiento de protección integral dentro de sus competencias[23].

De esta forma, la Ley canaria 2/2021 es una de las más recientes en este ámbito a nivel autonómico y ha sido considerada como “un paradigma de las tendencias más actuales” en el tratamiento de esta materia[24], con el abordaje de los derechos de las personas trans e intersexuales en los ámbitos administrativo, sanitario, educativo, social, laboral, familiar, de la juventud y las personas mayores, del ocio, la cultura y el deporte, de la cooperación internacional para el desarrollo, de los medios de comunicación o de la seguridad y emergencias, con la inclusión de un detallado régimen sancionador del que carecía la anterior regulación. Todo ello se dicta al amparo de diversos títulos competenciales que se recogen en el nuevo Estatuto de Autonomía de Canarias[25].

---

23 Navarro Marchante, V. J. (2024). “La protección de las personas trans en el ordenamiento jurídico español: las leyes autonómicas, los problemas competenciales (a propósito de la Ley canaria 2/2021) y la autodeterminación de género”. *Personas Vulnerables y Derecho.* Tirant lo Blanch, 620.

24 Hidalgo García, S. (2023). *Transexualidad: sexo, género e identidad jurídica. LGBTIQ+ y la «Ley trans» de 2023.* Thomson Reuters Aranzadi, 196. Debe destacarse, no obstante, que el autor tergiversa buena parte de los contenidos normativos, con un análisis que parece corresponderse más bien a una discrepancia política o filosófica, que jurídica.

25 Tal como se recoge en el apartado cuarto del preámbulo, algunas previsiones de la nueva ley se dictan al amparo de competencias exclusivas (arts. 136, 137, 138, 141, 142, 144, 145, 146 y 147 EACan), otras de competencias de desarrollo legislativo y ejecución (arts. 133, 134, 164, 195.2 y 198.3 EACan) y otras de competencias ejecutivas (art. 139 EACan).

Algunas de las medidas legislativas más relevantes son[26]:

- La adaptación de la documentación administrativa a la identidad de género libremente determinada por las personas, incluyendo el género no binario[27], sin necesidad de acreditarla documentalmente (art. 7).
- La creación de servicios de asesoramiento y apoyo a las personas trans e intersexuales, familiares y allegadas, con un comité consultivo que analizará la efectividad de la norma (art. 8).
- La obligación de realizar una evaluación del impacto normativo en esta materia en la elaboración del ordenamiento jurídico autonómico (art. 13).
- La prohibición de modificaciones genitales a personas recién nacidas intersexuales (art. 27).
- La garantía de acceso a técnicas de reproducción humana asistida a personas trans e intersexuales con capacidad de gestar (art. 28).
- La puesta en marcha de protocolos de atención educativa a la identidad y expresión de género y a la diversidad sexual (art. 34); medidas para el fomento del empleo de las personas trans e intersexuales como un colectivo en riesgo de exclusión social (art. 42).
- La protección de las mujeres trans víctimas de violencia machista en los servicios existentes (art. 47.3).
- La calificación como infracción muy grave de las terapias de conversión que se realizan con la finalidad de modificar la

---

26 Para un análisis más profundo sobre las principales medidas incluidas en las leyes autonómicas sobre esta materia véase Siverio Luis, S. (2024). "Las personas trans como colectivo vulnerable: medidas legislativas autonómicas para garantizar el derecho a la igualdad y no discriminación por identidad de género". *Personas Vulnerables y Derecho*. Tirant lo Blanch, 777-794.

27 La inclusión de la opción de género no binario en los formularios administrativos ocasionó la reciente imposición de una sanción al Gobierno de Canarias por parte de la Agencia Española de Protección de Datos (resolución AEPD núm. PS-00070-2023, de 26 de enero de 2024), con una fundamentación más que discutible y que ha sido recurrida por la Asociación LGBTIQA* Diversas Canarias ante la Audiencia Nacional.

orientación sexual (que sí se incluye aquí), la identidad o expresión de género (art. 59.4, letra e).

Con esta norma, Canarias vino a sumarse a la larga lista de Comunidades Autónomas de nuestro país que vienen regulando esta cuestión desde hace más de una década[28], si bien existen algunas diferencias entre ellas, que pueden comprobarse en la tabla adjunta. Algunas comunidades solo tienen una ley específica sobre las personas trans (País Vasco[29], Canarias y La Rioja[30]), otras solo una ley sobre el colectivo LGTBI en general (Galicia[31], Extremadura[32], Cataluña[33], Región de Murcia[34], Baleares[35], Navarra[36], Cantabria[37]

28 Todas menos Asturias y Castilla y León tienen una norma en esta materia.

29 Ley 4/2024, de 15 de febrero, de no discriminación por motivos de identidad de género y de reconocimiento de los derechos de las personas trans. La más reciente de las normativas, que también vino a derogar una previa sobre la materia.

30 Ley 2/2022, de 23 de febrero, de igualdad, reconocimiento a la identidad y expresión de género y derechos de las personas trans y sus familiares en la Comunidad Autónoma de La Rioja.

31 Ley 2/2014, de 14 de abril, por la igualdad de trato y la no discriminación de lesbianas, gays, transexuales, bisexuales e intersexuales en Galicia.

32 Ley 12/2015, de 8 de abril, de igualdad social de lesbianas, gais, bisexuales, transexuales, transgénero e intersexuales y de políticas públicas contra la discriminación por orientación sexual e identidad de género en la Comunidad Autónoma de Extremadura.

33 Ley 11/2014, de 10 de octubre, para garantizar los derechos de lesbianas, gays, bisexuales, transgéneros e intersexuales y para erradicar la homofobia, la bifobia y la transfobia. Para un análisis sobre esta norma, véase González Beilfuss, M. (2015). "El reconocimiento jurídico de la diversidad sexual en la España de las autonomías: la Ley 11/2014 del Parlamento de Cataluña". *Istituzioni del federalismo: rivista di studi giuridici e politici,* (1), 221.

34 Ley 8/2016, de 27 de mayo, de igualdad social de lesbianas, gais, bisexuales, transexuales, transgénero e intersexuales, y de políticas públicas contra la discriminación por orientación sexual e identidad de género en la Comunidad Autónoma de la Región de Murcia.

35 Ley 8/2016, de 30 de mayo, para garantizar los derechos de lesbianas, gays, trans, bisexuales e intersexuales y para erradicar la LGTBI fobia.

36 Ley Foral 8/2017, de 19 de junio, para la igualdad social de las personas LGTBI+.

37 Ley de Cantabria 8/2020, de 11 de noviembre, de Garantía de Derechos de las Personas Lesbianas, Gais, Trans, Transgénero, Bisexuales e Intersexuales y No Discriminación por Razón de Orientación Sexual e Identidad de Género.

y Castilla-La Mancha[38]) y otras incluso cuentan con dos leyes, no necesariamente aprobadas de forma simultánea, de las cuales una está dedicada concretamente a las personas trans y otra en general a todo el colectivo LGTBI (Andalucía[39], Comunidad Valenciana[40], Aragón[41] y Comunidad de Madrid[42]). Ciertamente, los contenidos normativos de la ley canaria vienen a inspirarse en los de buena parte de leyes autonómicas previas, que se han ido aprobando por generaciones con sumatorios de los contenidos de otras previas y con algunas medidas originales.

---

38 Ley 5/2022, de 6 de mayo, de Diversidad Sexual y Derechos LGTBI en Castilla-La Mancha.

39 Ley 2/2014, de 8 de julio, integral para la no discriminación por motivos de identidad de género y reconocimiento de los derechos de las personas transexuales de Andalucía y Ley 8/2017, de 28 de diciembre, para garantizar los derechos, la igualdad de trato y no discriminación de las personas LGTBI y sus familiares en Andalucía.

40 Ley 8/2017, de 7 de abril, integral del reconocimiento del derecho a la identidad y a la expresión de género en la Comunitat Valenciana y Ley 23/2018, de 29 de noviembre, de igualdad de LGTBI. Sobre estas normas véase Reyes López, M. J. (2021). *El largo recorrido del derecho a la identidad de género. Especial referencia a la situación en la Comunitat Valenciana.* Tirant lo Blanch.

41 Ley 4/2018, de 19 de abril, de Identidad y Expresión de Género e Igualdad Social y no Discriminación de la Comunidad Autónoma de Aragón y Ley 18/2018, de 20 de diciembre, de igualdad y protección integral contra la discriminación por razón de orientación sexual, expresión e identidad de género en la Comunidad Autónoma de Aragón.

42 Ley 2/2016, de 29 de marzo, de Identidad y Expresión de Género e Igualdad Social y no Discriminación de la Comunidad de Madrid y Ley 3/2016, de 22 de julio, de Protección Integral contra LGTBIfobia y la Discriminación por Razón de Orientación e Identidad Sexual en la Comunidad de Madrid, recientemente modificadas mediante las leyes 17/2023 y 18/2023, ambas de 27 de diciembre, con retrocesos significativos que han motivado la interposición de un recurso de inconstitucionalidad por parte del Defensor del Pueblo y también del Presidente del Gobierno de España. Ello ha motivado también la iniciativa de modificar sus contenidos para ajustarlos al marco constitucional.

Tabla 1. Comparativa de la regulación de la orientación sexual y la identidad de género por las Comunidades Autónomas de España. Elaboración propia

Comunidad Autónoma	Referencia Estatutaria	Leyes sobre orientación sexual y/o identidad de género
Andalucía	Arts. 14 y 35	Ley 2/2014, de 8 de julio, integral para la no discriminación por motivos de identidad de género y reconocimiento de los derechos de las personas transexuales de Andalucía. Ley 8/2017, de 28 de diciembre, para garantizar los derechos, la igualdad de trato y no discriminación de las personas LGTBI y sus familiares en Andalucía.
Aragón	Art. 24.d)	Ley 4/2018, de 19 de abril, de Identidad y Expresión de Género e Igualdad Social y no Discriminación de la Comunidad Autónoma de Aragón. Ley 18/2018, de 20 de diciembre, de igualdad y protección integral contra la discriminación por razón de orientación sexual, expresión e identidad de género en la Comunidad Autónoma de Aragón.
Asturias	—	Ninguna
Islas Baleares	Art. 17.3	Ley 8/2016, de 30 de mayo, para garantizar los derechos de lesbianas, gays, trans, bisexuales e intersexuales y para erradicar la LGTBI fobia.
Canarias	Art. 18	Ley 2/2021, de 7 de junio, de igualdad social y no discriminación por razón de identidad de género, expresión de género y características sexuales.
Cantabria	—	Ley de Cantabria 8/2020, de 11 de noviembre, de Garantía de Derechos de las Personas Lesbianas, Gais, Trans, Transgénero, Bisexuales e Intersexuales y No Discriminación por Razón de Orientación Sexual e Identidad de Género.
Castilla-La Mancha	—	Ley 5/2022, de 6 de mayo, de Diversidad Sexual y Derechos LGTBI en Castilla-La Mancha.
Castilla y León	Art. 14	Ninguna
Cataluña	Arts. 40.7 y 40.8	Ley 11/2014, de 10 de octubre, para garantizar los derechos de lesbianas, gays, bisexuales, transgéneros e intersexuales y para erradicar la homofobia, la bifobia y la transfobia.

Comunidad Autónoma	Referencia Estatutaria	Leyes sobre orientación sexual y/o identidad de género
Extremadura	Art. 7.13	Ley 12/2015, de 8 de abril, de igualdad social de lesbianas, gais, bisexuales, transexuales, transgénero e intersexuales y de políticas públicas contra la discriminación por orientación sexual e identidad de género en la Comunidad Autónoma de Extremadura.
Galicia	—	Ley 2/2014, de 14 de abril, por la igualdad de trato y la no discriminación de lesbianas, gays, transexuales, bisexuales e intersexuales en Galicia.
La Rioja	—	Ley 2/2022, de 23 de febrero, de igualdad, reconocimiento a la identidad y expresión de género y derechos de las personas trans y sus familiares en la Comunidad Autónoma de La Rioja.
Comunidad de Madrid	—	Ley 2/2016, de 29 de marzo, de Identidad y Expresión de Género e Igualdad Social y no Discriminación de la Comunidad de Madrid Ley 3/2016, de 22 de julio, de Protección Integral contra LGTBIfobia y la Discriminación por Razón de Orientación e Identidad Sexual en la Comunidad de Madrid, Modificadas mediante las leyes 17/2023 y 18/2023, de 27 de diciembre.
Región de Murcia	—	Ley 8/2016, de 27 de mayo, de igualdad social de lesbianas, gais, bisexuales, transexuales, transgénero e intersexuales, y de políticas públicas contra la discriminación por orientación sexual e identidad de género en la Comunidad Autónoma de la Región de Murcia.
Navarra	—	Ley Foral 8/2017, de 19 de junio, para la igualdad social de las personas LGTBI+.
País Vasco	—	Ley 4/2024, de 15 de febrero, de no discriminación por motivos de identidad de género y de reconocimiento de los derechos de las personas trans.
Comunidad Valenciana	—	Ley 8/2017, de 7 de abril, integral del reconocimiento del derecho a la identidad y a la expresión de género en la Comunitat Valenciana Ley 23/2018, de 29 de noviembre, de igualdad de LGTBI

Por otro lado, debe recordarse que numerosos preceptos de esta ley autonómica fue objeto de un recurso de inconstitucionalidad por parte de más de cincuenta diputadas y diputados del Grupo Parlamentario VOX en el Congreso[43], convirtiéndose en la única norma autonómica de identidad de género (sin perjuicio de lo expresado respecto a la legislación madrileña) sobre cuya constitucionalidad deberá pronunciarse el supremo intérprete de la Carta Magna, que de alguna forma se anticipó a los dos recursos posteriores interpuestos contra la Ley estatal 4/2023, de 28 de febrero, para la igualdad real y efectiva de las personas trans y para la garantía de los derechos de las personas LGTBI.

Los recurrentes defienden que en esta norma se producen las siguientes vulneraciones de nuestro marco constitucional:

- Del derecho a la intimidad (art. 18.1 CE) de las personas que no son trans por permitir compartir instalaciones;
- De la competencia exclusiva estatal en materia de ordenación de los registros (art. 149.1.8 CE), por establecer un sistema de identificación basado en la autodeterminación;
- De la competencia exclusiva estatal en materia de legislación penal y penitenciaria (art. 149.1.6 CE), por las medidas de protección de mujeres trans víctimas de violencia machista[44] y las actuaciones para personas privadas de libertad;
- De la libertad de empresa (art. 38 CE), por la prohibición de las llamadas terapias de conversión;
- De las libertades educativas (art. 27.3 CE), por las medidas en la enseñanza[45];

---

43 Los preceptos impugnados de la Ley 2/2021 son los siguientes: 2.1, 2, 5, 6 y 20; 4.1 a), 1° y 2°, b 2° y d); 7.1 y 4; 18 g); 20.1 y 3; 21.4 y 6; 22 c); 25.1 c) y g; 26.2 a) y b), y 3 c); 32.2; 33.2 b y c), 3 a), b), c), y d), 4, 5 primer párrafo, 6 y 7; 34.1 a), b), c) f), g), h) e i); 35.1 a 7; 36; 37.23 y 5; 45.2, 3 y 5; 47.1 y 3; 49.2; 50.5 y 6; 51.1 y 3 c) y d); 56 a); y 59.2 b), 3 e) y 4 b) y e).

44 Ello ya ha sido parcialmente abordado por el Tribunal Constitucional en otro recurso a través de la STC 44/2024, de 12 de marzo (*Tol 10273490*), sobre la ley catalana de violencia de género, desestimando las pretensiones de los recurrentes.

45 Este también ha sido parcialmente abordado por el Tribunal Constitucional en otro recurso a través de la STC 34/2023, de 18 de abril (*Tol 9542972*), sobre

- De la autonomía universitaria (art. 27.10 CE), por las actuaciones en ciencia y universidades;
- Del interés superior de las personas menores (art. 39.2 CE), por algunas de las prestaciones sanitarias previstas;
- Del principio de seguridad jurídica (art. 9.3 CE) y de tipicidad penal (art. 25.2 CE), por el régimen sancionador.

En suma, el desarrollo normativo del artículo 18 del Estatuto canario ha conectado el derecho a la identidad de género con un derecho a la autodeterminación de la sexualidad, sin que aún se haya profundizado en una regulación integral respecto a la orientación sexual, sin perjuicio de algunas menciones genéricas en la Ley 2/2021[46]. Podríamos decir que la norma canaria sobre identidad o expresión de género y características sexuales es una de las más recientes del marco comparado y también de las más completas, si bien está pendiente de resolución un recurso de inconstitucionalidad que obligará al Tribunal Constitucional a pronunciarse sobre la protección autonómica de las personas trans e intersexuales, causando un efecto indirecto en el resto de las legislaciones territoriales.

III. RETOS JURÍDICOS PENDIENTES PARA EL DESARROLLO EFECTIVO DE ESTE DERECHO ESTATUTARIO

1. *El desarrollo reglamentario de la Ley 2/2021, de 7 de junio y la garantía de su aplicación*

Tres años después de la entrada en vigor de la Ley 2/2021, de 7 de junio, conviene hacer un análisis sobre los importantes retos pendientes para su desarrollo efectivo. En primer lugar, debe tenerse en cuenta que la norma hace varias llamadas al desarrollo reglamen-

---

la modificación de la Ley Orgánica 3/2020, de 29 de diciembre, por la que se modifica la Ley Orgánica 2/2006, de 3 de mayo, de Educación (conocida como LOMLOE), desestimando también las pretensiones de los recurrentes.

46 En varios preceptos se incluye como un añadido a la identidad de género, expresión de género y características sexuales, por ejemplo, en los arts. 4, 5, 16, 18, 32, 33, 34, 41, 42, 45, 49 y 59.

tario, que afectan a la competencia de distintos departamentos del Gobierno de Canarias.

Así, quizás una de las más acuciantes es la llamada a la creación y regulación de la composición y funcionamiento interno del comité consultivo para la igualdad social y la no discriminación por estos motivos, prevista en el artículo 8.2 de la norma y cuya razón de ser es servir como "mecanismo de evaluación sobre la efectividad de las medidas adoptadas", con la elaboración de informes anuales sobre ello. Si bien la disposición final cuarta de la ley preveía que este mandato debería implementarse en el plazo de un año desde su entrada en vigor, no fue hasta llegados al tercer aniversario de ello que se publicó en el Boletín Oficial de Canarias el Decreto 90/2024, de 24 de junio, por el que se crea el Comité Consultivo para la Igualdad Social y no Discriminación por razón de identidad de género, expresión de género y características sexuales y se aprueba su Reglamento de organización y funcionamiento[47].

Asimismo, la norma prevé la creación por vía reglamentaria de un distintivo empresarial para reconocer a las empresas que destaquen por aplicar políticas de igualdad y no discriminación por estos motivos (art. 44.2 de la Ley 2/2021); una guía clínica para la atención sanitaria a personas trans (arts. 24 de la Ley 2/2021); un protocolo de atención educativa respecto a estas realidades (art. 34 de la Ley 2/2021); una regulación de las políticas de fomento de igualdad y no discriminación en el empleo para las personas trans e intersexuales (art. 42.6 de la Ley 2/2021), entre otras materias susceptibles de desarrollo, como se echa en falta en el caso del procedimiento sancionador (Título XII de la Ley 2/2021).

Si bien la disposición final primera de la norma otorgaba al Gobierno de Canarias un plazo de nueve meses desde su entrada en vigor para dictar las disposiciones necesarias para su desarrollo y ejecución, más de tres años después solo se ha aprobado la creación del comité consultivo, sin perjuicio de la realización de consultas previas a la elaboración de sendos proyectos de decretos sobre el menciona-

---

47 BOC núm. 128, de 2 de julio de 2024.

do distintivo empresarial[48] y el relativo al procedimiento sancionador[49], así como la inclusión de algunas cuestiones en el Reglamento Orgánico de la Consejería de Bienestar Social, Igualdad, Juventud, Infancia y Familias del Gobierno de Canarias[50]. En todo caso, se entiende que la actividad del comité consultivo una vez constituido será fundamental para impulsar el desarrollo reglamentario de la norma, especialmente a través del informe anual que deberá elaborar y remitir al Parlamento de Canarias, con la participación de las entidades con experiencia acreditada en esta materia.

Bien es verdad que ciertamente la derogada Ley canaria 8/2014, de 28 de octubre, precedente normativo de la actual regulación, trajo consigo la aprobación de diversas normas o documentos de desarrollo, como el Protocolo para el acompañamiento al alumnado Trans* y atención a la diversidad de género en los centros educativos sostenidos con fondos públicos de Canarias[51] o el Protocolo de atención sanitaria a personas trans[52]. A pesar de ello, podríamos considerar que estos documentos no se ajustan al vigente marco normativo, habiendo sido superados *de facto* y sus contenidos deben ser actualizados por normas reglamentarias que desarrollen efectivamente la Ley canaria 2/2021, de 7 de junio, cumpliendo con el mandato unánime del legislador autonómico.

Por último, debe hacerse una especial mención a la entrada en vigor de la Ley 4/2023, de 28 de febrero, para la igualdad real y efec-

---

48 Portal de participación ciudadana de la actividad normativa del Gobierno de Canarias, consulta previa a la elaboración del proyecto de decreto. Disponible en: https://bit.ly/3Ug0Pag (fecha de última consulta: 12-04-2024).

49 Portal de participación ciudadana de la actividad normativa del Gobierno de Canarias, consulta previa a la elaboración del proyecto de decreto. Disponible en: https://bit.ly/4cS7Xku (fecha de última consulta: 12-04-2024).

50 Arts. 3.o); 9.l) y m); 12.o); 13.k) y 43 del Decreto 446/2023, de 27 de diciembre, por el que se aprueba el Reglamento Orgánico de la Consejería de Bienestar Social, Igualdad, Juventud, Infancia y Familias.

51 La versión más reciente es la Resolución núm. 575/2021, de 18 de marzo de 2021, de la Dirección General de Ordenación, Innovación y Calidad del Gobierno de Canarias. Disponible en: https://bit.ly/4avB7Eh (fecha de última consulta: 12-04-2024).

52 No se emitió como reglamento en sentido estricto, sino como una publicación de la Consejería de Sanidad. Disponible en: https://bit.ly/4aUKopx (fecha de última consulta: 12-02-2024).

tiva de las personas trans y para la garantía de los derechos de las personas LGTBI, que plantea novedades muy relevantes en el ámbito de la rectificación registral de la mención relativa al sexo de las personas con el establecimiento de la autodeterminación del género que venían incorporando las Comunidades Autónomas desde hacía una década[53]. Pues bien, la entrada en vigor de una norma estatal que también plantea una protección integral de los derechos de las personas LGTBI hace que sea especialmente recomendable plantear una revisión de los contenidos de la legislación canaria para adaptarse a las importantes mejoras que aquella introduce en el ordenamiento jurídico para coordinar las medidas de protección de las personas trans e intersexuales, pues, si bien ambas legislaciones actúan en principio en planos competenciales diferenciados, el Tribunal Constitucional ha expresado ya que la delimitación competencial puede resultar compleja por el carácter transversal e intersectorial de las políticas de género[54].

2. *El desarrollo legislativo del derecho a la orientación sexual: una asignatura pendiente*

Para concluir este capítulo, diremos que la asignatura pendiente de Canarias para el desarrollo efectivo del derecho establecido en el artículo 18 del Estatuto de Autonomía pasa por una regulación integral tendente a la protección de las personas LGTBI en general, poniendo especial énfasis en las personas lesbianas, gais y bisexuales, que sufren situaciones de desigualdad por razón de su orientación sexual, habida cuenta del marco legislativo ya existente en materia de identidad de género y características sexuales para personas trans e intersexuales. De hecho, Canarias, País Vasco y La Rioja son las tres únicas Comunidades Autónomas (junto con Asturias y Castilla y León, que ya hemos visto que no tienen ninguna ley en este ámbito) que no cuentan con un marco legislativo referido a la igualdad de las personas LGTBI, a diferencia de lo que sucede en las otras doce.

---

53 Navarro Marchante, V. J. (2023). "La autodeterminación de género en la legislación trans en España". *Teoría y Realidad Constitucional*, (51), 424, 432 y ss.

54 STC 159/2016, de 22 de septiembre, FJ 2°. (*Tol 5866549*).

En este sentido, a la vista del marco autonómico comparado caben dos vías formales para la implementación de medidas para el desarrollo legislativo del derecho a la orientación sexual: se podría impulsar una ley general de igualdad LGTBI con la subsistencia de la Ley 2/2021 (como han hecho Andalucía, Aragón, Comunidad Valenciana y Comunidad de Madrid); o bien se podría reformar la ley existente para introducir títulos concretos sobre orientación sexual, manteniendo los aspectos relativos a la identidad o expresión de género y características sexuales, siendo esta última la técnica legislativa por la que ha optado una mayor cantidad de Comunidades Autónomas y también la de la nueva ley estatal. En un sentido o en otro, se entiende que esta sería una tarea de necesaria implementación por el legislador autonómico a la vista de las situaciones de discriminación que siguen sufriendo las personas por razón de su orientación sexual y el margen con el que cuentan las Comunidades Autónomas para implementar medidas en este ámbito en el marco de sus competencias.

En definitiva, la garantía efectiva del derecho a la orientación sexual y el cumplimiento del mandato estatutario de los poderes públicos para velar por el ejercicio de este derecho, junto con el relativo a la identidad de género, requieren de la elaboración (participada por la sociedad civil), aprobación parlamentaria y aplicación de una legislación que promueva la igualdad real y efectiva de las personas LGTBI en la Comunidad Autónoma de Canarias, un reto pendiente que se suma a la necesidad del desarrollo reglamentario de la legislación existente y su necesaria adaptación al ordenamiento jurídico estatal.

Referencias bibliográficas

Alventosa Del Río, J. (2015). "La regulación de la identidad de género en las Comunidades Autónomas". *Actualidad Jurídica Iberoamericana,* (2), 745-760.

Cámara Villar, G. (2011). "Veste y realidad de los derechos estatutarios". *Revista de Estudios Políticos (nueva época).* (151), 57-107.

Cruz Villalón, P. (2006). "La reforma del Estado de las autonomías". *Revista d'estudis autonòmics i federals,* (2), 77-100.

Godoy Domínguez, L. A. (2020). "Artículo 18. Derecho a la orientación sexual". *Comentarios a la Ley Orgánica 1/2018, de 5 de noviembre, de Reforma del Estatuto de Autonomía de Canarias.* Boletín Oficial del Estado, 135-139.

González Beilfuss, M. (2015). "El reconocimiento jurídico de la diversidad sexual en la España de las autonomías: la Ley 11/2014 del Parlamento de Cataluña". *Istituzioni del federalismo: rivista di studi giuridici e politici,* (1), 195-221.

Hidalgo García, S. (2023). *Transexualidad: sexo, género e identidad jurídica. LGBTIQ+ y la «Ley trans» de 2023.* Thomson Reuters Aranzadi.

López Aguilar, J. F. y García Mahamut, R. (2019). "El nuevo Estatuto de Autonomía de Canarias: «tercera generación». Hecho diferencial y nuevo sistema electoral". *Revista Española de Derecho Constitucional,* (115), 13-45.

López Rubio, D. (2024). "La Ley 4/2023 en el marco de la jurisprudencia del Tribunal Europeo de Derechos Humanos sobre identidad de género". *En defensa de los derechos humanos: riesgos, oportunidades y desafíos.* Dykinson, 299-311.

Navarro Marchante, V. J. (2023). "La autodeterminación de género en la legislación trans en España". *Teoría y Realidad Constitucional,* (51), 417-439.

Navarro Marchante, V. J. (2024). "La protección de las personas trans en el ordenamiento jurídico español: las leyes autonómicas, los problemas competenciales (a propósito de la Ley canaria 2/2021) y la autodeterminación de género". *Personas Vulnerables y Derecho.* Tirant lo Blanch, 619-638.

Reyes López, M. J. (2021). *El largo recorrido del derecho a la identidad de género. Especial referencia a la situación en la Comunitat Valenciana.* Tirant lo Blanch.

Ruano León, J. M. (2023). *Archipiélago Atlántico. La singularidad de Canarias en el sistema autonómico español dentro del marco de la integración europea.* Thomson Reuters Aranzadi.

Rubio Llorente, F. (1989). "El bloque de Constitucionalidad". *Revista Española de Derecho Constitucional,* (27), 9-38.

Salazar Benítez, O. (2015). "La identidad de género como derecho emergente". *Revista de Estudios Políticos,* (169), 75-107.

Sánchez Jordán, M. E. (2019). "Capítulo 4. Título I. Capítulo II. Derechos y Deberes (Artículos 16 a 18)". *El Estatuto de Autonomía de Canarias (Ley Orgánica 1/2018, de 5 de noviembre).* Thomson Reuters Aranzadi, 109-132.

Siverio Luis, S. (2024). "Las personas trans como colectivo vulnerable: medidas legislativas autonómicas para garantizar el derecho a la igualdad y no discriminación por identidad de género". *Personas Vulnerables y Derecho.* Tirant lo Blanch, 777-794.

Suárez Mateu, A., Téllez Infantes, A. y Martínez Guirao, J. E. (2022). "Partidos políticos, género y leyes de identidad en España". *IgualdadES,* (7), 385-412.

Nuevas perspectivas en el reconocimiento de derechos a las personas en atención a su edad y a sus situaciones familiares[1]

Mª ARÁNZAZU CALZADILLA MEDINA
Profesora Titular de Derecho Civil
Universidad de La Laguna
https://doi.org/10.36151/TLB_9788410955158.9

SUMARIO: I. Consideraciones previas. II. Protección social, jurídica y económica para atender situaciones familiares. III. El interés superior de la infancia y adolescencia ante el reto de la garantía de sus derechos. IV. Derechos de la juventud. V. Personas mayores y envejecimiento activo. Referencias bibliográficas

El destino es el que baraja las cartas,
pero nosotros somos los que jugamos.
W. SHAKESPEARE (1564-1616)

I. CONSIDERACIONES PREVIAS

El EACan, con gran acierto a mi modo de ver, ha recogido, entre otros, una serie de derechos de las personas en atención a su edad (menores, jóvenes y mayores) así como el reconocimiento de una especial protección a quienes precisan ayudas por situaciones familiares particulares, tanto desde la perspectiva social, jurídica como económica —en cuyo marco se hace especial referencia a la concilia-

---

1 Este trabajo se enmarca en la ejecución del Proyecto de Investigación: "Hacia una revisión del principio de solidaridad familiar: análisis de su alcance y límites actuales y futuros", financiado por PID2019-104226GB-I00/AEI/10.13039/501100011033 (Ministerio de Ciencia e Innovación/Agencia Estatal de Investigación). La autora es Coordinadora del Grupo de Investigación "Derecho, persona y familia" y Directora de la Cátedra institucional de Infancia y Adolescencia de la Universidad de La Laguna.

ción de la vida personal, familiar y laboral de mujeres y hombres—[2]. Antes de adentrarnos en el análisis de estos derechos y principios, considero conveniente plantear hasta siete cuestiones genéricas que afectan, de una manera u otra, a todos ellos[3].

En primer lugar, sin ser este un trabajo que pretenda ahondar en este asunto, ha de llevarse a cabo un somero apunte sobre el hecho de que una norma estatutaria recoja derechos y principios —algo que ha propiciado que se conozca a este grupo de EEAA como de *tercera generación*—. Durante décadas ha sido ardua la discusión doctrinal —principalmente constitucionalista y administrativista— sobre si procede o no que un EA recoja un elenco de derechos y, de ser así, las consecuencias jurídicas que ello tendría[4]. La cuestión no es baladí en ningún caso y, mucho menos, cuando esos derechos estatutarios son realmente derechos fundamentales: no puede perderse de vista que éstos constituyen el eje vertebrador de un sistema constitucional por lo que, dada su importancia, para muchos ha de ser la Carta Magna[5] la que tenga, en exclusiva, la competencia para recogerlos. Ahora bien, si bien es cierto que cuando se trata de desarrollar sus aspectos esenciales es el Estado el competente —y, concretamente, ello queda relegado en nuestro ordenamiento a las leyes orgánicas—, las CCAA pueden regular sobre cuestiones colaterales —tales como aquellas relacionadas con la organización, por ejemplo— respetando siempre el derecho fundamental, nunca contradiciéndolo.

---

2 Concretamente se está hablando de lo previsto en el art. 12 (familia), el art. 13 (menores de edad), el art. 14 (jóvenes) y el art. 15 (personas mayores) del EACan.

3 V., sobre estos derechos, Díaz de Lezcano Sevillano, I. (2019). "Capítulo 3. Título I. Capítulo II. Derechos y Deberes (Artículos 12 a 15)". *El Estatuto de Autonomía de Canarias (Ley Orgánica 1/2018, de 5 de noviembre).* Thomson Reuters Aranzadi, Pamplona, 97-108.

4 Realmente todos los EEAA ya preveían derechos en su primera versión, si bien no de la manera que en la actualidad los recogen aquellos que han sido reformados o aprobados *ex novo* previa derogación del anterior. En el caso de Canarias, he de apuntar la crítica ya realizada por la mayoría de la doctrina, a la que me sumo, de que no se está propiamente ante una reforma, sino ante un Estatuto nuevo, pues la LO 1/2018, de 5 de noviembre, de reforma del Estatuto de Autonomía de Canarias —pese a su nombre— no reformó el EACan de 1982, sino que lo derogó expresamente (V. la disposición derogatoria).

5 La CE, por su parte, no se pronuncia al respecto.

El tema es, por tanto, complejo y discutido. Quienes no se muestran partidarios a estas incorporaciones estatutarias argumentan que, de otra manera, al ser los EEAA normas que se aplican atendiendo al territorio autonómico, podría llegar a vulnerarse el principio de igualdad, además del principio de la unidad del Estado, entre otros. En este sentido Díez-Picazo[6] recuerda que, atendiendo a lo dispuesto en el art. 147.2 CE, la declaración de derechos no está comprendida dentro del ámbito estatutario y que, aunque son las propias Cortes las que aprueban o reforman los EEAA que se regulan por una LO, ésta no puede ser a la que se refiere el art. 81 CE para el desarrollo de los derechos fundamentales.

Por otro lado, si los derechos son los mismos, o bien se enmarcan en los ya recogidos en la CE, ¿qué sentido tiene una reiteración? Para muchos, la mera reproducción tiene un valor simplemente retórico, acaso simbólico, algo que en ocasiones es aún más patente porque se está ante simples normas de reenvío a la propia Constitución o, incluso, a Convenios y Tratados internacionales suscritos por España. Ahora bien, también es cierto que si se está ante *derechos sociales* (algunos de los cuales se han planteado ya como auténticos derechos fundamentales o bien como derechos subjetivos) son las administraciones autonómicas las que, en gran medida, han de garantizar su cumplimiento, lo que aporta un valor añadido a que efectivamente aparezcan en los EEAA. Cuestión distinta es que se declaren, en el sentido de que se creen vía estatutaria derechos y principios *ex novo*, —ya no que simplemente se recojan en un EEAA— pudiendo perfectamente llegar a exceder las competencias que tiene cada CCAA[7]. Al respecto son interesantísimos, como se señalaba, los trabajos doctrinales de figuras señeras que, a lo largo de los años, se han ocupado de este tema tan interesante y trascendente[8], a los cuales nos remitimos.

---

6 Díez-Picazo, L. M. (2006), *op. cit.*, 72. Y concluye: "Creo, en resumen, que hay argumentos formales y sustantivos serios para sostener que la inclusión de declaraciones de derechos en los Estatutos de Autonomía no es conforme con la Constitución española, tal como ésta existe en la actualidad", pág. 74.

7 V., por todos, Díez-Picazo, L. M. (2006). "¿Pueden los Estatutos de Autonomía declarar derechos, deberes y principios?". *Revista Española de Derecho Constitucional*, (78), 63-75.

8 Por lo que a este trabajo respecta, es interesante reflexionar sobre lo que toda esa situación implica para el Derecho civil en el marco de lo que se ha venido

A mi juicio, en una primera aproximación al menos, ha de considerarse positivo este planteamiento del EACan en la medida en la que Canarias se enmarca, de esta manera, en una línea de reconocimiento de derechos de la misma manera que los EEAA reformados o aprobados *ex novo* recientemente[9] puesto que lo contrario (es decir, la ausencia de este elenco de derechos) puede no ser entendido —e incluso malinterpretado— por la ciudadanía a la que, en primera y última instancia, se dirigen las normas.

En segundo lugar, hay que plantear una cuestión terminológica porque, a *priori*, los derechos que se comentan en este trabajo los ostentan las familias, la infancia y la adolescencia (menores, para el legislador estatutario), jóvenes y personas mayores, si bien la cuestión no es tan sencilla —salvo en uno de estos casos— por la propia indefinición de estas expresiones. Así ¿qué es una familia? No hay ninguna norma jurídica que la defina y delimite algo que, además, sería casi imposible a menos que se haga una definición muy genérica que sería seguramente ambigua. Por otro lado ¿cuáles son las personas jóvenes? ¿desde qué edad se comienza a ser joven y hasta qué edad se puede calificar así a una persona? Por último, ¿a qué edad se comienza a tener la condición de persona mayor a los efectos previstos en el art. 15 del EACan? Evidentemente el precepto no se refiere, en este caso, a las personas mayores de edad sino a las que ya tienen una edad avanzada, pero ¿qué edad exactamente? La cuestión no es trivial en la medida en la que los derechos y garantías que se recogen en cada uno de los preceptos van perfectamente asociados a lo que se entienda precisamente por "familia", "persona joven" y "persona

---

a denominar la *administrativización del Derecho civil*. V., entre otros muchos, De Elizalde y Aymerich, P. (1984). "El Derecho civil en los Estatutos de Autonomía". *Anuario de derecho civil*, (37.2), 389-436; Yzquierdo Tolsada, M. (2009). "El Derecho civil ante los nuevos Estatutos de Autonomía". *Anales de la Academia Matritense del Notariado*, (47), 109-132.

9 Por otro lado, como se expondrá, estos derechos ya se encuentran recogidos en muchos —que no en todos— de los EEAA de otras CCAA, que los han incorporado a su articulado a medida que se han ido reformando recientemente. Y todo ello a pesar de que técnica y jurídicamente muy bien puede concluirse de que se está ante una mera reiteración —en tanto en cuanto, de ninguna manera puede pensarse que estas personas o las familias no tuvieran los derechos que en la actualidad recoge el EACan—.

mayor". Pudiera pensarse que se está ante una omisión errónea por parte del legislador, pero a mi juicio, nada más lejos de la realidad: precisamente que no se concrete ni delimite en el EACan qué es exactamente una "familia" o "las modalidades familiares", una "persona joven" y una "persona mayor" permite que el legislador autonómico cuente con una norma flexible que se adapte a las distintas circunstancias que los cambios sociales y, consecuentemente —o al menos así debería ser— vayan delimitando las distintas normas que en cada caso se consideren adecuadas[10]. Esta técnica legislativa, por tanto, ha de ser aplaudida. Es interesante recordar en este punto, que la propia Constitución Española de 1978 presenta términos como, por ejemplo, el de "familia" sin llevar a cabo una delimitación concreta del mismo, algo que ha posibilitado la protección y atención de las distintas singularidades que las realidades familiares han ido precisando desde la promulgación de la norma hasta la actualidad.

En tercer lugar, el EACan reconoce, con carácter general que quienes ostenten la condición política de canarios son titulares de los derechos, deberes y libertades reconocidos en la Constitución española y en el propio EACan, así como en el Derecho de la Unión Europea y en los instrumentos internacionales de protección de los derechos humanos, individuales y colectivos, en particular, en la Declaración Universal de Derechos Humanos. Obviamente se trata de una norma vacía de contenido porque aún no habiéndose promulgado, es incuestionable que toda la normativa se aplica igualmente a quienes ostenten la condición de ser ciudadanos y ciudadanas españoles que residan en Canarias. Por su parte, la CE de 1978 recoge los derechos y principios sobre los que versa este estudio, aunque prácticamente todos desde una perspectiva mucho más general. También es importante destacar la existencia de normas a nivel nacional[11] que

---

10 Por ejemplo, la Ley 7/2007, de 13 de abril, Canaria de Juventud establece que tendrán la consideración de jóvenes quienes tengan entre 14 y 30 años. Esa sería la concreción para este sector de la población reconocido en el EACan, si bien la citada Ley podría reformarse y establecer otras edades *a posteriori* y no habría que modificar el EACan.

11 Tales como la Ley Orgánica 3/2007, de 22 de marzo, para la igualdad efectiva de mujeres y hombres, la Ley 15/2022, de 12 de julio, integral para la igualdad de trato y la no discriminación o la Ley 4/2023, de 28 de febrero, para la igual-

ahondan en garantizar la igualdad de la ciudadanía promulgada en el art. 14 CE.

En cuarto lugar, es importante recordar —aunque es algo de lo que parte cualquier jurista—, que la Comunidad Autónoma de Canarias no tiene competencias para legislar en materia civil en la medida en la que dicha materia es de exclusiva competencia estatal (*ex* art. 149. 1. 8ª CE), salvo para las CCAA que tienen un derecho civil propio —y la canaria no lo tiene—[12].

En quinto lugar, ha de apuntarse —pues en esta obra se tratará esta cuestión de manera más pormenorizada en distintos Capítulos— que todos estos derechos han de interpretarse siempre desde una perspectiva de género y de diversidad, así como desde un enfoque de la garantía de los derechos de la infancia y la adolescencia. Pudiera parecer, en un primer momento, que este posicionamiento hermenéutico es superfluo e inaplicable en algunos casos[13], pero ello no es así ya que estas perspectivas han de mantenerse en todo momento para poder detectar, de esta manera, si cuando se lleve a cabo la aplicación del derecho en la práctica se respetan los de estas personas.

En sexto lugar, ha de destacarse la ausencia en el EACan de deberes concretos para la ciudadanía[14]: el EACan recoge muchos derechos de manera específica y, por el contrario, alude de manera muy general a deberes[15], concretando únicamente deberes de los poderes públicos canarios y, como se ha señalado, prácticamente ninguno para la ciudadanía[16] a la que, como se pone de manifiesto en esta obra, sí reconoce múltiples derechos. Considero que este es un

---

dad real y efectiva de las personas trans y para la garantía de los derechos de las personas LGTBI.

12 V. art. 10 EACan.

13 Así, podría pensarse ¿qué tiene que ver un enfoque de los derechos de la infancia y la adolescencia con los derechos de las personas mayores?

14 Y ello pese a que el Título I se rubrica como "De los derechos, deberes y principios rectores" y, más concretamente, el Capítulo II se titula "Derechos y deberes".

15 V. el art. 9 EACan.

16 Como excepciones a esta regla general pueden citarse sólo dos artículos del EACan que recogen deberes específicos para la ciudadanía: art. 14 (deber de las personas jóvenes de participar en la vida social y cultural en los términos en los que establezcan las leyes) y art. 26.1 (deber de las personas de proteger y

demérito y una oportunidad perdida porque la conformación de una sociedad democrática, diversa, solidaria, cívica y tolerante precisa de una ciudadanía comprometida tanto con la exigencia de la garantía de sus derechos —por supuesto— como con el escrupuloso cumplimiento de sus deberes: son las dos caras de la misma moneda y no pueden ser separadas so riesgo de que el reconocimiento de derechos puede quedar muy delimitado por la imposición de deberes en ulteriores normas. Ser sujeto de derecho implica, con carácter general, poder ejercitar derechos y obligaciones y es poco maduro, a mi juicio, presentar derechos y derechos a la ciudadanía sin dejar constancia que, para su consecución en la práctica, en la gran mayoría de los casos, se necesita el cumplimiento por parte de la ciudadanía —y no sólo de las entidades o administraciones públicas— de múltiples deberes y obligaciones[17].

Por último, en séptimo lugar, ha de señalarse que todos estos derechos entroncan directamente con lo previsto en la Agenda 2030 de la ONU y con la Agenda Canaria de Desarrollo Sostenible 2030[18] y, más concretamente, con las metas canarias.

II. LA PROTECCIÓN SOCIAL, JURÍDICA Y ECONÓMICA PARA ATENDER SITUACIONES FAMILIARES

El art. 39.1 CE establece entre sus principios rectores de la política social y económica[19] que los poderes públicos aseguran la protec-

---

mejorar el medio ambiente para las generaciones presentes y futuras, así como soportar las limitaciones que tal protección puedan afectar a sus intereses).

17 Un ejemplo podría ser el siguiente: no podrán concederse todas las ayudas a las situaciones familiares que lo precisen si no existe un correcto cumplimiento de las obligaciones tributarias por parte de la sociedad. También la garantía de los derechos de la infancia y la adolescencia pasa porque sus progenitores cumplan escrupulosamente las obligaciones y deberes que la normativa les impone (con carácter general, recogidos en el art. 154 CC, entre otras muchas normas).

18 Disponible en: https://www.gobiernodecanarias.org/agendacanaria2030/ [Consulta: 12/06/2024].

19 Capítulo III del Título I de la Carta Magna.

ción social, económica y jurídica de la *familia*[20]. Se hace notar que la propia CE no reconoce a la familia como la matrimonial, sino que no concreta nada en este sentido, por lo que han de entenderse incluidas todas las familias. Esto es algo que está totalmente consolidado, habiendo sido también confirmado por el propio TC[21] y por el TEDH[22]. Por su parte, el art. 39.2 CE, en su primer inciso, dispone que los poderes públicos aseguran, asimismo, la protección integral de los hijos (*sic*), iguales éstos ante la ley con independencia de su filiación, y de las madres, cualquiera que sea su estado civil.

Sin embargo, lo cierto es que aunque el art. 12 EACan se rubrica con la palabra "Familia", en singular, el precepto no recoge una protección como tal a la familia[23], sino a las personas que forman la unidad familiar. Su primer apartado dispone que: *todas las personas tienen derecho a la protección social, jurídica y económica para atender a las situaciones familiares, en las diferentes modalidades de familias.* A mi juicio, el artículo debió rubricarse con la palabra en plural (esto es, o bien *familias* o bien *diferentes modalidades de familias*), aunque acaso también sin hacer expresa referencia a la *familia* como tal, pues como se ha señalado realmente no recoge "derechos para las familias" sino para las personas que conforman estos núcleos de convivencia. Y es que, como ya se ha adelantado, no existe una definición concreta de lo que es exactamente una familia[24].

---

20 También el art. 35 CE dispone: "1. Todos los españoles tienen el deber de trabajar y el derecho al trabajo, a la libre elección de profesión u oficio, a la promoción a través del trabajo y a una remuneración suficiente para satisfacer sus necesidades y las de su familia, sin que en ningún caso pueda hacerse discriminación por razón de sexo". A nivel nacional, sólo se cuenta con una Ley específica para un determinado tipo de familia: la Ley 40/2003, de 18 de noviembre, de Protección a las Familias Numerosas.
Todo ello es acorde a lo que la propia Declaración Universal de Derechos Humanos, a la que remite el artículo 10.2 CE, reconoce: "La familia es el elemento natural y fundamental de la sociedad y tiene derecho a la protección de la sociedad y del Estado" (art. 16.3).

21 STC, Sala Pleno, 45/1989, de 20 de febrero (*Tol 80256*).

22 STEDH *Van Der Heijden c. Países Bajos*, 3 de abril de 2012 (*Tol 9064180*).

23 V., sobre el Derecho de Familia, Valpuesta Fernández, R. (2012). "El Derecho de Familia". *Derecho de Familia.* Thomson Reuters-Civitas, Cizur Menor, 105-134.

24 V., por todos, García Rubio, M. P. (2021). "¿De qué debemos hablar cuando hablamos de familia?". *Derecho de familia: homenaje a Encarnación Roca Trías: la*

Dejando de lado esta pequeña puntualización, es loable que el precepto recoja claramente una visión genérica, diversa e integradora de todas las realidades familiares sin identificarlas, dado que ello permitirá que la ley —y, en su ámbito, las distintas normas que puedan promulgarse a su amparo— pueda regular lo que en cada momento se considere como conveniente y adecuado para poder acceder a las correspondientes ayudas siempre, eso sí, en el marco del respeto al principio de igualdad, como no podía ser de otra manera. De esta manera, tanto la referencia a la expresión *diferentes modalidades de familias* (familias monoparentales, familias adoptivas, familias numerosas, familias reconstituidas, etc.) y todo ello, tanto para matrimonios como para uniones de hecho[25], como la de *situaciones familiares* (dependencia, pocos recursos económicos, familias de acogida[26], etc.) han de ser consideradas procedentes y adecuadas porque, de entrada, no dejan a nadie atrás. En la misma sintonía se articuló ya, en su momento y poco después de aprobarse el EACan, la Ley 16/2019, de 2 de mayo, de Servicios Sociales de Canarias.

Asimismo, el EACan introduce una referencia a la necesaria —y ansiada— conciliación de la vida personal, familiar y laboral de mujeres y hombres estableciendo, en el segundo apdo. del art. 12, que los poderes públicos canarios promoverán medidas y políticas activas para facilitar su obtención. Es interesante poner de manifiesto que el hecho de que esta previsión se encuentre en un contexto dedicado a las familias, claramente indica que no se está pensando en una conciliación individual (esto es, como derecho de cada hombre o de cada mujer a conciliar —que por supuesto también existe—) sino a

---

jurista que se adelantó a su tiempo. Sepin, Madrid, 279-290.

25 La Ley 5/2003, de 6 de marzo, para la regulación de las parejas de hecho en la Comunidad Autónoma de Canarias, como no podía ser de otra manera, hace referencia expresa en varias ocasiones en su Preámbulo a que las parejas de hecho constituyen una familia.

26 V., por ejemplo, todos los derechos para la familia de acogida que recoge el art. 20.1 *bis* de la LO 1/1996: todos ellos se establecen, precisamente, por la particular situación que concurre en estas familias y que debe ser atendida. En Canarias se cuenta con la Orden de 21 de enero de 2015, de la Consejería de Cultura, Deportes, Políticas Sociales y Vivienda, por la que se regula la compensación económica de los acogimientos familiares de menores en la Comunidad Autónoma de Canarias.

su planteamiento de manera colectivo: que en las familias haya efectivamente conciliación de manera corresponsable y equitativamente distribuida entre mujeres y hombres. Es fundamental también entrar a valorar quién lleva a cabo realmente en la práctica las denominadas tareas domésticas y de cuidados: es precisamente la mujer quien las suele realizar en su mayor parte e, incluso en ocasiones, en solitario. Esta situación impide una correcta conciliación para las mujeres, además de que si la situación se produce en el marco de una relación matrimonial, se estaría incumpliendo lo previsto en el art. 68 CC que articula que estas tareas han de realizarse de manera corresponsable por ambos cónyuges, dándole el *status* de deber conyugal. Al respecto es interesante recordar, pues nunca se menciona, que en la realización de estas tareas no sólo han de participar los hombres y las mujeres: también los hijos e hijas deben, en la medida de su edad y posibilidad, colaborar tal y como al efecto prevé la LO 1/1996 (art. 9 *ter*).

Por otro lado, esta previsión sobre la necesaria conciliación en el ámbito familiar se ve reforzada porque el propio EACan prevé el derecho a la igualdad entre mujeres y hombres (art. 17), en cuyo marco vuelve a referir la obligación de los poderes públicos canarios por velar por la conciliación de la vida familiar y profesional[27].

Puede concluirse, por tanto, que lo previsto por el ECan en lo que respecta a la atención a las situaciones familiares especiales y a la conciliación de la vida familiar, laboral y profesional no solo respeta

---

[27] Es muy curioso que el art. 17.1 no haga referencia a los tres ámbitos en los que ha de darse esta conciliación (el familiar, el profesional y el personal) pues únicamente refiere dos: el familiar y el profesional. ¿Cuál es entonces la razón por la que en el art. 12 se recojan los tres ámbitos (siendo este un precepto dedicado a las familias)? No se comprende esta omisión que puede muy bien ser origen de interpretaciones no deseadas, si bien auguro que no tendrán mucho recorrido en la medida en que, no ya a nivel nacional (que también: la Ley Orgánica 3/2007, de 22 de marzo, para la igualdad efectiva de mujeres y hombres) sino a nivel autonómico existen normas que promueven precisamente la conciliación en los tres ámbitos siendo la más importante la Ley 1/2010, de 26 de febrero, canaria de igualdad entre mujeres y hombres (art. 40 y ss.).

la normativa internacional, europea y estatal vigente en este ámbito[28] sino que la refuerza.

III. EL INTERÉS SUPERIOR DE LA INFANCIA Y ADOLESCENCIA ANTE EL RETO DE LA GARANTÍA DE SUS DERECHOS

Los derechos de la infancia y adolescencia menor de edad[29] se recogen en los EEAA, mayoritariamente, como derechos subjetivos y no sólo como principios rectores que presentan una obligación de protección[30]. A mi modo de ver, ello es positivo pues está totalmente alineado con las últimas reformas normativas —en cualquier ámbito—[31], que proyectan una posición de auténtico sujeto de derecho de niños y niñas[32]. Por tanto, la normativa que se promulgue en estos tiempos —sea *ex novo* o sea modificación de la ya existente— ha de recoger que se garanticen los derechos de la infancia y la adolescencia, dejando de lado expresiones como la de "perseguir su protec-

---

28 A nivel nacional destacan lo previsto al efecto en el art. 68 CC y la LO 3/2007, de 22 de marzo, para la igualdad efectiva de mujeres y hombres (arts. 14.8, 30.4, 35 pfo. 2°, 44.1, 51 b., 56, 57, 66 y 68).

29 En España, al igual que en la mayoría de los países en la actualidad, se es menor de edad cuando se tiene menos de 18 años (art. 1 de la Convención de los Derechos del Niño de 1989 —en adelante CDN—, art. 12 CE y art. 315 CC).

30 Algo que, por supuesto, es procedente. En este sentido, el art. 11 de la LO 1/1996 dispone en su apdo. 2: "Serán principios rectores de la actuación de los poderes públicos en relación con los menores: a) La supremacía de su interés superior. (...)".

31 V., sobre las últimas reformas a nivel nacional, por orden cronológico, VVAA (2016). *Comentarios sobre las leyes de reforma del sistema de protección a la infancia y la adolescencia.* Tirant lo Blanch, Valencia; VVAA (2017). *La protección jurídica de la infancia y la adolescencia tras la Ley Orgánica 8/2015, de 22 de julio y la Ley 26/2015 de 28 de julio.* Wolters Kluwer - La Ley, Madrid; VVAA (2021). *Estudios jurídicos sobre la eliminación de la violencia ejercida contra la infancia y la adolescencia.* Thomson Reuters Aranzadi, Pamplona.

32 Téngase en cuenta que utilizar la expresión niños y niñas para referirse a todas las personas que aún no han cumplido los dieciocho años está amparado por la CDN de 1989, que en su art. 1 emplea esta expresión (si bien con el masculino genérico: niño) para referirse a las personas a las que se aplica dicha Convención.

ción". Dicho de otra manera, la protección se consigue mediante la garantía de que se cumplan los derechos, de la misma manera que ocurre con las personas mayores de edad.

Este enfoque es el que recoge el art. 13 EACan cuando dispone en su primer apdo. que "las personas menores de edad tienen derecho a recibir la atención integral necesaria para el desarrollo de su personalidad y su bienestar en el contexto familiar y social". Y continúa en el segundo señalando que "primará el interés y beneficios de las personas menores, en coordinación con los de la familia, en la aplicación e interpretación de normas, políticas y todo tipo de medidas orientadas a las mismas".

Por otro lado, como no podía ser de otra manera, en todos los EEAA que recogen expresamente derechos se incluyen preceptos dedicados exclusivamente a la infancia y la adolescencia[33], algo que es fiel reflejo de que todas las CCAA, forales o no, hayan legislado sobre esta materia.

Como señala Marrero Mesa[34], "a pesar de que la primitiva versión del Estatuto de Autonomía no establecía una regla similar a la que se recoge en el art. 13 del presente Estatuto, el legislador autonómico aprobó un marco legal para garantizar la necesaria atención a los menores, al amparo de la competencia exclusiva sobre asistencia social y servicios sociales, e instituciones públicas de protección y tutela de menores (art. 30.13 y 14 Estatuto de 1982): la Ley 1/1997, de 7 de febrero, de Atención Integral a los Menores". Esta norma, que

---

33 Referencias en otros EEAA (por orden cronológico) a los *derechos de la infancia y la adolescencia*: art. 10.3 y 13.3 de la LO 1/2006, de 10 de abril, de reforma del EEAA de la Comunidad Valenciana; arts. 17 y 40.3 de la LO 6/2006, de 19 de julio, de reforma del EEAA de Cataluña; art. 16.3 de la LO 1/2007, de 28 de febrero, de reforma del Estatuto de las Islas Baleares; art. 18 de la LO 2/2007, de 19 de marzo, de reforma del EEAA para Andalucía; arts. 12.2 y 24 e) de la LO 5/2007, de 20 de abril, de reforma del EEAA de Aragón; y art. 13.6 de la LO 14/2007, de 30 de noviembre, de reforma del EEAA de Castilla y León y art. 7 apdo. 4 de la LO 1/2011, de 28 de enero, de reforma del EEAA de Extremadura.

34 Mesa Marrero, C. (2020). "Artículo 13. Derechos de las personas menores de edad". *Comentarios a la Ley Orgánica 1/2018, de 5 de noviembre, de Reforma del Estatuto de Autonomía de Canarias*. BOE, Madrid, 112.

continúa vigente[35], es la más importante de cuantas cuenta la CCAA desde el punto de vista de su carácter generalista. También deben ser destacadas, entre otras, la Ley 9/1998, de 22 de julio, sobre prevención, asistencia e inserción social en materia de drogodependencias de Canarias, la Ley 12/2019, de 25 de abril, por la que se regula la atención temprana en Canarias[36]. Es importante señalar también que se cuenta con una *Estrategia Canaria de Infancia, Adolescencia y Familia 2019-2023* (prorrogada hasta 2027)[37] que fue elaborada, además, tras hacerse un diagnóstico de la situación de la infancia, la adolescencia y las familias en Canarias, lo que es un proceder adecuado y como tal ha de ser reconocido.

La Ley canaria 2/2021, de 7 de junio, de igualdad social y no discriminación por razón de identidad de género, expresión de género y características sexuales (que hace referencia expresa a los derechos de las personas trans e intersexuales menores de edad[38]).

Sin embargo, hay un aspecto que llama poderosamente la atención en el precepto dedicado a la infancia y la adolescencia del EACan: la matización que realiza de la primacía de su interés (y

---

35 El problema no es que continúe vigente, porque contamos con nuestro ordenamiento con normas vigentes de mucha más antigüedad: el problema es que no ha experimentado ninguna reforma desde su promulgación. Nótese que se entró en vigor al año siguiente de la LO 1/1996 y que esta ha sido reformada en numerosas ocasiones y, de manera trascendental con las reformas operadas en el año 2015 por la Ley Orgánica 8/2015, de 22 de julio, de modificación del sistema de protección a la infancia y a la adolescencia y por la Ley 26/2015, de 28 de julio, de modificación del sistema de protección a la infancia y a la adolescencia. No obstante es aplaudible que, desde hace ya un tiempo, se haya impulsado la elaboración de una nueva norma autonómica en esta materia.

36 Que recoge en su Preámbulo, entre otras cuestiones, una importante afirmación: "La sociedad ha experimentado grandes cambios a todos los niveles, fruto de los esfuerzos de la ciudadanía, de iniciativas públicas y de los avances científicos. En este contexto es necesario que el compromiso con aquellos sectores sociales más vulnerables se plasme en la legislación y en la acción institucional. La intervención en la población infantil con alteraciones en su desarrollo constituye un instrumento imprescindible para lograr su máxima autonomía futura y superar las desigualdades".

37 Disponible en: https://www.gobiernodecanarias.org/derechossociales/documentos/familias/estrategia_canaria_infancia_adolescencia_familia.pdf [Consulta: 12/06/2024].

38 V. su art. 6.

beneficios)[39] en el sentido de que lo plantea "en coordinación con los de la familia" (*sic*) algo que no se recoge ni en la CDN[40], ratificada por España en 1990 (art. 3.1) ni en el art. 2 de la LO 1/1996, de 15 de enero, de Protección Jurídica del Menor, de modificación parcial del Código Civil y de la Ley de Enjuiciamiento Civil (en adelante, LO 1/1996). Estas normas no lo vinculan ni condicionan a la coordinación con los intereses de nadie y, por ende, tampoco de las familias, por lo que, aunque en la mayoría de los casos —que no en todos, porque hay niños y niñas que no tienen familia— se tendrá en cuenta al núcleo familiar (sus características, circunstancias, relaciones entre las personas que lo componen, deseos, responsabilidades, etc.), considero que esta referencia a las familias no procede incluirla justamente en este punto porque, sin duda, desvirtúa el eje central que viene constituido por la garantía de los derechos de las personas menores de edad[41] y no por la coordinación de éstos con los intereses de sus familias[42] —sin que esto último deje de ser importante, como se ha señalado—. Consecuentemente, por más que esto vaya a darse (siempre y en todo caso si el niño o la niña tiene familia ésta tendrá, salvo excepciones, derecho a ser oída y escuchada) no puede articularse, a mi juicio, de esta manera.

---

39 Esta inclusión de los "beneficios" paralela al interés es superflua: sino es beneficiosa una situación, no se estará garantizando la primacía del interés superior, por lo que, a mi modo de ver, desvirtúa la importancia del interés. V. sobre el interés superior, García Rubio, M. P. (2020). "¿Qué es y para qué sirve el interés del menor?". *Actualidad jurídica iberoamericana*, (13), 14-49.

40 La CDN hace suyos los derechos reconocidos en la denominada *Carta Internacional de Derechos Humanos de 1948* (que viene, a su vez, constituida por la Declaración Universal de Derechos Humanos, el Pacto Internacional de Derechos Civiles y Políticos, el Paco Internacional de Derechos Económicos, Sociales y Culturales junto a sus protocolos facultativos).

41 V., en este sentido la Observación general nº 14 (2013) sobre *El derecho del niño a que su interés superior sea una consideración primordial* (art. 3, pfo. 1), CRC/C/GC/14, de 29 de mayo de 2013.

42 La propia Ley canaria 1/1997, de 7 de febrero, de Atención Integral a los Menores así lo establece en su art. 4.2 cuando dispone: "Principios rectores de la actuación administrativa. (...) 2. Específicamente, en materia de atención integral a los menores, las actuaciones administrativas responderán a los siguientes principios: a) Prevalencia del interés de los menores sobre cualquier otro concurrente. (...)". V. sobre la infancia y la familia en Canarias, VVAA (2018). *Situación de la infancia y la familia en Canarias*. Wolters Kluwer, Madrid.

IV. DERECHOS DE LA JUVENTUD

Aunque la participación de la juventud en nuestra Carta Magna se configura como un principio rector (art. 48 CE), lo cierto es que este sector de la población podría ser calificado como "el gran desconocido", pues la ciudadanía identifica perfectamente a los niños y las niñas (teniendo aún una visión un tanto paternalista de ellos, como se ha visto, pero en cualquier caso identifica bien su importancia y la necesidad de su atención), lo mismo sucede —aunque en menor medida— con las personas mayores, como se verá, así como con la atención de situaciones especiales de circunstancias familiares pues la mayor parte de la sociedad tiene claro que es necesario atenderlas. Sin embargo, esta percepción se diluye en gran medida cuando se habla de juventud a la que, además, muchas veces se la asocia a posicionamientos despreocupados y poco empáticos en el conjunto de la sociedad.

El art. 14 EACan, al igual que otros EEAA que ya recogen referencias expresas a la juventud[43], amplía el referido principio rector de participación de este colectivo imponiendo a las Administraciones la obligación de promover políticas públicas que favorezcan su emancipación, facilitándoles el acceso a la formación, la educación, la sanidad, la cultura, al asociacionismo, al mundo laboral y a la vivienda para que puedan desarrollar su propio proyecto de vida y participar en igualdad de derechos y deberes en la vida social y cultural, en los términos que establezcan las leyes.

Por su parte, Canarias cuenta con una Ley 7/2007, de 13 de abril, Canaria de Juventud, en cuyo art. 2 dispone que serán tenidos por jóvenes quienes tengan entre los catorce y los treinta años, ambos inclusive, que residan en cualquier municipio de la Comunidad Autónoma. Asimismo quedan comprendidos en el ámbito de aplicación

---

43 Referencias en otros EEEAA (por orden cronológico) a los *derechos de la juventud*: art. 10 apdo. 3. 1º, art. 37, art. 74 y art. 169 de la LO 2/2007, de 19 de marzo, de reforma del EEAA para Andalucía; art. 40 de la LO 6/2006, de 19 de julio de reforma del EEAA de Cataluña; arts. 24 f) y 27 de la LO 5/2007, de 20 de abril, de reforma del EEAA de Aragón; art. 16 apdo. 12 de la LO 14/2007, de 30 de noviembre, de reforma del EEAA de Castilla y León; y art. 7 apdo. 16 de la LO 1/2011, de 28 de enero, de reforma del EEAA de Extremadura.

de esta ley los jóvenes que teniendo la condición política de canarios residan en el extranjero.

Como señala Afonso Rodríguez[44] el enfoque que realiza el EACan en el tratamiento de la juventud, no es meramente proteccionista, —como un colectivo social vulnerable al que hay que proteger—, sino de promoción de su autonomía y desarrollo personal, y de impulso de su participación en la vida política, social, económica y cultural, en los términos previstos en el artículo. 48 de nuestra Carta Magna, en el *Libro Blanco de la Juventud de la Comisión Europea "Un nuevo impulso para la juventud europea"*, aprobado en Bruselas en 2001, así como el *Pacto Europeo para la Juventud* aprobado por el Consejo de la Unión Europea en 1995. En estos momentos, la Unión Europea cuenta con una *Estrategia para la Juventud 2019-2027*[45].

También España ha ratificado la Convención Iberoamericana de Derechos de los Jóvenes, hecha en Badajoz el 11 de octubre de 2005; promulgado el Real Decreto 80/2019, de 22 de febrero, por el que se crea la Academia Joven de España y se aprueban sus estatutos, el Real Decreto 999/2018, de 3 de agosto, por el que se regula la composición y funcionamiento del Consejo de la Juventud de España, Real Decreto 1923/2008, de 21 de noviembre, por el que se crea la Comisión Interministerial para la Juventud y se regulan sus funciones, composición y funcionamiento, el Real Decreto 486/2005, de 4 de mayo, por el que se aprueba el Estatuto del organismo autónomo

---

44 Afonso Rodríguez, M. E. (2020). "Artículo 14. Derecho de las personas jóvenes". *Comentarios a la Ley Orgánica 1/2018, de 5 de noviembre, de Reforma del Estatuto de Autonomía de Canarias*. BOE, Madrid, 117.

45 Disponible en: https://youth.europa.eu/strategy_es [Consulta: 2/05/2024]. Como se señala en la web oficial señalada, la Estrategia "se centra en tres ámbitos esenciales (involucrar, conectar y capacitar) y se caracteriza por una aplicación coordinada e intersectorial. Entre 2017 y 2018, el proceso de diálogo en el que participaron jóvenes de toda Europa permitió establecer once metas de la juventud europea. Las metas definen ámbitos intersectoriales que afectan a la vida de los jóvenes e indican los retos que existen. (...) La Estrategia de la UE para la Juventud recurre a diversos instrumentos como las actividades de aprendizaje mutuo, la Planificación de Actividades Nacionales Futuras, el Diálogo de la UE con la Juventud, la Plataforma de la Estrategia de la UE para la Juventud y las herramientas basadas en pruebas. El Coordinador de la UE para la Juventud es el punto de contacto de la Comisión Europea y actúa como referencia visible para los jóvenes".

Instituto de la Juventud y el Real Decreto 397/1988, de 22 de abril, por el que se regula la inscripción registral de Asociaciones juveniles, entre otras normas. Un análisis de la referida normativa presenta un enfoque claramente orientado a "contar con la juventud" en todas las cuestiones que afectan a la sociedad, en definitiva, se promueve y defiende a ultranza su participación, a la vez que se recogen muchos otros de sus derechos entre los que cabe destacar el poder acceder en condiciones razonables a una vivienda y a un empleo.

V. PERSONAS MAYORES Y ENVEJECIMIENTO ACTIVO

El envejecimiento de la población mundial es un hecho incuestionable, si bien es más acuciante, sin duda alguna, en Europa. España no queda al margen de dicho proceso y, mientras que para algunas estadísticas es el país con menor natalidad del mundo, para otras es también el que tiene una población más envejecida.

Tanto los Principios de las Naciones Unidas en favor de las personas de edad —adoptados por la Asamblea General de las Naciones Unidas (Resolución 46/91) el 16 de diciembre de 1991— como la Carta de los Derechos Fundamentales de la Unión Europea de 2000[46], recogen derechos y principios aplicables a estas personas. Nuestra CE, en su art. 50 establece, como un derecho, la obligación de los poderes públicos de garantizar suficiencia económica a los ciudadanos durante la tercera edad, promoviendo su bienestar mediante un sistema de servicios sociales que atenderán sus problemas específicos de salud, vivienda, cultura y ocio.

---

[46] Concretamente la Carta Europea establece los siguientes. Art. 25: "La Unión reconoce y respeta el derecho de las personas mayores a llevar una vida digna e independiente y a participar en la vida social y cultural". Art. 26: "La Unión reconoce y respeta el derecho de las personas discapacitadas a beneficiarse de medidas que garanticen su autonomía, su integración social y profesional y su participación en la vida de la comunidad". Art. 34.1: "La Unión reconoce y respeta el derecho de acceso a las prestaciones de seguridad social y a los servicios sociales que garantizan una protección en casos como la maternidad, la enfermedad, los accidentes laborales, la dependencia o la vejez, así como en caso de pérdida de empleo, según las modalidades establecidas por el Derecho comunitario y las legislaciones y prácticas nacionales".

La entrada en vigor de la Ley 8/2021, de 2 de junio, por la que se reforma la legislación civil y procesal para el apoyo a las personas con discapacidad en el ejercicio de su capacidad jurídica (en adelante, Ley 8/2021) ha supuesto un cambio de paradigma en la proyección de su posición en la sociedad. Podríamos decir, en una primera aproximación al menos, que la norma permite afirmar que el Derecho se encuentra posicionado en la misma línea en la que la sociedad avanza lo cuál, es a todas luces, lo deseable. De esta manera, mientras que todas las investigaciones que se realizan sobre las personas en esta etapa de la vida constatan que la regla general ha de ser el fomento y reconocimiento de su propia autonomía (siendo la excepción los casos puntuales), del mantenimiento de una vida saludable y digna hasta sus últimos momentos, la reforma operada por la Ley 8/2021 —que realmente, más que una reforma, es un cambio del sistema— es coherente con este posicionamiento pues suprime la incapacitación y, consecuentemente, la tutela como institución jurídica que suplía la voluntad de la persona a cuyo favor se constituía para pasar a implementar un sistema de apoyos y de salvaguardias en el marco de lo previsto en la *Convención sobre los Derechos de las Personas con Discapacidad de 2006*, ratificada por España.

El EACan recoge los derechos de estas personas en su art. 15, en el que señala la obligación de los poderes públicos canarios de garantizar a las personas mayores[47]:

a) una vida digna[48] e independiente[49] (que también es un principio rector de actuación política)[50];

---

47 V. sobre este precepto, Calzadilla Medina, M. A. (2020). “Artículo 15. Derecho de las personas mayores”. *Comentarios a la Ley Orgánica 1/2018, de 5 de noviembre, de Reforma del Estatuto de Autonomía de Canarias.* BOE, Madrid, 119-123.

48 El art. 10.1 CE dispone: “La dignidad de la persona, los derechos inviolables que le son inherentes, el libre desarrollo de la personalidad, el respeto a la ley y a los derechos de los demás son fundamento del orden político y de la paz social”.

49 Debe potenciarse la autonomía personal empleando, si es necesario, medidas de apoyo.

50 En este sentido, el art. 37, apdo. 22 del EACan establece como principio rector: “Velar por el derecho de las personas mayores a llevar una vida digna e independiente”.,

b) una atención integral para la promoción de su autonomía personal y del envejecimiento activo[51];

c) el derecho a un atención sanitaria, social y asistencial;

d) así como la promoción y aseguramiento de las acciones y medidas necesarias para su bienestar social, económico y personal, así como a percibir prestaciones[52] en los términos que se establezca en las leyes.

Otros EEAA ya recogen referencias a derechos similares[53], en la línea de lo que se propugna a nivel nacional[54].

Referencias bibliográficas

Afonso Rodríguez, M. E. (2020). "Artículo 14. Derecho de las personas jóvenes". *Comentarios a la Ley Orgánica 1/2018, de 5 de noviembre, de Reforma del Estatuto de Autonomía de Canarias.* BOE, Madrid, 115-118.

Calzadilla Medina, M. A. (2020). "Artículo 15. Derecho de las personas mayores". *Comentarios a la Ley Orgánica 1/2018, de 5 de noviembre, de Reforma del Estatuto de Autonomía de Canarias.* BOE, Madrid, 119-123.

De Elizalde y Aymerich, P. (1984). "El Derecho civil en los Estatutos de Autonomía". *Anuario de derecho civil,* (37.2), 389-436.

Díaz de Lezcano Sevillano, I. (2019). "Capítulo 3. Título I. Capítulo II. Derechos y Deberes (Artículos 12 a 15)". *El Estatuto de Autonomía de Canarias (Ley Orgánica 1/2018, de 5 de noviembre).* Thomson Reuters Aranzadi, Pamplona, 97-108.

---

51 Para la Organización Mundial de la Salud, el envejecimiento activo consiste en la optimización de las oportunidades de salud, participación y seguridad, en aras de mejorar la calidad de vida a medida que las personas envejecen.

52 V., por todos, Garrido Juncal, A. (2020). *Los servicios sociales en el siglo XXI: nuevas tipologías y nuevas formas de prestación.* Thomson Reuters Aranzadi, Pamplona.

53 Referencias en otros EEAA (por orden cronológico) a los *derechos de las personas mayores*: arts. 10.3 y 13.3 de la LO 1/2006, de 10 de abril, de reforma del EEAA de la Comunidad Valenciana; arts. 18 y 40.6 de la LO 6/2006, de 19 de julio, de reforma del EEAA de Cataluña; art. 16.3 de la LO 1/2007, de 28 de febrero, de reforma del Estatuto de las Islas Baleares; art. 19 de la LO 2/2007, de 19 de marzo, de reforma del EEAA para Andalucía; art. 24 g) de la LO 5/2007, de 20 de abril, de reforma del EEAA de Aragón; art. 13.5 de la LO 14/2007, de 30 de noviembre, de reforma del EEAA de Castilla y León; y art. 7.14 de la LO 1/2011, de 28 de enero, de reforma del EEAA de Extremadura.

54 VVAA (2024. *Tratado de derecho de mayores.* Civitas, Madrid.

Díez-Picazo, L. M. (2006). "¿Pueden los Estatutos de Autonomía declarar derechos, deberes y principios?". *Revista Española de Derecho Constitucional,* (78), 63-75.

García Rubio, M. P. (2020). "¿Qué es y para qué sirve el interés del menor?". *Actualidad jurídica iberoamericana,* (13), 14-49.

García Rubio, M. P. (2021). "¿De qué debemos hablar cuando hablamos de familia?". *Derecho de familia: homenaje a Encarnación Roca Trías: la jurista que se adelantó a su tiempo.* Sepin, Madrid, 279-290.

Garrido Juncal, A. (2020). *Los servicios sociales en el siglo XXI: nuevas tipologías y nuevas formas de prestación.* Thomson Reuters Aranzadi, Pamplona.

Mesa Marrero, C. (2020). "Artículo 12. Familia". *Comentarios a la Ley Orgánica 1/2018, de 5 de noviembre, de Reforma del Estatuto de Autonomía de Canarias.* BOE, Madrid, 107-110.

Mesa Marrero, C. (2020). "Artículo 13. Derechos de las personas menores de edad". *Comentarios a la Ley Orgánica 1/2018, de 5 de noviembre, de Reforma del Estatuto de Autonomía de Canarias.* BOE, Madrid, 111-114.

Valpuesta Fernández, R. (2012). "El Derecho de Familia". *Derecho de Familia.* Thomson Reuters-Civitas, Cizur Menor, 105-134.

VVAA (2016). *Comentarios sobre las leyes de reforma del sistema de protección a la infancia y la adolescencia.* Tirant lo Blanch, Valencia.

VVAA (2021). *Estudios jurídicos sobre la eliminación de la violencia ejercida contra la infancia y la adolescencia.* Thomson Reuters Aranzadi, Pamplona.

VVAA (2017). *La protección jurídica de la infancia y la adolescencia tras la Ley Orgánica 8/2015, de 22 de julio y la Ley 26/2015 de 28 de julio.* Wolters Kluwer - La Ley, Madrid.

VVAA (2019). *Mujer, maternidad y Derecho.* Tirant lo Blanch, Valencia.

VVAA (2018). *Situación de la infancia y la familia en Canarias.* Wolters Kluwer, Madrid.

VVAA (2024. *Tratado de derecho de mayores.* Civitas, Madrid.

Yzquierdo Tolsada, M. (2009). "El Derecho civil ante los nuevos Estatutos de Autonomía". *Anales de la Academia Matritense del Notariado,* (47), 109-132.

C. DERECHOS RELACIONADOS CON LA SALUD

Los derechos relacionados con la protección de la salud en la Comunidad Autónoma de Canarias

Mª CRISTINA DUCE PÉREZ-BLASCO
Letrada del Parlamento de Canarias
https://doi.org/10.36151/TLB_9788410955158.10

La denominación de *derechos estatutarios* surge a partir de las reformas que sobre sus Estatutos de Autonomía (en adelante EE.AA.) llevaron a cabo las Comunidades Autónomas de Cataluña y Valencia en el año 2006, y que ha supuesto que las demás comunidades adoptaran, de forma análoga, la inclusión de declaraciones de derechos y principios en sus distintas Cartas estatutarias[1].

Tal y como ha señalado el Tribunal Constitucional[2], su naturaleza jurídica no es la de un derecho subjetivo, sino que viene a conside-

---

1 Estatuto de Autonomía de la Comunitat Valenciana, aprobado mediante Ley Orgánica 1/2006, de 10 de abril, Estatuto de Autonomía de Cataluña, aprobado mediante Ley Orgánica 6/2006, de 19 de julio; Estatuto de Autonomía de Balears, aprobado mediante Ley Orgánica 1/2007, de 28 de febrero; Estatuto de Autonomía de Andalucía, aprobado mediante Ley Orgánica 1/2007, de 28 de febrero; Estatuto de Autonomía de Aragón, aprobado mediante Ley Orgánica 5/2007, de 20 de abril; Estatuto de Autonomía de Aragón, aprobado mediante Ley Orgánica 5/2007, de 20 de abril; Estatuto de Autonomía de Castilla y León, aprobado mediante Ley Orgánica 14/2007, de 30 de noviembre; Estatuto de Autonomía de Extremadura, aprobado mediante Ley Orgánica 1/2011, de 28 de enero; Estatuto de Autonomía de Murcia, aprobado mediante Ley Orgánica 7/2013, de 28 de noviembre; Estatuto de Autonomía de Castilla La Mancha, aprobado mediante Ley Orgánica 2/2014, de 21 de mayo y Estatuto de Autonomía de Canarias, aprobado mediante Ley Orgánica 1/2018, de 5 de noviembre.

2 STC 247/2007, de 12 de diciembre [Valencia (*Tol 1224508*)] y STC 31/2010, de 28 de junio [Cataluña (*Tol 1880189*)]: Derechos fundamentales son, estrictamente, aquellos que, en garantía de la libertad y de la igualdad, vinculan a todos los legisladores, esto es, a las Cortes Generales y a las Asambleas legislativas de las Comunidades Autónomas, sin excepción. Esa función limitativa sólo puede realizarse desde la norma común y superior a todos los legisladores, es decir,

rarlos mandatos, principios y directrices dirigidos a los poderes autonómicos con el fin de que configuren estos derechos en el seno de sus competencias autonómicas y dentro de los límites previamente fijados por los derechos fundamentales constitucionalmente consagrados y por los tratados internacionales suscritos por el Reino de España.

Enmarcado en el Capítulo II "Derechos y deberes" del Título I "De los derechos, deberes y principios rectores", bajo la rúbrica "Derechos en el ámbito de la salud" el artículo 19 del Estatuto de Autonomía de Canarias (en adelante EAC) recoge una regulación transversal de este derecho.

Antes de proceder a su análisis, debe recordarse que la reforma del Capítulo II del Título I del EAC puede llevarse a cabo a través del procedimiento abreviado, el cual exigirá únicamente, que la propuesta sea aprobada por las tres quintas partes de los miembros del Parlamento de Canarias, tras lo cual esta será remitida a las Cortes Generales para consulta, y si en el plazo de treinta días desde su

desde la Constitución, norma suprema que hace de los derechos que en ella se reconocen un límite insuperable para todos los poderes constituidos y dotado de un contenido que se les opone por igual y con el mismo alcance sustantivo en virtud de la unidad de las jurisdicciones (ordinaria y constitucional) competentes para su definición y garantía. Derechos, por tanto, que no se reconocen en la Constitución por ser fundamentales, sino que son tales, justamente, por venir proclamados en la norma que es expresión de la voluntad constituyente. (...) Este tipo de derechos estatutarios, que no son derechos subjetivos sino mandatos a los poderes públicos [STC 247/2007, FFJJ 13 a 15 (*Tol 1224508*)], operan técnicamente como pautas (prescriptivas o directivas, según los casos) para el ejercicio de las competencias autonómicas. De lo que resulta, naturalmente, un principio de diferenciación que no puede confundirse con la desigualdad o el privilegio proscritos por los arts. 138.2 y 139.1 CE, pues con ella sólo se abunda en la diversidad inherente al Estado autonómico [STC 76/1983, de 5 de agosto, FJ 2 a) (*Tol 100395*)] en tanto que implícita en la pluralidad de ordenamientos que, fundamentados y reducidos a unidad en la Constitución, operan sobre ámbitos competenciales diversos en los que actúan potestades legislativas y gubernamentales propias cuyo ejercicio puede legítimamente condicionarse desde la misma norma que define, en concurso con la Constitución, cada uno de esos ámbitos privativos.(...). Lo segundo implica que la participación del Estatuto en el desarrollo de los derechos redundaría en una pluralidad de regímenes de derechos fundamentales (tantos como Estatutos), lo que afectaría al principio de igualdad de los españoles en materia de derechos fundamentales.

recepción, las Cámaras legislativas no se declaran afectadas por la reforma, esta será aprobada por ley orgánica (art. 81 Constitución Española); por el contrario, de considerarse afectadas, la reforma se tramitará por el procedimiento ordinario recogido en el artículo 201 EAC. (art. 202 EAC).

1. Todas las personas tienen derecho a la protección de la salud y al acceso en condiciones de igualdad y gratuidad al servicio sanitario de responsabilidad pública, en los términos establecidos por las leyes. (art. 19.1 EAC)

El primer apartado del precepto analizado recoge de forma genérica el derecho a la salud de los ciudadanos en términos análogos a los previstos en el artículo 43 de la CE, contenido en el Capítulo III, relativo a los principios rectores de la política social y económica del Título I, referido al reconocimiento y protección de los derechos fundamentales.

El origen de este derecho se encuentra en la Constitución de la Organización Mundial de la Salud, de 22 de julio de 1946, que definió a la salud como "un estado físico de completo bienestar físico, mental y social, y no solamente la ausencia de afecciones o enfermedades;" y en los artículos 22 y 25 de la Declaración Universal de Derechos Humanos suscrita por el Reino de España el 24 de septiembre de 1977[3].

En el ámbito del derecho comunitario, la Carta Social Europea, suscrita por España el 27 de abril de 1978[4], reconoce el derecho inalienable a la salud (art. 11); el derecho a la Seguridad Social de los trabajadores y las personas a su cargo (art. 12); y el derecho a la

---

3 Art. 22: "Toda persona, como miembro de la sociedad, tiene derecho a la seguridad social, y a obtener, mediante el esfuerzo nacional y la cooperación internacional, habida cuenta de la organización y los recursos de cada Estado, la satisfacción de los derechos económicos, sociales y culturales, indispensables a su dignidad y al libre desarrollo de su personalidad."
Art. 25: "Toda persona tiene derecho a un nivel de vida adecuado que le asegure, así como a su familia, la salud y el bienestar y en especial la alimentación, el vestido, la vivienda, la asistencia médica y los servicios sociales necesarios; tiene asimismo derecho a los seguros en caso de desempleo, enfermedad, invalidez, viudez, vejez y otros casos de pérdida de sus medios de subsistencia por circunstancias independientes de su voluntad (...)"

4 BOE núm. 153, de 26 de junio de 1980.

asistencia social y médica (art. 13). Por su parte, la Carta de Derechos Fundamentales de la Unión Europea que entró en vigor con el Tratado de Lisboa en 2009, reconoce en sus arts. 34 y 35[5] estos derechos.

Los Estatutos de Autonomía de *segunda generación*, es decir, aquellos que han sido objeto de reforma como el de Canarias, han introducido un sistema propio de garantías entre las que se encuentra un precepto específico sobre el derecho a la salud, que prevé el acceso a esta en condiciones de igualdad y gratuidad a todos los servicios sanitarios de responsabilidad pública, confiriendo al poder legislativo autonómico su desarrollo legislativo. La excepción a esta carta de garantías han sido los Estatutos de Valencia y Extremadura, que no han recogido un sistema de derechos y obligaciones, sino que se han limitado a referirse a las[6] competencias materiales que ostentan.

La definición del derecho a la salud es compleja. La primera premisa debe ser que las leyes no pueden vencer a la naturaleza con el fin de garantizar unos resultados, tan solo puede proporcionar los medios para ello, pues es consustancial a la vida que la salud de las personas degenere.

---

5 Art. 34: "1. La Unión reconoce y respeta el derecho de acceso a las prestaciones de seguridad social y a los servicios sociales que garantizan una protección en casos como la maternidad, la enfermedad, los accidentes laborales, la dependencia o la vejez, así como en caso de pérdida de empleo, según las modalidades establecidas por el Derecho de la Unión y las legislaciones y prácticas nacionales.
2. Toda persona que resida y se desplace legalmente dentro de la Unión tiene derecho a las prestaciones de seguridad social y a las ventajas sociales de conformidad con el Derecho de la Unión y con las legislaciones y prácticas nacionales.
3. Con el fin de combatir la exclusión social y la pobreza, la Unión reconoce y respeta el derecho a una ayuda social y a una ayuda de vivienda para garantizar una existencia digna a todos aquellos que no dispongan de recursos suficientes, según las modalidades establecidas por el Derecho de la Unión y por las legislaciones y prácticas nacionales."
Art. 35: "Toda persona tiene derecho a acceder a la prevención sanitaria y a beneficiarse de la atención sanitaria en las condiciones establecidas por las legislaciones y prácticas nacionales. Al definirse y ejecutarse todas las políticas y acciones de la Unión se garantizará un nivel elevado de protección de la salud humana."

6 STC 137/2013, de 6 de junio, FJ 3º. (*Tol 3785963*).

Como tal derecho, posee una vertiente negativa, pues sobre los poderes públicos pesa la prohibición de su menoscabo, que confluye con otros derechos (a la vida, integridad física y moral, etc.) por lo que se está ante un derecho de la personalidad de carácter individual.

Asimismo, posee una vertiente positiva, pues sobre los poderes públicos pesa la obligación de proteger la salud a través de dos mecanismos: la policía sanitaria para la adopción de medidas preventivas, y la asistencia sanitaria, que comprende medidas preventivas, terapéuticas, de diagnóstico, rehabilitación, promoción y mantenimiento de la salud. La policía sanitaria recoge todas las medidas adoptadas por las Administraciones públicas que, pudiendo ser restrictivas de derechos individuales, se adoptan con el fin de proteger la salud colectiva sobre la individual ante situaciones de riesgo. Por ello, puede concluirse que se trata también de un derecho colectivo que obliga a los poderes públicos a proteger la salud colectiva.

La jurisprudencia del Tribunal Constitucional (TC) afirma que los principios rectores, entre los que se encuentra el derecho a la salud, carecen de la condición de derecho fundamental[7], no obstante, pueden confluir con muchos de ellos, hasta llegar incluso a adquirir dicha naturaleza fundamental[8], como sucede con el derecho a la vida[9], o las

[7] SSTC 14/1992, de 10 de febrero (*Tol 25194*), 199/1996, de 3 de diciembre (*Tol 83128*), 36/1991, de 14 de febrero (*Tol 80450*); 19/1982, de 5 de mayo, FJ 6º (*Tol 78993*) "considerar a tales principios como normas sin contenido y obliga a tenerlos presentes en la interpretación tanto de las restantes normas constitucionales como de las leyes." o 126/2008, de 27 de octubre (*Tol 1391038*).

[8] STC 105/2017, de 18 de septiembre, extracto del FJ 2º (*Tol 6378723*) "Es lugar común consolidado y constante en nuestra doctrina, que otros derechos y principios pueden confluir con los derechos fundamentales alegados a la hora de hacer el control de constitucionalidad en el proceso de amparo, requiriéndose exclusivamente para que así acontezca que la controversia que se suscita con base en los derechos mencionados en el artículo 53.2 CE quede asociada a los mismos".

[9] STC 119/2001, de 24 de mayo (*Tol 2778*): "es cierto que no todo supuesto de riesgo o daño para la salud implica una vulneración del art. 15 CE", aunque sí ocurrirá "cuando se ponga en peligro grave e inmediato la salud", circunstancia en la que "podrá quedar afectado el afectado el derecho a la salud".

condiciones de trabajo[10] y las relaciones en el ámbito laboral y el derecho a la salud[11], o el derecho a la tutela judicial efectiva[12].

---

10 Tal lesión se producirá tanto por acción como por omisión del empleador [STC 62/2007, de 27 de marzo, FJ 6º.(*Tol 1042595*)]. STC 220/2005, de 12 de septiembre, FJ 4º. (*Tol 709529*): "en las relaciones de trabajo nacen una serie de derechos y deberes de protección y prevención, legalmente contemplados, que reclaman una lectura a la luz de la Constitución, pues no cabe desconectar el nivel jurídico constitucional y el infraconstitucional en estas materias, toda vez que la Constitución reconoce derechos fundamentales como la vida y la integridad física (art. 15 CE), lo mismo que el derecho a la salud (art. 43 CE) y ordena a los poderes públicos velar por la seguridad e higiene en el trabajo (art. 40.2 CE)".

11 STC 160/2007, de 2 de julio, FJ 2º. (*Tol 1115494*): "Esta última concreción de la tutela propia de la integridad personal, en consecuencia, no implica situar en el ámbito del art. 15 CE una suerte de cobertura constitucional frente a cualquier orden de trabajo que en abstracto, apriorística o hipotéticamente pudiera estar contraindicada para la salud; supone facultades de especificación de la actividad laboral podría comportar, en ciertas circunstancias, un riesgo o daño para la salud a la persona trabajadora cuya desatención conlleva la vulneración del derecho fundamental citado. En concreto (...) tal actuación u omisión podría afectar al ámbito protegido por el art. 15 CE cuando tuviera lugar existiendo un riesgo constatado de producción cierta, o potencial pero justificado ad causam, de la causación de un perjuicio para la salud, es decir, cuando se genere con la orden de trabajo un riesgo o peligro grave para esta." La sentencia tuvo un fallo estimatorio debido al riesgo en la salud psíquica de la trabajadora que padecía cuadros depresivos y ante la decisión del empleador, administración pública, de no evitar la coincidencia en el trabajo de dicha empleada y su superior tras la reincorporación de este una vez cumplida la sanción disciplinaria impuesta a resultas de la previa denuncia de esta misma trabajadora. O la STC 118/2019, de 16 de octubre (*Tol 7575140*), en la que se examinó la compatibilidad entre el art. 52 d) del Estatuto de los Trabajadores, que autoriza el despido por causas objetivas, y los arts. 15 y 35 y 43 CE. En el presente caso, al concurrir ciertas condiciones se producen ciertas faltas de asistencia al trabajo, aunque justificadas en origen en padecimientos no graves. En el FJ 4º se descarta por el Alto Tribunal que se genere "un peligro grave y cierto para la salud de los trabajadores afectados", pues se persigue el equilibrio entre los intereses de la empresa y la protección y seguridad de los trabajadores. STC 62/2007, de 27 de marzo, FJ 3º. (*Tol 1042595*): "Una determinada actuación u omisión de la empleadora en aplicación de sus facultades de especificación de la actividad laboral podría comportar, en ciertas circunstancias, un riesgo o daño para la salud cuya desatención conllevara la vulneración del derecho fundamental que aquí se invoca. En particular, desde la perspectiva constitucional que nos compete, tal actuación u omisión podría afectar al ámbito protegido por el art. 15 CE cuando tuviera lugar existiendo un riesgo constatado de producción cierta o potencial pero justificado ad causam, de la causación de un perjuicio para la salud (...)

En una vertiente aún más amplia puede confluir con la promoción de la educación sanitaria, la educación física y el deporte, la STS 240/1988, de 23 de marzo, Sala 3ª, recoge en su FJ 7ª, el fomento del deporte como parte integrante del derecho a la salud[13] o con la protección medioambiental[14].

---

cuando se generara con la orden de trabajo un riesgo o peligro grave para la salud de aquella o para el del hijo en gestación. Precisamente por esa razón, para apreciar la vulneración del art. 15 CE en esos casos no será preciso que la lesión de la integridad se haya consumado, lo que convertiría la tutela constitucional en una protección eficaz ex post, bastando por el contrario que se acredite un riesgo relevante de que la lesión pueda llegar a producirse (STC 221/2002, de 25 de noviembre FJ 4) y 220/2005, de 12 de septiembre FJ 4º, entre otras)".

12 STC 95/2000, de 10 de abril, FJ 5º. (*Tol 2077*) "La trascendencia constitucional del defecto apreciado se intensifica teniendo en cuenta que aquella desestimación ha perjudicado el acceso (...) a la asistencia sanitaria proporcionada por el sistema público de Seguridad Social y, en último término, a la protección de la salud a la que se refiere el art. 43 CE.
La razonabilidad de las decisiones judiciales es también una exigencia de adecuación al logro de los valores, bienes y derechos constitucionales (SSTC 82/1990, de 4 de mayo, FJ 2; 126/1994, de 25 de abril, FJ 59 y desde esa perspectiva debe recordarse que los principios rectores de la política social y económica, entre los que se encuentra el precepto citado, no son meras normas sin contenido (STC 19/1982, de 5 de mayo, FJ 6º), sino que, por lo que a los órganos judiciales se refiere, sus resoluciones habrán de estar informadas por su reconocimiento, respeto y protección, tal y como dispone el art. 53.3 CE. De ese modo, una decisión que no solo se adopta sobre una conclusión que contradice los hechos, sino que, además desconoce la orientación que debió tener la aplicación de la legalidad acentúa la falta de justificación y de razonabilidad de la resolución impugnada".

13 "La Constitución Española de 1978, en su art. 43.3. no consagra ciertamente un "derecho al deporte", sino que únicamente establece su "fomento público", pero la inclusión del fenómeno del deporte en el Texto Constitucional no entraña únicamente un significado simbólico pues origina unas consecuencias jurídicas; el poder constituyente, al comprender la importancia del "hecho deportivo" en la sociedad moderna y recogerlo así en la norma suprema, ha manifestado su criterio de que el deporte, como las demás instituciones del país, debe empaparse de los principios sustanciales de la Constitución (...); se trata de amparar una actividad de indudable utilidad pública y que forma parte del conjunto de elementos que tienden no solo ya a proporcionar medios materiales a los ciudadanos, sino a mejorar la calidad de su vida cotidiana; la circunstancia de que la disposición que establece el deber de fomento del deporte es un apartado del precepto donde se reconoce el derecho de todo ciudadano a la protección de la salud y, en buena medida, el apartado que aluda al "fomento deportivo" está

2. Los poderes públicos canarios deberán establecer mediante ley las condiciones que garanticen a las personas usuarias del servicio público canario de salud los siguientes derechos (art. 19.2 EAC).

Recoge una serie de derechos de los ciudadanos canarios respecto al Servicio de Salud autonómico que se proceden a analizar a continuación.

a) Al acceso en condiciones de igualdad y gratuidad, con respeto, en cualquier caso, a lo dispuesto en la normativa básica estatal, a todos los servicios y prestaciones del sistema público canario de salud.

El artículo 149 de la Carta Magna contiene la lista de competencias exclusivas del Estado, entre ellas, el apartado 1.16ª. que se refiere a la competencia sobre "sanidad exterior y coordinación general de la sanidad; y la legislación sobre productos farmacéuticos," y el apartado 1.17ª., que recoge la competencia exclusiva del Estado sobre la legislación básica y el régimen económico de la Seguridad Social, sin perjuicio de la ejecución de sus servicios por las Comunidades Autónomas. La vinculación de la asistencia sanitaria con el título competencial del art. 149.1.16ª. de la Constitución Española (sanidad) y no con el del art. 149.1.17ª. (Seguridad Social) ha sido avalada por la sentencia del Tribunal Constitucional de 25 de mayo de 2004[15].

---

imbuido del espíritu de todo el artículo 43, la protección de la salud, lo cual sólo se puede lograr mediante el deporte activo y cuando más extendido mejor, es decir, mediante el deporte popular (...)."

14 STC 106/2014, de 24 de junio, extracto FJ 7º. (*Tol 4445551*): "Por lo que toca a la salud, a la que todos los poderes públicos quedan obligados (art. 43.2 CE) y sin perjuicio de su conexión, ya señalada, con la protección del medio ambiente (art. 45 CE), conviene recordar que en materia de protección de la salud corresponde al Estado el establecimiento de la legislación básica (art. 149.1.16 CE), mientras que a la Comunidad Autónoma de Cantabria le corresponden las competencias que le atribuye su Estatuto, con arreglo a lo previsto en el art. 148.1.21 CE, esto es, el desarrollo legislativo y la ejecución, en el marzo de la legislación básica del Estado y en los términos que la misma establezca (art. 25.3 EA Cant).

15 STC 98/2004, de 25 de mayo (*Tol 409916*): "A pesar de la indiscutible vinculación entre la protección de la salud y el sistema público de Seguridad Social, que dentro de su acción protectora incluye la asistencia sanitaria de sus beneficiarios en los casos de maternidad, enfermedad (común y profesional) y accidente (común y de trabajo), no cabe subsumir la materia aquí cuestionada

El Estado, en desarrollo de estas funciones, aprobó la Ley 14/1986, de 25 de abril, General de Sanidad, que confiere a la Administración General del Estado, la competencia en materia de sanidad interior, las bases y coordinación general de la sanidad. El Real Decreto 1030/2006, de 15 de septiembre, que establece la cartera de servicios comunes del Sistema Nacional de Salud y el procedimiento para su actualización.

En el ámbito de la Comunidad Autónoma de Canarias, el artículo 141 EAC atribuye la competencia a la Comunidad Autónoma en materia de salud, sanidad y farmacia, que comprende la competencia exclusiva sobre la organización, funcionamiento interno, evaluación, inspección y control de centros, servicios y establecimientos sanitarios y la de desarrollo legislativo y de ejecución de la legislación estatal en materia de sanidad interior, que incluye, en todo caso:

a) La ordenación, planificación, determinación, regulación y ejecución de los servicios y prestaciones sanitarias, sociosanitarias y de

---

(la fijación del sistema de financiación pública de una de las prestaciones (los medicamentos) proporcionadas por el Sistema Nacional de Salud en el título competencial relativo a ella (art. 159.1.17 CE) (...) y ello resulta avalado porque la descentralización de la gestión de los servicios sanitarios y el traspaso de servicios y funciones efectuada por la Administración del Estado en materia de sanidad a favor de las distintas Comunidades Autónomas se ha visto acompañada de una nueva forma de financiación de la asistencia sanitaria, que abandonando la específica partida presupuestaria de la Seguridad Social se ha integrado en el sistema general de financiación autonómica junto al resto de las partidas presupuestarias. Lo anterior se confirma también por la Ley 16/2003, de 28 de mayo, de Cohesión y Calidad del Sistema Nacional de Salud que, según el art. 1, tiene por objeto el establecimiento del marco legal para las acciones de coordinación y cooperación de las Administraciones Públicas Sanitarias, en el ejercicio de sus respectivas competencias. Entre los principios generales que informan dicha ley, de acuerdo con su art. 2 e), se encuentran la prestación de los servicios a los usuarios del Sistema Nacional de Salud en condiciones de igualdad efectiva y calidad y la financiación pública del Sistema Nacional de Salud de acuerdo con el vigente sistema de financiación autonómica, principios que se concretan en un catálogo de prestaciones (...) responsabilidad financiera de las Comunidades Autónomas de conformidad con los acuerdos de transferencias y el actual sistema de financiación autonómica, quedando garantizada la suficiencia financiera por lo previsto en la citada Ley 21/2001 (art. 10.1 y 2). En suma, la cuestión debatida se encuadra en el ámbito material correspondiente a la "sanidad" (art. 149.1.16 CE)" (FJ 5°).

salud mental de carácter público en todos los niveles y para toda la población.

b) La ordenación y la ejecución de las medidas destinadas a preservar, proteger y promover la salud pública en todos los ámbitos, incluyendo la salud laboral, la sanidad animal con efecto sobre la salud humana, la sanidad alimentaria, la sanidad ambiental y la vigilancia epidemiológica.

c) El régimen estatutario y la formación del personal que presta servicios en el sistema sanitario público, así como la formación sanitaria especializada y la investigación científica en materia sanitaria.

En ejercicio de aquella competencia y en el marco definido por la ley básica del Estado, se aprobó la Ley 11/1994 de 26 de julio, de Ordenación Sanitaria de Canarias (LOSC).

La asistencia sanitaria ha sido definida por la doctrina del TC como una obligación impuesta a los poderes públicos por el art. 43 CE[16], resaltando que "la exigencia de un interés constitucionalmente protegido como es que se asegura, mantenga y facilite el acceso a un mayor y adecuado nivel de atención sanitaria (art. 43 CE)".

El acceso de todos los usuarios del servicio canario de la salud en condiciones de igualdad deriva directamente del art. 149.1.1ª. de la CE que atribuye al Estado "la regulación de las condiciones básicas que garanticen la igualdad de todos los españoles en el ejercicio de los derechos y en el cumplimiento de los deberes constitucionales"[17]. La existencia de un mínimo denominador estatal no es incompatible

---

16 STC 32/1983, de 28 de abril, FJ 2º. (*Tol 79199*) "de la interpretación sistemática de todos esos preceptos se infiere la exigencia constitucional de que exista un sistema normativo de la sanidad nacional, puesto que los derechos que en tal sentido reconoce la Constitución en los artículos 43 y 51 (...) pertenecen a todos los españoles y a todos se les garantiza por el Estado la igualdad en las condiciones básicas para el ejercicio de los mismos."

17 STC 98/2004, FJ 7º. (*Tol 409916*) existe una "necesaria uniformidad mínima, que corresponde establecer al Estado, asegurando así un nivel mínimo homogéneo o nivel de suficiencia de las prestaciones sanitarias públicas."
STC 211/2014, de 18 de diciembre, FJ 5º. (*Tol 4703189*): "la existencia de un sistema normativo sanitario nacional con una regulación mínima y de vigencia en todo el territorio español", en tanto, "mínimo igualitario de vigencia y aplicación en todo el territorio nacional en orden al disfrute de las prestaciones sanitarias que proporcione unos derechos comunes a todos los ciudadanos".

con el desarrollo autonómico del sistema sanitario en el ámbito de sus competencias.

Por su parte, la gratuidad no es exigencia del sistema constitucional, sino que la ha recogido de forma expresa el EAC, habiendo señalado el propio TC que la gratuidad es solo una opción del legislador y advierte de la falta de correspondencia entre universalidad y gratuidad, pues no son equiparables[18].

b) A una información integral de los derechos que le asisten, de los centros, servicios y prestaciones del sistema canario de salud.

Desarrollado por el artículo 6.1 e) LOSC, incluye el derecho a conocer los factores, situaciones y causas de riesgo para la salud individual y colectiva, los derechos y deberes de los usuarios y beneficiarios del Sistema Canario de la Salud; los servicios y prestaciones sanitarios a los que puede acceder y sobre los requisitos necesarios para su uso.

c) A una información integral sobre sus procesos de enfermedad, de sus tratamientos y consecuencias derivadas de la aplicación de los mismos, que les permita adoptar una decisión y prestar el consentimiento informado para ser sometidas, en su caso, a un tratamiento médico.

Este consentimiento integral ha sido analizado por la jurisprudencia del TC, cuya STC 37/2011, de 28 de marzo (*Tol 2084764*), analiza el incumplimiento de los deberes derivados del consentimiento informado del paciente y entiende vulnerado el derecho a la vida e

---

STC 136/2012, de 19 de junio, extracto FJ 5°. (*Tol 2583515*): "la definición de quienes pueden considerarse asegurados y en consecuencia tener acceso al Sistema Nacional se Salud, así como a las concretas prestaciones sanitarias que deben ser garantizadas a todos ellos, por integrarse en la "cartera común", permite establecer un común denominador normativo dirigido a asegurar, de manera unitaria y en condiciones de igualdad, el acceso a la sanidad por parte de todos los ciudadanos incluidos en el ámbito subjetivo de la norma, con independencia de su lugar de residencia".

18 El TEDH [SSTEDH, asuntos Nitecki c. Polonia, de 21 de marzo de 2002 (*Tol 9092115*) y Panaitescu c. Rumanía, de 10 de abril de 2012 (*Tol 9064203*)] afirma que sí podrá existir una vulneración del derecho a la vida, en relación con el derecho a la salud, donde el Estado rechace en relación con un determinado individuo la gratuidad de un servicio o producto sanitario al que el mismo tiene derecho de conformidad con la ley o una resolución judicial.

integridad física recogido en el artículo 15 CE, como consecuencia de dicha infracción.

A partir de la aprobación de la Ley 41/2002, de 14 de noviembre, básica reguladora de la autonomía del paciente y de los derechos y obligaciones en materia de información y documentación clínica, se recogieron con carácter básico los derechos esenciales de los pacientes y usuarios que, a su vez, fueron ampliados por la Ley 44/2003, de 21 de noviembre, de Ordenación de las Profesiones Sanitarias, y la Ley 55/2003, de 16 de diciembre, del Estatuto Marco del Personal Sanitario de los Servicios de Salud, con el fin de conocer qué profesionales sanitarios existen, su cualificación y las funciones que desempeñan.

Los derechos más novedosos son la libre elección de médico y de centro o establecimiento sanitario y el derecho a obtener una segunda opinión (arts. 7 y 8 de la LOSC). Para facilitar su aplicación, el Consejo Interterritorial del Sistema Nacional de Salud adoptó, por Acuerdo de 14 de marzo de 2007, la regulación de los requisitos mínimos que han de cumplir los registros públicos de profesionales, tanto colegiales como de los centros y aseguradores privadas, y el compromiso de que cada Comunidad Autónoma proceda a la creación de un Registro de Profesionales Sanitarios que integre los datos recogidos en el registro de personal del servicio de salud. A resultas de lo cual fue aprobado el Decreto 49/2009, de 26 de abril, que regula el Registro de Profesionales Sanitarios de Canarias, con el doble objetivo de crear y regular el Registro de Profesionales Sanitarios, del que forma parte el Registro de Personal de los Órganos de Prestación del Servicio Canario de Salud, creado a su vez, por Decreto 217/2001, de 21 de diciembre. Esta documentación permitirá, a mayor abundamiento, identificar a los médicos y demás profesionales que han intervenido en cada actuación.

Asimismo, se impone la obligación a la Administración sanitaria de disponer de un sistema de información sobre las listas de espera en consultas externas, diagnósticos terapéuticos e intervenciones quirúrgicas, conforme a los criterios de indicación y prioridad clínica y con las garantías de información que deban facilitarse a los ciudadanos, establecidas en los artículos 2 a 5 del Real Decreto 605/2003, de 28 de mayo, de establecimiento de medidas para el tratamiento homogéneo de la información sobre las listas de espera en el Sistema Nacional de Salud, desarrollados en Canarias por el Decreto 116/2006, de 1 de agosto, que regula el sistema de organización, gestión e información de las listas de espera en el ámbito sanitario, y que se aplica a la Red Hospitalaria de Utilización Publica del Servicio Canario de la Salud y a los centros sanitarios concertados, (aprobado tras la Resolución del Parlamento de Canarias, de 23 de octubre de 2002, que salió adelante en el debate del estado de la nacionalidad) y del que quedan excluidas las intervenciones quirúrgicas para trasplante de órganos y tejidos, las relacionadas con las técnicas de reproducción humana asistida, las intervenciones programadas durante el episodio de hospitalización, así como aquellas que requieran procedimientos específicos.

En su virtud, transcurrido el plazo máximo de programación sin que el centro o servicio sanitario haya fijado fecha de cita correspondiente, se podrá derivar al paciente a otro centro o servicio de la Red Hospitalaria de Utilización Pública del Servicio Canario de la Salud o, en su caso, a un centro o servicio concertado, salvo que el paciente no acepte estos cambios.

Así dispone el art. 6.1 n) LOSC que reconoce el derecho del paciente a que se le dé información adecuada y comprensible sobre su proceso, incluyendo el diagnóstico, el pronóstico, así como los riesgos, beneficios y alternativas de tratamiento. A lo que se añade, apartados ñ) y p), el derecho a no ser objeto como paciente, sin haber otorgado previamente su libre consentimiento por escrito y conformado por el médico responsable y la Dirección del centro o establecimiento, de procedimientos de diagnóstico y terapia en fase de experimentación pero debidamente autorizados, susceptibles de ser empleados, así como sus resultados, con fines docentes o de investigación; o el derecho a que se respete su libre decisión sobre la atención sanitaria que se le dispense, previo consentimiento informado, excepto en los siguientes casos:

1. Cuando exista un riesgo para la salud pública a causa de razones sanitarias establecidas por la ley. En todo caso, una vez adoptadas las medidas pertinentes, de conformidad con lo establecido en la Ley Orgánica 3/1986, de 14 de abril, de Medidas Especiales en Materia de Salud Pública, se comunicarán a la autoridad judicial en el plazo máximo de 24 horas, siempre que dispongan el internamiento obligatorio de personas.

2. Cuando exista riesgo inmediato grave para la integridad física o psíquica de la persona enferma y no sea posible conseguir su autorización, consultando, cuando las circunstancias lo permitan, lo dispuesto en su manifestación anticipada de voluntad y, si no existiera esta, a sus familiares o a las personas vinculadas de hecho a ella.

Finalmente, el paciente podrá negarse al tratamiento, excepto en los casos de riesgo para la salud pública o de riesgo inminente para la salud de la persona enferma sin que pueda obtenerse su consentimiento, debiendo, para ello, solicitar y firmar el alta voluntaria.

d) A la elección de profesional médico y de centro sanitario en el ámbito del sistema público de salud.

Recogidos entre los derechos enunciados en el art. 6.1 apartados, k) y l) y, más detalladamente, en el art. 7, ambos de la LOSC, como un derecho que los titulares ostentan en el marco de los facultativos, servicios, centros y establecimientos del Servicio Canario de la Salud y, en su caso, de la Red Hospitalaria de Utilización Pública, y que comprenden:

a) La libre elección de médico general, pediatra hasta la edad de catorce años inclusive, tocoginecólogo y psiquiatra, de entre los que presten sus servicios en la Zona Básica de Salud o en el municipio de su lugar de residencia. Efectuada la libre elección y aceptada por el facultativo, la Administración sanitaria viene obligada a la adscripción del ciudadano a su médico sin más limitaciones que las que se establezcan para garantizar la calidad asistencial.

b) Al libre acceso, en las condiciones generales de organización y funcionamiento de los servicios, a los facultativos del Centro de Atención Primaria que preste servicio en la Zona Básica de Salud de su lugar de residencia.

c) A la elección, previa libre indicación facultativa, de centro o establecimiento sanitario, de entre las posibilidades que existan. Sin embargo, dicha elección puede verse alterada por las siguientes circunstancias: Optimización de los recursos públicos, disponibilidades en cada momento de los medios y recursos del Sistema Canario de la Salud, ordenación eficiente y eficaz de los recursos sanitarios, garantía de la calidad asistencial.

e) Al consejo genético y la medicina predictiva.

El consejo genético es un acto médico que forma parte de los servicios de salud dentro de la medicina predictiva, consiste en el proceso por el que los pacientes— y a veces sus parientes— con riesgos de padecer enfermedades de carácter hereditario, genético o en relación con alguna alteración cromosómica, son advertidos de las consecuencias de la enfermedad y/o de los riesgos de padecerla o transmitirla y los medios para evitarlas, mejorarlas o paliarlas. De forma genérica, se encuentran recogidos entre los derechos amparados por el art. 6.1 apartados a) y e) LOSC. Más recientemente, la Consejería de Sanidad del Gobierno de Canarias ha aprobado la Resolución de 27 de diciembre de 2023, por la que se dispone la publicación del Acuerdo de autorización del inicio de los trabajos de preparación y del procedimiento conducente a la aprobación de la Estrategia para la Coordinación de la Atención Sociosanitaria del Gobierno de Canarias 2024-2027 (BOC núm. 253, de 28 de diciembre de 2023).

f) A la prestación de una atención sanitaria rápida, sin demoras indebidas, y a la garantía de un tiempo máximo razonable para el acceso a los servicios y tratamientos.

En el Real Decreto 1039/2011, de 15 de julio, establece los criterios marco para garantizar un tiempo máximo de acceso a las prestaciones sanitarias del Sistema Nacional de Salud.

g) A disponer de una segunda opinión facultativa sobre sus procesos de salud.

Este derecho se encuentra desarrollado por el art. 8 LOSC.

h) Al acceso a cuidados paliativos y a vivir con dignidad el proceso de su muerte.

Regulado en la Ley Orgánica 3/2021, de 24 de marzo, de regulación de la eutanasia, que entró en vigor el 25 de junio de 2001 atribuye a toda persona que cumpla las condiciones exigidas el derecho a solicitar y recibir la ayuda necesaria para morir, el procedimiento que ha de seguirse y las garantías que han de observarse.

i) A la confidencialidad en el tratamiento de los datos relativos a su salud y sus características genéticas, y el acceso a su propio historial clínico.

Es el Reglamento (UE) 2016/679 del Parlamento Europeo y el Consejo, de 27 de abril de 2016, relativo a la protección de las personas físicas en lo que respecta al tratamiento de sus datos personales y a la libre circulación de estos datos y por el que se deroga la Directiva 95/46/CE junto con la Ley Orgánica 3/2018, de 5 de diciembre, de Protección de Datos Personales y garantía de los derechos digitales, imponen esta obligación, al amparo, además, del art. 18.4 CE. Asimismo, se halla preceptuado en el artículo 6 b) LOSC como el derecho "A la confidencialidad, en los términos de la legislación aplicable, de toda la información relacionada con su proceso y estancia en cualquier centro sanitario de Canarias y, en general, la derivada de su relación con los servicios del Sistema Canario de la Salud".

j) A recibir asistencia geriátrica especializada.

La Ley 16/2019, de 2 de mayo, de Servicios Sociales de Canarias, regula esta materia y resulta complementado por el Protocolo de Atención a la Personas Mayores en atención primaria, aprobado por el Gobierno de Canarias el 6 de junio de 2017.

k) A recibir actuaciones y programas sanitarios específicos y especializados, en los casos de personas afectadas por enfermedades crónicas, mentales, o personas que pertenezcan a grupos específicos reconocidos sanitariamente como de riesgo.

Este derecho se encuentra desarrollado por el art. 9 LOSC y abarca a los menores, ancianos, enfermos mentales, las personas que padecen enfermedades crónicas e invalidantes y las que pertenezcan a grupos específicos reconocidos sanitariamente como de riesgo. Tales personas tienen derecho, dentro de las disponibilidades en cada momento de medios y recursos del Sistema Canario de la Salud, a actuaciones y programas sanitarios especiales y preferentes.

Con el fin de garantizar el cumplimiento de estos derechos y deberes, el art. 12.6 de la LOSC crea la Oficina de Defensa de los Derechos de los Usuarios Sanitarios, dependiente de la consejería competente en materia de sanidad. Esta unidad estará específicamente encargada de atender solicitudes y reclamaciones de los usuarios de los servicios sanitarios. Su desarrollo normativo fue recogido en el Decreto 94/1999, de 25 de mayo, regulador de la estructura y el funcionamiento de la Oficina de Defensa de los Derechos de los Usuarios Sanitarios y de la tramitación de las reclamaciones, solicitudes, iniciativas y sugerencias en el ámbito sanitario. En virtud de lo dispuesto en el art. 5 de esta norma, corresponderá a este órgano la aprobación de la Carta de los Derechos y Deberes de los Pacientes y Usuarios Sanitarios, que fue aprobada por Orden de 28 de febrero de 2005.

Referencias bibliográficas

Álvarez González, E. M. (2007). *Régimen Jurídico de la asistencia sanitaria pública. Sistema de prestaciones y coordinación sanitaria.* Comares, Granada.

Álvarez Vélez, M. I. (2002). "El principio de igualdad y el derecho a la asistencia sanitaria". *Revista de Administración Sanitaria,* (22), 75-95.

Escrihuela Morales, F. J. (1985). "Competencias del Estado y de las Comunidades Autónomas en materia sanitaria". Jano Medicina y Humanidades, (655), 47-58.

González Temprano, A. (2003). *La Consolidación del Estado del Bienestar en España.* CES. Colección de Estudios, Madrid.

Miguel Sánchez, N. (2003). "Intimidad e historia clínica en la nueva Ley 41/2002, de 14 de noviembre, básica reguladora de la autonomía del paciente y de los derechos y obligaciones en materia de información y documentación clínica". *Revista Española de Derecho Administrativo,* (117), 9-31.

Las Manifestaciones Anticipadas de Voluntad (MAV)

Mª CAROLINA PERERA GARCÍA
Encargada del Registro de MAV Provincia de Santa Cruz de Tenerife
Jefa del Servicio de Estudios y Normativa
Secretaría General Técnica, Consejería de Sanidad
https://doi.org/10.36151/TLB_9788410955158.11

I. EL DERECHO A HACER MANIFESTACIONES ANTICIPADAS DE VOLUNTAD (MAV)

1. Las MAV en el Estatuto de Autonomía de Canarias

La Ley Orgánica 1/2018, de 5 de noviembre, de reforma del Estatuto de Autonomía de Canarias, establece en su artículo 19 un conjunto de garantías y derechos en el ámbito de la salud de las personas que considera especialmente relevantes en su protección.

Pero, al propio tiempo, considera igualmente relevante reservar un artículo específico, el 20, al derecho a formular instrucciones previas [que en Canarias se denominan Manifestaciones Anticipadas de Voluntad (MAV)], con el siguiente contenido literal:

> "Todas las personas mayores de edad y capaces, en los términos que establezcan las leyes, tienen derecho a declarar libremente de forma anticipada y expresa su voluntad sobre los cuidados y los tratamientos y, en su caso, sobre el destino de su cuerpo y los órganos del mismo, con el objeto de que esta se cumpla si, cuando llegue el momento, la persona no se encuentra en condiciones de expresarla personalmente".

La importancia de este derecho a formular instrucciones previas la podemos encontrar en el valor que otorga el Tribunal Constitucional al derecho a la autodeterminación personal, es decir, el derecho individual a configurar la propia existencia vital, derivada del respeto a la dignidad personal y a la autonomía de la voluntad, en los términos que expresa en su sentencia 19/2023, de 22 marzo, en su fundamento jurídico 6 (*Tol 9493276*):

> "La consagración de la libertad como valor superior del ordenamiento jurídico (art. 1.1 CE) «implica, evidentemente, el reconocimiento, como principio general inspirador del mismo, de la autonomía del individuo para elegir entre las diversas opciones vitales que se le presenten, de acuerdo con sus propios intereses y preferencias».
>
> De otro lado, esta misma facultad de autodeterminación respecto de la configuración de la propia existencia se deriva de la dignidad de la persona y el libre desarrollo de la personalidad, cláusulas que son «la base de nuestro sistema de derechos fundamentales». Este Tribunal ha señalado que la dignidad «es un valor espiritual y moral inherente a la persona, que se manifiesta singularmente en la autodeterminación consciente y responsable de la propia vida y que lleva consigo la pretensión al respeto por parte de los demás»".

Este derecho a la autodeterminación de la propia existencia vital surge especialmente a raíz de los avances de las ciencias sanitarias, especialmente de técnicas de mantenimiento y soporte vital que permiten la prolongación de la vida o el mantenimiento de funciones vitales hasta límites tan sorprendentes que pueden provocar la reflexión a las personas sobre si quieren que se les aplique o no lo quieren. Esta voluntad dependerá de lo que cada persona identifica con su proyecto vital y su personal concepto de calidad de vida[1].

En el caso de que la persona no desee llegar hasta el límite, cobra especial importancia el establecimiento del derecho a la negativa al tratamiento prescrito como principio básico en el artículo 2.4 de la Ley 41/2002, de 14 de noviembre, básica reguladora de la autonomía del paciente y de derechos y obligaciones en materia de información

---

1 De Lorenzo, R. (2017). "Instrucciones previas ante los avances de la medicina y la prolongación de la vida". *Redacción Médica*. https://www.redaccionmedica.com/opinion/ricardo-de-lorenzo/instrucciones-previas-ante-los-avances-de-la-medicina-y-la-prolongacion-de-la-vida-8426. Recuperado el 2 de octubre de 2024.

y documentación clínica (LAP), determinando que para respetar dicha negativa debe constar necesariamente por escrito.

Por ello, en el ejercicio de la autonomía de la voluntad individual de cada persona, se establece el derecho en el artículo 11 de la citada LAP a realizar, por escrito, instrucciones previas, por si se da el riesgo de perder la capacidad mental en el momento de tener que tomar la decisión[2].

2. *Las MAV en el resto del ordenamiento jurídico de Canarias*

La Ley 1/2015, de 9 de febrero, de derechos y garantías de la dignidad de la persona ante el proceso final de su vida, también otorga relevancia a este derecho a formular instrucciones previas. Tal y como señala su Exposición de Motivos:

> "Todos los seres humanos aspiran a vivir dignamente y el ordenamiento jurídico trata de concretar y simultáneamente proteger esta aspiración. Pero la muerte también forma parte de la vida. Morir constituye el acto final de la biografía personal de cada ser humano y no puede ser separada de aquella como algo distinto. Por tanto, el imperativo de la vida digna alcanza también a la muerte. Una vida digna requiere una atención digna en la etapa final de la vida.".

Por ello defiende la citada Ley la necesidad de procurar un exquisito respeto a la autonomía personal, a la libertad de cada cual para gestionar su propia biografía asumiendo las consecuencias de las decisiones que toma. Por ello, destaca que "entre los contenidos claves del ideal de muerte digna que goza de consenso", se encuentra el "derecho de las personas a redactar un documento escrito en el que hagan constar sus deseos y preferencias de tratamiento para el caso eventual en el que no puedan decidir por sí mismas". Por ello, en su artículo 9 regula el derecho de cada persona mayor de 18 años a realizar la MAV y en su artículo 19 los deberes del personal sanitario respecto de las MAV.

Para favorecer el ejercicio y la aplicación de este derecho, mediante el Decreto 13/2006, de 8 de febrero, se regula con mayor detalle

---

2 Salas Carceller, A. (2023). "El gran problema de la discapacidad en relación con la facultada de testar". *Revista Aranzadi Doctrinal,* (5).

qué son las MAV; cuáles son sus requisitos, contenido y eficacia; y cómo se formalizan en Canarias. Asimismo, crea y regula el funcionamiento del Registro autonómico de las MAV, cuyo fin principal es procurar el acceso y aplicación de los documentos en él inscritos, tanto a las personas otorgantes y sus representantes como al personal sanitario[3].

II. ¿QUÉ SON LAS MAV?[4]

Como ya se ha indicado, el derecho a realizar las instrucciones previas está recogido en el artículo 20 del EAC, y estas instrucciones se denominan en Canarias: Manifestaciones Anticipadas de Voluntad (MAV).

1. ¿En qué consiste este derecho?

Consiste en favorecer, principalmente, que una persona pueda tener paz y tranquilidad en determinados momentos difíciles de su vida.

¿Y cómo es ello posible? Permitiendo llevar a cabo una triple ubicación que, sin esta declaración, muchas veces no es fácil de realizar.

1.1. En primer lugar, se ubica la persona consigo misma, averigua qué considera que es calidad de vida en su proyecto vital propio y personal; qué situaciones vitales sería capaz de soportar y cuáles no por su relación con lo que considera calidad de vida; cuáles son sus objetivos vitales y sus valores personales; averigua si hay situaciones que consideraría que si las tuviera que vivir se sentiría indigna; qué considera sufrimiento y si hay tratamientos sanitarios que desearía rechazar indicando, para ello, a partir de qué específica situación irrecuperable e irreversible se produciría ese rechazo.

---

3 Audiencia Provincial de Santa Cruz de Tenerife (Sección 3ª), Auto núm. 160/2010 de 2 junio.

4 Información sobre las MAV, su formalización y su registro: https://www.gobiernodecanarias.org/sanidad/sgt/mav/

Es necesario que la persona haya reflexionado previamente sobre las cuestiones indicadas en el párrafo anterior. Como ejemplos de las cuestiones que más frecuentemente se suscitan cabría señalar la valoración sobre qué es una vida en la que se pierda definitivamente la capacidad de comunicación con otras personas (por pérdida de la capacidad de entendimiento); o en la que se viva, sin solución alguna, con dolor o angustia intratable (sin posibilidad de atención médica que la alivie); o en la que se viva, de forma irreversible, con una dependencia funcional absoluta de otras personas para el ejercicio de las funciones más básicas de la vida diaria, porque cuestiones como pueden ser poder comer por sí sola o asearse por sí sola ya no podrá hacerlas y dependerá hasta su fallecimiento de que otras personas le hagan esas funciones.

Y esta reflexión se la plantea por si en el futuro, por la causa que sea (ya que muy probablemente no se pueda saber a priori), sufre una enfermedad neurodegenerativa, accidente, infarto, ictus, que le priva de su capacidad mental y aún está lejos de su situación final de vida, o, en caso de que estas situaciones no le sucedan y llega a su final de vida y, en ese estado de fragilidad, es cuando pierde las facultades cognitivas o de entendimiento de tal manera que priva a esta persona de la capacidad o facultad mental de poder entender y tomar decisiones conforme a su propia voluntad. Por ello, el resultado de esta reflexión lo manifiesta anticipadamente en este documento.

Circunstancias como las vivencias personales de los momentos finales de vida de sus familiares, de amistades cercanas o el conocimiento de noticias que le hayan impactado; o situaciones como ya tener un diagnóstico de una enfermedad complicada, permiten generar en la persona una reflexión previa que le ayuda a responderse a sí misma preguntas vitales como las que se indican en los párrafos anteriores.

Especialmente en el caso de que la persona ya tenga diagnosticada una enfermedad complicada es recomendable, además, poder dialogar al respecto con el personal sanitario que le asiste.

Toda esta reflexión permite esta primera ubicación personal y la posibilidad de proceder a la elaboración y formalización de su documento respetando su autonomía y su dignidad. Es decir, este conjunto de ideas, pensamientos, valores vitales, quedan ya definidos y reflejados por escrito a modo de autorización o rechazo de tratamientos sanitarios.

1.2. En segundo lugar, la persona ubica a su entorno más cercano de seres queridos, ya que no habla de ideas, de conceptos vagos o genéricos o de opiniones, sino que tiene plasmado exactamente lo que quiere y lo que no quiere que le suceda. De este modo, la persona otorgante informa o incluso instituye como representantes a personas de dicho entorno, para que cuando lleguen los momentos difíciles, si pierde definitivamente la capacidad de entendimiento y de poder expresar su voluntad, sepan lo que el equipo sanitario va a hacer para darle esa paz y tranquilidad que pretendía conseguir al elaborar el documento y puedan servir de interlocutores o garantes para su mejor cumplimiento.

En consecuencia, este entorno ya no tomará esas decisiones, no tendrá esas responsabilidades, porque la persona que ha hecho su declaración es quien ha decidido. También ayuda a minorar las discusiones que pudieran surgir y los conflictos que pudieran producirse entre las personas del entorno por tener criterios de actuación distintos, principalmente en los casos de divisiones familiares entre las decisiones de continuar o de no continuar los tratamientos sanitarios cuando el protocolo sanitario permite esta disyuntiva.

Por tanto, tener la MAV favorece la desjudicialización de este tipo de conflictos.

Y así es más fácil para este entorno poder aceptar lo que suceda, por muy duro o difícil que sea, porque podrán saber que de ese modo todo está aconteciendo como desea su ser querido.

Esta segunda ubicación les permite, por tanto, estar más presente en el acompañamiento de su ser querido en esos momentos tan difíciles, ya que saben lo que está decidido.

1.3. Y, en tercer lugar, ubica al equipo sanitario que le asiste, al permitir, en los supuestos de enfermedades degenerativas o crónicas, un diálogo de cada paciente con su equipo sanitario más avanzado respecto de a qué actuaciones sanitarias presta su consentimiento o su rechazo; cuándo es el momento de su aplicación; cómo se realizará, lo que ayudará, en definitiva, a estar en mejor preparación para que la situación evolucione como la persona considera que de esa forma es más digna para sí misma, y le genere mayor alivio y menor sufrimiento.

Y en caso de situaciones agudas que afecten a la salud de la persona, es decir, aquellas que tienen un comienzo súbito y una evolución rápida, incluyendo su resolución, y que afecten grave e irreversiblemente a la persona otorgante dejándola de forma inesperada y definitiva sin capacidad de comunicación, entendimiento y toma de decisiones, permite al equipo sanitario saber cuáles son los deseos, valores, autorizaciones y rechazos de dicha persona.

También permitirá al equipo sanitario saber a qué concretas personas del entorno de sus pacientes dirigirse, por haberlo así especificado en el documento.

Esta tercera ubicación facilitará la comunicación y la realización de las actuaciones sanitarias por el personal sanitario, de una forma más segura y acorde con la voluntad de cada paciente.

2. *Diferencia entre el consentimiento informado y el documento de MAV*

El consentimiento informado, considerado presencial o actual a diferencia del anticipado, se define en el artículo 3 de la LAP como: "la conformidad libre, voluntaria y consciente de un paciente, manifestada en el pleno uso de sus facultades después de recibir la información adecuada, para que tenga lugar una actuación que afecta a su salud".

En la atención y prestación de servicios sanitarios a pacientes, los artículos 4, 5 y 10 de la LAP, regulan el derecho a la información asistencial y determinan quién es la persona titular del derecho a dicha información y quién tiene que garantizar el derecho a la información y las condiciones de su realización, señalando a tal efecto al personal calificado como "médico responsable" o personal facultativo (personal médico) actuante.

Por otra parte, en los artículos 8 y 9 de la propia LAP, dentro de su Capítulo IV referido a la autonomía de pacientes, se establece la regulación del consentimiento informado presencial o actual, es decir, el que se realiza justo antes y dirigido a la correspondiente actuación asistencial a realizar o rechazar.

Por ello, en regulación distinta a los artículos 8 y 9, en el artículo 11 de la citada LAP se regula "el documento de instrucciones previas" o MAV.

Por tanto, muy cercana a la figura del consentimiento informado, participando de su naturaleza pero no siendo lo mismo, se encuentra la de las MAV. Se trata de un documento, que puede formalizar una persona incluso sin estar enferma y, por ello, sin tener personal sanitario asignado ni una actuación sanitaria prevista y, por tanto, sin que exista la relación médico-paciente previa antes señalada.

Tampoco se exige que haya una información asistencial previa (porque incluso la persona puede estar sana al realizar su documento) aunque pueda ser muy recomendable.

Lo que sí es necesario es que la persona haya reflexionado previamente sobre sus valores y proyecto vital, sobre su personal concepto de calidad de vida.

De este modo, las diferencias principales entre ambas figuras son:

A) El consentimiento informado se establece para que cada paciente (es decir, una persona que padece una enfermedad) mayor de edad, capaz y libre, tras recibir información sobre los cuidados y tratamientos de la salud indicados por el personal sanitario para una actuación sanitaria que se le propone realizar de forma inmediata, sea quien decidirá someterse o rechazar los mismos, otorgando de forma presencial o actual su consentimiento o rechazo informado conforme a lo expresado en el apartado anterior y regulado en los artículos 4 a 10 de la LAP.

También puede prestarse por representación en el caso de que no tuviera capacidad, conforme a la regulación dispuesta en el artículo 9.6 y 7 de la LAP.

B) Las MAV es la realización y formalización por escrito de un documento en el que se van a reflejar las situaciones de falta de capacidad mental que preocupan a la persona otorgante (persona que en el momento de su formalización puede estar o no enferma), para las que manifiesta anticipadamente qué actuaciones sanitarias va a permitir o rechazar en el futuro si le sucediera esa falta de capacidad mental, es decir, que en dicho momento no tuviera la capacidad de formar y expresar su voluntad de manera libre, personal, actual, consciente e informada (consentimiento informado), sobre sus cuidados y tratamientos de salud. De tener este documento de MAV y suceder el supuesto de hecho en él descrito, es cuando por parte el personal sanitario se procedería aplicarlo (y no se recabaría el consentimiento informado por representación del artículo 9.6 y 7 de la LAP) conforme a lo dispuesto en el artículo 11 de la LAP. Por ello, este documento sólo surtirá sus efectos cuando la persona otorgante se encuentre en concretas situaciones relativas a su salud descritas en él y sin capacidad ni posibilidad de expresar su voluntad. Hasta dicho momento, podrá decidir por sí misma, pudiendo incluso modificar dicho documento cuando fuere necesario.

No puede realizarse por representación ya que es un documento de naturaleza personalísima y sólo puede ser manifestado por la persona otorgante.

Por otra parte, las características del contenido de las MAV que le diferencian del consentimiento informado son

– La declaración de la voluntad anticipada de la persona en el ámbito sanitario en sus aceptaciones o rechazos a las actuaciones médicas en vida: cuestiones que si bien parece que podrían coincidir con el consentimiento informado, nunca lo sería en su condición actual o presencial, ya que el requisito imprescindible para aplicar una MAV es que la persona no tenga capacidad mental suficiente para prestar el consentimiento informado presencial; asimismo, como se ha indicado anteriormente, la persona que otorga una MAV puede no estar enferma en el momento de su formalización, no requerir ningún tratamiento sanitario en ese momento, y no haberse producido la información sanitaria previa y aún así procede a realizar dicho consentimiento o rechazo de forma anticipada para el supuesto en el que cuando tuviera que tomar la decisión no pueda hacerlo por falta de capacidad cognitiva suficiente, como puede ser para los casos que se podrían dar en el futuro relativos a una situación irreversible de estado vegetativo persistente, o de no comunicación ni reconocimiento de familiares o de dependencia absoluta y permanente de otras personas para la realización de las funciones más básicas de la vida diaria como es no poder alimentarse nunca más por si sola y depender de por vida de que alguien le alimente, o no poder ya controlar los esfínteres y depender de por vida de otras personas para ser aseada.

Por ello, el documento MAV no está previsto para enfermedades concretas, ya que la evolución de la ciencia sanitaria puede generar nuevas soluciones médicas o quirúrgicas que curen o mejoren la situación de las personas ante las diferentes enfermedades que existen en el momento de formalizar el documento; y la evolución de la vida puede determinar la aparición de nuevas enfermedades hoy no conocidas.

El documento MAV refleja únicamente la situación que cada persona considera que es indigna para sí misma o que le priva de su calidad de vida (como pueden ser situaciones como vivir sin capacidad de comunicarse; o con dolores o angustias intratables; o con dependencia absoluta de otras personas para la realización de las funciones diarias más básicas,...), ya que, como se ha indicado anteriormente, lo más probable es que se desconozca en el momento de la formalización del documento cuál será el origen o la causa que dará lugar a esa situación y si esa situación se dará o no en el futuro; pero realiza el documento de forma preventiva para que, si se diera el caso, que se le apliquen las decisiones manifestadas en su MAV. Lo que importa es que la situación en la que se encuentre la persona sea la exactamente manifestada y que, conforme a la ciencia médica de dicho momento futuro, sea calificada de modo grave, irrecuperable e irreversible en el momento de su producción (es decir, en el futuro).

Y si esa situación, que la persona considera indigna y privada de calidad de vida, se va a mantener así porque ya no tiene solución médica y le priva al propio tiempo de la capacidad de entender y tomar decisiones sanitarias, es cuando el documento MAV se aplica y actúan las aceptaciones o los rechazos en él establecidos.

– Sus criterios o valores vitales: como puede ser qué situaciones relaciona con calidad de vida en su personal proyecto vital (especialmente situaciones relacionadas con la pérdida de la capacidad de comunicación; el dolor o la angustia intratable; o la dependencia absoluta para las funciones más básicas de la vida como comer, vestirse, asearse; ...); si se desea pasar los momentos finales de la vida en el domicilio o en el centro sanitario; a qué familiares o personas allegadas permitir tener la información de su salud; por qué familiares o personas allegadas esperar para, en caso de no querer prolongar los tratamientos médicos o incluso aplicar la prestación de ayuda para morir, que el fallecimiento se produzca en su compañía; qué familiares o personas de su entorno querría nombrar como representante;...

– Actuaciones *post morten*: como puede ser la donación de órganos o tejidos a otras personas para su trasplante; o la donación del cuerpo para la investigación o la docencia; o la realización o no de la autopsia en casos no contemplados por la legislación o la *lex artis*; o la voluntad o no de la incineración;

– Actuaciones éticas, morales o religiosas: como pueden ser la voluntad o no del acompañamiento familiar o personas allegadas (con indicación de quiénes) en el final de vida; o la concreta atención espiritual a recibir o no en el final de la vida; o consideraciones éticas o morales propias de la persona que determinen la interpretación conjunta del documento;

Todas estas características determinan que su contenido y sus requisitos no coincidan con los del consentimiento informado presencial o actual, partiendo de que ni siquiera requiere que la persona esté enferma ni que haya información sanitaria previa en los términos antes expuestos.

La característica principal del documento MAV es que se cumpla en sus propios términos sin que pueda ser cuestionada por terceras personas (ni siquiera personas tan influyentes como familiares o el propio personal sanitario que le atiende) para lo que se requiere su correcta formalización.

3. ¿Cuál es el contenido de una MAV?

De acuerdo con la normativa básica y con la territorial, las MAV en el ámbito sanitario contienen la voluntad del otorgante sobre[5]:

a) Los criterios y valores de la persona ante la vida, definición de calidad de vida en su proyecto vital, personas a quienes autoriza a recibir información sobre su salud, designación de una o varias perso-

---

5 https://www.gobiernodecanarias.org/cmsgobcan/export/sites/sanidad/sgt/mav/modelos/20221230ModeloModeloformularioMAV.pdf

nas como representante, así como la actuación sanitaria a recibir respecto de los cuidados y tratamientos de su salud, con instrucciones sanitarias concretas que pueden hacer referencia a situaciones de recepción de órganos, transfusiones sanguíneas, conflictos de salud entre la mujer gestante y el feto durante el embarazo, situaciones de pérdida definitiva de las capacidades mentales, situaciones de final de vida, tratamientos experimentales, etc.

b) Instrucciones post mortem, referidas sustancialmente a la donación de órganos y tejidos, a la donación del cuerpo para la investigación o la docencia, a la autopsia fuera de los supuestos legal y protocolariamente establecidos y a la voluntad de ser o no incinerado a los efectos de la certificación médica de la defunción.

c) Indicaciones éticas, morales o religiosas que guíen la vida de la persona otorgante y que sirvan de criterios de actuación e interpretación para el personal sanitario, tales como religión que se profesa, valores familiares, muerte acompañada, etc.

3.1. Mención especial a la reciente regulación sobre la eutanasia en España

La Ley Orgánica 3/2021, de 24 de marzo, de regulación de la eutanasia (LORE), señala, en sus artículos 5 y 6, los requisitos establecidos para que las personas puedan solicitar la prestación de ayuda para morir y las condiciones para su ejercicio. De este modo, toda persona mayor de edad y en plena capacidad de obrar y decidir puede solicitar y recibir dicha ayuda, siempre que lo haga de forma autónoma, consciente e informada, y que se encuentre en los supuestos de padecimiento grave, crónico e imposibilitante o de enfermedad grave e incurable causantes de un sufrimiento físico o psíquico intolerables.

Se regula, asimismo, en los artículos 5.2 y 6.4, la posibilidad de solicitar y recibir esta ayuda mediante el documento de instrucciones previas o equivalente, legalmente reconocido. De este modo, la LORE contempla expresamente la posibilidad de recibir la prestación de ayuda para morir en aquellos casos en los que el médico responsable certifique que el paciente no se encuentra en el pleno uso de sus facultades ni puede prestar su conformidad libre, voluntaria y consciente para realizar las solicitudes, padezca una enfermedad grave e incurable o un padecimiento grave, crónico e imposibilitante en los términos establecidos en la propia Ley, y haya suscrito con anterioridad un documento de instrucciones previas, testamento vital, voluntades anticipadas o documentos equivalentes legalmente reconocidos, en cuyo caso se podrá facilitar la prestación de ayuda para morir conforme a lo dispuesto en dicho documento.

En estos casos, la solicitud de prestación de ayuda para morir podrá ser presentada al médico responsable por otra persona mayor de edad y plenamente capaz, acompañándolo del documento de instrucciones previas, testamento vital, voluntades anticipadas o documentos equivalentes legalmente reconocidos, suscritos previamente por el paciente. En caso de que no exista ninguna persona que pueda presentar la solicitud en nombre del paciente, el personal médico que lo trata podrá presentar la solicitud de eutanasia.

La solicitud de la prestación de ayuda a morir a través de un documento de instrucciones previas (MAV) debe contener de forma expresa su pronunciamiento sobre la aplicación de dicha específica ayuda a morir, tal y como se recoge en el Manual de buenas prácticas publicado por el Ministerio de Sanidad[6], al especificar que el documento de instrucciones previas o documento equivalente legalmente reconocido a la entrada en vigor de la ley, solo se podrá tener en cuenta cuando la voluntad del paciente se exprese de manera clara e inequívoca.

Tal y como señala el artículo 9 de la LORE, en los casos previstos en el artículo 5.2 el médico responsable está obligado a aplicar lo previsto en las instrucciones previas o documento equivalente.

En esta concreta materia se ha pronunciado el Pleno del Tribunal Constitucional, señalando, a modo de resumen, su pronunciamiento en la Sentencia núm. 94/2023 de 12 septiembre, recogido en su fundamento jurídico 3, C), b) (i) (*Tol 9714073*):

> "Abordaremos, a continuación, el examen de las quejas formuladas por los recurrentes que han de entenderse desestimadas por remisión a la STC 19/2023. En primer lugar, las censuras de inconstitucionalidad

[6] https://www3.gobiernodecanarias.org/sanidad/scs/content/6e616766-37b8-11ec-a51e-4dfe93b8bd70/Manual_BBPP_eutanasia.pdf

dirigidas a la deficiente regulación por la LORE del «documento de instrucciones previas, testamento vital, voluntades anticipadas o documentos equivalentes legalmente reconocidos» y a su eficacia en el procedimiento [arts. 5.2 y 9 LORE], se han de desestimar por las razones esgrimidas en el fundamento jurídico 8 C) c) de la STC 19/2023. Y con base en las mismas razones, se ha de desestimar la queja relativa a la inexistencia de una regulación uniforme en el conjunto del Estado del contenido y efectos jurídicos de los referidos documentos.

En segundo lugar, la censura de inconstitucionalidad que la demanda hace a la posibilidad de que la solicitud de prestación de ayuda para morir para una persona con incapacidad de hecho sea presentada por un tercero, se ha de descartar por remisión a los argumentos expuestos en el fundamento jurídico 8 C) a) y e) de la STC 19/2023. Del mismo modo, la queja que atribuye al párrafo segundo del art. 5.2 LORE una completa deslegalización de los supuestos en los cuales se permite suplir el consentimiento del paciente afectado se desestima de acuerdo con lo manifestado en los fundamentos jurídicos 8 C) d) y 9 C) b) de la STC 19/2023.

En tercer lugar, en el caso de eutanasia cuya solicitud se ha formulado mediante «documento de instrucciones previas, testamento vital, voluntades anticipadas o documentos equivalentes legalmente reconocidos», la censura de inconstitucionalidad se formula por la exclusión del necesario control y garantía judicial respecto de las decisiones que reconozcan el derecho a la prestación de la ayuda para morir. En concreto, la exclusión se derivaría del hecho de que el control judicial se ha previsto expresamente solo para las resoluciones denegatorias de la solicitud (art. 10.5 LORE) y a través del procedimiento especial para la protección de derechos fundamentales (disposición adicional quinta). Esta queja se ha de descartar conforme a los argumentos recogidos en el fundamento jurídico 7 C) b) de la STC 19/2023.

En cuarto y último lugar, la queja que atribuye al legislador haber vulnerado su deber de proteger la vida debido al insuficiente estándar de cuidados paliativos, lo que puede condicionar la libertad de decisión del paciente, se ha de descartar conforme a los razonamientos expresados en el fundamento jurídico 6 D) c) (iii) de la STC 19/2023".

3.2. Límites a la aplicación del contenido de las MAV

La transparencia en la decisión que se adopte a la vista del contenido del documento MAV proporciona una mayor seguridad en el tratamiento y en la práctica clínica, siempre y cuando se respeten los límites a los que debe someterse el ejercicio de este derecho.

De acuerdo con la LAP, y la legislación autonómica canaria, las MAV tienen un triple límite:

a) El ordenamiento jurídico. Nadie puede aspirar a que el personal sanitario incumpla la ley para hacer efectivas las instrucciones contendidas en el documento. A este respecto, la ley exige mayoría de edad (18 años) para su realización, así como ser realizado por la propia persona otorgante, no pudiendo aplicar las manifestaciones contempladas en un documento realizado por una persona (representante) en nombre de otra (paciente). Como ejemplo históricamente más relevante de esta limitación, hasta la aprobación de la LORE en 2021, se encontraba la petición de la prestación de la ayuda para morir (eutanasia), no pudiendo ser de aplicación en España dicha manifestación con anterioridad a la entrada en vigor de la citada Ley orgánica.

b) Prácticas contrarias a la *lex artis ad hoc*. En las MAV se establecen los consentimientos de autorizar o de rechazar los tratamientos sanitarios tal y como están establecidos dichos tratamientos en sus correspondientes protocolos sanitarios, pero no la modificación o alteración de estos protocolos sanitarios.

c) Cuando el supuesto de hecho no sea el previsto en el documento. Las MAV se circunscriben a determinadas y específicas situaciones de hecho, por lo que sólo se aplicarán cuando el personal sanitario determine que la persona otorgante se encuentra en esa concreta situación. Por ejemplo, no se aplicarán las medidas solicitadas en fase terminal o incurable e irreversible si a juicio del personal médico el paciente no se encuentra en esa fase.

4. Formalización y eficacia de las MAV en Canarias

La formalización en la Comunidad Autónoma de Canarias de las MAV es siempre por escrito y se puede elegir entre tres procedimientos:

a) Ante personal de la Administración Pública habilitado como encargado del registro por tener asignadas las funciones de fe pública y fe pública registral.

b) Ante la persona titular de una Notaría.

c) Ante tres personas que actúen en calidad de testigos.

El artículo 20 del EAC recoge el derecho a declarar libremente de forma anticipada y expresa la voluntad de una persona con el objeto de que esta se cumpla si, cuando llegue el momento, dicha persona no se encuentra en condiciones de expresarla personalmente. Y en los mismos términos se expresa el 11.1 de la LAP, con objeto de que ésta se cumpla en el momento en que llegue a situaciones en cuyas circunstancias no sea capaz de expresarlos personalmente.

El preámbulo del Decreto 13/2006, de 8 de febrero, también se preocupa de resaltar la fuerza de la actuación de este documento al especificar que, "Siguiendo el ejemplo de otros ordenamientos autonómicos, algunos con normativa propia anterior a la actuación legal estatal básica, se considera necesario implantar en nuestra realidad social la manifestación anticipada de voluntad, regulando el procedimiento que se estima adecuado para garantizar su cumplimiento llegado el caso y dotándola de instrumentos registrales que garanticen su eficacia, de tal manera que el presente Decreto se constituya en el cauce por el que se expresa el ejercicio de este derecho a la autonomía personal."[7].

Por tanto, la actuación protocolaria realizada por cada una de estas partes: – personal habilitado como encargado del Registro de MAV (ReMAV) por tener asignadas las funciones de fe pública y fe pública registral; – persona titular de Notaría; – o tres personas en calidad de testigos, tiene por resultado dejar constancia en un documento escrito de las instrucciones emitidas libremente por la persona otorgante, generando así la fe pública de que lo declarado por la persona es cierto y no discutible, a la que se añade la eficacia de la fe pública registral al inscribir el personal habilitado como encargado del ReMAV la MAV en el específico Registro con las formalidades establecidas para ello en el Decreto 13/2006, de 8 de febrero.

Una aclaración de la fuerza y alcance de las presunciones de veracidad que generan estas actuaciones de fe pública y fe pública regis-

---

7 Rubio Torrano, E. (2006). "Autonomía del paciente y registro Nacional de Instrucciones Previas". *Aranzadi Civil: revista quincenal*, (3), 2338-2340.

tral podemos encontrarla en el apartado 5 de la Resolución de 12 de abril 2002, de la Dirección General Registros y Notariado[8]:

> 5. (...) En efecto, la seguridad jurídica preventiva que el instrumento público y el Registro proporcionan cuenta con dos apoyos basilares:
>
> a) La fe pública que se atribuye a determinadas declaraciones o narraciones del Notario autorizante respecto de ciertos hechos (...) conforme a la doctrina del Tribunal Supremo, tal aseveración notarial de capacidad reviste especial certidumbre, que alcanza el rango de «fuerte presunción "iuris tantum"», de modo que vincula «erga omnes» y obliga a pasar por ella, en tanto no sea revisada judicialmente con base en una prueba contraria que no deberá dejar margen racional de duda (confróntese la Resolución de 29 de abril de 1994). (...).
>
> b) La fe pública registral derivada de la inscripción en el Registro de la Propiedad (lo mismo ocurre con relación al Registro Mercantil y en el Registro de Bienes Muebles por aplicación supletoria de la legislación hipotecaria) dota al derecho inscrito de plenitud de efectos. Así resulta con claridad de los artículos 1 («Los asientos del Registro... en cuanto se refieran a derechos inscribibles, están bajo la salvaguardia de los Tribunales...») y 38 de la Ley Hipotecaria («A todos los efectos legales se presumirá que los derechos reales inscritos en el Registro existen y pertenecen a su titular en la forma determinada por el asiento respectivo»). Esta presunción «iuris tantum» de exactitud e integridad se traduce (...) en una presunción «iuris et de iure» frente a tercero hipotecario, a quien no le perjudicará la nulidad del título del transferente por causas que no consten en el Registro (confróntese el artículo 34 de la Ley Hipotecaria). Todo ello deriva del juicio añadido que el Registrador realiza bajo su exclusiva responsabilidad (artículo 18 de la Ley Hipotecaria), de la validez de los títulos presentados a inscripción y a los únicos efectos de practicar, suspender o denegar la operación registral solicitada.".

Por ello, conforme al artículo 7 del citado Decreto 13/2006, de 8 de febrero, la MAV eficaz prevalecerá sobre la opinión e indicaciones de terceras personas y sólo dejará de tener efectos por posterior declaración de voluntad del otorgante realizada en el momento del acto médico, emitida con plena consciencia y con conocimiento informado, o a través de su modificación formal posterior.

La formalización de este tipo de documentos proporciona a las personas una seguridad de que las instrucciones serán tenidas

---

[8] Dirección General Registros y Notariado. BOE 16 mayo 2002, núm. 117, [pág. 17680].

en cuenta y reducirán su sufrimiento, coadyuvando con la finalidad de los cuidados sanitarios que pueden generarle inquietudes o preocupaciones.

Las MAV proporcionan también, como ya se ha indicado, una seguridad jurídica contrastada de la voluntad del paciente, elevando la fiabilidad de sus deseos plasmados en un documento firmado cuando tiene capacidad para hacerlo, en contraposición del consentimiento informado dado por representación de familiares o personas designadas para actuar ante la falta de capacidad mental de la persona que ya no puede adoptar sus propias decisiones sanitarias, especialmente en los casos en los que los representantes tienen dificultades para ponerse de acuerdo para adoptar dicha decisión.

Nadie puede ni debe sustituir la decisión personal de la persona otorgante, ni el personal sanitario ni la familia. La persona firmante aclara en su documento lo que entiende por calidad de vida, futilidad, adecuación del esfuerzo terapéutico, eutanasia, etc., e impone esa interpretación sobre el resto de las personas que deben aplicarla, con los únicos límites ya señalados en el apartado 2.2.

La MAV supone un documento de enorme ayuda a la labor asistencial, permitiendo la toma de decisiones rápidas y acordes con la voluntad de cada paciente, sin injerencias ajenas que distorsionen aquella. En caso de que algunas manifestaciones pudiesen proporcionar dudas en los tratamientos especificados o derivadas de las expresiones de la persona otorgante, se cuenta con la posibilidad de interlocución de la persona designada como representante y con el apoyo de los Comités de Ética que están especializados en este tipo de conflictos de interpretación.

Uno de los beneficios que proporciona la realización de este documento es que contribuye a la menor judicialización de las decisiones que deben ser tomadas, ya que en los pronunciamientos existentes en la materia determinan que la correcta formalización de una MAV establece la actuación sanitaria indiscutida que se debe aplicar.

En este sentido, el Auto núm. 90147/2018 de 26 marzo, de la Audiencia Provincial de Vizcaya (Sección 2ª), en su fundamento de derecho segundo, confirma la prevalencia, frente a otras decisiones, especialmente las familiares o, como en este caso del equipo médico o incluso de la propia autoridad judicial, de la manifestación realizada por una paciente antes de perder la capacidad mental al decidir sanitariamente, en su documento de últimas voluntades el rechazo a un tratamiento, en el ejercicio de la autonomía de su voluntad, "pues el rechazo fue manifestado en la forma prescrita en la ley y jurídicamente vinculante." (...) indicando específicamente que "gracias al documento se conoce la voluntad contraria a la transfusión, tal como se viene argumentando a lo largo de esta resolución.".

En el mismo sentido, la STC núm. 38/2023 de 20 abril, en su fundamento jurídico 6 apartado a) (*Tol 9543590*), en el que aborda los criterios de ponderación aplicables, señala:

> "(...) el primer criterio de ponderación a tener en cuenta en aplicación del art. 9.6 de la Ley 41/2002 es el contenido de la voluntad de la persona con discapacidad en la medida en que dicha voluntad haya podido manifestarse, pues resulta obvio que una decisión judicial que impone forzosamente la vacunación sin tomar en consideración el criterio expresado por el propio paciente (aun cuando, por razón de la discapacidad, esa manifestación pueda tener un valor limitado o resultar incompleta) niega a esta persona cualquier autonomía decisoria y, con ello, su condición de fin en sí mismo.
>
> En todo caso, no debe olvidarse que la persona afectada puede anticiparse a ese contexto conflictivo y a la situación que le impide prestar consentimiento, estableciendo, por las vías previstas en el ordenamiento jurídico, pautas precisas de actuación antes de que sobrevenga la discapacidad.
>
> Puede recurrir, en particular, al documento de instrucciones previas previsto en el art. 11 de la Ley 41/2002, cuyo concreto desarrollo normativo corresponde a las comunidades autónomas. Puede también establecer, en escritura pública, pautas de actuación precisas para ese contexto particular, a las que tiene que sujetarse la persona llamada a prestar apoyo, de acuerdo con el art. 255 CC.".

5. *Características principales*

Finalmente, se pueden extractar como características principales de las MAV y de su inscripción registral que:

– Son documentos configurados para garantizar el derecho a la autonomía de la voluntad de las personas en el ámbito sanitario en los casos en los que dichas personas no tengan posibilidad de manifestar dicha voluntad; por ello se pueden considerar como documentos que transmiten paz y tranquilidad a las personas que los otorgan;

– Son documentos administrativos (no consentimientos informados) inscritos por personal habilitado específicamente para ello, cuyo contenido será de obligado cumplimiento por el personal sanitario, público o privado, cuando sus pacientes se encuentren en los supuestos de hecho que figuren en las MAV;

– Requieren que el personal habilitado para su realización pueda ejercer las funciones de la fe pública y la fe pública registral;

– Su incumplimiento implica infracciones muy graves en el artículo 32.1.a) y b) de la Ley 1/2015, de 9 de febrero, de derechos y garantías de la dignidad de la persona ante el proceso final de su vida;

– Son documentos en los que se deja por escrito la constatación de hechos y circunstancias que deben gozar de presunción de certeza;

– Son documentos que luego se inscriben, anotan, cancelan y modifican hechos, circunstancias y actuaciones en un específico registro oficial de la administración pública autonómica y estatal (ReMAV: Registro de Manifestaciones Anticipadas de Voluntad en Canarias, y RNIP: Registro Nacional de Instrucciones Previas a nivel nacional) para ser cumplidas tanto a nivel autonómico, como nacional, como internacional en virtud de la aplicación del Convenio de Oviedo de 1997;

– El contenido de algunas manifestaciones tiene carácter declarativo y otras constitutivo.

– Los requisitos para su formalización e inscripción que determinan la presunción de certeza van destinados a darles plena eficacia frente a terceros y contribuyen a la desjudicialización de las situaciones en las que son de aplicación.

Referencias bibliográficas

De Lorenzo, R. (2017). "Instrucciones previas ante los avances de la medicina y la prolongación de la vida". *Redacción Médica.* https://www.redaccionmedica.com/opinion/ricardo-de-lorenzo/instrucciones-previas-ante-los-avances-de-la-medicina-y-la-prolongacion-de-la-vida-8426. Recuperado el 2 de octubre de 2024.

Salas Carceller, A. (2023). "El gran problema de la discapacidad en relación con la facultada de testar". *Revista Aranzadi Doctrinal,* (5).

Rubio Torrano, E. (2006). "Autonomía del paciente y registro Nacional de Instrucciones Previas". *Aranzadi Civil: revista quincenal,* (3), 2338-2340.

Trabajo social sanitario

LILY COROMOTO AFONSO PÉREZ
Jefa del Servicio de Trabajo Social
Complejo Hospitalario Universitario de Canarias
https://doi.org/10.36151/TLB_9788410955158.12

El Trabajo Social nació vinculado a la ciencia médica y se remonta a finales del siglo XIX, manteniendo desde entonces una estrecha relación con ella. Desde un principio, el Trabajo Social Sanitario se caracterizó por facilitar una asistencia directa basándose en el contacto personal, en la compresión y en el soporte emocional de las personas que pasaban por un proceso de enfermedad, mediante un trabajo de ayuda para la reubicación de sus circunstancias personales y familiares debido a los cambios sufridos, consecuencia de la enfermedad o la muerte.

El primer servicio de Trabajo Social Hospitalario se creó en 1903 en el Massachussetts General Hospital de Boston. En España, igual que en otros muchos países, fue un médico, el Doctor Roviralta, quien impulsó la creación de la primera escuela de Trabajo Social, en Barcelona en el año 1932. En la década de los 50, aparecen los Servicios de Asistencia Social en los hospitales y, poco después, se inician los esfuerzos del colectivo profesional para constituir las primeras Asociaciones Profesionales de Asistentes Sociales, que desembocarían, años más tarde, en los Colegios Profesionales actuales. Ya el extinto Instituto Nacional de Previsión, en la circular 28/1977, definía cuáles eran las funciones de los Trabajadores Sociales en los hospitales. El desarrollo de la reforma psiquiátrica de 1984 supuso un impulso importante para el Trabajo Social Sanitario en los diferentes Servicios de Salud Mental, incluyendo a los trabajadores sociales dentro de los equipos multiprofesionales de salud mental, dado los efectos positivos, validados científicamente, que el tratamiento social ejerce sobre estos enfermos y sus familiares.

Desde hace casi un siglo, es habitual, la presencia de Diplomados en Trabajo Social en equipos multiprofesionales que actúan en el ámbito de la salud, como lo demuestra el hecho de existir dentro de la propia Historia Clínica de los pacientes una Historia Social, en muchos servicios informatizados e integrados mutuamente.

Como hito histórico fundamental, debemos hacer mención del año 1978, año en que la Organización Mundial de la Salud (OMS), durante la Conferencia Internacional de Atención Primaria de Alma Ata, reafirma con decisión, la definición de la salud adaptada en 1948, definiendo ésta como un estado de completo bienestar físico, mental y social, y no sólo la ausencia de enfermedad, sino como un derecho fundamental. Este hito histórico, que supuso el desarrollo de nuevos paradigmas en la atención a la salud de las personas, supuso no solo acentuar el carácter social de las disciplinas sanitarias, sino también el carácter interdisciplinar de las intervenciones en salud, interdisciplinariedad que incluyó el Trabajo Social como la profesión de referencia para la parte social de esta nueva concepción de la salud. Todos los países asumen esta nueva concepción de la salud y reorganizan sus estructuras y sistemas sanitarios para poder conseguirla y desarrollarla[1].

La Ley de Sanidad, 14/1986, de 25 de abril, define de manera clara y concreta como una prestación del Sistema: "la atención a los problemas o situaciones sociales o asistenciales, no sanitarias, que concurran en situaciones de enfermedad garantizándose la continuidad del servicio a través de la coordinación con las administraciones de los servicios sanitarios y sociales". Por tanto, la Ley de Sanidad no solo regula el derecho de todos los ciudadanos a la salud física, sino también a la social, positivizando así, el derecho de los ciudadanos a una salud integral.

El Trabajo Social Sanitario definido como "la actividad profesional de tipo clínico que implica por una parte, el diagnóstico psicosocial de la persona afectada como aportación al diagnóstico global y al plan de tratamiento y, por otra parte, el tratamiento (individual, familiar o grupal) de la problemática psicosocial que incide o está relacionada con el proceso de salud enfermedad, siempre dentro en

---

1 Afonso Pérez, L. C. (2003). "Breve crónica de una profesión: 40 años de trabajo social de salud en la Comunidad Autónoma de Canarias". *VIII Congreso Nacional de la Asociación Española de Trabajo Social y Salud. Sevilla,* (47), 9-26.

un contexto general de tratamiento y en el orden de objetivos de salud a conseguir”[2], que se ejerce en la atención primaria, en la atención especializada y hospitalaria, en la atención a la salud mental y en la atención sociosanitaria; suponiendo un ejercicio profesional diferenciado del de otros entornos y caracterizado por ejercer de forma cotidiana funciones de apoyo y ayuda a personas y familias inmersas en procesos de dificultades de salud, dirigiendo sus intervenciones a la recuperación, normalización y adaptación social, centrando su práctica asistencial en el incremento de la autonomía y la recuperación de la salud, y garantizando la toma de decisiones responsable, respetuosa con la autodeterminación, individualización y al ritmo que el proceso de cada individuo requiera desde el respeto a las particularidades[3].

Desde sus antecedentes históricos, una de las funciones básicas del Trabajador Social es investigar para descubrir necesidades, problemáticas y los entramados familiares en los que se encuentran envueltos sus usuarios. En el campo de la salud, las acciones claves a desarrollar son: Investigador. Descubriendo la realidad social concreta de grupos e individuos con alguna enfermedad específica, con el fin de un desarrollo óptimo y aporte de nuevos conocimientos a la medicina, mediante la sistematización o publicación de la investigación. Defensor. Velando por los derechos humanos y la dignidad de las personas, sobre todo por su estado de vulnerabilidad en cuestiones de salud. Asesor-Informador. Brindando el conocimiento y asesorando en procedimientos de manera clara para agilizar los trámites de los usuarios en las instituciones de salud. Comunicador. Teniendo una comunicación asertiva, amable y cordial con los usuarios y su equipo de trabajo. Experto grupal. Coordinando grupos de psicoeducación con el fin de que los pacientes y familiares generen un proceso de reflexión-catártica y socialicen sus padecimientos-sufrimientos. Promotor. Promoviendo estilos saludables de vida, así como información sobre prevención de diversas enfermedades actuales. Estratega. Proyectando influencia positiva hacia el equipo multidisciplinario para

---

2 Ituarte, A. (2009). “Trabajo Social Clínico en el contexto sanitario”. *Revista Trabajo Social y Salud*, (64), 283-303.

3 Allue, X., Colom, D., “Contexto histórico en el Trabajo Social Sanitario”. *Universidad Oberta de Catalunya. Material docente.* PIAD_00206198

generar cambios integrales a favor de los pacientes de los servicios de salud, además de generar proyectos innovadores. Observador. Siendo muy perspicaz con toda la información que reciba, para analizarla y tomar decisiones correctas. Líder-Coordinador. Teniendo la capacidad de dirigir equipos de trabajo y proyectos institucionales para posicionar la labor del Trabajador Social. Agente catalizador. Concienciando las potencialidades y debilidades de la persona incentivando procesos de re-significación social y resiliencia[4]. Por otro lado, entre los objetivos que puede llevar a cabo el Trabajador Social Sanitario, como profesional dentro del ámbito sanitario, debemos destacar los siguientes: elaborar el diagnóstico social, a través del estudio de las variables socioeconómicas y culturales que inciden en la enfermedad y sus consecuencias sociales, y aportarlo al equipo de salud. Orientar y capacitar a los pacientes, a sus familias y a la comunidad en general de los problemas derivados de la enfermedad para que sean agentes de prevención, promoción, recuperación y rehabilitación de la salud, y participar en la formulación, la ejecución y la evaluación de las políticas de salud y sociales desde el punto de vista de su competencia[5].

En definitiva, se trata de buscar alternativas creativas al malestar bio-psico-social, que acompañen procesos de crecimiento personal, grupal y comunitario; y que ayuden al sujeto a identificar aquellos condicionantes (personales y sociales) negativos de su salud; objetivo último del Trabajo Social Sanitario[6]. El sistema sanitario es una institución viva, dinámica, cambiante, que debe estar adaptándose a las realidades del quehacer diario de la prestación de servicios asistenciales, que se van conformando de acuerdo a las nuevas circunstancias que afectan a las personas y sus familias; donde cada día se hace más evidente la preocupación del sistema sanitario por el paciente, preocupación que lleva a darle un lugar preferente, a situarlo en el

---

4 Ávila Cedillo, G. J. (2020). "Trabajo Social en Salud: teoría y praxis innovador". *Margen*, (97), 1-46.

5 Saavedra Gutierrez, M. (2016). "Trabajo Social Sanitario: una aproximación al perfil del Trabajador Social en el ámbito de la salud". *Humanismo y Trabajo Social*, (16), 169-185.

6 Mata Romeu, A. (2019). "Diagnóstico Social y Sanitario: el empoderamiento como estrategia". *Trabajo Social y Salud*, (92), 77-85.

centro de atención y a darle participación dentro del mismo, y todo ello como medida de calidad; es decir, tenemos un sistema sanitario que tiene a una persona participativa como centro y a una disciplina profesional cuyo objeto de trabajo es el paciente. Además, el Trabajo Social, al ser un instrumento para remover los obstáculos que dificultan el desarrollo de las personas y limitan sus posibilidades de participación, su convivencia positiva y su bienestar, acciones todas ellas ligadas a la salud; reafirman como afirma Colom D., que éste es el gran valor que aporta el Trabajo Social al Sistema Sanitario, el conocimiento de la persona como ser total[7]. A estos efectos, no debemos olvidar que el Trabajo Social Sanitario es el apoyo profesional que garantiza la continuidad asistencial, considerando solo las necesidades sanitarias definidas por el equipo médico y enfermería, sino también las variables sociales.

Deberíamos reflexionar que, a pesar de las "buenas intenciones" de las "declaraciones formales" que se realizan en relación con la prestación asistencial a pacientes y de las buenas intenciones que sin duda las animan, las organizaciones cuando plantean estas situaciones no tienen en cuenta la realidad ni de los pacientes, ni de sus circunstancias, e incluso ni de la propia organización. Si en realidad estas reflexiones se llevaran a la práctica otorgando al paciente mayor representación, y estando dispuestas a reconocerlo, primero preguntarían a los pacientes y sus familiares o a los allegados sobre cómo vivencian ellos las situaciones de la prestación asistencial y, especialmente, a las que tienen que ver con sus circunstancias personales y familiares y con su estado emocional, además de esmerarse en cuidar todos los aspectos que tienen que ver con la dignidad, la intimidad y la privacidad y, en última instancia, con la calidad de vida del paciente hospitalizado y que tienen una importante repercusión en la evolución y/o resolución de sus problemas de salud. Una vez implantados, desarrollados y consolidados los objetivos establecidos en las áreas de Trabajo Social Sanitario, concretamente en Atención Primaria, Atención Especializada y Hospitalaria y en Atención a la Salud Mental, consideramos necesario reforzar el esfuerzo a los efec-

---

7 Colom Masfret, D. (2003). "De Mary Richmond a la globalización. Aportaciones del Trabajo Social". *Revista de Trabajo Social y Salud,* (46), 227-241.

tos de poder terminar de consolidar la actividad a desarrollar en la Atención Sociosanitaria.

Es evidente que el Sistema Sanitario del siglo XXI necesita responder a los problemas relacionados con el envejecimiento poblacional, la cronicidad y los procesos de dependencia con cuidados de larga duración. Si a esto le sumamos la tendencia a disminuir el número de personas que conforman los hogares, podemos decir que estamos ante una crisis de capital social de apoyo como nunca se había dado, generando enormes demandas sociales y sanitarias que los sistemas de protección existentes no son capaces de afrontar. En este escenario, el Trabajo Social Sanitario se hace imprescindible para la gestión de la complejidad sociosanitaria[8] y búsqueda de soluciones que potencien el empoderamiento de las personas para resolver sus dificultades y promuevan los recursos de la comunidad; contribuyendo así, a un mejor aprovechamiento de los recursos del sistema sanitario[9]. El Trabajo Social tiene el potencial de tener profesionales presentes en los sectores principalmente implicados en la actividad sociosanitaria: Sistema de Servicios Sociales y Sistema Sanitario, lo cual hace que puedan tener una mirada privilegiada y poder defender y potenciar el papel de enlace entre sistemas tan necesarios en estos momentos, creando programas asistenciales, estructuras formalizadas e implantación de gestión de casos (orientada a las necesidades de la persona), que lleven a cabo la referida coordinación sociosanitaria. Para ello, se necesita desarrollar unos servicios de Trabajo Social Sanitario fuertes e integrados en los órganos de decisión[10], con estructura de alta gestión y tecnología avanzada que permita liderar

---

8 Cabot, R. C. (1915). "Report of the chairman of the committee on National health". *Conference on Social Welfare.*

9 Véase Afonso Pérez, L. C. (2000), "Intervención psicosocial desde los recursos sociosanitarios". *Curso Intervención psicosocial con enfermos pre y post trasplantados y sus familias.* Universidad de La Laguna y Afonso Pérez, L. C. (2018). "El Trabajo Social Sanitario en la minimización de estancias innecesarias, producidas en pacientes mayores de 65 años, por no generarse el alta hospitalaria tras el alta médica". *Trabajo Fin de Máster. Universidad Abierta de Cataluña.*

10 Véanse Colom Masfret, D. (2016). "El Trabajo Social Sanitario como herramienta de gestión". *Revista Sedisa,* (10), 14-25, y A Afonso Pérez, L. C. (2019). "Trabajo Social Sanitario. Dependencia Jerárquica". *Jornada Día Internacional de Trabajo Social Sanitario.* Colegio Oficial de Trabajo Social.

el espacio sociosanitario y tejer la red necesaria que evite el deterioro progresivo del sistema de la salud, contribuyendo a su sostenibilidad y al progreso social[11].

Otra área por desarrollar sería la de la mediación, función inherente del Trabajador Social y una competencia propia de su ejercicio profesional[12]. La empleabilidad de la mediación en el ámbito sanitario viene dada por las habilidades sociales que tienen los profesionales del Trabajo Social; habilidades que les hacen expertos de primera cualificación para desarrollar proyectos basados en la promoción del cambio social. Tiene su fundamento en la equidad, privacidad y libertad, en la capacidad de las personas para solucionar sus propios asuntos y en los legítimos intereses de todas las personas que, de un modo u otro, se ven afectados por un conflicto. Las principales funciones que desempeñarían, entre otras, serían mejorar la accesibilidad de la población a los servicios sociales y de salud, fomentar la comunicación y el acercamiento, la comprensión mutua y el encuentro de la comunidad sanitaria, con el objeto de prevenir la aparición de posibles conflictos, información, interpretación de recursos que permitan tomar decisiones y aplicar soluciones concretas, apoyo en la planificación y puesta en marcha de actuaciones de prevención o promoción de la salud con colectivos determinados, así como ayuda a solucionar problemas de entendimiento entre usuarios y profesionales de la salud. Además, estas actuaciones se pueden extender a la aplicación de la mediación, desde los Servicios de Trabajo Social del Hospital Público, a la resolución de conflictos ante la toma de decisiones sobre los cuidadores de los pacientes y como medida ante la sobrecarga del cuidador y claudicación familiar[13].

---

11 Véanse Afonso Pérez, L. C. (2003). "Unidad de Larga Estancia: estudio descriptivo". *VIII Congreso Nacional de la Asociación Española de Trabajo Social y Salud. Sevilla,* (47), 433-444; Campello García, L., "El trabajador como profesional de proximidad en la atención al paciente crónico", *Congreso Nacional de Crónicos, Santiago de Compostela, Consejería de Sanidad*; y Campello García, L. (2018). "Modelo de Trabajo Social Sanitario para el Sistema de Salud del Siglo XXI". *Trabajo Social y Salud,* (90), 7-22.

12 Véanse el Código Deontológico de Trabajo Social 2012 y el Libro Blanco sobre el Grado en Trabajo Social 2004.

13 Fusater Ribera, R. (2017). "Trabajo Social Sanitario: aplicación de la mediación familiar para prevenir la sobrecarga del cuidador y la claudicación familia". *Tra-*

La Ley 1/2015, de 12 de febrero del Servicio Regional de Mediación Social y Familiar de Castilla La Mancha introduce la mediación social y resolución de nuevos conflictos a través de la mediación que no son contemplados en anteriores leyes sobre la materia publicadas en España. Es la primera ley de estas características que trata la posibilidad de acudir a la mediación para resolver controversias entre profesionales y pacientes, que de otra forma pudieran terminar judicializándose. En definitiva, la aplicación de la mediación sanitaria por medio de los Trabajadores Sociales es una vía de resolución de conflictos tanto en la relación médico paciente como entre profesionales y su lugar de trabajo; ofreciendo desde el sistema de salud una respuesta lo más amplia posible, social y terapéutica a las personas y organizaciones afectadas[14].

En definitiva, afirmamos que los Servicios de Trabajo Social Sanitario por las capacidades de sus profesionales, por su naturaleza, por sus funciones, así como por sus competencias de servicio gestor, que combina conocimientos profesionales, con realidades humanas y prestación de servicios, algunos de los cuales implican utilización de recursos, único servicio hospitalario que integra lo sanitario con lo psíquico, lo social, y cultural y que además debe ser un excelente apoyo para la innovación y liderazgo de nuevos programas de atención intermedia entre la hospitalización y el domicilio, todo ello aplicando gestión del conocimiento y siguiendo el método científico, debe reconocerse al Trabajo Social Sanitario como profesión sanitaria, a través de su reconocimiento como profesión titulada y reglada con el desarrollo de la especialización en Ciencias de la Salud del Trabajo Social. Asimismo, la no consideración de los Trabajadores Sociales Sanitarios como profesión sanitaria, impide directamente la atención social de los pacientes, por ejemplo, al negarse el acceso de éstos a las historias clínicas[15]. Además, se sustenta en la literalidad del artículo

---

bajo social y Salud, (86), 31-42.

14 Véanse Carnero, J. (2006). "Mediación Sanitaria: una propuesta para una urgencia". *Trabajo Social Hoy*, (Extra 1), 97-107, e Iturmandi, G. (2015). "Problemas para la implantación en España y posibles soluciones de la mediación de conflictos sanitarios en el sistema". *Fundación Inade*.

15 La Especialización en Ciencias de la Salud del Trabajo Social. Reunión General de la Federación Internacional de Trabajo Social. Montreal. Julio 2020.

2 de La Ley 44/2003, de ordenación de las profesiones sanitarias. Todo ello sin olvidar la célebre frase de Osler William: "Es mucho más importante saber qué clase de paciente tiene una enfermedad, que saber qué clase de enfermedad tiene un paciente"[16]. Se trata de buscar alternativas creativas al malestar bio-psico-social, que acompañen procesos de crecimiento personal, grupal y comunitario; y que ayuden al sujeto a identificar aquellos condicionantes (personales y sociales) negativos de su salud, objetivo último del Trabajo Social Sanitario. Por todo ello, esperamos que la propuesta de regulación por Ley del Trabajo Social como profesión sanitaria, con efectos profesionales habilitantes que se establezcan por norma, presentada por la Ministra Doña María Luisa Carcedo, Ministra de Sanidad, Consumo y Bienestar Social el 23 de enero de 2019, en el seno de la Comisión de Recursos Humanos del Ministerio de Sanidad, se lleve a efecto a la mayor brevedad posible; eliminando así las barreras de acceso de los Trabajadores Sociales Sanitarios a las funciones, tareas, cometidos y responsabilidades, derivados de su presencia y capacidad, en favor de una atención integral y de calidad en los servicios sanitarios, que los ciudadanos se merecen.

Referencias bibliográficas

Afonso Pérez, L. C. (2000), "Intervención psicosocial desde los recursos sociosanitarios". *Curso Intervención psicosocial con enfermos pre y post trasplantados y sus familias.* Universidad de La Laguna.

Afonso Pérez, L. C. (2003). "Breve crónica de una profesión: 40 años de trabajo social de salud en la Comunidad Autónoma de Canarias". *VIII Congreso Nacional de la Asociación Española de Trabajo Social y Salud. Sevilla,* (47), 9-26.

Afonso Pérez, L. C. (2003). "Unidad de Larga Estancia: estudio descriptivo". *VIII Congreso Nacional de la Asociación Española de Trabajo Social y Salud. Sevilla,* (47), 433-444.

Afonso Pérez, L. C. (2018). "El Trabajo Social Sanitario en la minimización de estancias innecesarias, producidas en pacientes mayores de 65 años, por no generarse el alta hospitalaria tras el alta médica". *Trabajo Fin de Máster. Universidad Abierta de Cataluña.*

---

16 Iglesias, A., Fajardo, E. y Caballero Uribe, C. (2021). "William Osler, el padre de la medicina moderna". *Global Rheumatology,* (2).

Afonso Pérez, L. C. (2019). "Trabajo Social Sanitario. Dependencia Jerárquica". *Jornada Día Internacional de Trabajo Social Sanitario.* Colegio Oficial de Trabajo Social.

Ávila Cedillo, G. J. (2020). "Trabajo Social en Salud: teoría y praxis innovador". *Margen,* (97), 1-46.

Cabot, R. C. (1915). "Report of the chairman of the committee on National health". *Conference on Social Welfare.*

Campello García, L., "El trabajador como profesional de proximidad en la atención al paciente crónico", *Congreso Nacional de Crónicos, Santiago de Compostela, Consejería de Sanidad.*

Campello García, L. (2018). "Modelo de Trabajo Social Sanitario para el Sistema de Salud del Siglo XXI". *Trabajo Social y Salud,* (90), 7-22.

Carnero, J. (2006). "Mediación Sanitaria: una propuesta para una urgencia". *Trabajo Social Hoy,* (Extra 1), 97-107.

Colom Masfret, D. (2003). "De Mary Richmond a la globalización. Aportaciones del Trabajo Social". *Revista de Trabajo Social y Salud,* (46), 227-241.

Colom Masfret, D. (2016). "El Trabajo Social Sanitario como herramienta de gestión". *Revista Sedisa,* (10), 14-25.

Fusater Ribera, R. (2017). "Trabajo Social Sanitario: aplicación de la mediación familiar para prevenir la sobrecarga del cuidador y la claudicación familia". *Trabajo social y Salud,* (86), 31-42.

Iglesias, A., Fajardo, E. y Caballero Uribe, C. (2021). "William Osler, el padre de la medicina moderna". *Global Rheumatology,* (2).

Ituarte, A. (2009). "Trabajo Social Clínico en el contexto sanitario". *Revista Trabajo Social y Salud,* (64), 283-303.

Iturmandi, G. (2015). "Problemas para la implantación en España y posibles soluciones de la mediación de conflictos sanitarios en el sistema". *Fundación Inade.*

Mata Romeu, A. (2019). "Diagnóstico Social y Sanitario: el empoderamiento como estrategia". *Trabajo Social y Salud,* (92), 77-85.

Saavedra Gutierrez, M. (2016). "Trabajo Social Sanitario: una aproximación al perfil del Trabajador Social en el ámbito de la salud". *Humanismo y Trabajo Social,* (16), 169-185.

Derechos relativos a la salud mental en Canarias: un análisis desde el Estatuto de Autonomía y su desarrollo normativo

MARÍA CRISTINA ARCEO MELIÁN
Trabajadora social
Perito forense
Trabajadora social sanitaria
Docente Grado de Trabajo Social
Especialista en Psicología Cognitiva y Terapéutica
https://doi.org/10.36151/TLB_9788410955158.13

La salud mental, ese delicado y esencial equilibrio del ser humano, es un pilar fundamental de nuestro bienestar y calidad de vida. En Canarias, una tierra de paisajes volcánicos y mares infinitos, donde el sol acaricia las costas y las montañas abrazan los pueblos, la salud mental adquiere una dimensión especial. El derecho a una salud mental digna y accesible no solo es un mandato legal, sino una responsabilidad moral que define el compromiso de la sociedad y sus gobernantes. En el corazón de este compromiso se encuentran el Estatuto de Autonomía de Canarias (EACan) y la Constitución Española, documentos que garantizan los derechos sociales y sanitarios de toda la ciudadanía canaria.

A lo largo de los años, Canarias ha trabajado para construir un marco normativo sólido que respalde estos derechos. Este análisis se sumerge en la estructura de estas leyes y examina cómo influyen en la vida cotidiana de los habitantes del archipiélago. Exploraremos cómo las políticas públicas y la legislación vigente se entrelazan para proteger y promover la salud mental, garantizando que cada persona, independientemente de su origen o situación económica, pueda acceder a los cuidados necesarios.

I. ESTADO DE BIENESTAR: FUNDAMENTACIÓN Y EVOLUCIÓN

El estado de bienestar representa un ideal de justicia social y equidad, una promesa de que nadie será dejado atrás en la búsqueda del bienestar colectivo. En España, y particularmente en Canarias, este modelo se ha desarrollado con el propósito de proteger y promover el bienestar de su ciudadanía, asegurando el acceso a servicios esenciales como la salud, la educación y la seguridad social. La Constitución Española de 1978 y el EACan son los pilares de este sistema, proporcionando una base legal para garantizar estos derechos. Se fundamenta en la idea de que el Estado tiene la responsabilidad de proteger y promover el bienestar de sus ciudadanas y ciudadanos, proporcionando servicios esenciales y asegurando la igualdad de oportunidades. Teóricos como T. H. Marshall y Richard Titmuss han destacado la importancia de los derechos sociales como una extensión de los derechos civiles y políticos, argumentando que estos son fundamentales para garantizar la cohesión social y la igualdad.

El artículo 43 de la Constitución Española consagra el derecho a la salud, estableciendo que los poderes públicos deben organizar y tutelar la salud pública. Este mandato es reforzado por el EACan, cuyo artículo 19 garantiza el derecho a una atención sanitaria accesible y equitativa para toda la ciudadanía canaria. Además, el artículo 29 del EACan amplía esta protección a los servicios sociales generales, subrayando la importancia de una visión integral del bienestar. En el contexto de la salud mental, esto implica la implementación de políticas y programas que no solo aborden el tratamiento de los problemas mentales, sino que también se centren en la prevención y la promoción del bienestar mental. En Canarias, este enfoque se refleja en la legislación y las políticas públicas que buscan integrar la salud mental en todas las áreas de la vida social y económica.

La transición democrática de España marcó el comienzo de un nuevo modelo de estado de bienestar, centrado en la protección social y la equidad. Este modelo ha evolucionado a lo largo de los años, adaptándose a los cambios demográficos, económicos y sociales. La descentralización de competencias a las comunidades autónomas ha sido un factor clave en este proceso, permitiendo que regiones como Canarias desarrollen políticas de salud adaptadas a sus necesidades específicas.

En Canarias, la evolución del estado de bienestar ha significado un enfoque renovado en la atención sanitaria universal y la implementación de políticas específicas para abordar las particularidades de la región insular. La incorporación de España a la Unión Europea también ha influido significativamente, promoviendo reformas y políticas que alinean a Canarias con los estándares europeos de bienestar.

II. DERECHOS SOCIALES EN EL ESTATUTO DE AUTONOMÍA DE CANARIAS Y LA CONSTITUCIÓN ESPAÑOLA: MARCO COMPETENCIAL

La Constitución Española es el marco legal supremo que garantiza la protección de la salud y la seguridad social en España. Los artículos 41 y 43 aseguran un régimen público de seguridad social y el derecho a la salud pública, respectivamente. Además, el artículo 49 se centra en los derechos de las personas con discapacidad, obligando a los poderes públicos a realizar políticas integrales para su plena inclusión. El artículo 43 establece que los poderes públicos deben organizar y tutelar la salud pública a través de medidas preventivas y de prestaciones y servicios necesarios. Este artículo subraya la importancia de la educación sanitaria, la educación física y el deporte como elementos esenciales para la promoción de la salud.

El EACan complementa la Constitución Española en su artículo 19, garantizando una atención sanitaria pública, universal y gratuita. El artículo 29 amplía esta protección a la asistencia social y los servicios sociales generales, destacando la importancia de políticas que combatan las desigualdades sociales y regionales en el archipiélago. El artículo 30 del EACan establece que la Comunidad Autónoma de Canarias debe promover políticas de salud que aborden tanto la prevención como la atención de enfermedades, incluyendo la salud mental. Este artículo también enfatiza la necesidad de una colaboración estrecha entre los servicios de salud y los servicios sociales para proporcionar una atención integral a toda la ciudadanía.

El artículo 148.1.21 de la Constitución Española permite a las comunidades autónomas gestionar la sanidad pública, mientras que el artículo 149.1.16 reserva al Estado competencias exclusivas sobre sanidad exterior y coordinación general de la sanidad. El artículo 142 del EACan detalla las competencias de Canarias en sanidad, permitiendo desarrollar políticas de salud mental adaptadas a sus necesidades específicas. En Canarias, la gestión de la sanidad pública incluye la organización de los servicios de salud mental, la implementación de programas de prevención y la provisión de atención especializada. La Ley de Ordenación Sanitaria de Canarias y el Plan de Salud de Canarias son instrumentos clave que guían estas acciones.

III. DETERMINANTES SOCIALES Y ECONÓMICOS DE LA SALUD. IMPACTO EN LA SALUD MENTAL

Los determinantes sociales de la salud incluyen factores como el nivel de ingresos, la educación y las condiciones de vida, que influyen significativamente en la salud mental. En Canarias, se han desarrollado políticas intersectoriales para abordar estos factores, integrando la salud en todas las políticas públicas. La OMS define estos determinantes como las circunstancias en las que nacemos, crecemos, vivimos, trabajamos y envejecemos, y los sistemas para combatir enfermedades, responsables de las inequidades en salud. El entorno social y económico en el que viven las personas tiene un impacto directo en su salud mental. Factores como la vivienda, el acceso a servicios básicos, la calidad del empleo y la cohesión social son determinantes clave.

El desempleo, la precariedad laboral, la pobreza y la exclusión social tienen un impacto directo en la salud mental. En Canarias, el alto desempleo y las dificultades económicas derivadas de la insularidad exacerban estos problemas. Además, la vivienda inadecuada y la falta de acceso a espacios verdes afectan negativamente la salud mental de las personas residentes. Las investigaciones muestran que las personas que viven en situación de pobreza o exclusión social tienen mayores tasas de trastornos mentales. Las desigualdades en el acceso a los servicios de salud también juegan un papel crucial. En Canarias, las políticas de salud deben abordar estas desigualdades y proporcionar apoyo a las comunidades más vulnerables.

IV. POLÍTICAS DE SALUD EN TODAS LAS POLÍTICAS

El enfoque de "salud en todas las políticas" reconoce que muchos determinantes de la salud están fuera del sector sanitario. En Canarias, la Estrategia de Salud en Todas las Políticas busca integrar la salud en todas las decisiones políticas para abordar de manera efectiva los determinantes sociales y económicos. Este enfoque promueve la colaboración entre diferentes sectores, incluyendo la educación, el empleo, la vivienda y el medio ambiente, para crear entornos saludables que beneficien la salud mental. En Canarias, esto se ha traducido en iniciativas como la promoción de la actividad física en las escuelas y la mejora de las condiciones de vivienda en barrios desfavorecidos.

V. INEQUIDAD DE LOS DERECHOS SOCIALES: DESIGUALDADES DE GÉNERO Y POBLACIONES VULNERABLES

Existen desigualdades en el acceso a los derechos sociales, especialmente entre mujeres y hombres. Las mujeres enfrentan barreras específicas en el acceso a la salud mental debido a la violencia de género y la discriminación laboral. La Ley Orgánica 3/2007 busca combatir esta discriminación, pero aún hay mucho por hacer.

Las mujeres tienen más probabilidades de experimentar ciertos trastornos mentales, como la depresión y la ansiedad, debido a factores de riesgo específicos, como la violencia de género y la carga desproporcionada de responsabilidades de cuidado. En Canarias, se han implementado programas específicos para abordar estas desigualdades, incluyendo servicios de apoyo psicológico y refugios para mujeres víctimas de violencia. Sin embargo, es crucial continuar desarrollando políticas que promuevan la igualdad de género y brinden un apoyo integral a las mujeres que enfrentan estas situaciones.

Por otro lado, las personas en situación de exclusión social y con discapacidad enfrentan desafíos significativos para acceder a los derechos sociales y de salud mental. La Ley 8/2015, de Derechos y Garantías de la Dignidad de la Persona ante el Proceso de la Muerte, y la Ley 7/2015, de Participación Ciudadana de Canarias, establecen marcos normativos para abordar estas inequidades. Sin embargo, la implementación efectiva de estas leyes requiere un esfuerzo continuo y coordinado para asegurar que las políticas lleguen a quienes más lo necesitan.

La exclusión social y la pobreza aumentan el riesgo de problemas de salud mental. En Canarias, las personas inmigrantes, las personas sin hogar y las minorías étnicas enfrentan desafíos adicionales. Las políticas públicas deben centrarse en la inclusión y el apoyo a estas poblaciones para garantizar que puedan acceder a los servicios de salud mental y otros derechos sociales. Esto incluye programas de integración social, apoyo económico y acceso a la educación y el empleo.

1. Políticas de inclusión y equidad. Consejo de Salud de Canarias y Consejos de Participación Social

Para abordar estas inequidades, es esencial desarrollar políticas inclusivas que tengan en cuenta las necesidades específicas de las poblaciones vulnerables. En Canarias, se han implementado programas de integración social y apoyo a personas en situación de exclusión, como el Programa de Atención a Personas sin Hogar y el Plan Integral de Inclusión Social. Estas iniciativas buscan proporcionar una red de apoyo que incluya servicios de salud mental, vivienda, educación y empleo, reconociendo que la salud mental está profundamente interconectada con otros aspectos de la vida social y económica.

El Consejo de Salud de Canarias es un órgano de participación ciudadana que permite a la ciudadanía expresar sus necesidades y preocupaciones sobre los servicios de salud. Este órgano tiene una función consultiva y asesora en la planificación y evaluación de las políticas sanitarias. Compuesto por representantes de diferentes sectores de la sociedad, incluyendo profesionales de la salud, pacientes y organizaciones comunitarias, asegura que las decisiones políticas reflejen una amplia gama de perspectivas y necesidades.

Además del Consejo de Salud, existen otros consejos de participación social en Canarias que facilitan la inclusión de la ciudadanía en la toma de decisiones sobre los servicios sociales. Estos órganos son esenciales para garantizar una respuesta más inclusiva y efectiva por parte de las autoridades. Los Consejos Municipales de Servicios Sociales, por ejemplo, permiten a las personas residentes participar en la planificación y evaluación de los servicios sociales a nivel local, identificando necesidades específicas de la comunidad y proponiendo soluciones adaptadas a su contexto.

También, debemos hacer mención a la participación comunitaria, pues es fundamental para el desarrollo de políticas efectivas y equitativas de salud y servicios sociales. Involucrar a la comunidad en el proceso de toma de decisiones aumenta la transparencia y la responsabilidad, y asegura que las políticas respondan a las necesidades reales de la población. En Canarias, se han implementado programas de participación comunitaria que buscan empoderar a la ciudadanía y promover su implicación activa en la mejora de los servicios de salud y sociales. Estos programas incluyen talleres de formación, grupos de discusión y consultas públicas.

VI. LA SOCIEDAD DE LOS CUIDADOS. IMPACTO EN LA SALUD MENTAL

El concepto de la sociedad de los cuidados destaca la importancia de los servicios de apoyo y cuidado en la comunidad. Estos servicios son esenciales para el bienestar de las personas, especialmente en el contexto de la salud mental. La sociedad de los cuidados reconoce el valor del trabajo de cuidado, tanto formal como informal, y busca crear sistemas que apoyen a las personas que cuidan y a las personas que reciben cuidados.

En Canarias, se han promovido diversas iniciativas para fomentar el cuidado comunitario y familiar. Estas iniciativas incluyen programas de apoyo a quienes cuidan, servicios de respiro familiar y la promoción de redes comunitarias de cuidado. La Ley de Servicios Sociales de Canarias establece un marco normativo para el desarrollo de estos servicios, reconociendo su papel esencial en el bienestar de la comunidad.

1. Personas cuidadoras y redes comunitarias de cuidado

Las personas que cuidan, tanto familiares como profesionales, desempeñan un papel crucial en la atención a las personas con problemas de salud mental. Sin embargo, a menudo enfrentan altos niveles de estrés y agotamiento. En Canarias, se han desarrollado programas específicos para apoyar a quienes cuidan, proporcionando formación, asesoramiento y servicios de respiro. Estas iniciativas son fundamentales para asegurar que las personas que cuidan puedan continuar brindando apoyo sin sacrificar su propia salud y bienestar.

Las redes comunitarias de cuidado son iniciativas que buscan involucrar a la comunidad en el apoyo a las personas más vulnerables. Estas redes pueden incluir voluntarios, organizaciones no gubernamentales y servicios públicos que colaboran para proporcionar una red de apoyo integral. En Canarias, se han creado redes comunitarias en varios municipios para mejorar la cohesión social y el bienestar comunitario. Estas redes no solo benefician a quienes reciben cuidado, sino que también fortalecen el tejido social y promueven una mayor solidaridad entre la ciudadanía.

La sociedad de los cuidados no solo beneficia a quienes reciben cuidado, sino también a las personas que realizan los cuidados y a la comunidad en general. Un sistema de cuidados bien desarrollado puede reducir la carga sobre los servicios de salud mental, prevenir el agotamiento de quienes cuidan y mejorar la calidad de vida de todos los involucrados. En Canarias, fomentar una sociedad de los cuidados es esencial para construir una comunidad más resiliente y solidaria.

VII. AGENDA DE DESARROLLO SOSTENIBLE Y SU IMPLEMENTACIÓN EN CANARIAS

La Agenda 2030 de las Naciones Unidas y sus Objetivos de Desarrollo Sostenible (ODS) incluyen metas específicas relacionadas con la salud y el bienestar (ODS 3), la igualdad de género (ODS 5) y la reducción de las desigualdades (ODS 10). Estos objetivos proporcionan un marco global para abordar los desafíos sociales, económicos y ambientales de manera integrada y sostenible.

Canarias ha adoptado la Agenda 2030, desarrollando políticas y programas alineados con estos objetivos para mejorar la salud mental y el bienestar social. La Estrategia Canaria de Desarrollo Sostenible es un ejemplo de cómo la región está integrando los ODS en sus políticas y programas. Esta estrategia busca no solo mejorar la calidad de vida de la ciudadanía canaria, sino también promover un desarrollo más justo y sostenible.

Entre los proyectos específicos que se han desarrollado en Canarias en el marco de la Agenda 2030 se incluyen iniciativas de promoción de la salud mental en las escuelas, programas de prevención de la violencia de género y proyectos de inclusión social para personas en situación de exclusión. El programa "Salud Mental en las Escuelas" busca promover el bienestar emocional y prevenir problemas de salud mental entre el estudiantado, ofreciendo talleres de sensibilización, formación para profesores y apoyo psicológico para el alumnado.

La implementación de la Agenda 2030 en Canarias también implica la colaboración con otras regiones y organismos internacionales. Canarias participa en redes y proyectos internacionales que buscan compartir experiencias y buenas prácticas en el ámbito de la salud y el desarrollo sostenible. Estas colaboraciones son fundamentales para aprender de otros contextos y mejorar las políticas y programas locales.

VIII. DESARROLLO NORMATIVO DEL DERECHO A LA SALUD MENTAL

El artículo 142 del EACan especifica las competencias de Canarias en materia de sanidad, abarcando la organización y gestión de los servicios de salud, la planificación sanitaria y la promoción de la salud. Este marco competencial permite a Canarias desarrollar y adaptar sus políticas de salud mental y asistencia social a las necesidades específicas de su población, respetando al mismo tiempo las directrices y regulaciones establecidas a nivel estatal.

La Ley 7/2015 y la Ley 8/2015 otorgan competencias a los ayuntamientos y cabildos en materia de servicios sociales y asistencia social. Estas leyes establecen un marco para la colaboración entre diferentes niveles de gobierno en la prestación de servicios de salud y bienestar. Además, existen otras normativas autonómicas y estatales que complementan el marco legal de la salud mental en Canarias. La Ley General de Sanidad y la Ley de Autonomía del Paciente son ejemplos de legislación estatal que establece principios y derechos básicos para las personas usuarias del sistema de salud, incluyendo aquellos relacionados con la salud mental.

La jurisprudencia del Tribunal Constitucional (TC) y del Tribunal Supremo (TS) ha sido fundamental para clarificar y desarrollar el marco competencial en materia de salud. Además, las decisiones del Tribunal Europeo de Derechos Humanos (TEDH) y del Tribunal de Justicia de la Unión Europea (TJUE) también han influido en la interpretación y aplicación de los derechos de salud mental en España y Canarias. Por ejemplo, el Tribunal Constitucional ha emitido varias sentencias que refuerzan el derecho a la salud y establecen límites a las competencias autonómicas en relación con la legislación estatal. Estas decisiones ayudan a garantizar una protección coherente y equitativa de los derechos de salud en todo el país.

Comparando con otras comunidades autónomas, Canarias ha avanzado en la protección de los derechos de salud mental, aunque enfrenta desafíos similares en cuanto a recursos y equidad. Por ejemplo, la Comunidad Autónoma del País Vasco y Cataluña tienen modelos de gestión sanitaria que también buscan integrar los servicios de salud mental en el sistema general de salud, con énfasis en la atención comunitaria y la participación ciudadana. El País Vasco ha implementado un modelo de atención comunitaria que enfatiza la integración de los servicios de salud mental en el entorno comunitario. Este modelo incluye equipos multidisciplinarios que trabajan en la comunidad para proporcionar atención continua y coordinada a las personas con problemas de salud mental. Cataluña, por su parte, ha desarrollado un sistema de salud mental que se basa en la atención primaria y la colaboración intersectorial.

Estos modelos ofrecen lecciones valiosas para Canarias, donde se pueden adaptar prácticas exitosas a las particularidades del archipiélago. La atención comunitaria y la coordinación intersectorial son estrategias clave para mejorar la accesibilidad y la calidad de los servicios de salud mental. Aprender de estas experiencias puede ayudar a Canarias a superar sus propios desafíos y fortalecer su sistema de salud mental.

En definitiva, la coordinación con el derecho estatal es fundamental para asegurar una protección efectiva y uniforme de los derechos de salud mental. Las políticas y normativas autonómicas deben alinearse con los principios y directrices establecidos a nivel estatal, así como con las obligaciones internacionales de España en materia de derechos humanos y salud. Esta coordinación se realiza a través de conferencias sectoriales, comités de coordinación y otros mecanismos que permiten a las comunidades autónomas y al gobierno central colaborar en la formulación y ejecución de políticas de salud.

IX. ACCIÓN COMUNITARIA EN SALUD MENTAL. REFLEXIONES FINALES

La protección de los derechos de salud mental en Canarias requiere un enfoque integral, un compromiso que trascienda las palabras y se convierta en acciones palpables. En el archipiélago, donde cada isla tiene su propia identidad y desafíos, es esencial considerar los determinantes sociales y económicos de la salud. Promover la equidad y la inclusión no es solo una obligación legal, sino una expresión de humanidad y solidaridad.

Para avanzar en esta dirección, es crucial asegurar que las políticas no se queden en el papel. La implementación efectiva de las normativas requiere una colaboración intersectorial genuina y la participación activa de la comunidad. Toda la ciudadanía debe sentir que su voz es escuchada y valorada, que sus necesidades son comprendidas y atendidas. La salud mental debe integrarse en todas las políticas públicas, desde la educación hasta el urbanismo, creando entornos que favorezcan el bienestar mental y emocional.

Las experiencias de otras comunidades autónomas, como el País Vasco y Cataluña, nos ofrecen valiosas lecciones. La atención comunitaria y la coordinación intersectorial son estrategias que han demostrado ser efectivas. Canarias puede y debe adaptar estas prácticas exitosas a sus propias particularidades, superando los desafíos que plantea la insularidad y la dispersión geográfica. No se trata solo de copiar modelos, sino de innovar y crear soluciones que realmente funcionen en nuestro contexto.

La coordinación con el derecho estatal también es fundamental. Las políticas autonómicas deben alinearse con los principios y directrices nacionales e internacionales, asegurando una protección coherente y uniforme de los derechos de salud mental. Esta colaboración debe ser continua y dinámica, permitiendo ajustes y mejoras a medida que surgen nuevas necesidades y desafíos.

En este viaje hacia un futuro más justo y equitativo, la Agenda 2030 y los Objetivos de Desarrollo Sostenible nos proporcionan una brújula invaluable. La integración de estos objetivos en las políticas de salud mental y bienestar social en Canarias no es solo deseable, sino necesaria. Nos recuerdan que la salud y el bienestar de las personas están intrínsecamente ligados a la sostenibilidad económica, social y ambiental.

Canarias, con su riqueza cultural y diversidad, tiene el potencial de convertirse en un modelo a seguir. La colaboración entre el gobierno, la sociedad civil y la comunidad internacional será fundamental para alcanzar estos objetivos. Pero más allá de las políticas y los programas, lo que realmente marcará la diferencia es la voluntad colectiva de crear una sociedad donde cada persona, independientemente de su condición, pueda vivir con dignidad y disfrutar de una salud mental plena.

Imaginemos un futuro donde toda la ciudadanía canaria, desde el más joven hasta el más anciano, pueda acceder a los servicios de salud mental que necesita. Un futuro donde la prevención y el cuidado estén integrados en todos los aspectos de la vida cotidiana, donde la solidaridad y el apoyo mutuo sean la norma y no la excepción. Un futuro donde la salud mental sea reconocida y valorada como lo que es: un derecho humano fundamental.

Se puede hablar de "salud comunitaria" cuando las personas integrantes de una comunidad, conscientes de constituir una agrupación de intereses comunes, reflexionan y se preocupan por los problemas de salud de la comunidad, expresan sus aspiraciones y necesidades, y participan activamente, junto a los servicios de salud, en la solución de sus problemas a través de los programas locales de salud. En realidad, lo que llamamos "salud comunitaria" es el programa de salud pública local, planificado en base a los problemas y necesidades de cada comunidad y ejecutado con la participación de la comunidad. Se trata de una estrategia para aplicar localmente los programas de salud pública, y no de una nueva especialidad de la salud pública, y menos de la medicina.

En esta cita quedan definidas las condiciones políticas, organizativas y técnicas que configuran la Medicina comunitaria y, por tanto, el abordaje de la Salud mental. Requiere de la Psiquiatría comunitaria una serie de premisas. En primer lugar, como en cualquier otra actividad que se quiera comunitaria, está la presencia de la comunidad, el protagonismo de la ciudadanía, de la población organizada, sobre su salud y sobre las políticas que afectan a la vida de las personas que la constituyen. Parece obvio, pero con frecuencia hay "ausencia de la comunidad" en las prácticas que se consideran comunitarias, pues para que exista "comunidad" es preciso que el entramado poblacional pueda participar, tenga acceso a las decisiones y capacidad para involucrarse.

Es preciso que la comunidad se convierta en sujeto sociológico que gestiona o participa activamente en la administración de aspectos fundamentales de las necesidades colectivas, atenta a la potenciación de su capacidad, de su *empowerment* (concepto acuñado por Rappaport [1993] y que viene a significar en nuestra lengua el traspaso a la ciudadanía, grupos, organizaciones y comunidades del poder y la capacidad de tomar decisiones que afectan a sus vidas o "apoderamiento"). Una definición que queda muy lejos de la capacidad de las experiencias comunitarias, aun de las más avanzadas, y que está siendo el objetivo de los movimientos de las usuarias y los usuarios de salud mental en todo el mundo. Desde la poderosa Alianza Nacional para el Enfermo Mental (NAMI), fundada en 1979 (en Madison, Wisconsin), que en el año 2000 tenía más de 1000 filiales en EE.UU. con 220.000 personas en 50 estados (organizaciones identificadas en sus orígenes con el Movimiento de Mujeres o el Movimiento de los Derechos Civiles del Negro que pretenden la conquista de los derechos civiles para los personas con enfermedad mental y alternativas de autoayuda y servicios); a los movimientos de los países del norte de Europa, donde familiares y personas que usan estos servicios están asociados a estados del bienestar desarrollados con amplia cobertura social y sustentados mayoritariamente en organizaciones no gubernamentales (ONG), y al amplio movimiento de personas solicitantes de estos servicios en Brasil, incardinado en la sociedad civil, que está forzando nuevas y creativas formas de actuación comunitaria.

La actividad comunitaria exige, pues, el trabajo en un territorio determinado y la capacitación de la población para hacer frente a sus problemas de salud; o dicho de otra manera, ejercer el poder sobre uno mismo y su propio contexto. La acción de salud mental en la comunidad supone algo más que un cambio de técnicas; implica nuevas actitudes en el quehacer cotidiano de las profesiones sanitarias y, por supuesto, una planificación y ordenación de los sistemas públicos que la posibiliten. Supone que la responsabilidad de la sanidad pública ya no es solo la reparación del daño, la "curación", sino hacerse cargo del cuidado sanitario de la población, de la demanda que acude y de la que no accede a los servicios. Importan los casos que prevalecen, no solo los que se "curan". La persona sujeta de la intervención sanitaria se traslada de la persona enferma a toda la población. Se trata de una acción comunitaria que va a caracterizarse por tres desplazamientos: a) del sujeto enfermo a la comunidad; b) del hospital a la comunidad; y c) del psiquiatra al equipo. Esto se llama la difusión de tres poderes: del beneficio terapéutico, del espacio terapéutico y del poder terapéutico.

En la ordenación de los servicios se pasa del servicio de Psiquiatría a los servicios de Salud Mental. Algo más que un cambio de nombre, como bien dice Benedetto Saraceno, significa una nueva formulación de las políticas asistenciales y el paso del abordaje biomédico al abordaje biomedicosocial, con una mayor pluralidad y horizontalidad de los equipos[1]. Encarna el reconocimiento de la importancia de la función de la comunidad, no solo como usuaria, sino como generadora de recursos que deben aliarse con los específicamente técnicos; el reconocimiento de la importancia de las actividades in-

---

1 Saraceno, B. (2002). "De la psiquiatría a los servicios de salud mental: Un cambio necesario". *Revista de Salud Pública,* (18.3), 123-130.

tersectoriales entre los diferentes proveedores de servicios: sociales, sanitarios y comunitarios; y el reconocimiento de los derechos de las pacientes y los pacientes. Se busca la integración del cuidado a través de la continuidad de tratamiento, vencer la fragmentación de los servicios sanitarios, sociales y demás recursos comunitarios (para lo cual son imprescindibles, entre otros, los programas de gestión de casos o seguimiento). Implica un modelo de salud pública que trasciende la mera asistencia clínica, centrada en las personas enfermas como asiento individual de patología, para proyectarse en la comunidad tratando de producir cambios positivos en sus instituciones: colegios, empresas, asociaciones ciudadanas, y en la comunidad misma, a fin de modificar los factores que predisponen a la enfermedad y posibilitar más bienestar o al menos la información necesaria para una vida más saludable. Conlleva una discriminación positiva que prioriza los grupos de riesgo y la atención al paciente grave y al paciente psicótico crónico, sin abandonar por ello el resto de los trastornos, desde la atención a esos síntomas mínimos persistentes, patologías del existir, a los trastornos de la personalidad.

Se pretende la prevención y promoción de la salud integrada con la prevención secundaria y la rehabilitación. Una atención de los cuidados que exige una organización zonificada del sistema sanitario y la universalidad y la equidad en la atención a la salud, es decir: exige servicios públicos de salud, un sistema que haga posible la determinación de prioridades y la planificación, la colaboración con servicios sociales y otros servicios comunitarios, y el desarrollo de la Atención Primaria de Salud.

En definitiva, proteger y promover la salud mental en Canarias es una tarea que nos concierne a todos. Es una misión que requiere compromiso, creatividad y, sobre todo, humanidad. Si logramos trabajar juntos, escucharnos y apoyarnos mutuamente, podemos construir un archipiélago donde cada persona tenga la oportunidad de florecer y vivir plenamente. Este es el reto y la promesa que debemos cumplir, por el bienestar de todos y cada uno de los habitantes de Canarias.

Referencias bibliográficas

Barrios, M. y Ruiz, L. (2010). “El impacto de las políticas sociales en la salud mental en Canarias”. *Revista Canaria de Salud Pública,* (5.2), 67-74.

García, A. y Méndez, E. (2015). “La integración de la salud mental en las políticas públicas de Canarias”. *Salud y Sociedad,* (7.1), 45-52.

Pérez, J. y Ramos, M. (2018). “Políticas de salud mental en Canarias: Retos y oportunidades”. *Canarias Saludable,* (12.4), 210-225.

Saraceno, B. (2002). “De la psiquiatría a los servicios de salud mental: Un cambio necesario”. *Revista de Salud Pública,* (18.3), 123-130.

D. DERECHOS RELACIONADOS CON LA EDUCACIÓN, LA CULTURA Y LA MEMORIA DEMOCRÁTICA

El reconocimiento estatutario de los derechos educativos

JOSÉ IGNACIO NAVARRO MÉNDEZ
Letrado-Secretario general adjunto
Parlamento de Canarias
https://doi.org/10.36151/TLB_9788410955158.14

SUMARIO: I. Los derechos educativos en doble perspectiva estatutaria: la definición del contenido y titularidad de los derechos en este ámbito, y el reconocimiento de los ámbitos competenciales para su ejercicio y efectividad. II. Desarrollo legislativo. Referencias bibliográficas.

I. LOS DERECHOS EDUCATIVOS EN DOBLE PERSPECTIVA ESTATUTARIA: LA DEFINICIÓN DEL CONTENIDO Y TITULARIDAD DE LOS DERECHOS EN ESTE ÁMBITO, Y EL RECONOCIMIENTO DE LOS ÁMBITOS COMPETENCIALES PARA SU EJERCICIO Y EFECTIVIDAD

Una de las novedades más relevantes de los llamados Estatutos de Autonomía "de segunda generación", grupo al que pertenece el de Canarias tras su última modificación de finales 2018, consiste en el reconocimiento expreso de un conjunto de derecho subjetivos —y también— de deberes a favor de los ciudadanos de la respectiva comunidad autónoma, dando lugar a una auténtica Carta o Declaración de Derechos de naturaleza estatutaria. En el caso de Canarias, los encontramos localizados a lo largo del Título I de aquella norma institucional básica, lo que implica, atendiendo a su sistemática, que el legislador estatuyente les ha querido otorgar una especial relevancia, al aparecer localizados en un lugar muy destacado y antes del título relativo a las competencias, en clara simetría con la disposición de los derechos fundamentales en la Constitución española.

Como es sabido, la doctrina académica se había dividido en torno a la consideración como legítima, desde el punto de vista constitucional, de dicha incorporación estatutaria de derechos. Sin embargo, el Tribunal Constitucional vino a declarar que es perfectamente lícita, reconociendo que los estatutos de autonomía son idóneos para acoger cartas de derechos como un contenido posible de dichas normas jurídicas, siempre y cuando éstas no contengan derechos fundamentales, vengan conectados con el ejercicio de títulos competenciales asumidos por la correspondiente Comunidad Autónoma, y se respeten los derechos fundamentales que se proclaman tanto en la Constitución como en las normas internacionales suscritas en la materia por el Estado español [STC 31/2010, de 28 de junio, FJ 16 (*Tol 1880189*)[.

También es relevante resaltar, tal y como señaló en Tribunal Constitucional en la citada sentencia que, a menudo, cuando un estatuto de autonomía se refiere a "derechos" no siempre se ajusta a lo que se viene entendiendo tradicionalmente como tales, esto es, como derechos subjetivos, sino que "puede comprender realidades normativas muy distintas", entre las que se incluirían verdaderos mandatos dirigidos a los poderes públicos de la respectiva Comunidad Autónoma; esto es, su configuración como verdaderos derechos subjetivos, plenamente ejercitables y reclamables ante todos y frente a todos, dependerá de la configuración que de los mismos realice el legislador autonómico (FJ 16)[1].

Por otro lado, los estatutos de autonomía de segunda generación acompañan el reconocimiento de un conjunto de derechos a favor de sus ciudadanos con: por un lado, una cláusula por la cual se establece que ninguna de las previsiones relativas a los mismos puede ser desarrollada, aplicada o interpretada de forma que reduzca o limite los derechos fundamentales que son reconocidos por la Constitución o por los tratados y convenios internacionales ratificados por España; y, por otro lado, que los derechos, deberes y principios rectores incorporados al Estatuto no podrán implicar una alteración del régimen de distribución de competencias entre el Estado y la respectiva comunidad autónoma, ni tampoco la creación de títulos competenciales nuevos o la modificación de los ya existentes. En el caso del Es-

---

1 Expósito Gómez, E. (2010). "Derechos y garantías". *Revista Catalana de dret públic*, (Extra 1), 168 y ss.

tatuto de Autonomía de Canarias modificado en 2018 (en adelante, EAC), a dicha cuestión se refiere expresamente su art. 10.

A partir de estas consideraciones fundamentales, abordamos en el presente trabajo el comentario de los preceptos estatutarios que inciden en el reconocimiento de los derechos de ámbito educativo. Ello implica tener en cuenta tres preceptos diferentes, con un contenido y alcance también diverso.

1.– Nos referimos, en primer lugar, al art. 21 EAC, referente a los "derechos en el ámbito de educación". Dicho precepto aborda de manera frontal la regulación de los diferentes derechos del ámbito educativo, en un claro paralelismo con el enfoque adoptado por el constituyente en el art. 27 de la Norma fundamental. Efectivamente, en el citado precepto constitucional, y, bajo la cobertura de un genérico derecho a la educación, se presenta en realidad un variado conjunto de previsiones donde, con el denominador común del reconocimiento a favor de "todos" del derecho a la educación, en unas ocasiones se consagran derechos de libertad (apartados 1, 3 y 6), en otros casos se imponen deberes (apartado 4, en relación con la obligatoriedad de la enseñanza básica) o derechos de prestación; y en otras ocasiones se atribuyen competencias a los poderes públicos (apartado 8), o se establecen mandatos al legislador [STC 86/1985, de 10 de julio, FJ 3 (*Tol 82825*)].

Asimismo, se ha resaltado que, dada la significativa similitud que guarda el art. 27 CE con disposiciones del Derecho internacional sobre la materia suscritas por España (art. 26 de la Declaración Universal de Derecho Humanos, art. 13 del Pacto Internacional de Derechos Económicos, Sociales y Culturales o art. 2 del Protocolo adicional al Convenio Europeo de Derechos Humanos), para el Tribunal Constitucional existe una "inequívoca vinculación del derecho a la educación con la garantía de la dignidad humana, dada la innegable trascendencia que aquella adquiere para el pleno y libre desarrollo de la personalidad, y para la misma convivencia en sociedad" [STC 236/2007, de 7 de noviembre, FJ 8 (*Tol 1179106*)]".

De esta forma, el citado art. 21 EAC guarda en algunos de sus apartados una clara similitud con la redacción adoptada por el constituyente en el art. 27 CE, al atribuir igualmente a "todos" el ejercicio del derecho a la educación (apartado 1º); igualmente, se reconoce en el mismo, al igual que hace el art. 27.3 CE, el derecho de las madres y padres a optar por una formación religiosa y moral conforme a sus propias convicciones, debiendo el sistema público de enseñanza garantizar dicho derecho (apartado 9º); finalmente, se reconoce, el derecho de todos los miembros de la comunidad educativa a participar en los asuntos escolares y universitarios en los términos establecidos por las leyes (apartado 10º), en claro paralelismo con lo dispuesto por art. 27.5 CE.

Con todo, lo cierto es que el estatuyente canario aborda en el citado art. 21 EAC una regulación más amplia, en algunos aspectos, a la contenida en el precepto constitucional citado, a partir de la imposición a los poderes públicos canarios de la necesaria garantía: por un lado, y a favor de todas las personas del “acceso al sistema público de enseñanza (...) en condiciones de igualdad, no discriminación y atendiendo a criterios de accesibilidad universal, determinando al efecto por ley los criterios y condiciones precisas” (apartado 2º); en segundo lugar, y a favor de los alumnos y alumnas “en los términos que normativamente se establezcan, el acceso a libros de texto y material didáctico necesario en todos los niveles obligatorios de educación en los centros del sistema público canario de enseñanza” (apartado 3º); en tercer lugar, establece el derecho de todas las personas, a “acceder al sistema público de becas y ayudas en condiciones de igualdad, en las etapas formativas no gratuitas, incluida la universitaria, en los términos que se establezcan por la ley, promoviendo acciones positivas para aquellos colectivos con mayor vulnerabilidad” (apartado 4º); igualmente, se reconoce el derecho de todas las personas, “a la formación profesional y a la formación permanente, en los términos establecidos por las leyes” (apartado 5º); y específicamente, se reconoce el derecho de las personas con necesidades educativas especiales “a recibir el apoyo necesario que les permita acceder al sistema educativo, garantizando su efectiva integración en el sistema educativo y su evolución formativa, de acuerdo con lo establecido por las leyes” (apartado 6º). En definitiva, se encomienda al legislador autonómico la concreción por ley de los principios básicos definidores de estos derechos subjetivos, pudiendo en consecuencia modularlos, fijando su alcance e instrumentos de garantía, aunque respetando los principios básicos incorporados al precepto estatutario, que operan así como un contenido mínimo esencial que no puede ser desconocido por la ley autonómica que los desarrolle.

2.– También resulta preciso que nos refiramos, al hablar de derechos educativos, al art. 37 EAC, relativo a los principios rectores, en cuyos apartados 8° a 10° se incorporan diversas previsiones relativas a la materia educativa. En los mismos se dispone que los poderes públicos canarios asumen, como principios básicos de su política: a) la integración en los planes de formación en todos los niveles, y en las actuaciones de las administraciones públicas de la educación en valores que fomenten la igualdad, la tolerancia, la integración, la libertad, la solidaridad y la paz (apdo. 8°); B9 la promoción de la participación de las familias en la educación de los hijos e hijas en el marco de la comunidad educativa, facilitando el acceso a las actividades de educación en el tiempo libre (apdo. 9°); c) y el impulso de la investigación científica y técnica de calidad y de la creatividad artística, la incorporación de procesos innovadores, el acceso a la información y a las nuevas tecnologías (apdo. 10°). Debe señalarse que el legislador autonómico, en la Ley 6/2014, de 25 de julio, Canaria de Educación no Universitaria, ha establecido igualmente tanto los principios rectores (art. 3) como la finalidad y objetivos del sistema educativo canario, aspectos a los que nos referiremos posteriormente.

Este conjunto de previsiones responde a la consideración del derecho a la educación en un doble aspecto, como derecho de *libertad*, pero también como un derecho a la *prestación*, lo que impone la necesaria intervención de los poderes públicos, en este caso, de los canarios, para desplegar un servicio público educativo que dé respuesta a dichos objetivos [SSTC 86/1985, de 10 de julio, FJ 3 (*Tol 82825*), y 236/2007, de 7 de noviembre, FJ 8 (*Tol 1179106*)].

3.– Finalmente, traemos a colación el artículo 133 EAC, donde se concretan, *in extenso*, las competencias que corresponden a la Comunidad Autónoma en materia de enseñanza no universitaria y que, lógicamente, sirven de fundamento a la acción de los poderes públicos de Canarias para dar plena efectividad, mediante el desarrollo de políticas públicas adecuadas, a los derechos que en el ámbito educativo se definen en el citado art. 21 del Estatuto. Dicho precepto gradúa las competencias asumidas por Canarias en esta materia en tres bloques principales:

– El apartado 1°, en el que se reconoce a favor de Canarias las competencias de desarrollo legislativo y ejecución con relación a las enseñanzas obligatorias y no obligatorias que conducen a la obtención de un título académico o profesional con validez en todo el Estado, así como a las enseñanzas de educación infantil, aunque dejando a salvo lo dispuesto en los artículos 27 y 149.1.30.a) de la Constitución. Además, a lo largo de sus letras a) a h) se concretan de forma pormenorizada las facultades que incluye esa competencia, a saber:

a) La determinación de los contenidos educativos del primer ciclo de la educación infantil y la regulación de los centros en los que se imparta dicho ciclo, así como la definición de sus plantillas de profesorado y las titulaciones y especializaciones del personal restante.

b) La creación, el desarrollo organizativo y el régimen de los centros públicos.

c) Los servicios educativos y las actividades extraescolares y complementarias con relación a los centros docentes públicos y a los privados sostenidos con fondos públicos o concertados.

d) La formación permanente y el perfeccionamiento del personal docente y de los demás profesionales de la educación, así como la aprobación de directrices de actuación en materia de recursos humanos.

e) La regulación de los órganos de participación y consulta de los sectores afectados en la programación de la enseñanza en su territorio.

f) El régimen de fomento del estudio, de becas y de ayudas con fondos propios.

g) La organización de las enseñanzas en régimen no presencial o semipresencial dirigidas al alumnado de edad superior a la de escolarización obligatoria.

h) La inspección, la evaluación y la garantía de la calidad del sistema educativo, así como la innovación, la investigación y la experimentación educativa.

– Asimismo, y en relación con las mismas enseñanzas, señala el apartado 3° del art. 133 EAC que corresponde a la Comunidad Autónoma de Canarias la competencia de desarrollo legislativo y de ejecución, que incluye, en todo caso:

a) La programación de la enseñanza, su definición, y la evaluación del sistema educativo.

b) La ordenación del sector de la enseñanza y de la actividad docente y educativa.

c) El establecimiento de los correspondientes planes de estudio, incluida la ordenación curricular.

d) El régimen de fomento del estudio, de becas y de ayudas estatales.

e) El establecimiento y la regulación de los criterios de acceso a la educación, de admisión y de escolarización del alumnado en los centros docentes.

f) El régimen de sostenimiento, con fondos públicos, de las enseñanzas del sistema educativo y de los centros que las imparten.

g) Los requisitos y condiciones de los centros docentes y educativos.

h) La organización de los centros públicos y privados sostenidos con fondos públicos o concertados.

i) El control de la gestión de los centros docentes públicos y de los privados sostenidos con fondos públicos o concertados.

j) El desarrollo de los derechos y deberes básicos del funcionario docente, así como la política de personal al servicio de la Administración educativa de Canarias.

– También en el ámbito de la enseñanza no universitaria, el apartado 2º del citado art. 133 EAC señala que Canarias ostenta la competencia exclusiva sobre las enseñanzas postobligatorias que no conduzcan a la obtención de título o certificación académica o profesional con validez en todo el Estado, y sobre los centros docentes en los que se impartan estas enseñanzas.

Ahora bien, debe señalarse, como bien nos recuerda Aragón Reyes[2], que aunque en algún supuesto un Estatuto de Autonomía, como es el caso del de Canarias en este ámbito, califique como exclusiva una competencia de la Comunidad Autónoma sobre la que el

---

2 Aragón Reyes, M. (2013). "Las competencias del Estado y las Comunidades Autónomas sobre educación". *Revista Española de Derecho Constitucional*, (98), 191-199.

Estado también posee competencia exclusiva, pese a su tenor literal habrá de entenderse dicha competencia como no exclusiva o «impropiamente exclusiva» de la Comunidad Autónoma [STC 31/2010, de 28 de junio, FFJJ 59 y 77 (*Tol 1880189*)].

– En tercer lugar, también corresponde a Canarias (apartado 3° del art. 133 EAC) la competencia ejecutiva sobre la expedición y homologación de los títulos académicos y profesionales estatales, ya que esta es una competencia exclusiva del Estado ex art. 149.1.30 CE.

– Y, finalmente, el apartado 5° del art. 133 EAC atribuye a la Comunidad Autónoma la competencia, de acuerdo con la legislación estatal, para el establecimiento de los procedimientos y los organismos que permitan la evaluación de la calidad de la educación, así como la de la inversión de los poderes públicos, para alcanzar un sistema educativo de calidad.

Una primera valoración del tenor literal de este extenso artículo estatutario es la prolija enumeración de las facetas propias de las competencias que corresponden a Canarias en materia de enseñanza no universitaria, siguiendo de esta forma la estela de los estatutos de autonomía de segunda generación, y muy especialmente del andaluz (art. 52) y del catalán (art. 131). De esta forma, el estatuyente de 2018 ha optado por un modelo regulatorio que supera el adoptado en las versiones estatutarias precedentes, ya que tanto en el texto primigenio de 1982 (art. 34[3]) como en su posterior reforma de 1996 (art. 32[4]), los correspondientes artículos dedicados a definir las com-

---

3 "La Comunidad Autónoma de Canarias ejercerá también competencias, en los términos que en el artículo siguiente se señalan, en las siguientes materias:
A) Competencias legislativas y de ejecución:
Seis. Enseñanza, en toda la extensión, niveles, grados, modalidades y especialidades, sin perjuicio de lo dispuesto en el artículo veintisiete de la Constitución y en las Leyes Orgánicas que conforme al apartado primero del artículo ochenta y uno de la misma, lo desarrollen. El Estado se reservará las facultades que le atribuye el número treinta del apartado uno del artículo ciento cuarenta y nueve de la Constitución, y la alta inspección necesaria para su cumplimiento y garantía".

4 Corresponde a la Comunidad Autónoma de Canarias el desarrollo legislativo y la ejecución en las siguientes materias:
1. Enseñanza, en toda la extensión, niveles, grados, modalidades y especialidades, sin perjuicio de lo dispuesto en el artículo 27 de la Constitución y en las Leyes Orgánicas que, conforme al apartado 1 del artículo 81 de la misma, lo

petencias de Canarias en materia de educación eran mucho más escuetos en su redacción.

Ahora bien, conviene precisar, como bien ha señalado Hernández López[5], que en el EAC reformado en 2018 se fijan pormenorizadamente funciones que ya venía ejerciendo la Comunidad Autónoma, y que habían ido concretándose a través de los sucesivos reales decretos de traspasos competenciales en esta materia.

Por su parte, Pérez-Dionis Chinea[6], ha señalado que resulta difícil discernir si el legislador estatuyente autonómico en Canarias quiso resaltar el carácter compartido de la competencia, reservando el carácter exclusivo para el Estado y manteniendo así una línea más conservadora con respecto al marco constitucional, o bien consideró que la enumeración de las competencias resolvía por sí misma cualquier duda interpretativa que pudiese darse en relación con la potestad competencial.

Por otro lado, debemos recordar que el reparto de las competencias en materia educativa entre el Estado y las Comunidades Autónomas parte del principio básico de que estas últimas solo pueden asumir aquéllas que la Constitución no ha reservado expresamente al Estado. Y, en este punto, resulta clave lo dispuesto por el art. 149.1.30 de la Norma fundamental, que establece como competencia exclusiva estatal la regulación de las condiciones de obtención, expedición y homologación de títulos académicos y profesionales y normas básicas para el desarrollo del artículo 27 de la Constitución, a fin de garantizar el cumplimiento de las obligaciones de los poderes públicos en esta materia.

---

desarrollen. El Estado se reservará las facultades que le atribuye el número 30ª del apartado 1 del artículo 149 de la Constitución, y la alta inspección necesaria para su cumplimiento y garantía.

5 Hernández López, C. (2019). "Artículos 133 a 138". *El Estatuto de Autonomía de Canarias. Ley orgánica 1/2018, de 5 de noviembre.* Gobierno de Canarias-Civitas, 603.

6 Pérez-Dionis Chinea, D. (2020). "Artículo 133. Educación". *Comentarios a la Ley orgánica 1/2018, de 5 de noviembre, de Reforma del Estatuto de Autonomía de Canarias,* BOE-Parlamento de Canarias, 777.

Asimismo, nos recuerda Aragón Reyes[7] que si bien el artículo constitucional clave en relación con ese reparto competencial es el citado artículo 149.1.30, hay otros preceptos de la Norma fundamental que afectan también a dicha distribución, como son los arts. 149.1.1, 149.1.15, 149.1.18, e, incluso, el art. 81.1. E, igualmente, que la Constitución, en materia educativa, sólo se refiere expresamente a las competencias del Estado (con la única salvedad ya aludida del art. 148.1.17), de forma que las competencias de las Comunidades Autónomas en la materia provienen, indirectamente del margen que existe en el artículo 149.1.30 CE y de la cláusula residual del artículo 149.3 CE. Por ello, en nuestro sistema constitucional de distribución de competencias, las de las Comunidades Autónomas en materia de educación sólo pueden ser aquellas que la Constitución no ha reservado al Estado, que se convierten así en una frontera infranqueable para aquellas.

Por su parte, para Embid Irujo[8] resulta evidente que la Constitución española ha otorgado al Estado un "papel preeminente sobre la instrucción tanto pública como privada", papel que habría sido confirmado por el Tribunal Constitucional al reconocer a favor aquél, en su sentencia de 13 de febrero de 1981, la competencia para establecer, sobre la base de lo dispuesto por el artículo 149.1.1ª CE la ordenación general del sistema educativo en todo el Estado español.

Por otro lado, la doctrina ha puesto de manifiesto la complejidad de la determinación de la distribución competencial entre el Estado y las Comunidades Autónomas en materia de educación. Así, para Pérez-Dionis Chinea[9], en esta materia el reparto competencial es alambicado "...por confluir una gran variedad de actividades de los diferentes poderes públicos, que conduce a ramificar los títulos competenciales en un amplio espectro de manifestaciones. Tratándose de una materia de titularidad compartida, el examen baraja una

---

7 Aragón Reyes, M. (2013). "Las competencias del Estado y las Comunidades Autónomas sobre educación". *Revista Española de Derecho Constitucional*, (98), 192-193.

8 Embid Irujo, A. (1983). *Las libertades en la enseñanza.* Tecnos, 186.

9 Pérez-Dionis Chinea, D. (2020). "Artículo 133. Educación". *Comentarios a la Ley orgánica 1/2018, de 5 de noviembre, de Reforma del Estatuto de Autonomía de Canarias*, BOE-Parlamento de Canarias, 776.

gran cantidad de variables que exigen un minucioso detallismo en la concreción de cada esfera competencial". Con todo, para Embid Irujo[10], la jurisprudencia del Tribunal Constitucional dictada a lo largo de los últimos años, a la que nos referiremos a continuación, ha venido a aclarar esta situación, de forma que en sus líneas generales la cuestión del reparto competencial en materia de enseñanza entre Estado y comunidades autónomas estaría relativamente aclarada, pese a las periódicas intervenciones del Alto Intérprete constitucional.

Asimismo, señala Hernández López[11], que las sucesivas Leyes Orgánicas de educación, los Estatutos de Autonomía, los decretos de traspaso competenciales y la extensa jurisprudencia constitucional dictada en materia educativa [en especial, las SSTC 5/1981 (*Tol 109400*); 6/1982 (*Tol 121761*); 87/1983 (*Tol 79252*); 83/1984 (*Tol 79372*); 137/1986 (*Tol 79683*); 147/1992 (*Tol 81927*); 173/1998 (*Tol 81027*); 188/2001 (*Tol 110433*); 31/2010 (*Tol 1880189*); 184/2012 (*Tol 2675043*); 24/2014 (*Tol 4129145*); 96/2018 (*Tol 6814939*); entre otras], han ido definiendo y acotando el acervo competencial autonómico, por lo que, en definitiva, el EAC reformado en 2018 se ha limitado a fijar de forma muy pormenorizada funciones que ya venía ejerciendo la Comunidad Autónoma.

Por otro lado, la extensiva regulación del art. 133 EAC y la complejidad de delimitar las competencias que, en el marco del bloque de la constitucionalidad, corresponden tanto al Estado como a la Comunidad Autónoma de Canarias en este ámbito, justifica llevar a cabo una breve aproximación al alcance de este título competencial en su configuración a través de la prolija jurisprudencia emanada del Tribunal Constitucional. De la misma podemos destacar ahora solamente los pronunciamientos que entendemos más relevantes[12]:

---

10 Embid Irujo, A. (2018). "Artículo 149.1.30ª". *Comentarios a la Constitución española.* BOE, 1477.

11 Hernández López, C. (2019). "Artículos 133 a 138". *El Estatuto de Autonomía de Canarias. Ley orgánica 1/2018, de 5 de noviembre.* Gobierno de Canarias-Civitas, 603.

12 Cfr. TRIBUNAL CONSTITUCIONAL. SECRETARIA GENERAL. JURISPRUDENCIA CONSTITUCIONAL SOBRE EL ARTÍCULO 149.1 Y 2 CE (PRONTUARIO). Abril de 2023, págs. 625 y ss. Disponible en: https://www.tribunalconstitucional.es/es/jurisprudencia/InformacionRelevante/Jurispru-

– Las competencias que se derivan del art. 149.1.30 son sustancialmente normativas, con lo que la ejecución puede ser transferida a las CCAA, sin perjuicio de la alta inspección, que se reserva el Estado [STC 6/1982, FJ 4 (*Tol 121761*); en materia de FP reglada: STC 111/2012, FJ 6 (*Tol 2566035*)]. Estas competencias son la ordenación general del sistema educativo, la fijación de las enseñanzas mínimas, regulación y expedición de títulos académicos y profesionales, el establecimiento de las condiciones básicas para el desarrollo del art. 27 CE y la alta inspección [STC 6/1982, FJ 4 (*Tol 121761*)].

– Por otro lado, mientras la competencia en materia de títulos tiene carácter exclusivo y, por lo tanto, el alcance de la misma se extiende a la normación, quedando reservada la ejecución a las CCAA [STC 111/2012, FJ 5 (*Tol 2566035*)], la determinación de las normas básicas para el desarrollo del art. 27 CE conlleva que, en la configuración del sistema educativo, han de participar tanto el Estado como las CCAA.

– La ordenación general del sistema educativo es compatible con la competencia plena de las Comunidades Autónomas, normativas y ejecutivas, en los términos recogidos en sus Estatutos [STC 6/1982, FJ 4 (*Tol 121761*)].

– Si bien las competencias del Estado son fundamentalmente normativas no puede descartarse la intervención administrativa estatal en supuestos concretos, como los programas de cooperación territorial, y la posibilidad de impulsar convenios de colaboración en materia de igualdad de oportunidades [STC 184/2012, FJ 7 (*Tol 2675043*)].

– En cuanto al alcance, no todas las cuestiones competenciales en materia de enseñanza se resolverán a partir del art. 149.1.30 CE, pues habrá de tenerse en cuenta la incidencia en la materia del art. 149.1.1 CE, en cuanto "regulación de las condiciones básicas que garanticen la igualdad de todos los españoles en el ejercicio de los derechos y en el cumplimiento de los deberes"; del art. 149.1.15, respecto al fomento y coordinación general de la investigación científica y téc-

dencia%20en%20materia%20competencial.pdf (Consultado el 25 de julio de 2024).

nica; del art. 149.1.18, CE en lo que sea de aplicación al profesorado funcionario; o del art. 27.10 CE, relativo a la autonomía universitaria.

– Correspondiendo la adopción de decisiones en materia de educación al Estado ex art. 149.1.30, la no previsión expresa del grado de participación de las comunidades autónomas en los procesos para adoptar esas decisiones no convierte la norma estatal por sí misma en inconstitucional, pues se trata de competencias ajenas a las regiones que no pueden condicionar la plenitud de su ejercicio por el Estado [STC 184/2012, FJ 8 (*Tol 2675043*)].

– En el ámbito de la enseñanza no universitaria, la programación general de la enseñanza es ante todo una competencia estatal, tal como deriva del art. 149.1.30 en conjunción con el art. 27.5 CE. Sin embargo, su ejercicio debe dejar margen a las comunidades autónomas para completar esa programación e impulsar sus políticas educativas [SSTC 131/1996, FJ 3 (*Tol 83064*); 47/2005, FJ 11 (*Tol 598423*); y 51/2019, FJ 4 (*Tol 7200569*)].

Asimismo, es básica la identificación de las etapas y especialidades básicas de todo el sistema educativo español, que da cauce al ejercicio del derecho a la educación consagrado en el art. 27 CE [STC 51/2019, FJ 6.b) (*Tol 7200569*)].

La identificación de las etapas de la educación básica es un componente estructural del sistema educativo que enlaza con el art. 27.4 CE y que corresponde al Estado concretar [STC 51/2019, FJ 6.f) (*Tol 7200569*)]. Por otra parte, la estructura, finalidades, objetivos y evaluación de la educación primaria tiene carácter básico, por ser elementos con los que el Estado cumple su "función de definir los principios normativos y generales y uniformes de ordenación de las materias enunciadas en tal art. 27 de la CE" (STC 77/1985, de 27 de junio, FJ 15), configurando la estructura general de esta etapa de la educación obligatoria.

En el mismo sentido se ha pronunciado el Tribunal Constitucional respecto a la educación secundaria obligatoria [SSTC 14/2018, 31/2018 y 51/2019, FJ 6.f)]; señalando igualmente que tiene carácter básico la estructura, orientación y organización de esta etapa educativa postobligatoria (bachillerato), necesaria para el acceso a los estudios universitarios [STC 51/2019, FJ 6.g) (*Tol 7200569*)].

– Forman parte del mismo carácter básico los criterios de evaluación de cada una de las enseñanzas [SSTC 14/2018, FJ 8 (*Tol 6536566*); 49/2018, FJ 5 (*Tol 6618598*); 96/2018, FFJJ 3, 4 y 5 (*Tol 6814939*)] y los estándares de aprendizaje evaluables (SSTC 53/2018, FJ 3.b) (*Tol 6634200*); 66/2018, FJ 4. c) (*Tol 6664489*); 68/2018, FJ 5 a) (*Tol 6662119*); y 96/2018, FJ 4 (*Tol 6814939*)].

– La evaluación forma parte de la competencia compartida en materia de educación entre el Estado y las Comunidades Autónomas [SSTC 14/2018, FJ 7.a) (*Tol 6536566*); 53/2018, FJ 4.b) (*Tol 6634200*); y 68/2018, FJ 5.a) (*Tol 6662119*)]. Asimismo, y en relación con la definición de la competencia estatal para establecer las características generales de la evaluación final de la etapa de educación primaria destacan las SSTC 14/2018, FJ 8. b) (*Tol 6536566*); 49/2018, FFJJ 3 y 5 (*Tol 6618598*); 68/2018, FJ 5 (*Tol 6662119*); 96/2018, FJ 5 (*Tol 6814939*); y 109/2019, FFJJ 3, 4 y 5 (*Tol 8439701*).

Respecto a las enseñanzas especiales, se ha confirmado que es básica la regulación de los elementos fundamentales de este tipo de enseñanzas, como son su definición, sus objetivos o finalidades, su organización y especialidades, o los elementos del currículo que garanticen una formación común [STC 51/2019, FJ 6 (*Tol 7200569*)]. Y, respecto a la educación no obligatoria, para el Tribunal Constitucional la educación preescolar forma parte del sistema educativo y por ello no puede sostenerse que su carácter voluntario justifique una intervención del Estado menos intensa en lo que respecta a la determinación de las bases [SSTC 184/2012, FJ 5.a (*Tol 2675043*); y 47/2013, FJ 3 (*Tol 3268165*)].

– En relación con los alumnos con necesidades específicas, la jurisprudencia constitucional ha afirmado que el carácter básico de la regulación se justifica por la especial naturaleza y necesidades de este tipo de alumnos; y, al tiempo, que las administraciones educativas han de disponer de un amplio margen para el ejercicio de sus competencias de desarrollo normativo y ejecución de las bases estatales, estableciendo los concretos apoyos que requieran este tipo de alumnos, de forma que es competencia de las Comunidades Autónomas el procedimiento interno de adaptación de las condiciones de realización de las pruebas de evaluación de las necesidades del alumnado que presente necesidades específicas de apoyo educativo [SSTC 109/2019, FJ 8 (*Tol 8439701*); y 114/2019, FJ 4.b (*Tol 7569629*)].

– Las enseñanzas no regladas quedan fuera del sistema educativo general y por lo tanto fuera de la competencia del Estado prevista en el art. 149.1.30 [STC 147/1992, FJ 2 (*Tol 81927*)].

– Finalmente, y en cuanto a la equivalencia y homologación de títulos educativos, corresponde al Estado la competencia para regular la equivalencia o convalidación de los títulos obtenidos en los centros experimentales de enseñanza con los de los centros no experimentales [STC 93/1985 (*Tol 79508*)].

II. DESARROLLO LEGISLATIVO

Entrando ahora en el plano del desarrollo legislativo del derecho a la educación, debemos partir, por un lado, de la regulación básica estatal para luego mencionar las principales leyes autonómicas canarias promulgadas en la materia hasta la fecha.

1.– A nivel estatal, destaca, en primer lugar, la promulgación de la *Ley Orgánica 8/1985, de 3 de julio, reguladora del Derecho a la Educación* (LODE) que, pese a haber sido recurrida en su día ante el Tribunal Constitucional, fue confirmada por éste en sus líneas generales, manteniendo la esencialidad de misma. La LODE fue modificada con posterioridad por la *Ley Orgánica 1/1990, de Ordenación General del Sistema Educativo* (LOGSE), que propició un amplio ejercicio por las autonomías de competencias en materia de educación y reforzó la diversidad e identidad cultural, lingüística y educativa de cada región, dando cabida desde el sistema al bilingüismo y a la inclusión de materias propias de la cultura de cada territorio.

El siguiente hito legislativo viene representado por la *Ley Orgánica 10/2002, de 23 de diciembre, de Calidad de la Educación* (LOCE), que modificaba tanto la LODE de 1985, como la LOGSE de 1990, y proponía una serie de medidas con el principal objetivo de lograr una educación de calidad para todos, en base a la articulación de una fuerte relación entre la educación y la evaluación.

Posteriormente, la *Ley Orgánica 2/2006, de 3 de mayo, de Educación* (LOE), propició la derogación de la LOGSE y la LOCE, sentando las bases reguladoras del sistema educativo actualmente vigente, inspirándose, tal y como se señala en su preámbulo, en tres principios fundamentales: a) la exigencia de proporcionar una educación de calidad a todos los ciudadanos de ambos sexos, en todos los niveles del sistema educativo; b) la necesidad de que todos los componentes de la comunidad educativa colaboren para conseguir ese objetivo tan ambicioso; y c) un compromiso decidido con los objetivos educativos planteados en aquel momento por la Unión Europea, orientados principalmente a mejorar la calidad y la eficacia de los sistemas de educación y de formación.

Con todo, dicha norma sería posteriormente objeto de modificación a través de la *Ley Orgánica 8/2013, de 9 de diciembre, para la mejora de la calidad educativa* (LOMCE), que no solo modificó varios apartados de la LOE y añadió otros nuevos, sino que modificaba igualmente varios preceptos vigentes de la LODE. Sus principales objetivos, señalados en el preámbulo de la ley, eran reducir la tasa de abandono temprano en la educación; mejorar los resultados educativos de acuerdo con criterios internacionales; mejorar la empleabilidad, y estimular el espíritu emprendedor de los estudiantes. Asimismo, los principios sobre los cuales pivotaba la reforma eran, fundamentalmente, el aumento de la autonomía de los centros, el refuerzo de la capacidad de gestión de la dirección de los mismos, el establecimiento de las evaluaciones externas de fin de etapa, la racionalización de la oferta educativa y la flexibilización de las trayectorias.

Finalmente, la LOE también fue objeto de una modificación más reciente, a través de la *Ley Orgánica 3/2020, de 29 de diciembre, por la que se modifica la Ley Orgánica 2/2006, de 3 de mayo, de Educación.* Esta norma aspira a establecer un renovado ordenamiento legal que aumente las oportunidades educativas y formativas de toda la población y que contribuya a la mejora de los resultados educativos del alumnado, satisfaciendo la demanda generalizada en la sociedad española de una educación de calidad para todos. De esta forma, tal y como se explica en su preámbulo, se fija una serie de nuevos enfoques u objetivos en materia educativa, tales como la inclusión de los derechos de la infancia entre los principios rectores del sistema, según lo establecido en la Convención sobre los Derechos del Niño de Naciones Unidas (1989), reconociendo el interés superior del menor, su derecho a la educación y la obligación que tiene el Estado de asegurar el cumplimiento efectivo de sus derechos; en segundo lugar, se adopta un enfoque de igualdad de género, a través de la coeducación, fomentando en todas las etapas el aprendizaje de la igualdad efectiva de mujeres y hombres, la prevención de la violencia de género y el respeto a la diversidad afectivo-sexual, introduciendo en la educación secundaria la orientación educativa y profesional del alumnado con perspectiva inclusiva y no sexista; en tercer lugar, se plantea un enfoque transversal orientado a que todo el alumnado tenga garantías de éxito en la educación por medio de una dinámica de mejora continua de los centros educativos y una mayor personalización del aprendizaje; en cuarto lugar, la ley reconoce la importancia de atender al desarrollo sostenible de acuerdo con lo establecido en la Agenda 2030. Finalmente, la ley insiste en la necesidad de tener en cuenta el cambio digital que se está produciendo en nuestras sociedades y que forzosamente afecta a la actividad educativa.

2.- Por su parte, y a nivel de la Comunidad Autónoma de Canarias, debemos referirnos a dos normas legislativas. Por un lado, la *Ley 13/2003, de 4 de abril. Educación y Formación Permanente de Personas Adultas*, que recoge, además de los objetivos, líneas de actuación, requisitos de acceso e impartición de enseñanzas y estructuras organizativas propias de este tipo de centros de educación, los mecanismos de coordinación entre administraciones y los de participación de los individuos en su propio proceso formativo y en los centros sostenidos con fondos públicos.

En dicho texto legal se dispone, igualmente, que corresponderá al Gobierno de Canarias la planificación y desarrollo de la educación y formación permanente de personas adultas en el ámbito de la Comunidad Autónoma, contando para ello con el asesoramiento de la Comisión Canaria de Educación y Formación Permanente de Personas Adultas, que se crea como órgano consultivo y de participación de los sectores educativos, económicos y sociales.

En segundo lugar, destaca *la Ley 6/2014, de 25 de julio, Canaria de Educación no Universitaria,* que tiene por objeto regular el sistema educativo canario y su evaluación, de modo que pueda convertirse en un instrumento eficaz para hacer efectivo el derecho a una educación de calidad, inclusiva e integradora, que garantice la equidad y la excelencia, la prestación de un servicio público esencial que se convierta, a la vez, en uno de los motores del desarrollo social, económico y cultural del archipiélago.

En el preámbulo de la ley se justifica la necesidad de adaptar el sistema educativo a las singularidades que presenta el archipiélago para satisfacer las aspiraciones del pueblo canario, y se definen igualmente las características generales del modelo educativo del archipiélago para satisfacer tanto unas como otras.

En lo que respecta al contenido de la parte dispositiva de dicha ley, el título preliminar se refiere al objetivo y al ámbito de aplicación de la norma, a los aspectos básicos de configuración del sistema educativo canario, a los principios rectores y a las características, finalidad y objetivos de dicho sistema. El título I define e identifica a la comunidad educativa de Canarias y caracteriza a cada uno de sus componentes según sus derechos y deberes, así como sus funciones y tareas. Por su parte, el título II de la ley define un modo de ordenar las enseñanzas para que puedan integrarse y contribuir al aprendizaje a lo largo de toda la vida; de esta forma, se indica que todas las enseñanzas se orientan al desarrollo de las capacidades y la consecución de las competencias. El título III señala las condiciones a las que debe ajustarse la programación general de la enseñanza para que pueda contribuir al ejercicio efectivo del derecho a la educación. El título IV define un modelo democrático de gestión de los centros sostenidos con fondos públicos, y reconoce la necesidad de que estos puedan disponer de una amplia autonomía para atender las características propias de su alumnado y en las condiciones socioeconómicas y culturales que le son propias. El título V define el ejercicio de la función pública docente, así como los momentos más importantes en la carrera docente. Finalmente, en los títulos VI y VII se fijan las condiciones para que el sistema educativo pueda ser sostenible y permanezca orientado hacia la mejora continua. Así, el título VI define los distintos tipos de evaluación a los que se someterá dicho sistema y asigna la responsabilidad de esta función al órgano competente; y el título VII fija un suelo de inversión para todo el sistema educativo[13]

---

[13] Efectivamente, el apartado 3º del art. 72 de la ley señala que el Gobierno de Canarias, con la finalidad de alcanzar los objetivos de la misma, incrementará progresivamente los recursos económicos destinados al sistema educativo. A estos efectos, se señala que el presupuesto educativo deberá situarse progresivamente, dentro de los ocho años siguientes a la entrada en vigor de la ley, como mínimo en el 5% del producto interior bruto.

y fija las condiciones que han de permitir la armonización de la gestión económica con la eficacia de los recursos públicos.

Referencias bibliográficas

Aragón Reyes, M. (2013). "Las competencias del Estado y las Comunidades Autónomas sobre educación". *Revista Española de Derecho Constitucional*, (98), 191-199.

Embid Irujo, A. (1983). *Las libertades en la enseñanza.* Tecnos.

Embid Irujo, A. (2018). "Artículo 149.1.30ª". *Comentarios a la Constitución española.* BOE, 1475-1486.

Expósito Gómez, E. (2010). "Derechos y garantías". *Revista Catalana de dret públic,* (Extra 1), 168-172.

Hernández López, C. (2019). "Artículos 133 a 138". *El Estatuto de Autonomía de Canarias. Ley orgánica 1/2018, de 5 de noviembre.* Gobierno de Canarias-Civitas, 599-620

Pérez-Dionis Chinea, D. (2020). "Artículo 133. Educación". *Comentarios a la Ley orgánica 1/2018, de 5 de noviembre, de Reforma del Estatuto de Autonomía de Canarias,* BOE-Parlamento de Canarias, 773-779.

La digitalización como herramienta para las políticas públicas educativas en territorios insulares

ALBERTO JAVIER BÁEZ GARCÍA
Profesor Contratado Doctor de Ciencia Política y de la Administración
Universidad de La Laguna
FRANCISCO FLORES MUÑOZ
Profesor Contratado Doctor de Ciencia Política y de la Administración
Universidad de La Laguna
JOSUÉ GUTIÉRREZ BARROSO
Profesor Contratado Doctor de Sociología
Universidad de La Laguna
https://doi.org/10.36151/TLB_9788410955158.15

I. INTRODUCCIÓN

La tecnología ha cambiado para siempre las sociedades, desde la primera revolución industrial hasta el momento presente. Tecnologías que se han ido incorporando paulatinamente a la vida de las personas. Internet, poco a poco, ha pasado a ser imprescindible en nuestras interactuaciones sociales. En cualquier momento del día es necesario internet. Ello es posible con dispositivos digitales y no disponer de ninguno hace más difícil la vida. No es posible abstraerse debido a que gestiones ciudadanas son exclusivamente a través de estos medios. Las tecnologías digitales están en cualquier espacio y lugar, y la educación no es ajena. La digitalización ha cambiado los sistemas educativos y las posibilidades que tiene el alumnado independientemente de su lugar de residencia ya que no es necesario desplazarse para recibir educación formal. La digitalización es una oportunidad para los territorios insulares que no disponen de centros de educación superior.

El objetivo de este artículo es la realización de una descripción del estado de la cuestión, en torno a la digitalización en la educación, los territorios insulares y las políticas públicas en este sentido y así conocer los diferentes puntos de vista al respecto. Por ello este artículo es una revisión bibliográfica donde, de manera descriptiva, se destaca la importancia de la digitalización para las sociedades actuales, se indica cómo está presente en los sistemas educativos, se pone de relieve las características de los territorios insulares y se repasan las cuestiones a tener en cuenta a la hora de diseñar políticas públicas en materia educativa.

II. LA DIGITALIZACIÓN COMO ELEMENTO CENTRAL DE LA CUARTA REVOLUCIÓN INDUSTRIAL

Actualmente vivimos permanentemente conectados de una manera inimaginable en el siglo XIX. La amplísima presencia de la tecnología en la vida de hoy en día es fruto de una evolución. Las invenciones tecnológicas han supuesto alteraciones en la forma de interactuar de las personas, en las transacciones económicas, en las características de los puestos de trabajo, en el diseño de los sistemas educativos o en la forma del ocio que se disfruta, entre otras cuestiones. En este siglo XXI vemos como las tecnologías digitales están cambiando el mundo. Si la primera revolución industrial supuso la consolidación de las fábricas y de los grandes centros de producción[1], la segunda revolución industrial trajo consigo nuevas tecnologías para la comunicación y nuevos medios de transporte[2], la tercera revolución industrial inició la sustitución de tecnologías analógicas

---

1 Trew, A. (2020). "Endogenous infrastructure development and spatial takeoff in the first industrial revolution". *American Economic Journal: Macroeconomics*, (12.2), 44-93.

2 Sutthiphisal, D. (2006). "The Geography of Invention in High— and Low—Technology Industries: Evidence from the Second Industrial Revolution". *The Journal of Economic History*, (66.2), 492-496.

por tecnologías digitales[3], la actual *cuarta revolución industrial* es la digitalización caracterizada por las relaciones económicas y sociales digitales[4]. La digitalización es un proceso que no tiene límite[5]. En este contexto, los poderes públicos están invirtiendo en promover la digitalización[6] y los gobiernos están apoyándose en la comunicación digital[7].

Los teléfonos inteligentes, las tablets o los ordenadores portátiles están presentes en todos los ámbitos sociales siendo éstas tecnologías de uso común y ampliamente difundidas entre la población mundial. Todas ellas, son dispositivos móviles y tienen en común a internet como punto de encuentro donde todo está conectado. La digitalización es un conjunto de herramientas[8] y los dispositivos móviles son sus partes. La absoluta movilidad de estás tecnologías crea nuevas necesidades, así como ventajas y desventajas de su uso continuo. Igualmente hay que contar con una legislación que contemple, entre otras cuestiones, el manejo de los datos procedentes de la digitalización y la privacidad de los usuarios[9], sin perder de vista el copyright de las transmisiones online[10].

---

3 Lee, J. y Lee, K. (2021). "Is the fourth industrial revolution a continuation of the third industrial revolution or something new under the sun? Analyzing technological regimes using US patent data". *Industrial and Corporate Change*, (30.1), 137-159.

4 Popkova, E., Bogoviz, A. V. y Sergi, B. S. (2021). "Towards digital society management and 'capitalism 4.0' in contemporary Russia". *Humanities and Social Sciences Communications*, (8.1), 1-8.

5 Lele, U. y Goswami, S. (2017). "The fourth industrial revolution, agricultural and rural innovation, and implications for public policy and investments: a case of India". *Agricultural Economics*, (48), 87-100.

6 Lioutas, E. D., Charatsari, C. y De Rosa, M. (2021). "Digitalization of agriculture: A way to solve the food problem or a trolley dilemma?". *Technology in Society*, (67), 1-8.

7 Unay-Gailhard, ⊠. y Simões, F. (2022). "Becoming a Young Farmer in the Digital Age—An Island Perspective". *Rural Sociology*, (87.1), 144-185.

8 Lund, A. y Aagaard, T. (2020). "Digitalization of teacher education". *Nordic Journal of Comparative and International Education*, (4.3), 56-71.

9 Nesterov, A. V. (2020). "Digitalization of Society and the Economy: Systematization of Personal Data in Information Systems". *Scientific and Technical Information Processing*, (47.2), 133-138.

10 Deflem, M. (2021). "The Right to Teach in a Hyper-Digital Age: Legal Protections for (Post—)Pandemic Concerns". *Society*, (58), 204-212.

El avance imparable de las tecnologías mencionadas ha generado que de tener la consideración de cómodos objetos que facilitan las actividades de sus dueños han pasado a ser artículos imprescindibles para la vida en todas sus facetas. El no disponer de ninguno de estos objetos digitales hace muy difícil acceder a espacios de convivencia, a gestiones económicas personales, a puestos de trabajo, a puntos educativos o a lugares de ocio. Con el auge de internet, a finales de los años 90 de siglo XX, comenzó la brecha digital entendida, por una parte, como la diferencia entre su conexión y no conexión por parte de la población[11] y, por otra parte, como la ausencia de destrezas tecnológicas o la disposición de infraestructuras que permitan la digitalización[12]. Con ello surgen los conceptos de *nativos digitales* entendido como personas que han crecido con dichas tecnologías entre las manos y los *migrantes digitales* entendido como personas que han visto el auge de la digitalización en la adultez[13]. Actualmente, no disponer de ningún dispositivo digital genera caer en la vulnerabilidad[14]. La brecha digital tiene origen en las desigualdades sociales[15] y crea desigualdades educativas[16]. La digitalización refuerza la calidad de vida[17] teniendo presente la accesibilidad[18] para una

---

11 Loges, W. E. y Jung, J. (2001). "Exploring the Digital Divide: Internet Connectedness and Age". *Communication Research*, (26.4), 536-562.

12 Álvarez-Icaza Longoria, I., Bustamante-Bello, R., Ramírez-Montoya, M. S., y Molina, A. (2022). "Systematic Mapping of Digital Gap and Gender, Age, Ethnicity, or Disability". *Sustainability*, (14.3), 1-20.

13 Sánchez-Zárate, A. y García-Morales, K. (2021). "Análisis comparativo sobre nativos, migrantes digitales y brecha digital profunda en México y Uruguay, 2016". *Anuario Iberoamericano de Derecho Internacional Penal*, (8.1), 1-29.

14 Lai, C. H., Chib, A. y Ling, R. (2018). "Digital disparities and vulnerability: mobile phone use, information behaviour, and disaster preparedness in Southeast Asia". *Disasters*, (42.4), 734-760.

15 Peña Gil, H. A., Cuartas Castro, K. A. y Tarazona Bermúdez, G. M. (2017). "La brecha digital en Colombia: un análisis de las políticas gubernamentales para su disminución". *Redes de Ingeniería*, 59-71.

16 Martínez López, O. (2020). "Brecha digital educativa. Cuando el territorio es importante". *Sociedad e Infancias*, (4), 267-270.

17 Muralidharan, K., Shanmugan, K. y Klochkov, Y. (2022). "The New Education Policy 2020, Digitalization and Quality of Life in India: Some Reflections". *Education Sciences*, (12.2), 1-21.

18 I⊠eri, E. I., Uyar, K. y Ilhan, Ü. (2017). "The accessibility of Cyprus Islands' Higher Education Institution Websites". *Procedia Computer Science*, (120), 967-974.

inclusión digital[19]. Vivir es más difícil y más costoso sin disponer de estos artículos. Los dispositivos digitales móviles han llegado a ser necesarios para ejercer nuestro papel de ciudadanos[20].

Se utilizan dispositivos digitales en cualquier momento del día y de la noche para cualquier acción humana. Estos artículos han facilitado el tránsito a una paralela nueva dimensión virtual. Este nuevo espacio vital es atendido exclusivamente desde dispositivos digitales haciendo de ellos su llave de entrada y requisito de acceso. Éstos facilitan transacciones e interactuaciones que no se podrían desarrollar con medios tecnológicos analógicos. La virtualidad es un lugar no visible, pero sin ella la vida fuera de internet no se puede desarrollar de la misma manera. Las herramientas digitales novedosas que van surgiendo permiten acceder a contenidos específicamente diseñados para estos dispositivos, información que es posible compartir entre contactos y comentar entre iguales. Estas y otras funciones son posible gracias a las redes sociales, diferentes cada una de ellas con funcionalidades similares en una dimensión virtual común. Con los dispositivos digitales estamos permanentemente conectados a través de internet. La digitalización es tan trascendental como acceder a agua potable[21].

III. PARTICULARIDADES DE LOS TERRITORIOS INSULARES EN UN MUNDO CONECTADO DIGITALMENTE

La digitalización une poblaciones que territorialmente están dispersas como islas entre sí e islas con un continente. Las islas se carac-

---

19 Apolo, D., Melo, M., Solano, J. y Aliaga, F. (2020). "Pending issues from digital inclusion in Ecuador: challenges for public policies, programs and projects developed and ICT-mediated teacher training". *Digital Education Review,* (37), 130-153.

20 Robles, J. M., Molina, Ó. y De Marco, S. (2012). "Participación política digital y brecha digital política en España. Un estudio de las desigualdades digitales". *Arbor,* (188.756), 795-810.

21 Salemink, K., Strijker, D. y Bosworth, G. (2017). "Rural development in the digital age: A systematic literature review on unequal ICT availability, adoption, and use in rural areas". *Journal of Rural Studies,* (54), 360-371

terizan por su aislamiento geográfico[22] y la digitalización supera la distancia social. Con dispositivos digitales la distancia física se elimina en la dimensión virtual. A pesar de la amplia difusión de las tecnologías digitales hay cuestiones que no es posible eliminar como las particularidades económicas y laborales de los territorios insulares. En este sentido, todas las islas no son iguales[23] pero sí que comparten cuestiones similares en sentido económico o social, entre otras numerosas cuestiones[24]. Las economías insulares se caracterizan por situarse en sociedades menos pobladas que territorios continentales teniendo mercados más reducidos[25] imposibilitando a las empresas insulares acceder a economías de escala[26]. La economía insular es vulnerable y dado su pequeño tamaño se tiende a la especialización para poder ser competitivos a nivel internacional[27]. Para llegar a la cualificación profesional hay que pasar por un sistema educativo que forma profesionales que es posible que no tengan posibilidad de desarrollar su profesión en su lugar de residencia. La población insular que emigra para poder continuar con su formación a veces no regresa[28]. En este sentido, al contar con una población no numerosa las ofertas educativas no van a ser grandes y la digitalización de la educación permite a la población insular acceder a formación que de otra manera no le resultaría posible, pero la dificultad estará cuando la economía no pueda absorber profesionales en ámbitos económi-

22 Grydehøj, A., Nadarajah, Y. y Markussen, U. (2020). "Islands of indigeneity: Cultural distinction, indigenous territory and island spatiality". *Area*, (52.1), 14-22.

23 Vannini, P. y Taggart, J. (2013). "Doing islandness: A non-representational approach to an island's sense of place". *Cultural Geographies*, (20.2), 225-242.

24 Ferdinand, M., Oostindie, G. y Veenendaal, W. (2020). "A global comparison of non-sovereign island territories: The search for 'true equality'". *Island Studies Journal*, (15.1), 43-66.

25 Deidda, M. (2016). "Insularity and economic development: a survey". *International Review of Economics*, (63.2), 107-128.

26 Dropsy, V., Montet, C. y Poirine, B. (2020). "Tourism, insularity, and remoteness: A gravity-based approach". *Tourism Economics*, (26.5), 792-808.

27 Briguglio, L. (1995). "Small Island Developing States and Their Economic Vulnerabilities". *World Development*, (23.9), 1615-1632.

28 Hovgaard, G. (2016). "Master learning: a way to manage tertiary education in small island jurisdictions". *Higher Education*, (72.5), 637-649.

cos no desarrollados o no existentes[29]. La digitalización de servicios públicos es una oportunidad para las islas de reducir costes con una mayor eficacia[30] y los sistemas educativos se pueden beneficiar, con la cautela suficiente debido a que la digitalización en sí misma no tiene porqué mejorar la calidad de la educación[31]. La digitalización puede ser un punto de apoyo para el desarrollo económico[32]. La digitalización de la educación se traduce en empleo online[33]. Pero las herramientas tecnológicas deberán estar adecuadamente situadas en las estructuras organizativas para lograr beneficios económicos[34].

Comparativamente, en una isla que posea centros de educación superior y en otra que no tenga, se verá a un mayor número de jóvenes continuar con los estudios en la primera frente a la segunda[35]. En un archipiélago con varias islas, una de ellas ejercerá de centro político manteniendo la relevancia económica y comercial generando un mayor establecimiento de centros educativos en esa primera isla. La movilidad interinsular implica mayores costes que en territorios continentales y la digitalización supera estos hándicaps permitiendo al alumnado insular acceder a una formación no ofertada en su isla de residencia y así alcanzar el nivel educativo deseado.

---

29 Gillies, D. (2014). "Learning and leaving: education and depopulation in an island community". *Cambridge Journal of Education*, (44.1), 19-34.

30 Mcbride, K. (2019). "Sailing towards digitalization when it doesn't make cents? Analysing the Faroe Islands' new digital governance trajectory". *Island Studies Journal*, (14.2), 193-214.

31 Surin, A., Surina, M., Goltseva, O. S., Sunaeva, S. G. y Gerasimenko, I. I. (2021). "Professional training at the university and digitalization of education: problems and prospects". *E3S Web of Conferences*, (291), 1-8.

32 Horobet, A., Mnohoghitnei, I., Zlatea, E. M. L. y Belascu, L. (2022). "The Interplay between Digitalization, Education, and Financial Development: A European Case Study". *Journal of Risk and Financial Management*, (15.3), 1-23.

33 Rezer, T. (2021). "Historical and pedagogical analysis of the process of global digitalization of education". *E3S Web of Conferences*, (273), 1-8.

34 Gaspar, D. y Ternai, K. (2020). "Towards a Process Based Approach to Address Investment Inefficiencies in Digitalization". *Electronic Government and the Information Systems Perspective: 9th International Conference*, 64-77.

35 Martínez García, J. S. (2008). "Clase social, tipo de familia y logro educativo en Canarias". *Papers. Revista de Sociología*, (87), 77-100.

IV. LA INFLUENCIA DE LA DIGITALIZACIÓN EN LA EDUCACIÓN Y EN SUS POLÍTICAS PÚBLICAS

Con la digitalización, las características de los puestos de trabajo y de las competencias aparejadas cambian, así como el sistema educativo del que proceden. Los cambios en el sector productivo generados por la digitalización derivan en desempleo, necesitando el personal de una mejora en competencias digitales adquiridas en el sector educativo con el respaldo de los poderes públicos[36]. Más allá, entendiendo el aprendizaje como algo continuo, no limitado a una etapa vital, se requiere la adquisición de competencias digitales[37]. Desempeñar un puesto de trabajo digitalizado dependiendo de dispositivos móviles requiere de conocimientos diferentes a un escenario donde simplemente no existen[38]. Actualmente, es necesario dar cabida a la adquisición de nuevas competencias o al reciclado profesional. Sin un buen proceso de aprendizaje la información estará accesible pero no el conocimiento[39].

Partiendo de que los dispositivos digitales permiten una conexión ininterrumpida facilitando la recepción continua de información[40], la educación y adquisición de competencias también es permanente sin necesidad de contar con lugar fijo establecido. La educación online permite una flexibilidad[41] que no facilita la educación presencial.

---

36 Khandii, O. (2019). "Social threats in the digitalization of economy and society". *SHS Web of Conferences*, (67), 1-5.

37 Kornelakis, A. y Petrakaki, D. (2020). "Embedding employability skills in UK higher education: Between digitalization and marketization". *Industry and Higher Education*, (34.5), 290-297.

38 Björktomtad, S. B. y Hansen, H. A. (2018). "Child welfare services and social media - Childhood, being and becoming in a digital society". *Croatian Medical Journal*, (59.2), 90-92.

39 Martínez García, J. I. (2019). "Inteligencia y derechos humanos en la sociedad digital". *Cuadernos Electrónicos de Filosofía Del Derecho*, (40), 168-189.

40 Egard, H. y Hansson, K. (2023). "The digital society comes sneaking in. An emerging field and its disabling barriers". *Disability and Society*, (38.5), 761-775.

41 Babacan, S. y Dogru Yuvarlakbas, S. (2022). "Digitalization in education during the COVID-19 pandemic: emergency distance anatomy education". *Surgical and Radiologic Anatomy*, (44.1), 55-60.

Las tecnologías digitales permiten estudiar desde cualquier lugar[42] y hoy en día la digitalización está en un espacio central en los sistemas educativos[43]. La digitalización de las asignaturas cambia las disciplinas que se imparten[44]. Tampoco hay que perder de vista el necesario conocimiento de los diferentes actores involucrados y sus respectivas perspectivas[45], en este caso el alumnado, el profesorado, el personal de administración y servicios, la dirección de los centros educativos o los poderes públicos.

Los sistemas educativos han seguido una evolución similar a las empresas privadas que cambiaron sus estructuras internas para dar cabida a procesos digitales[46]. A pesar de las dudas que puedan surgir al respecto de la importancia de estos cambios, la digitalización de la educación no es una opción, es el camino establecido[47]. En este proceso se han valorado las diferentes posibilidades teniendo en cuenta los posibles riesgos presentes[48]. La difusión, de las tecnologías mencionadas, al alumnado ha venido de la mano de la creación de campus virtuales en universidades donde se alojan aulas virtuales con documentación que apoya la formación y las actividades desarro-

---

42 Vasilevich Popov, A. y Soloveva, T. S. (2019). "Threats of employment precarization in Russia in the context of digitalization of the economy and society". *European Public y Social Innovation Review,* (4.2), 1-13.

43 Tømte, C. E., Fossland, T., Aamodt, P. O. y Degn, L. (2019). "Digitalisation in higher education: mapping institutional approaches for teaching and learning". *Quality in Higher Education,* (25.1), 98-114.

44 Bygstad, B., Øvrelid, E., Ludvigsen, S. y Dæhlen, M. (2022). "From dual digitalization to digital learning space: Exploring the digital transformation of higher education". *Computers and Education,* (182), 1-11.

45 Heikkila, T. y Gerlak, A. K. (2013). "Building a conceptual approach to collective learning: Lessons for public policy scholars". *Policy Studies Journal,* (41.3), 484-512.

46 Oliveira, J., Azevedo, A., Ferreira, J. J., Gomes, S. y Lopes, J. M. (2021). "An insight on b2b firms in the age of digitalization and paperless processes". *Sustainability,* (13.21), 1-21.

47 Xiao, J. (2019). "Digital transformation in higher education: critiquing the five-year development plans (2016-2020) of 75 Chinese universities". *Distance Education,* (40.4), 515-533.

48 Lagstedt, A., Lindstedt, J. P. y Kauppinen, R. (2020). "An outcome of expert-oriented digitalization of university processes". *Education and Information Technologies,* (25.6), 5853-5871.

lladas de manera presencial en las aulas. En los centros de educación no universitaria también se ha seguido un camino parecido. El desarrollo de estas herramientas y las posibilidades que permiten son tan importantes para el alumnado de hoy en día que se han creado centros educativos que no disponen de sede física o universidades exclusivamente online. Actualmente es común atender formación complementaria como cursos, conferencias, charlas o talleres a través de internet en diferentes plataformas.

La digitalización de la educación necesita de políticas públicas encaminadas a disponer de una serie de infraestructuras necesarias para su pleno desarrollo. Para ello, el comienzo es actuar sobre la brecha digital y las causas sociales que la generan, teniendo en cuenta que es necesario disponer de un mínimo de conocimientos tecnológicos logrando la alfabetización digital[49]. Políticas con la debida planificación[50] y con una perspectiva a largo plazo[51].

La digitalización de la educación implica trasladar todas las actividades educativas al ámbito online, desde la matriculación del alumnado hasta la obtención de certificados de calificaciones. El desarrollo de la totalidad de actividades académicas, además del seguimiento de la docencia online, requiere el establecimiento de foros donde interactuar, el envio de tareas y recepción de información, la elaboración de pruebas de evaluación online[52], así como el establecimiento de canales de comunicación online para investigadores entre otras cuestiones.

---

49 Abilleira, M. P. (2020). "The digital divide in Spanish students in the face of the COVID-19 crisis". *Revista Internacional de Educación Para La Justicia Social*, (9.3), 103-125.

50 Haase, S. y Buus, L. (2020). "Translating government digitalisation policy in higher education institutions: the Danish case". *Nordic Journal of Digital Literacy*, (15.4), 246-258.

51 Aiafi, P. R. (2017). "The Nature of Public Policy Processes in the Pacific Islands". *Asia and the Pacific Policy Studies*, (4.3), 451-466.

52 González-Nieto, N. A., García-Hernández, C. y Espinosa-Meneses, M. (2021). "School culture and digital technologies: Educational practices at universities within the context of the covid-19 pandemic". *Future Internet*, (13.10), 1-22.

V. CONCLUSIONES

La digitalización es presente y es futuro. La sociedad de hoy en día no puede vivir sin dispositivos digitales que están situados en todas las facetas sociales. La tecnología que llevan aparejada aparece en nuestras relaciones sociales o en espacios de ocio. Lo digital no es ajeno a la educación que ha llegado al mundo virtual con la educación online. Es posible estudiar sin moverse de la residencia habitual debido a los programas de universidades y centros de educación. Todo esto es posible gracias a dispositivos digitales. Esta educación supone un aspecto a tener en cuenta en los sistemas educativos de territorios insulares ya que en dichos lugares es posible que no se oferte presencialmente diversas titulaciones y la educación online ofrece posibilidades nunca antes vistas. Las islas tienen sus particularidades con respecto a territorios continentales, ya que no es igual vivir en una isla que en un amplio continente y la digitalización ofrece oportunidades. Educativamente, se toman decisiones, es decir políticas públicas, teniendo en cuenta este amplio escenario con sus ventajas y sus desventajas, pero sin perder de vista que lo digital está plenamente presente.

Referencias bibliográficas

Aiafi, P. R. (2017). "The Nature of Public Policy Processes in the Pacific Islands". *Asia and the Pacific Policy Studies,* (4.3), 451-466.

Álvarez-Icaza Longoria, I., Bustamante-Bello, R., Ramírez-Montoya, M. S. y Molina, A. (2022). "Systematic Mapping of Digital Gap and Gender, Age, Ethnicity, or Disability". *Sustainability,* (14.3), 1-20.

Apolo, D., Melo, M., Solano, J. y Aliaga, F. (2020). "Pending issues from digital inclusion in Ecuador: challenges for public policies, programs and projects developed and ICT-mediated teacher training". *Digital Education Review,* (37), 130-153.

Babacan, S. y Dogru Yuvarlakbas, S. (2022). "Digitalization in education during the COVID-19 pandemic: emergency distance anatomy education". *Surgical and Radiologic Anatomy,* (44.1), 55-60.

Björktomtad, S. B. y Hansen, H. A. (2018). "Child welfare services and social media - Childhood, being and becoming in a digital society". *Croatian Medical Journal,* (59.2), 90-92.

Briguglio, L. (1995). “Small Island Developing States and Their Economic Vulnerabilities”. *World Development,* (23.9), 1615-1632.

Bygstad, B., Øvrelid, E., Ludvigsen, S. y Dæhlen, M. (2022). “From dual digitalization to digital learning space: Exploring the digital transformation of higher education”. *Computers and Education,* (182), 1-11.

Deflem, M. (2021). “The Right to Teach in a Hyper-Digital Age: Legal Protections for (Post—)Pandemic Concerns”. *Society,* (58), 204-212.

Deidda, M. (2016). “Insularity and economic development: a survey”. *International Review of Economics,* (63.2), 107-128.

Dropsy, V., Montet, C. y Poirine, B. (2020). “Tourism, insularity, and remoteness: A gravity-based approach”. *Tourism Economics,* (26.5), 792-808.

Egard, H. y Hansson, K. (2023). “The digital society comes sneaking in. An emerging field and its disabling barriers”. *Disability and Society,* (38.5), 761-775.

Ferdinand, M., Oostindie, G. y Veenendaal, W. (2020). “A global comparison of non-sovereign island territories: The search for ‘true equality’”. *Island Studies Journal,* (15.1), 43-66.

Gaspar, D. y Ternai, K. (2020). “Towards a Process Based Approach to Address Investment Inefficiencies in Digitalization”. *Electronic Government and the Information Systems Perspective: 9th International Conference,* 64-77.

Gillies, D. (2014). “Learning and leaving: education and depopulation in an island community”. *Cambridge Journal of Education,* (44.1), 19-34.

González-Nieto, N. A., García-Hernández, C. y Espinosa-Meneses, M. (2021). “School culture and digital technologies: Educational practices at universities within the context of the covid-19 pandemic”. *Future Internet,* (13.10), 1-22.

Grydehøj, A., Nadarajah, Y. y Markussen, U. (2020). “Islands of indigeneity: Cultural distinction, indigenous territory and island spatiality”. *Area,* (52.1), 14-22.

Haase, S. y Buus, L. (2020). “Translating government digitalisation policy in higher education institutions: the Danish case”. *Nordic Journal of Digital Literacy,* (15.4), 246-258.

Heikkila, T. y Gerlak, A. K. (2013). “Building a conceptual approach to collective learning: Lessons for public policy scholars”. *Policy Studies Journal,* (41.3), 484-512.

Horobet, A., Mnohoghitnei, I., Zlatea, E. M. L. y Belascu, L. (2022). “The Interplay between Digitalization, Education, and Financial Development: A European Case Study”. *Journal of Risk and Financial Management,* (15.3), 1-23.

Hovgaard, G. (2016). “Master learning: a way to manage tertiary education in small island jurisdictions”. *Higher Education,* (72.5), 637-649.

Işeri, E. I., Uyar, K. y Ilhan, Ü. (2017). "The accessibility of Cyprus Islands' Higher Education Institution Websites". *Procedia Computer Science*, (120), 967-974.

Khandii, O. (2019). "Social threats in the digitalization of economy and society". *SHS Web of Conferences*, (67), 1-5.

Kornelakis, A. y Petrakaki, D. (2020). "Embedding employability skills in UK higher education: Between digitalization and marketization". *Industry and Higher Education*, (34.5), 290-297.

Lagstedt, A., Lindstedt, J. P. y Kauppinen, R. (2020). "An outcome of expert-oriented digitalization of university processes". *Education and Information Technologies*, (25.6), 5853-5871.

Lai, C. H., Chib, A. y Ling, R. (2018). "Digital disparities and vulnerability: mobile phone use, information behaviour, and disaster preparedness in Southeast Asia". *Disasters*, (42.4), 734-760.

Lee, J. y Lee, K. (2021). "Is the fourth industrial revolution a continuation of the third industrial revolution or something new under the sun? Analyzing technological regimes using US patent data". *Industrial and Corporate Change*, (30.1), 137-159.

Lele, U. y Goswami, S. (2017). "The fourth industrial revolution, agricultural and rural innovation, and implications for public policy and investments: a case of India". *Agricultural Economics*, (48), 87-100.

Lioutas, E. D., Charatsari, C. y De Rosa, M. (2021). "Digitalization of agriculture: A way to solve the food problem or a trolley dilemma?". *Technology in Society*, (67), 1-8.

Loges, W. E. y Jung, J. (2001). "Exploring the Digital Divide: Internet Connectedness and Age". *Communication Research*, (26.4), 536-562.

Lund, A. y Aagaard, T. (2020). "Digitalization of teacher education". *Nordic Journal of Comparative and International Education*, (4.3), 56-71.

Martínez García, J. I. (2019). "Inteligencia y derechos humanos en la sociedad digital". *Cuadernos Electrónicos de Filosofía Del Derecho*, (40), 168-189.

Martínez García, J. S. (2008). "Clase social, tipo de familia y logro educativo en Canarias". *Papers. Revista de Sociología*, (87), 77-100.

Martínez López, O. (2020). "Brecha digital educativa. Cuando el territorio es importante". *Sociedad e Infancias*, (4), 267-270.

Mcbride, K. (2019). "Sailing towards digitalization when it doesn't make cents? Analysing the Faroe Islands' new digital governance trajectory". *Island Studies Journal*, (14.2), 193-214.

Muralidharan, K., Shanmugan, K. y Klochkov, Y. (2022). "The New Education Policy 2020, Digitalization and Quality of Life in India: Some Reflections". *Education Sciences*, (12.2), 1-21.

Nesterov, A. V. (2020). "Digitalization of Society and the Economy: Systematization of Personal Data in Information Systems". *Scientific and Technical Information Processing*, (47.2), 133-138.

Oliveira, J., Azevedo, A., Ferreira, J. J., Gomes, S. y Lopes, J. M. (2021). "An insight on b2b firms in the age of digitalization and paperless processes". *Sustainability*, (13.21), 1-21.

Peña Gil, H. A., Cuartas Castro, K. A. y Tarazona Bermúdez, G. M. (2017). "La brecha digital en Colombia: un análisis de las políticas gubernamentales para su disminución". *Redes de Ingeniería*, 59-71.

Popkova, E., Bogoviz, A. V. y Sergi, B. S. (2021). "Towards digital society management and 'capitalism 4.0' in contemporary Russia". *Humanities and Social Sciences Communications*, (8.1), 1-8.

Rezer, T. (2021). "Historical and pedagogical analysis of the process of global digitalization of education". *E3S Web of Conferences*, (273), 1-8.

Robles, J. M., Molina, Ó. y De Marco, S. (2012). "Participación política digital y brecha digital política en España. Un estudio de las desigualdades digitales". *Arbor*, (188.756), 795-810.

Rodicio-García, M. L., Ríos-De-Deus, M. P., Mosquera-González, M. J. y Abilleira, M. P. (2020). "The digital divide in Spanish students in the face of the COVID-19 crisis". *Revista Internacional de Educación Para La Justicia Social*, (9.3), 103-125.

Salemink, K., Strijker, D. y Bosworth, G. (2017). "Rural development in the digital age: A systematic literature review on unequal ICT availability, adoption, and use in rural areas". *Journal of Rural Studies*, (54), 360-371.

Sánchez-Zárate, A. y García-Morales, K. (2021). "Análisis comparativo sobre nativos, migrantes digitales y brecha digital profunda en México y Uruguay, 2016". *Anuario Iberoamericano de Derecho Internacional Penal*, (8.1), 1-29.

Surin, A., Surina, M., Goltseva, O. S., Sunaeva, S. G. y Gerasimenko, I. I. (2021). "Professional training at the university and digitalization of education: problems and prospects". *E3S Web of Conferences*, (291), 1-8.

Sutthiphisal, D. (2006). "The Geography of Invention in High— and Low—Technology Industries: Evidence from the Second Industrial Revolution". *The Journal of Economic History*, (66.2), 492-496.

Tømte, C. E., Fossland, T., Aamodt, P. O. y Degn, L. (2019). "Digitalisation in higher education: mapping institutional approaches for teaching and learning". *Quality in Higher Education*, (25.1), 98-114.

Trew, A. (2020). "Endogenous infrastructure development and spatial takeoff in the first industrial revolution". *American Economic Journal: Macroeconomics*, (12.2), 44-93.

Unay-Gailhard, İ. y Simões, F. (2022). "Becoming a Young Farmer in the Digital Age—An Island Perspective". *Rural Sociology*, (87.1), 144-185.

Vannini, P. y Taggart, J. (2013). "Doing islandness: A non-representational approach to an island's sense of place". *Cultural Geographies,* (20.2), 225-242.

Vasilevich Popov, A. y Soloveva, T. S. (2019). "Threats of employment precarization in Russia in the context of digitalization of the economy and society". *European Public y Social Innovation Review,* (4.2), 1-13.

Xiao, J. (2019). "Digital transformation in higher education: critiquing the five-year development plans (2016-2020) of 75 Chinese universities". *Distance Education,* (40.4), 515-533

Cultura: creación, preservación y divulgación en el ordenamiento jurídico canario

LUIS JAVIER CAPOTE PÉREZ
Profesor Contratado Doctor Tipo I de Derecho Civil
Universidad de La Laguna
https://doi.org/10.36151/TLB_9788410955158.16

I. LA CULTURA COMO DERECHO DE LA CIUDADANÍA

1. ¿Qué es esa cosa llamada cultura?

El Diccionario de la Lengua Española tiene entre sus acepciones de la palabra cultura el *conjunto de modos de vida y costumbres, conocimientos y grado de desarrollo artístico, científico, industrial, en una época, grupo social, etcétera,* estableciendo como sinónimo de esta definición el término *civilización.* Sobre esta premisa, se podría considerar que allá donde hay dos personas puede hablarse de cultura[1]. Sin embargo, no corresponde a la naturaleza del Derecho incidir en un concepto tan amplio, sino que, como veremos, la referencia establecida en la normativa estatutaria hace referencia a aquellos aspectos de la definición que hacen hincapié en la promoción de las expresiones de la creatividad humana, en la consideración del acceso al arte y la ciencia como un derecho universal y en la implicación de la ciudada-

---

1 Díaz Vilela, L. F. (2006). "¿Qué es esa cosa llamada cultura?" *Ciencia y pseudociencias 2006.* Universidad de La Laguna.

nía en la tarea de proteger los bienes que constituyen el patrimonio cultural.

2. *Derechos subjetivos en el ámbito cultural*

El art. 27 del Estatuto de Autonomía de Canarias (EACan) introduce en el catálogo de derechos y deberes de la ciudadanía regional una serie de relaciones jurídicas que tienen como denominador la cultura. Como se verá a continuación, dentro de este concepto se incluyen tres figuras diferenciadas, aunque relacionadas entre sí: la protección de la creatividad, el acceso a la cultura y la preservación del patrimonio cultural.

Por lo que se refiere a la protección de la creatividad, el fundamento se encuentra en los derechos fundamentales al libre desarrollo de la personalidad —art. 10.1 CE— y a la producción y creación literaria, artística, científica y técnica —art. 20.1.b CE—.

Por su parte, el basamento de los derechos de acceso a la cultura y preservación del patrimonio cultural se encuentra en los principios de la política social y económica contenidos en nuestra carta magna, cuyo art. 44.1 establece la promoción y tutela del acceso a la cultura —entendida aquí como derecho de naturaleza universal— y cuyo art. 46 impone la conservación y enriquecimiento del patrimonio cultural de los pueblos españoles y de los bienes que lo integran, con independencia de su titularidad. A través del precepto contenido en el citado art. 27, el EACan implica a la ciudadanía canaria en la labor de conservar, preservar y enriquecer el patrimonio cultural insular.

A su vez, estos derechos y deberes se relacionan con la atribución competencial exclusiva en materias directamente relacionadas con ellos, como el fomento de las actividades culturales que se lleven a cabo en las islas —art. 136 EACan— o la regulación del régimen jurídico de los bienes que componen el patrimonio cultural insular —art. 137 EACan—.

Desde un punto de vista comparado, podemos encontrar en la normativa estatutaria autonómica referencias similares en las que se plantean el reconocimiento de derechos y el establecimiento de deberes en este específico ámbito y su relación con la atribución competencial en materia de protección del acceso a la cultura, de promoción de las actividades culturales de naturaleza creativa y de conservación del patrimonio cultural. Específicamente:

1. Comunidades Autónomas que reconocen en su normativa estatutaria a la ciudadanía que ostenta la correspondiente condición política los mismos derechos, deberes y libertades establecidos en nuestra carta magna, ostentando competencias exclusivas en materias relacionadas con aquéllos que se incardinan en el ámbito cultural[2].

---

[2] Concretamente:
1.1. País Vasco:
1.1.1. Derechos y deberes fundamentales: los establecidos en la CE (art. 9).
1.1.2. Competencias exclusivas:
A. Cultura: art. 10.17
B. Patrimonio cultural: art. 10.19.
C. Centros culturales que no sean de titularidad estatal: art. 10.20
1.2. Galicia:
1.2.1. Derechos y deberes fundamentales: los establecidos en la CE (art. 4).
1.2.2. Competencias exclusivas:
A. Patrimonio cultural y centros culturales que no sean de titularidad estatal: art. 27. Dieciocho.
B. Fomento de la cultura: art. 27.Diecinueve.
1.3. Asturias:
1.3.1. Derechos y deberes fundamentales: los establecidos en la CE (art. 9).
1.3.2. Competencias exclusivas:
A. Centros culturales que no sean de titularidad estatal: art. 10.17
B. Patrimonio cultural: art. 10.18.
C. Cultura: art. 10.20.
1.4. Cantabria:
1.4.1. Derechos y deberes fundamentales: los establecidos en la CE (art. 5).
1.4.2. Competencias exclusivas:
A. Centros culturales que no sean de titularidad estatal: art. 24.16.
B. Patrimonio cultural: art. 24.17.
C. Cultura: art. 24.18.
1.5. La Rioja:
1.5.1. Derechos y deberes fundamentales: los establecidos en la CE (art. 7.Uno).
1.5.2. Competencias exclusivas:
A. Cultura: art. 8.23.
B. Centros culturales que no sean de titularidad estatal: 8.25
C. Patrimonio cultural: art. 8.26
1.6. Murcia:
1.6.1. Derechos y deberes fundamentales: los establecidos en la CE (art. 9.Uno).
1.6.2. Competencias exclusivas:
A. Centros culturales que no sean de titularidad estatal: art. 10.13.
B. Patrimonio cultural: art. 10.14.

2. Comunidades Autónomas que reconocen en su normativa estatutaria a la ciudadanía que ostenta la correspondiente condición política los mismos derechos, deberes y libertades establecidos en nuestra carta magna, pero complementándola con un listado específicamente

---

C. Fomento de la cultura: art. 10.15.
1.7. Castilla-La Mancha:
1.7.1. Derechos y deberes fundamentales: los establecidos en la CE (art. 4.Uno).
1.7.2. Competencias exclusivas:
A. Centros culturales que no sean de titularidad estatal: art. 31.15ª
B. Patrimonio cultural: art. 31.16ª.
C. Fomento de la cultura: art. 31.17ª.
1.8. Navarra:
1.8.1. Derechos y deberes fundamentales: los mismos que el resto de la ciudadanía española (art. 6).
1.8.2. Competencias exclusivas:
A. Cultura: art. 44.8.
B. Patrimonio histórico: art. 44.9.
C. Centros culturales que no sean de titularidad estatal: art. 44.10.
1.9. Extremadura:
1.9.1. Derechos y deberes fundamentales: los establecidos en la CE (art. 6.1).
1.9.2. Competencias exclusivas:
A. Patrimonio cultural: art. 9.47.
B. Centros culturales que no sean de titularidad estatal: art. 9.48.
C. Fomento de la creatividad: art. 9.49.
1.10. Madrid:
1.10.1. Derechos y deberes fundamentales: los establecidos en la CE (art. 7).
1.10.2. Competencias exclusivas:
A. Centros culturales que no sean de titularidad estatal: art. 26.1.18.
B. Patrimonio cultural: art. 26.1.19.
C. Fomento de la cultura: art. 26.20.
1.11. Ceuta:
1.11.1. Derechos y deberes fundamentales: los establecidos en la CE (art. 5).
1.11.2. Competencias exclusivas:
A. Centros culturales que no sean de titularidad estatal: art. 21.13.
B. Patrimonio cultural: art. 21.14.
C. Promoción y fomento de las manifestaciones culturales: art. 21.15.
1.12. Melilla:
1.12.1. Derechos y deberes fundamentales: los establecidos en la CE (art. 5).
1.12.2. Competencias exclusivas:
A. Centros culturales que no sean de titularidad estatal: art. 21.13.
B. Patrimonio cultural: art. 21.14.
C. Promoción y fomento de las manifestaciones culturales: art. 21.15.

propio y ostentando igualmente competencias exclusivas en materias relacionadas con aquéllos que se incardinan en el ámbito cultural[3].

---

[3] Concretamente:
2.1. Comunidad Valenciana:
2.1.1. Derechos y deberes fundamentales:
A. Reconocidos en otros textos legales (CE e instrumentos del Derecho de la Unión Europea y del Derecho Internacional): art. 8.1.
B. Establecidos en su propia normativa estatutaria: art. 12.
a. Respeto al patrimonio cultural.
b. Defensa de la creatividad.
2.1.2. Competencias exclusivas:
A. Cultura: art. 49.4ª.
B. Patrimonio cultural: art. 49.5ª.
C. Centros culturales que no sean de titularidad estatal: art. 49.6ª.
2.2. Aragón:
2.2.1. Derechos y deberes fundamentales:
A. Reconocidos en otros textos legales (CE e instrumentos del Derecho de la Unión Europea y del Derecho Internacional): art. 6.1.
B. Establecidos en su propia normativa estatutaria: art. 13.
a. Acceso a la cultura.
b. Desarrollo de las capacidades creativas.
c. Disfrute y respeto al patrimonio cultural.
C. Incluidos como principios rectores de las políticas públicas autonómicas:
a. Patrimonio cultural: art. 22.
b. Fomento de la creatividad: art. 28.1.
2.2.2. Competencias exclusivas:
A. Cultura: art. 71.43ª.
B. Centros culturales que no sean de titularidad estatal: art. 71.44ª.
C. Patrimonio cultural: art. 71.45ª.
2.3. Illes Balears:
2.3.1. Derechos y deberes:
A. Reconocidos en otros textos legales (CE e instrumentos del Derecho de la Unión Europea y del Derecho Internacional): art. 13.1.
B. Establecidos en su propia normativa estatutaria: art. 18.
a. Acceso a la cultura.
b. Protección y defensa de la creatividad.
c. Protección y defensa del patrimonio cultural.
2.3.2. Competencias exclusivas:
A. Centros culturales que no sean de titularidad estatal: art. 30.24.
B. Patrimonio cultural: art. 30.25.
C. Cultura y fomento de la creatividad: art. 30.26.
2.4. Castilla y León:
2.4.1. Derechos y deberes:
A. Reconocidos en otros textos legales (CE e instrumentos del Derecho de la Unión Europea y del Derecho Internacional: art. 8.

3. Comunidades Autónomas que reconocen en su normativa estatutaria derechos y deberes de carácter cultural en términos similares a los del EACan, ostentando igualmente competencias exclusivas en materias relacionadas con aquéllos que se incardinan en el ámbito cultural[4].

Los distintos estatutos autonómicos utilizan denominaciones diversas y enumeraciones de extensión variable para referirse a cada uno de los derechos y deberes, pero todas plantean, a grandes rasgos una pretensión de fomento, protección e implicación de la ciudadanía en la cultura cuya consecución se articula a través del ejercicio de las competencias exclusivas asignadas en la materia. Desde cierto punto de vista, estos derechos autonómicos reflejan los procesos que conforman una cultura, entendida, ahora sí, según la académica definición de conjunto de modos de vida, conocimientos y grado de desarrollo de una sociedad: la creación de una obra, el acceso a la misma por parte de la ciudadanía y, en su caso, su preservación, en los casos en los que haya trascendido hasta convertirse en símbolo de la identidad de un pueblo.

B. Establecidos en su propia normativa estatutaria: respeto, cuidado y protección del patrimonio cultural (art. 15.d).
2.4.2. Competencias exclusivas:
A. Fomento de la creatividad (art. 70.31.a, b y c).
B. Patrimonio cultural (art. 70.31.d).
C. Centros culturales que no sean de titularidad estatal (art. 70.31.e).

4 Concretamente:
3.1. Cataluña.
3.1.1. Derechos y deberes en el ámbito cultural:
A. Acceso a la cultura: art. 22.1.
B. Desarrollo de la creatividad: art. 22.1.
C. Preservación y respeto del patrimonio cultural: art. 22.2.
3.2. Andalucía:
3.2.1. Derechos y deberes en el ámbito cultural:
A. Acceso a la cultura: art. 33.
B. Desarrollo de la creatividad: art. 33.
C. Preservación y respeto del patrimonio cultural: art. 33.

II. CULTURA Y CREATIVIDAD

1. La protección de las obras del ingenio

La referencia contenida en el EACan al desarrollo de las capacidades creativas individuales y colectivas se incardina, como se ha visto, en los derechos fundamentales al libre desarrollo de la personalidad y a la libertad de expresión en su dimensión cultural más amplia, la cual incluye los aspectos artísticos y científicos. El ejercicio de la creatividad y la protección de sus expresiones se remiten a la normativa en materia de propiedad intelectual, que es la que regula el conjunto de derechos y facultades que el ordenamiento jurídico atribuye a las personas físicas sobre lo que se ha dado en llamar obras del ingenio[5]. Esta legislación establece las figuras y reglas que permiten la protección y la explotación de creaciones tan variadas como novelas, canciones, películas, programas de radio, series de televisión, videojuegos, bases de datos, inventos, logotipos o directos a través de las redes sociales[6].

El art. 149.1.9ª CE atribuye al Estado la competencia exclusiva en materia de propiedad intelectual. Por su parte, las Comunidades Autónomas tienen la competencia de ejecución normativa sobre la materia en el ámbito jurídico-público en virtud de las competencias transferidas[7]. En el caso de la Comunidad Autónoma de Canarias, el art. 125 EACan recoge esta competencia ejecutiva, con mención expresa a las dos categorías que componen la propiedad intelectual

---

5 Martínez de Aguirre Aldaz, C. (2014). "La propiedad intelectual". *Curso de Derecho Civil (III). Derechos Reales,* COLEX, 237.

6 Capote Pérez, L. J. (2023). "Propiedades especiales. En particular, las propiedades inmateriales". *Lecciones de Derecho Civil. Dirigidas a estudiantes de titulaciones no jurídicas,* 2ª Edición. Tirant lo Blanch, 237.

7 Vega Vega, J. A. (2020). *Competencias estatales y autonómicas en materia de propiedad intelectual.* Colección de Propiedad Intelectual.

en su sentido más amplio, como son la propiedad intelectual[8] en sentido estricto y la propiedad industrial[9].

2. *La función promotora de la Comunidad Autónoma*

El derecho al libre desarrollo de la creatividad se complementa en el ordenamiento jurídico insular con las competencias que el EACan atribuye a la Comunidad Autónoma en su art. 136. Específicamente:

2.1. El fomento de las actividades creativas, enumerando a título ejemplar una serie de artes como la literatura, la danza o el cine (art. 136.1.a).

2.2. La provisión de espacios y equipamientos culturales (art. 136.1.c).

III. PRESERVACIÓN, PROTECCIÓN Y RESPETO DEL PATRIMONIO CULTURAL

1. *Características del patrimonio cultural*

El otro aspecto que se recoge estatutariamente en el ámbito de los derechos culturales es el del acceso la cultura y más específicamente, al patrimonio cultural. En este segundo punto se añade un deber como contrapartida, extendiendo a la ciudadanía la obligación contenida en el art. 46 CE de proteger los bienes que componen dicha categoría. Con ello, se lleva a esta materia la aplicación del brocardo justinianeo proveniente del Derecho privado según el cual *quod omnes tangit ab omnibus approbari debet,* lo que a todos atañe todos deben

---

8 Con carácter general, en el ordenamiento jurídico español la propiedad intelectual en sentido estricto se encuentra regulada en el Real Decreto Legislativo 1/1996, de 12 de abril, por el que se aprueba el texto refundido de la Ley de Propiedad Intelectual, regularizando, aclarando y armonizando las disposiciones legales vigentes sobre la materia.

9 Los principales textos normativos en el ámbito del Derecho español en materia de propiedad industrial son la Ley 24/2015, de 24 de julio, de Patentes (BOE-A-2015-8328), la Ley 17/2001, de 7 de diciembre, de Marcas (BOE-A-2001-23093) y la Ley 20/2003, de 7 de julio, de Protección Jurídica del Diseño Industrial (BOE-A-2003-13615).

aprobarlo. El patrimonio cultural se configura como una institución cuyos bienes están definidos, como se verá a continuación, por unos valores que trascienden la titularidad privativa y determinar su pertenencia a la colectividad. De esta forma, siendo el patrimonio cultural una categoría que corresponde a la ciudadanía, en lo que se ha considerado una suerte de propiedad de responsabilidad colectiva —*collective ownership and stewardship*[10]— son los integrantes de esta última quienes, como contrapartida al acceso a este concreto aspecto de la cultura, deben asumir el deber de su protección[11].

La Convención de la UNESCO sobre la protección del patrimonio mundial, cultural y natural de 1972 establece una definición de patrimonio cultural que incluye cosas, tanto muebles como inmuebles, definidos por las características de su relevancia para la civilización, entendida en el sentido de explicar y definir aspectos tales como la identidad de la colectividad —quiénes somos, de dónde venimos y a dónde vamos—. Esto permite establecer dos premisas para poder considerar que un bien puede ostentar la naturaleza jurídica correspondiente a la condición de interés cultural: su antigüedad y su historicidad[12]. No todas las expresiones de la creatividad humana alcanzan la consideración de patrimonio cultural, pues no es cuestión de previsión la trascendencia futura que puedan tener. Por citar un ejemplo, los castillos y fortalezas construidos en el pasado tenían una vocación defensiva y no se plantearon como un legado para la posteridad. Es su pervivencia y su presencia en lugar, su referencia a una época y su influencia en la población la que determina su valor[13]. En otro ámbito, no todas las creaciones del ingenio humano eran consideradas, en sus inicios, dignas de consideración cultural y no se planteaba siquiera la posibilidad de que perduraran en el tiem-

---

10 Gillman, D. (2010). *The Idea of Cultural Heritage,* 2ª Edición. Cambridge University Press, 9-40.

11 Morales Casañas, D. L. (2023). "Urbanismo, patrimonio histórico y participación ciudadana". *Curso de Extensión Universitaria 2023 «Patrimonio histórico y cultural de Canarias».* Universidad de La Laguna.

12 Capote Pérez, L. J. (2017). "Cultural Heritage and Spanish Private Law". *Santander Art & Culture Law Review,* (3), 238. Roodt, C. (2015). *Private International Law, Art and Cultural Heritage,* Edward Edgar Publishing, 1-15.

13 Morales Casañas, D. L. (2023). "Urbanismo, patrimonio histórico y participación ciudadana". *op. cit.*

po. Los ejemplos que dan las obras cinematográficas y televisivas son un buen testimonio de un cambio paradigmático en el que, a la hora de intentar recuperar aquéllas ubicadas en las fases más tempranas del desarrollo de uno y otro medios se ha constatado su pérdida[14].

La doble consideración de derecho y deber de la ciudadanía respecto del patrimonio cultural se traduce en una regulación que incluye normas tanto jurídico-públicas como jurídico-privadas y que, en expresión de la función social de la propiedad como límite a los derechos dominicales particulares, supone la restricción de las facultades que componen el contenido de aquéllos. El *ius utendi, fruendi et abutendi* que definía al *dominium ex iure Quiritium* del que trae causa el derecho de propiedad clásico ha dejado paso a un concepto que, desde un punto de vista social, se considera más enriquecedor y solidario[15].

2. *Patrimonio material y patrimonio inmaterial*

El patrimonio cultural tiene en la regulación vigente dos grandes categorías, siendo el criterio distintivo el de la tangibilidad de los bienes que las integran. Así, el patrimonio cultural material está integrado por los denominados «bienes-cosa» en tanto que el patrimonio cultural inmaterial está compuesto por los denominados «bienes-idea».

La Convención de la UNESCO para la salvaguardia del patrimonio cultural inmaterial de 2003 establece una definición de la institución que engloba los usos, representaciones, expresiones conocimientos y técnicas que comunidades, grupos y excepcionalmente los individuos reconozcan como parte de su identidad cultural. Estos bienes-idea se transmiten de generación en generación, de ahí que se considere al patrimonio inmaterial como un patrimonio vivo, por

---

14 Un ejemplo en el ámbito cinematográfico puede encontrarse en Bodganovich, P. (2018). *John Ford*. Hatari Books. Un ejemplo en el ámbito televisivo puede encontrarse en Marañón, C. (2022). *Barullo en el área. El fútbol en 50 películas fundamentales*. UOC, 31.

15 Orozco Pardo, G. y Pérez Alonso, E. (1996). *La tutela civil y penal del patrimonio histórico, cultural y artístico*. McGraw-Hill, 7-21.

contraposición a su contrapartida tangible[16]. Así como en el patrimonio material cabe la posibilidad de que los bienes sean objeto de derechos de propiedad privada, en el patrimonio inmaterial no se habla de propietarios, sino de custodios[17].

En el Derecho estatal, hay dos leyes que regulan el patrimonio cultural: la Ley 16/1985, de 25 de junio, del Patrimonio Histórico Español y la Ley 10/2015, de 26 de mayo, para la salvaguardia del Patrimonio Cultural Inmaterial.

3. La legislación autonómica en materia de patrimonio cultural

En el ámbito del Derecho autonómico canario es la Ley 11/2019, de 25 de abril, de Patrimonio Cultural de Canarias la encargada de regular la materia, en virtud de la competencia asignada constitucional y estatutariamente.

El art. 5 de la Ley desarrolla los derechos y deberes de la ciudadanía establecidos en el art. 27 EaCAn. Concretamente:

1. El derecho de toda persona al acceso, conocimiento, aprovechamiento y divulgación del patrimonio cultural canario (art. 5.1). El precepto no establece referencias a la condición política autonómica, lo que redunda en la idea de los bienes de interés cultural pertenecen a todos.

2. La obligación de toda persona de proteger el patrimonio cultural canario (art. 5.2).

3. La legitimación activa de toda persona para actuar ante las administraciones públicas o los órganos judiciales correspondientes en defensa del patrimonio cultural canario.

Referencias bibliográficas

Bodganovich, P. (2018). *John Ford.* Hatari Books.

---

16 Vaquer Caballería, M. (2005). "La protección jurídica del patrimonio cultural inmaterial". *Museos.es: Revista de la Subdirección General de Museos Estatales,* (1), 88-99.

17 González Lorenzo, E. Mª. (2023). "Patrimonio inmaterial, apropiación cultural y conservación de la memoria". *Curso de Extensión Universitaria 2023 «Patrimonio histórico y cultural de Canarias»,* Universidad de La Laguna.

Capote Pérez, L. J. (2017). "Cultural Heritage and Spanish Private Law". *Santander Art & Culture Law Review,* (3), 237-254.

Capote Pérez, L. J. (2023). "Propiedades especiales. En particular, las propiedades inmateriales". *Lecciones de Derecho Civil. Dirigidas a estudiantes de titulaciones no jurídicas,* 2ª Edición. Tirant lo Blanch, 237-249

Díaz Vilela, L. F. (2006). "¿Qué es esa cosa llamada cultura?" *Ciencia y pseudociencias 2006.* Universidad de La Laguna.

Gillman, D. (2010). *The Idea of Cultural Heritage,* 2ª Edición. Cambridge University Press.

González Lorenzo, E. Mª. (2023). "Patrimonio inmaterial, apropiación cultural y conservación de la memoria". *Curso de Extensión Universitaria 2023 «Patrimonio histórico y cultural de Canarias»,* Universidad de La Laguna.

Marañón, C. (2022). *Barullo en el área. El fútbol en 50 películas fundamentales.* UOC.

Martínez de Aguirre Aldaz, C. (2014). "La propiedad intelectual". *Curso de Derecho Civil (III). Derechos Reales,* COLEX, 237-260

Morales Casañas, D. L. (2023). "Urbanismo, patrimonio histórico y participación ciudadana". *Curso de Extensión Universitaria 2023 «Patrimonio histórico y cultural de Canarias».* Universidad de La Laguna.

Orozco Pardo, G. y Pérez Alonso, E. (1996). *La tutela civil y penal del patrimonio histórico, cultural y artístico.* McGraw-Hill.

Roodt, C. (2015). *Private International Law, Art and Cultural Heritage,* Edward Edgar Publishing.

Vaquer Caballería, M. (2005). "La protección jurídica del patrimonio cultural inmaterial". *Museos.es: Revista de la Subdirección General de Museos Estatales,* (1), 88-99.

Vega Vega, J. A. (2020). *Competencias estatales y autonómicas en materia de propiedad intelectual.* Colección de Propiedad Intelectual.

Memoria histórica y democrática

VICENTE J. NAVARRO MARCHANTE
Profesor Titular de Derecho Constitucional
Universidad de La Laguna
https://doi.org/10.36151/TLB_9788410955158.17

I. INTRODUCCIÓN

Tras las guerras civiles y conflictos bélicos del siglo XX, especialmente tras la II Guerra Mundial, ha ido tomando fuerza la demanda ciudadana de no utilizar el olvido como forma de superación de las heridas producidas por la violencia, se va imponiendo la pretensión de no repetir aquellos episodios trágicos y se defiende el imperativo ético de las sociedades democráticas de desarrollar políticas de memoria que fomenten la reparación a las víctimas. Se pretende convertir la memoria en un elemento crucial para fomentar sociedades abiertas y plurales, conocedoras de su historia y capaces de identificar y reaccionar frente a propuestas totalitarias que fomenten discursos de odio frente a otros.

En nuestro país, la dictadura franquista impuso un determinado relato sobre el golpe de Estado de 1936, la guerra civil (1936-1939) y la represión posterior, que justificó los crímenes cometidos y ocultó a las víctimas que pertenecían al bando perdedor o que el régimen consideraba contrario a la ideología dominante.

En los primeros años de la transición democrática se aprobó la Ley 46/1977, de 15 de octubre, de Amnistía, que con una pretensión de reconciliación y de construcción de una sociedad democrática, se aplicó a todos los delitos de intencionalidad política e infracciones de naturaleza laboral y sindical.

Sin embargo, en la línea de lo establecido en normas internacionales como el Pacto Internacional de Derechos Civiles y Políticos (de

1966 y en vigor para nuestro país en 1977), la Convención contra la tortura y otros tratos o penas crueles, inhumanas o degradantes (1987) o la Convención Internacional para la protección de todas las personas contra las desapariciones forzadas, todos ellos en el marco de la ONU, también en España se va asentando la idea de conocer la verdad, hacer justicia y reparar a las víctimas. Influirán en nuestro país las experiencias que tuvieron varios países latinoamericanos al ir superando los regímenes dictatoriales que sufrieron en las últimas décadas del siglo XX (Argentina, Chile, Guatemala, etc.) y también la Recomendación de la Asamblea Parlamentaria del Consejo de Europa del 17 de marzo de 2006 en la que se condenaban "las graves violaciones de los derechos humanos cometidos en España por el régimen franquista".

Así, se aprobará la Ley 52/2007, de 26 de diciembre, por la que se reconocen y amplían derechos y se establecen medidas a favor de quienes padecieron persecución o violencia durante la guerra civil o la dictadura. Esa Ley hacía un reconocimiento general de las víctimas y su derecho individual y colectivo a la reparación, los poderes públicos asumían una serie de obligaciones dirigidas a reconocer la verdad de los hechos, localizar e identificar a los desaparecidos, desterrar cualquier forma de exaltación a la Dictadura en el espacio público y facilitar el acceso a los archivos públicos y privados.

Junto a la norma estatal, numerosas Comunidades Autónomas, al tratarse de una materia en la que concurren diversas competencias sectoriales, también han ido aprobando leyes de memoria histórica y democrática para sus respectivos territorios[1], en línea con los ob-

---

[1] Las CCAA que han aprobado leyes de memoria histórica y democrática son: Andalucía (Ley 2/2017, de 28 de marzo, de memoria histórica y democrática de Andalucía), Aragón (Ley 14/2028, de 8 de noviembre, de memoria democrática de Aragón), Baleares (Ley 2 2018, de 13 de abril, de memoria y reconocimientos democráticos de las Islas Baleares), Canarias (Ley 15/2018, de 14 de diciembre, de memoria histórica de Canarias y de reconocimiento y reparación moral de las víctimas canarias de la guerra civil y la dictadura), Cantabria (Ley 8/2021, de 17 de noviembre, de memoria histórica y democrática de Cantabria), Cataluña (Ley 13/2007, de 31 de octubre, del memorial democrático), Comunidad Valenciana (Ley 1/2019, de 21 de enero, de memoria histórica y democrática de Extremadura), La Rioja (Ley 5/2022, de 25 de abril, para la recuperación de la memoria democrática en La Rioja), Navarra (Ley Foral 33/2013, de 26 de

jetivos y principios de la norma nacional. En los casos de Cataluña (2007) y Canarias (2018), sus reformas estatutarias también han incluido expresamente una mención a la memoria democrática (art. 54 del EACat, dentro del capítulo de los principios rectores, y art. 34 del EACan, en el capítulo dedicado a los de derechos estatutarios).

Finalmente, tras quince años de aplicación de la ley estatal de 2007, se aprobó la vigente Ley 20/2022, de 19 de octubre, de memoria democrática. Esta ley, que deroga a la anterior, pretende superar las dificultades detectadas en su aplicación práctica, incorporar la experiencia acumulada en esos tres lustros y atender a las nuevas demandas del movimiento memorialista y la sociedad civil. La Ley declara que su objeto es la "recuperación, salvaguarda y difusión de la memoria democrática, entendida ésta como conocimiento de la reivindicación y defensa de los valores democráticos y los derechos y libertades fundamentales a lo largo de la historia contemporánea de España" (art. 1.1), aunque añade que busca "el reconocimiento de quienes padecieron persecución o violencia, por razones políticas, ideológicas, de pensamiento u opinión, de conciencia o creencia religiosa, de orientación e identidad sexual, durante el periodo comprendido entre el golpe de Estado de 18 de julio de 1936, la Guerra de España y la Dictadura franquista hasta la entrada en vigor de la Constitución Española de 1978" (art. 1.2). La ley se fundamenta en los conocidos principios de "verdad, justicia, reparación y garantía de no repetición" y apela a los "valores democráticos de concordia, convivencia, pluralismo político, defensa de los derechos humanos, cultura de paz e igualdad de hombres y mujeres" (art. 2.1).

---

noviembre, de reconocimiento y reparación moral de las ciudadanas y ciudadanos asesinados y víctimas de la represión a raíz del golpe militar de 1936), y País Vasco (Ley 9/2023, de 28 de septiembre, de memoria histórica y democrática de Euskadi). Se puede acceder a una recopilación de estas leyes y otras normas reglamentarias relacionadas en la web del Ministerio de Política Territorial y Memoria Democrática https://mpt.gob.es/memoria-democratica/normativa.html (consultada septiembre de 2024).

II. EL ESTATUTO DE AUTONOMÍA DE CANARIAS Y LA LEGISLACIÓN

El art. 34 del EACan de 2018 recoge un mandato a los poderes públicos canarios para que velen por el conocimiento de la memoria histórica de Canarias, tanto en lo referido a la identidad, autogobierno y cultura del pueblo canario, como sobre la lucha por las libertades democráticas. Destaca también la obligación de tomar iniciativas para el reconocimiento y rehabilitación de los perseguidos y apela a que la recuperación de la memoria histórica contribuya tanto a la identidad (se entiende que se refiere a los elementos identitarios del pueblo canario) como al mantenimiento de principios de multiculturalidad, tolerancia, democracia y rechazo a los totalitarismos.

El precepto, que se estructura en dos apartados, es algo reiterativo, al repetir en el párrafo segundo el necesario reconocimiento que se ha de expresar hacia las personas que han sido perseguidas por la defensa de los ideales y valores mencionados. Este artículo se corresponde con el art. 33 de la Propuesta de reforma estatutaria que se aprobó en el Parlamento de Canarias en 2015 y que no concluyó su tramitación.

Pocas semanas después de la aprobación del EACan en noviembre de 2018, se aprobó la Ley 15/2018, de 14 de diciembre, de memoria histórica de Canarias y de reconocimiento y reparación moral de las víctimas canarias de la guerra civil y la dictadura. La Ley canaria recuerda que la norma estatal de referencia en la materia (la ahora derogada Ley 52/2007) establecía un mandato general al conjunto de las administraciones públicas para colaborar en la investigación, localización, exhumación e identificación de las víctimas de la Guerra Civil y la posterior dictadura franquista[2]. También se señalan en el preámbulo de la Ley 15/2018 los títulos competenciales que legitiman la aprobación de la norma que constan en el EACan aprobado

---

[2] En virtud de esa previsión se suscribió el Convenio de colaboración entre el Ministerio de Justicia y la Comunidad Autónoma de Canarias para la elaboración y Aplicación del Mapa integrado de Fosas previsto en el artículo 12.2 de la Ley 52/2007, de 26 de diciembre por la que se reconocen y amplían derechos y se establecen medidas a favor de quienes padecieron persecución o violencia durante la Guerra Civil.

un mes antes: cultura y patrimonio cultural (arts. 136 y 137[3]) y educación (art. 133).

La Ley 15/2018 se estructura en un título preliminar, que establece el objeto y finalidad de la ley, y en tres títulos. El título I indica una serie de actuaciones que corresponden a la Administración Pública de la Comunidad en materia de memoria histórica: entre ellas la creación de un Registro de víctimas canarias, un mapa de fosas y protocolo de procedimiento de exhumaciones[4] y una Comisión Técnica de la Memoria Histórica[5]. El título II establece una serie de medidas relativas a símbolos y actos contrarios a la memoria histórica, previendo la elaboración de catálogos que faciliten su posterior retirada. El título III se refiere a las medidas para el reconocimiento y la divulgación de la memoria histórica, y prevé la creación de un Centro Virtual Documental de la Memoria Histórica.

La previsión del precepto estatutario respecto a la memoria histórica en relación con la defensa de la identidad y cultura del pueblo canario no ha tenido desarrollo normativo hasta la fecha.

III. LAS LEYES DE "CONCORDIA" Y RECURSOS DE INCONSTITUCIONALIDAD

Las leyes sobre memoria histórica casi nunca han tenido consenso político en los países que las han aprobado. Las opciones políticas

---

3 En ejecución de estas competencias, ya incluidas en el original EACan de 1982, se aprobó el Decreto 75/1996, de 30 de abril, por el que se declara Bien de Interés Cultural, con categoría de sitio histórico, a favor de la Sima de Jinámar, en el término municipal de Telde, isla de Gran Canaria y el Decreto 177/2008, de 29 de julio, por el que se declara Bien de Interés Cultural, con categoría de Sitio Histórico Los Pozos de los Desaparecidos en la Guerra Civil Española, situados en el término municipal de Arucas, isla de Gran Canaria, delimitando su entorno de protección.

4 Véase la Orden de 17 de marzo de 2021, por la que se aprueba el Protocolo de actuación para la localización, exhumación, identificación, conservación y reparación moral de restos de personas desaparecidas durante la Guerra Civil y la represión franquista en la Comunidad Autónoma de Canarias.

5 Véase el Decreto 5/2020, de 6 de febrero, por el que se aprueba el Reglamento de organización y funcionamiento de la Comisión Técnica de la Memoria Histórica.

más próximas a la ideología de las víctimas y defensores de los principios democráticos han defendido que es necesario recuperar una verdad completa de los periodos de autoritarismo no condicionada por las manipulaciones de los que han detentado el poder en esos periodos (reclaman que se aplique el lema de: verdad, justicia y reparación"), mientras que las opciones políticas herederas o ideológicamente contemporizadoras con los detentadores del poder en esas etapas no son partidarias de la aprobación de tales normas y apelan a amnistías generales. Nuestro país no es una excepción a este esquema. Prueba de ello es que nuestras leyes de memoria histórica, tanto estatal como autonómicas, han sido siempre impulsadas desde gobiernos de formaciones políticas de izquierda o nacionalistas/independentistas. La opción política conservadora mayoritaria, el Partido Popular, siempre ha sido reacia a la necesidad de aprobación de tales normas y ha apelado a la necesidad de superar aquellos episodios y no remover el pasado. De esta manera, según el color político de los gobiernos estatal y autonómicos, el impulso y financiación de las políticas activas de recuperación de la memoria han sido más o menos amplias, pero formalmente los gobiernos conservadores no modificaban la legislación vigente en materia de memoria histórica democrática.

Sin embargo, tras las elecciones autonómicas de 2023, se formaron varios gobiernos autonómicos de coalición mediante acuerdos entre el Partido Popular y Vox (Aragón, Castilla-León, Extremadura, Murcia y Valencia) y en otros casos gobiernos populares con acuerdos parlamentarios externos (Baleares y Cantabria). Entre las reivindicaciones que ponía Vox para apoyar en todas estas CCAA a gobiernos liderados por el PP, se encontraba derogar las leyes de memoria histórica.

De esta manera, se aprobó en Aragón la Ley 1/2024, de 15 de febrero, de derogación de la Ley 14/2018, de 8 de noviembre, de memoria histórica de Aragón. El preámbulo de la nueva norma aragonesa señalaba que la Ley de memoria 2018 imponía un relato histórico oficial, lo que vulneraría las libertades constitucionales de pensamiento, conciencia, expresión y cátedra, y olvidaba los crímenes cometidos durante el periodo de la II República (1931-36). El Presidente del Gobierno de España presentó recurso de inconstitucionalidad contra la ley aragonesa por vulneración del art. 10.2 de la

Constitución en tanto que éste señala que los derechos fundamentales (en particular en este caso la dignidad del art. 10.1 y el derecho a la vida, integridad física y moral del art. 15) han de interpretarse de acuerdo con la Declaración Universal de los Derechos Humanos y los tratados internacionales en la materia. También se sustenta el recurso en razones competenciales, en tanto se consideran vulneradas las competencias del Estado previstas en los arts. 149.1.1ª y 30ª CE, ya que la derogación de las previsiones de protección de los derechos de las víctimas en la Ley aragonesa imposibilita el cumplimiento de las previsiones de la Ley Estatal de Memoria Democrática en aquellas cuestiones de la exclusiva competencia autonómica que no puede suplir el Estado con su actuación (ámbito educativo, de patrimonio histórico y cultural de titularidad autonómica, archivos autonómicos, o medios de comunicación autonómicos). El Tribunal Constitucional ha admitido el recurso y, por aplicación del art. 161.2 CE, ha suspendido la vigencia y aplicación de la Ley recurrida en tanto se resuelve el procedimiento. A nuestro juicio, dejando al margen los contenidos de la ley, resulta difícil defender en términos jurídico-formales que la derogación de una norma autonómica por parte del legislador autonómico constituya *per se* una inconstitucionalidad por "falta de colaboración" con la legislación estatal cuando resulta evidente que hay otras CCAA en España (Madrid o Galicia) que carecen de este tipo de leyes porque nunca las han aprobado. Esta interpretación supondría impedir el margen de autonomía propio del legislador autonómico para el ejercicio de sus competencias, en tanto que una vez aprobada una ley ya no podría derogarla.

La Comunidad Valenciana aprobó la Ley 5/2024, de 26 de julio, de Concordia de la Comunidad Valenciana, que deroga a la anterior Ley de Memoria de 2017. A diferencia del caso de Aragón que es una simple derogación de la ley anterior, la nueva ley valenciana sí tiene contenido y extiende el concepto de víctimas a aquellas que se produjeron desde 1931, no sólo a partir del Golpe de Estado, y hasta nuestros días, así amplía la protección también a las víctimas de la II República y también añade a las del terrorismo de todo signo y momento (art. 1.2). La ley subraya que la "recuperación y preservación de la memoria de las víctimas evitará cualquier intento de revanchismo o manipulación de nuestra historia que aliente el enfrentamiento entre españoles" e insiste en que las acciones y entidades se denominen de “concordia”. El Ministerio de Administraciones Públicas y Memoria Democrática, con argumentos similares al caso de Aragón, ha enviado una comunicación al Gobierno valenciano, en virtud de lo previsto en el art. 33.2 de la LOTC, para iniciar una negociación que pudiera evitar la presentación de un recurso de inconstitucionalidad.

También se debe tener en cuenta que en julio de 2024 Vox decidió abandonar los gobiernos de coalición que tenía con el partido popular en varias CCAA y dar por rotos los acuerdos de legislatura. Con este nuevo escenario político, en algunas CCAA gobernadas por el partido popular (Castilla y León y Extremadura) se decidió, a finales de septiembre de 2024, paralizar la tramitación “leyes de concordia” que pretendían revisar las respectivas leyes autonómicas de memoria histórica. Sin embargo, en otros casos como Cantabria sí se ha continuado (se ha producido la toma en consideración de la proposición de ley el 25 de septiembre de 2024).

Referencias bibliográficas

Abad Liceras, J. M. (2009). *Ley de memoria histórica: la problemática jurídica de la retirada o mantenimiento de símbolos y monumentos públicos.* Dykinson, Madrid.

Bilbao Ubillos, J. M. (2008). “Derecho penal, memoria y verdad histórica: la criminalización de la negación del genocidio”. *Parlamento y Constitución,* (11), 39-73.

Chinchón Álvarez, J. (2008). “La Convención Internacional para la Protección de todas las Personas contra las Desapariciones Forzadas: Nunca es tarde si la dicha es ¿buena? Examen general y perspectivas en España tras la aprobación de la Ley de Memoria Histórica”. *Foro Revista de Ciencias Jurídicas y Sociales,* (7), 13-55.

Chinchón Álvarez, J. (2012). *El tratamiento judicial de los crímenes de la guerra civil y el franquismo en España: una visión de conjunto desde el derecho internacional.* Universidad de Deusto, Serie: Cuadernos Deusto de derechos humanos, 67, Bilbao.

Rodríguez-Drincourt, J. R. (2020). “Derecho a la memoria histórica”. *Comentarios al Estatuto de Autonomía de Canarias.* BOE, Madrid, 216-220.

E. DERECHOS RELACIONADOS CON LA ATENCIÓN A LA DISCAPACIDAD, LA DEPENDENCIA Y LOS SERVICIOS SOCIALES. LA RENTA DE CIUDADANÍA

El cambio de paradigma en el tratamiento de los derechos de las personas en situación de discapacidad y de dependencia y su repercusión en el Derecho español, en especial en el Estatuto de Autonomía de Canarias

MILAGROS PETIT SÁNCHEZ
Profesora Contratada Doctora de Derecho Civil
Universidad de Las Palmas de Gran Canaria
https://doi.org/10.36151/TLB_9788410955158.18

I. EL CONCEPTO DE DISCAPACIDAD Y LA INCIDENCIA DE LA CONVENCIÓN INTERNACIONAL DE NACIONES UNIDAS DE 2006 EN EL ORDENAMIENTO JURÍDICO ESPAÑOL

La discapacidad es un concepto muy amplio y diverso que ha ido evolucionando en las últimas décadas en razón a la consideración social. La Real Academia Española define a la discapacidad como la "situación de la persona que, por sus condiciones físicas, sensoriales, intelectuales o mentales duraderas, encuentra dificultades para su participación e inclusión social". Es, por tanto, una situación personal del sujeto con discapacidad que le imposibilita o dificulta el desarrollo de su actividad personal, pudiendo influir tanto en el funcionamiento de sus capacidades orgánicas y fisiológicas como en la afectación de sus aptitudes intelectuales, mermando su capacidad en la toma de decisiones[1].

Hasta finales del siglo XX, se consideraba que la finalidad de la regulación jurídica de la discapacidad era la necesidad de asistencia y protección institucional, abordada básicamente por la legislación estatal sobre asistencia y seguridad social, y, desde una perspectiva jurídico-privada, a través de la regulación de las instituciones de la incapacitación y de la tutela. La toma en consideración del Estado como un Estado social, con la labor asignada a los poderes públicos de promover las condiciones para que la libertad y la igualdad del individuo sean reales y efectivas —siendo la dignidad de todas las personas fundamento del orden político y de la paz social (art. 10.1 CE)—, fue determinando la necesidad de una regulación asistencial de los derechos de las personas con discapacidad[2].

La aprobación de la Convención Internacional de Naciones Unidas sobre los derechos de las personas con discapacidad de 2006[3]

---

1 Tradicionalmente se ha considerado a la discapacidad como una merma o una disminución en la capacidad de la persona que la padecía —entendida como incapacidad—, que le imposibilitaba total o parcialmente en el pleno desarrollo y ejercicio de sus derechos. Esta circunstancia debía ser atendida principalmente por la familia y, en menor medida, por las instituciones públicas. En este sentido, la concepción de la discapacidad partía del denominado modelo médico o rehabilitador en virtud del cual la discapacidad era considerada como un problema de la persona relacionado con su salud, su capacidad y su autonomía personal, motivado por las limitaciones funcionales del individuo que le impedían su adecuado desarrollo personal. El objetivo del modelo médico rehabilitador era —además de constatar estas causas como médicas y, por tanto, científicas—, "rehabilitar" a la persona con discapacidad para que pudiera integrarse en un entorno socialmente "normalizado".

2 Esta ordenación debía estar basada, no tanto en las limitaciones individuales de la persona, sino en los límites establecidos por el propio sistema, los cuales deberían ser removidos por el propio ordenamiento jurídico para que el ejercicio de los derechos de las personas con discapacidad fuera en igualdad de condiciones que los demás. Con ello se llegó al denominado modelo social de la discapacidad.

3 Aprobada por la Asamblea General de la Organización de Naciones Unidas el 13 de diciembre de 2006 en Nueva York, la Convención es un instrumento internacional orientado a garantizar a las personas con discapacidad el goce y el ejercicio de sus derechos sin discriminación y en igualdad de oportunidades,

marcó un punto de inflexión irreversible en la visión de la discapacidad y supuso una gran transformación en el tratamiento jurídico de la discapacidad[4]. El nuevo planteamiento de la discapacidad parte de ésta como una barrera social, creada por la propia sociedad, que limita el debido reconocimiento de las diversas capacidades funcionales de cada persona y el ejercicio de sus derechos en igualdad de condiciones que los demás. Es la dificultad en el ejercicio y en la realización de sus derechos donde la persona con discapacidad encuentra, en mayor o menor medida, los mayores obstáculos para su participación e inclusión social en igualdad de condiciones que los demás.

La línea marcada por la Convención Internacional de 2006 propulsó en el ordenamiento jurídico español la necesidad de adaptación del entorno jurídico de la situación de la persona con discapacidad para garantizarle el desarrollo pleno de su dignidad y la participación en la sociedad en igualdad de condiciones con los demás[5].

Nuestra CE de 1978 aborda la protección de las personas con discapacidad en su art. 49 —reformado recientemente por la Ley de 15 de febrero de 2024[6]—, estableciendo que las personas con discapa-

---

convirtiéndose en el primer tratado de derechos humanos del siglo XXI. Fue ratificada, junto con su Protocolo Facultativo, por España a través de Instrumento de ratificación de la Jefatura del Estado el 23 de noviembre de 2007 y publicada en el BOE, núms. 96 y 97, de 21 y 22 de abril de 2008 respectivamente, entrando en vigor el 3 de mayo de ese mismo año.

4 Su propósito era, según dispone el art. 1 en su primer párrafo, "promover, proteger y asegurar el goce pleno y en condiciones de igualdad de todos los derechos humanos y libertades fundamentales por todas las personas con discapacidad, así como promover el respeto de su dignidad inherente".

5 En este sentido, ha habido en España en los últimos años una gran producción normativa que ha tenido como destinatarios finales a las personas con discapacidad, considerándolas plenamente como sujetos titulares de derechos y no como meros objetos de tratamiento y protección social. Entre otras, la Ley 26/2011, de 1 de agosto, de adaptación normativa a la Convención Internacional sobre los Derechos de las Personas con Discapacidad, el Texto Refundido de la Ley General de derechos de las personas con discapacidad y de su inclusión social, aprobado mediante RDLeg 1/2013, de 29 de noviembre, la LO 2/2018, de 5 de diciembre, para la modificación de la LO del Régimen Electoral General, para garantizar el derecho de sufragio de todas las personas con discapacidad.

6 BOE núm. 43, de 17 de febrero de 2024. La redacción original del art. 49 encomendaba a los poderes públicos "una política de previsión, tratamiento, rehabi-

cidad ejercen los derechos previstos en el Título I "en condiciones de libertad e igualdad reales y efectivas" y que "los poderes públicos impulsarán las políticas que garanticen la plena autonomía personal y la inclusión social de las personas con discapacidad, en entornos universalmente accesibles". Nuestro texto constitucional consagra la dignidad de la persona y el libre desarrollo de la personalidad como claves de bóveda de nuestro Estado social y democrático de Derecho y la nueva redacción dada al art. 49, dedicado específicamente a la protección de las personas con discapacidad, es una plasmación concreta de esta configuración[7].

Pero no ha sido hasta la aprobación de la Ley 8/2021, de 2 de junio, por la que se reforma la legislación civil y procesal para el apoyo a las personas con discapacidad en el ejercicio de su capacidad jurídica[8], cuando se ha conseguido un verdadero cambio de paradigma en la consideración de la capacidad jurídica de las personas con discapacidad y de su ejercicio en las mismas condiciones de igualdad que el resto. La nueva regulación está inspirada —y así lo recoge en el apartado I de su Preámbulo— "en el respeto a la dignidad de la persona, en la tutela de sus derechos fundamentales y en el respeto a la libre voluntad de la persona con discapacidad". Ello ha supuesto un cambio radical en el régimen jurídico de la capacidad de la persona y un cambio de enfoque y de filosofía en el tratamiento de la persona con discapacidad. Se plantea actualmente la discapacidad como una cuestión de derechos humanos y debe entenderse, no como una limitación o deficiencia, sino como un conjunto de circunstancias diversas que sencillamente diferencian una persona de otra, y cuyo objetivo es considerar a las personas con discapacidad como sujetos titulares plenos de derechos y lograr garantizar su ejercicio en condiciones de igualdad[9].

---

litación e integración de los disminuidos físicos, sensoriales y psíquicos".

7 Con esta modificación, no solo se elimina del texto el término "disminuido" sino que por primera vez se hace referencia expresa a las asociaciones que trabajan en favor del colectivo de personas con discapacidad y a la especial vulnerabilidad de mujeres y menores con discapacidad.

8 BOE núm. 132, de 3 de junio de 2021.

9 La Ley tiene como principal justificación la ineludible necesidad de adecuar, de una vez por todas, el ordenamiento jurídico español a los dictados de la Convención Internacional. En este sentido, asume plenamente la defensa de la dig-

II. BREVE REFERENCIA AL CONCEPTO DE DEPENDENCIA Y SU REGULACIÓN JURÍDICA EN EL ORDENAMIENTO JURÍDICO ESPAÑOL

La dependencia es la necesidad de personas que se encuentran en situación de especial vulnerabilidad y que requieren de apoyos para desarrollar las actividades esenciales de la vida diaria, alcanzar una mayor autonomía personal y poder ejercer plenamente sus derechos de ciudadanía. El apoyo institucional a las personas que estén en una situación de dependencia física y emocional constituye uno de los principales retos de la política social de los países desarrollados.

La Ley 39/2006, de 14 de diciembre, de promoción de la autonomía personal y atención a las personas en situación de dependencia, conocida coloquialmente como Ley de Dependencia[10], ha sido —y sigue siendo— una norma importante en el sistema jurídico español en el reconocimiento de la necesidad de promover apoyos para el desarrollo de las actividades esenciales de la vida diaria de las personas en situación de dependencia. El objetivo de la norma es que las personas dependientes alcancen una mayor autonomía personal y puedan ejercer plenamente sus derechos de ciudadanía. Para ello se configuró un sistema de protección social, ampliando y complementando la acción protectora del Estado y del Sistema de la Seguridad Social, potenciando el avance del modelo de Estado social, así como incrementando el compromiso de todos los poderes públicos en promover y dotar los recursos necesarios para hacer efectivo un sistema de servicios sociales de calidad, garantistas y plenamente universales[11]. Para la consecución de tal fin, dicha ley desarrolla un modelo

---

nidad de la persona con discapacidad y el libre desarrollo de su personalidad en igualdad de condiciones que los demás, adaptando y modificando, sobre todo, aquellas cuestiones que afectan al ejercicio de los derechos de las personas con discapacidad, regulando los apoyos necesarios para el ejercicio de su capacidad jurídica.

10 Texto inicial publicado en BOE núm. 229, de 15 de diciembre de 2006.

11 Se crea el Sistema para la Autonomía y Atención a la Dependencia (SAAD) compuesto por una red de centros y servicios, tanto de propiedad de las Administraciones públicas como de titularidad privada. Entre los centros y servicios públicos que forman parte del sistema se encuentran los centros de servicios sociales de las CCAA y de las entidades locales. Por su parte, los centros de pro-

de atención integral al ciudadano organizándolo administrativamente en tres niveles. El primer nivel sería de competencia exclusiva del Estado, regulando las condiciones básicas que garanticen la igualdad de todos en el ejercicio de los derechos y en el cumplimiento de los deberes constitucionales. Como segundo nivel, la ley prevé un régimen de cooperación y financiación entre la Administración General del Estado y las CCAA mediante convenios para el desarrollo y aplicación de prestaciones y servicios contemplados en esta norma. Finalmente, las CCAA podrán desarrollar, si así lo estiman oportuno, un tercer nivel adicional de protección a los ciudadanos. Es en este tercer nivel autonómico donde la Comunidad Autónoma Canaria, mediante el reconocimiento legal que hace su Estatuto al derecho a una vida digna e independiente de todas las personas que se encuentren en situación de discapacidad o de dependencia, las integra en el contexto social y se les considera como sujetos aptos para desenvolverse en todas las esferas sociales, políticas y económicas, como personas útiles y necesarias para la sociedad, con un proyecto viable de vida independiente[12].

III. REGULACIÓN DE LA DISCAPACIDAD Y DE LA DEPENDENCIA EN LOS ESTATUTOS DE AUTONOMÍAS DE LAS COMUNIDADES AUTÓNOMAS, EN CONCRETO EN EL ARTÍCULO 16 DEL ESTATUTO DE AUTONOMÍA DE CANARIAS

El tratamiento jurídico de la discapacidad y de la dependencia en los diferentes EEAA de las CCAA es diverso según hayan sido o no

---

piedad privada que formen parte del Sistema deben encontrarse previamente concertados con las Administraciones Públicas y debidamente acreditados.

12 Hay que señalar que la discapacidad ni la dependencia pueden ser considerados términos sinónimos, sin perjuicio de que, en ciertos supuestos, la discapacidad pueda derivar en una situación de dependencia y a la inversa. La norma que regula los apoyos a las personas con discapacidad es referida básicamente para el ejercicio de su capacidad jurídica mientras que la ley de dependencia hace referencia a los medios económicos de carácter público como una modalidad de protección social de carácter complementario.

reformados desde su aprobación[13]. Algunos de los Estatutos reformados hacen referencias concretas a las personas con discapacidad y en situación de dependencia en el ámbito de los servicios sociales, estableciendo para ellos el derecho a recibir la atención adecuada a su situación, con el fin de garantizar la igualdad de oportunidades, su integración y accesibilidad universal, manteniendo su autonomía personal en las actividades de la vida diaria necesaria para su desarrollo personal y social[14].

El EACan regula en su art. 16 los derechos de las personas en situación de discapacidad y de dependencia[15]. Ya dispone su Preámbulo que "la consecución de la autonomía ha consolidado el proceso modernizador de la sociedad canaria, y su desfase secular en infraestructuras y equipamientos tiende a saldarse y a mejorar los indicadores de bienestar de los isleños", entre ellos a las personas en situación de discapacidad y/o de dependencia.

1. *La dignidad de la persona como eje fundamental de la regulación jurídica de las personas con discapacidad y en situación de dependencia*

El art. 16 EACan, en su apartado primero, garantiza el derecho a una vida digna e independiente de todas las personas que se encuentren en situación de discapacidad o de dependencia. El derecho a

---

13 Los estatutos que no han sido reformados y mantienen intacta la redacción desde su aprobación en la década de los 80 del pasado siglo no tienen regulación específica sobre discapacidad o dependencia (País Vasco, Galicia, Asturias, Cantabria, Murcia, Navarra, Castilla-La Mancha, Madrid), mientras que aquellos que sí han sido reformados, la regulación de la discapacidad va sobre todo encaminada a la atribución general de competencias a los poderes públicos de la Comunidad Autónoma para promover las condiciones para que la libertad y la igualdad de los individuos sean reales y efectivas, y para remover los obstáculos que impidan o dificulten su plenitud y faciliten la participación de todos los ciudadanos en la vida política, económica, cultural y social.

14 Así, en las CCAA de Andalucía, Cataluña, Valencia, Castilla-León e Islas Baleares.

15 En la redacción original dada por la LO 10/1982, de 10 de agosto, no contemplaba ninguna mención específica a los derechos del colectivo de personas con discapacidad o en situación de dependencia, siguiendo la tónica general del momento de concebir los EEAA como normas programáticas.

tener una vida digna e independiente está encuadrado en la noción general de dignidad humana entendiendo ésta como el derecho que tenemos todos los seres humanos a ser valorados como sujetos individuales y sociales por el simple hecho de ser personas, con nuestras características y peculiaridades particulares[16].

Nuestra Carta Magna, en el art. 10, dentro del catálogo de derechos fundamentales, reconoce y tutela la dignidad de la persona, junto con el libre desarrollo de su personalidad, como fundamento del orden político y de la paz social, claves de bóveda de nuestro Estado social y democrático de Derecho.

Por ello, las circunstancias que deriven en discapacidad o en dependencia deben considerarse como condiciones particulares que, sin menoscabar en ningún momento la dignidad personal, puedan hacer vulnerable al individuo que las conlleva, impidiendo la igualdad efectiva con los demás. En este sentido, son las instituciones del designado constitucionalmente como "Estado social" las que deben afrontar la estimación y la evaluación de la dignidad de personas vulnerables con discapacidad o en situación de dependencia, promoviendo y reforzando adecuados mecanismos legales de apoyo, protección y asistencia para aquellos sujetos acreedores de una atención particular[17]. Estos apoyos institucionales se deben concretar en me-

---

16 El carácter innato de los derechos humanos, su relación con la dignidad natural del hombre, y su incidencia sobre el reconocimiento de personalidad jurídica por los ordenamientos positivos, ya fue reafirmado por la Declaración Universal de Derechos del Hombre de 1948, adoptada en París por la Asamblea General de las Naciones Unidas el 10 de diciembre de 1948, en donde se recogen los derechos y libertades fundamentales, inherentes a todos los seres humanos, inalienables y aplicables en igual medida a todas las personas, nacidas en igualdad de dignidad y de derechos.

17 La Convención Internacional de 2006 optó por un modelo social-integrador, promoviendo y protegiendo los derechos de las personas con discapacidad, fomentando su participación e integración social en igualdad de condiciones, con plena accesibilidad y no discriminación, reconociendo su autonomía e independencia individual y comprometiendo a los Estados parte a la adopción de medidas tendentes al logro de los objetivos propuestos. Este modelo social fue la adaptación del denominado "modelo de barreras sociales de discapacidad", cuyo germen fue el "movimiento de vida independiente" gestado inicialmente en las luchas por los derechos civiles de los años sesenta en Estados Unidos, también en el Reino Unido y posteriormente con repercusión a nivel mundial, que

didas asistenciales, sanitarias y educativas, tendentes a su integración en la sociedad, con el objetivo de lograr una igualdad de oportunidades y un adecuado desarrollo personal.

La Ley 16/2019, de 2 de mayo, de Servicios Sociales de Canarias[18], pretende garantizar los derechos sociales inspirados en los principios de universalidad, dignidad de las personas e igualdad en el acceso, facilitando la autonomía, la igualdad y la libertad y permitiendo condiciones sociales y de acceso a bienes necesarios para una vida digna. Con ello se intenta paliar determinadas necesidades sociales de la realidad actual de Canarias y avanzar hacia la consecución de lo que se ha denominado el "cuarto pilar" del Estado del bienestar[19].

Se reconoce así el derecho de las personas con discapacidad y en situación de dependencia a vivir de forma digna e independiente, con las mismas opciones que los demás, comprometiéndose la Administración Pública en adoptar las medidas efectivas y pertinentes para facilitar el pleno goce de este derecho y la plena inclusión y participación en la comunidad de las personas afectadas. Debe asegurarse en especial que las personas con discapacidad o en situación de dependencia tengan la oportunidad de elegir su lugar de residencia, decidir con quién quieren vivir y puedan tener acceso a una variedad de servicios de asistencia domiciliaria, residencial y otros servicios de apoyo para facilitar su inclusión en la comunidad y evitar su aislamiento o separación de ésta.

---

fue una influencia positiva en las actividades de las organizaciones de personas con discapacidad.

18 BOC núm. 94, de 17 de mayo de 2019, que sustituye a sustituye a la anterior Ley 9/1987, de 28 de abril, de Servicios Sociales de la Comunidad Autónoma de Canarias.

19 De manera expresa, en el apartado III de su Preámbulo, hace referencia al sistema de responsabilidad pública en la atención social a las personas en situaciones de vulnerabilidad social en los servicios y prestaciones en los ámbitos de la discapacidad y la dependencia entre otros.

2. *El desarrollo personal y social en términos de igualdad y sin discriminación en el ejercicio de los derechos de la persona con discapacidad: el ejercicio de su capacidad jurídica*

El apartado segundo del art. 16 EACan establece que los poderes públicos promoverán activamente el derecho de las personas en situación de discapacidad o de dependencia a acceder en términos de igualdad y sin discriminación alguna al ejercicio de sus derechos, garantizando su desarrollo personal y social. Se plasma de esta manera la obligatoriedad de los poderes públicos de promover activamente el principio de igualdad y no discriminación reconocidos en el art. 14 CE[20].

Por su parte, la Convención Internacional de Naciones Unidas de 2006 reconocía como principios generales para la protección de los derechos y la dignidad de las personas con discapacidad, entre otros, los de igualdad entre personas, la no discriminación y la igualdad de oportunidades. En este contexto y para hacer realmente efectiva la igualdad, se estableció en el art. 12 del texto internacional el reconocimiento a las personas con discapacidad de la "capacidad jurídica en igualdad de condiciones con las demás en todos los aspectos de la vida", así como la obligatoriedad de los Estados a adoptar "las medidas pertinentes para proporcionar acceso a las personas con discapacidad al apoyo que puedan necesitar en el ejercicio de su capacidad jurídica"[21].

---

20 El tenor literal del texto constitucional establece que "los españoles somos iguales ante la ley, sin que pueda prevalecer discriminación alguna por razón de nacimiento, raza, sexo, religión, opinión o cualquier otra condición o circunstancia personal o social". La mención final a "condición o circunstancia personal o social" puede ser referida, entre otras, a que la situación de la discapacidad o de la dependencia no puede ser causa de desigualdad en el ejercicio de los derechos de ninguna persona.

21 Se ha de hacer notar que el enfoque dado en la Convención a la expresión "capacidad jurídica" supuso un cambio de paradigma en los términos clásicos de "capacidad jurídica" y "capacidad de obrar". La cuestión de la capacidad fue uno de los ámbitos en los que la Convención tuvo un especial impacto debido al cambio fundamental en la manera de abordarla, abarcando un significado amplio de capacidad que engloba la capacidad de obrar en el marco de la capacidad jurídica, contemplándola como una manifestación o un ejercicio de ésta.

En nuestro ordenamiento jurídico, ha sido la ya mencionada Ley 8/2021, por la que se reforma la legislación civil y procesal para el apoyo a las personas con discapacidad en el ejercicio de su capacidad jurídica, la que ha adecuado nuestro sistema jurídico a lo impuesto por la Convención, reformando el sistema de la capacidad de las personas y marcando un punto de inflexión en el tratamiento jurídico de la discapacidad. La nueva regulación de la capacidad sigue empleando el concepto de capacidad jurídica, como en el sistema anterior, para referirse a la titularidad de derechos, pero utiliza la expresión "ejercicio de la capacidad jurídica" para referirse a las concretas actuaciones que la persona puede llevar a cabo en el ejercicio de los derechos de que es titular, borrando cualquier referencia a la anterior expresión de "capacidad de obrar"[22]. La reforma del CC por la Ley 8/2021 ha sido la de mayor calado, pues sienta las bases del nuevo sistema basado en el respeto a la voluntad, deseos y preferencias de la persona con discapacidad, lo que informa toda la norma y se extrapola, a través de las demás modificaciones legales, al resto de la legislación civil y procesal.

La idea central del nuevo sistema es la determinación de apoyos a la persona que los precise[23]. Su función es la de asistir a la persona con discapacidad en el ejercicio de su capacidad jurídica en los ámbitos en los que sea preciso, respetando su voluntad, deseos y preferencias[24].

---

22 La modificación operada por la Ley 8/2021 trata de que la persona con discapacidad o en situación de dependencia pueda ejercer sus derechos por sí misma, a diferencia del sistema anterior en el que la capacidad de la persona podía ser judicialmente modificada —el anterior sistema de incapacitación— a través de una resolución judicial, atendiendo a causas que le impidieran su autogobierno, privándole o limitándole su capacidad de obrar y despojándole de la capacidad de ejercicio de sus derechos por sí mismo. La propia sentencia que declaraba la incapacitación o modificación de la capacidad determinaba su extensión y límites así como el régimen de tutela o guarda al que había de quedar sujeto el sujeto afectado.

23 Como indica la Exposición de Motivos de la Ley 8/2021, apoyo "es un término amplio que engloba todo tipo de actuaciones: desde el acompañamiento amistoso, la ayuda técnica en la comunicación de declaraciones de voluntad, la ruptura de barreras arquitectónicas y de todo tipo, el consejo, o incluso la toma de decisiones delegadas por la persona con discapacidad".

24 Las medidas de apoyo se pueden clasificar, atendiendo al artículo 250 CC, en medidas voluntarias, medidas informales y medidas judiciales. En primer lugar,

El actual art. 249 CC recoge una serie de principios generales en los que se dispone que las medidas de apoyo a las personas que las precisen para el adecuado ejercicio de su capacidad jurídica "tendrán por finalidad permitir el desarrollo pleno de su personalidad y su desenvolvimiento jurídico en condiciones de igualdad". En este sentido, el apartado segundo del art. 16 EACan *in fine* garantiza el

---

las medidas de apoyo de naturaleza voluntaria son las establecidas por las personas con discapacidad en las que designa quién debe prestarle apoyo y con qué alcance. Cualquier persona mayor de edad o menor emancipada, en previsión o apreciación de la concurrencia de circunstancias que puedan dificultarle el ejercicio de su capacidad jurídica en igualdad de condiciones con las demás, podrá prever o acordar en escritura pública medidas de apoyo relativas a su persona o bienes. Básicamente, estas medidas voluntarias se materializan en los denominados "poderes y mandatos preventivos", regulados en los artículos 256 a 262 CC.

En segundo lugar, la guarda de hecho es la medida informal de apoyo que como su nombre indica es generada de facto, es decir, sin constitución institucional previa, consistente en los apoyos aportados por el guardador de una persona con discapacidad para el ejercicio de sus derechos cuando aquel viniere ejerciendo una adecuada guarda de ésta. Está regulada en los artículos 263 a 267 CC, pudiendo surgir cuando no haya medidas voluntarias o judiciales que se estén aplicando eficazmente. El guardador de hecho no es representante de la persona guardada, y, si para alguna actuación precisa de esa representación, debe solicitarla a la autoridad judicial quien podrá concederla, previa comprobación de la necesidad, en los términos y con los requisitos adecuados a las circunstancias del caso. Ha de reseñarse que tal representación deberá ser ejercitada de conformidad con la voluntad, deseos y preferencias de la persona con discapacidad (art. 264 CC).

En tercer lugar, las medidas judiciales son apoyos formales constituidos por la autoridad judicial que se aplicarán a quienes precisen para el ejercicio de su capacidad de asistencia de manera continuada —la curatela— o de forma ocasional aunque sea recurrente —el defensor judicial, regulado en los artículos 295 a 298 CC—. La curatela, regulada en los artículos 268 a 294 CC, será constituida por la autoridad judicial en resolución motivada cuando no exista otra medida de apoyo suficiente para la persona con discapacidad. En ella, se determinarán de manera precisa los actos para los que la persona requiere asistencia del curador en el ejercicio de su capacidad jurídica atendiendo a sus concretas necesidades de apoyo. Ha de tenerse en cuenta que el curador no es representante de la persona a la que presta el apoyo, salvo en casos excepcionales en los que la representación del curador resulte imprescindible por las circunstancias de la persona con discapacidad, determinando la resolución judicial los actos concretos en los que el curador habrá de asumir la representación de la persona con discapacidad. En cualquier caso, se ha de garantizar el respeto de los derechos, la voluntad y las preferencias de la persona que precisa el apoyo.

desarrollo personal y social de las personas con discapacidad y en situación de dependencia pretendiendo con ello que adquieran y desarrollen habilidades que les permitan conseguir la normalización y favorezca su desarrollo de manera integral. Uno de los objetivos es alcanzar las capacidades sociales necesarias para interactuar con los demás de manera adecuada, trabajando los hábitos de autonomía personal y social y fomentando las relaciones con los demás, la comunicación y el desempeño de tareas cotidianas[25].

Por su parte, el apartado tercero del art. 16 EACan garantiza un sistema de calidad de los servicios y prestaciones especializados para las personas en situación de discapacidad o de dependencia, con la supresión de barreras físicas y legales facilitando su desarrollo en todas las facetas. Por otro lado, el apartado cuarto garantiza la enseñanza, la protección y el respeto del uso de la lengua de signos española y las condiciones que permitan alcanzar la igualdad de trato de las personas sordas que opten por esta lengua, adoptando las medidas necesarias que permitan la comunicación a través de la lengua de signos entre las personas sordas y las Administraciones de la Comunidad.

A modo de conclusión, la actual interpretación del libre desarrollo de la personalidad y el respeto a la dignidad de toda persona ha llevado a un mayor protagonismo del apoyo y asistencia a la persona con discapacidad o en situación de dependencia. La nueva concepción de la discapacidad está basada en el respeto a la dignidad de la persona, la tutela de sus derechos fundamentales y la prevalencia de su voluntad, deseos y preferencias en cualquier decisión que le afec-

---

25 La autonomía personal supone llegar a las capacidades que permiten desarrollar una vida lo más satisfactoria e independiente posible, decidiendo y llevando a cabo, las actividades de la vida cotidiana, utilizando en la medida de lo posible sus propias habilidades y recursos, afrontando y tomando decisiones con iniciativa propia en su forma de vivir y en sus relaciones personales. La autonomía se puede favorecer adaptando las tareas y el entorno y utilizando los apoyos necesarios para ello. Por eso es importante desarrollar apoyos que garanticen y mantengan dichos valores y garanticen el modo de vida independiente para todas las personas con discapacidad que lo elijan. En la consecución de estos objetivos ha tenido —y sigue teniendo— una relevancia fundamental la tarea realizada por las organizaciones representativas de los intereses de las personas con discapacidad, que desempeñan un papel esencial en el cumplimiento de las obligaciones que la Constitución y las leyes imponen a los poderes públicos, según reza el Preámbulo de la ley de reforma del art. 49 CE.

te. Partiendo de un concepto amplio de discapacidad, que incluya la situación de dependencia, esta línea de actuación centra su regulación en aquellos aspectos en los que dicha discapacidad afecta sobre todo a la integridad de la conciencia y la voluntad de la persona en la toma de sus decisiones.

Referencias bibliográficas

Bayod López, C. (2021). "Efectos de la reforma en materia de discapacidad en relación con los Derechos civiles territoriales". *Un nuevo orden jurídico para las personas con discapacidad.* Wolters Kluwer, 145-167.

García Rubio, M. P. (2022). "La reforma operada por la Ley 8/2021 en materia de apoyo a las personas con discapacidad: planteamiento general de sus aspectos civiles". *El nuevo Derecho de las capacidades. De la incapacitación al pleno reconocimiento.* Wolters Kluwer, 47-78.

Guilarte Martín-Calero, C. (2022). "Las grandes líneas del nuevo sistema de apoyos regulado en el Código Civil español". *El nuevo sistema de apoyos a las personas con discapacidad y su incidencia en el ejercicio de su capacidad jurídica.* Aranzadi, 21-80.

Munar Bernat, P. (2021). "Notas sobre algunos principios y las últimas novedades del anteproyecto". *Principios y preceptos de la reforma legal de la discapacidad. El Derecho en el umbral de la política,* Marcial Pons, 175-193.

Torres Costas, M. E. (2022). "La Convención de Nueva York y los principios que la inspiran". *El nuevo Derecho de las capacidades. De la incapacitación al pleno reconocimiento.* Wolters Kluwer, 15-45.

Evolución, en la Comunidad Autónoma de Canarias, de un modelo de servicios sociales de carácter asistencial a su reconocimiento como derecho subjetivo

YOLANDA ISABEL DÍAZ GUTIÉRREZ
Jefa del Servicio de Régimen Jurídico
Consejería de Bienestar Social, Igualdad, Juventud, Infancia y Familias
Gobierno de Canarias
https://doi.org/10.36151/TLB_9788410955158.19

I. INTRODUCCIÓN

El acceso a las ayudas, prestaciones, recursos que integran el sistema público de servicios sociales ha ido evolucionando en la Comunidad Autónoma de Canarias a medida que ésta iba asumiendo y desarrollando sus competencias.

Como se expondrá en el presente capítulo, la inicial configuración de los servicios sociales en Canarias, concebido como un sistema de carácter asistencial, ha evolucionado a un modelo en el que se reconoce el acceso a los servicios sociales como un auténtico derecho subjetivo, exigible ante la jurisdicción ordinaria. Si bien, analizaremos la "letra pequeña" para saber si realmente se ha conseguido.

En este proceso, ha sido clave la LO 1/2018, de 5 de noviembre, de reforma del Estatuto de Autonomía de Canarias (en adelante EAcan) y la normativa que se ha aprobado en su desarrollo.

El art. 29 del EAcan, dedicado a los "Derechos en el ámbito de los servicios sociales" establece:

> "1. Todas las personas tienen derecho a acceder en condiciones de igualdad a las prestaciones y servicios del sistema público de servicios sociales de responsabilidad pública.
> 2. Se garantiza por los poderes públicos canarios el deber de información integral de los servicios y prestaciones a su cargo.
> 3. Los poderes públicos canarios establecerán, en la forma que determine la ley, planes especializados de atención para las personas que garanticen los derechos dispuestos en los artículos 16 y 24 del presente Estatuto".

Para comprender el cambio que ha supuesto esta reforma del Estatuto de Autonomía de Canarias en el ámbito del acceso a los servicios sociales, es preciso analizar cómo ha ido evolucionando la regulación de esta materia en el ordenamiento jurídico.

II. LOS SERVICIOS SOCIALES EN LA CONSTITUCIÓN ESPAÑOLA

1. *Preceptos de la CE que se refieren a los servicios sociales*

La Constitución Española de 1978 (en adelante CE) en su artículo 1 proclama: "España se constituye en un Estado social y democrático de Derecho, que propugna como valores superiores de su ordenamiento jurídico la libertad, la justicia, la igualdad y el pluralismo político".

En su art. 9.2 establece: "Corresponde a los poderes públicos promover las condiciones para que la libertad y la igualdad del individuo y de los grupos en que se integra sean reales y efectivas; remover los obstáculos que impidan o dificulten su plenitud y facilitar la participación de todos los ciudadanos en la vida política, económica, cultural y social".

La CE no define que es el Estado Social, ni los servicios sociales.

Para Fernández-Miranda Campoamor, hay que partir de dos conceptos potencialmente interrelacionados pero perfectamente distinguibles e, incluso, potencialmente independientes. Un concepto estrictamente jurídico —el de Estado social de derecho— que recoge nuestra Constitución, y un concepto no normativo, sino descriptivo, sociopolítico y socioeconómico, que es el Estado de bienestar.

Donde encontramos una referencia más explícita en la CE a los "servicios sociales", es en el Capítulo III del Título I relativo a los principios rectores de la política social y económica, cuando establece "Los poderes públicos aseguran la protección social, económica y jurídica de la familia" (art. 39.1); o bien cuando señala "Los poderes públicos promoverán las condiciones favorables para el progreso social y económico y para una distribución de la renta regional y personal más equitativa, en el marco de una política de estabilidad económica (…)" (art. 40.1).

También cuando se refiere al régimen público de Seguridad Social para todos los ciudadanos que garantice la asistencia y prestaciones sociales suficientes ante situaciones de necesidad, especialmente en caso de desempleo (art. 41) y cuando reconoce el derecho a disfrutar de una vivienda digna y adecuada (art. 47).

Especial atención debemos prestar al art. 49[1] que dispone: "1. Las personas con discapacidad ejercen los derechos previstos en este Título en condiciones de libertad e igualdad reales y efectivas. Se regulará por ley la protección especial que sea necesaria para dicho ejercicio. 2. Los poderes públicos impulsarán las políticas que garanticen la plena autonomía personal y la inclusión social de las personas con discapacidad, en entornos universalmente accesibles. Asimismo, fomentarán la participación de sus organizaciones, en los términos que la ley establezca. Se atenderán particularmente las necesidades específicas de las mujeres y los menores con discapacidad".

Y también el art. 50 que establece: "Los poderes públicos garantizarán, mediante pensiones adecuadas y periódicamente actualizadas, la suficiencia económica a los ciudadanos durante la tercera edad. Asimismo, y con independencia de las obligaciones familiares,

---

1 Se transcribe con la redacción dada por la Reforma del artículo 49 de la Constitución Española, de 15 de febrero de 2024.

promoverán su bienestar mediante un sistema de servicios sociales que atenderán sus problemas específicos de salud, vivienda, cultura y ocio".

Estos principios rectores, al estar contemplados en el Capítulo III del Título Primero de la CE, no tienen la especial protección que se les reconoce a los derechos fundamentales; de forma que, atendiendo a lo dispuesto en el artículo 53.3 de la CE, el reconocimiento, el respeto y la protección de esos principios informarán la legislación positiva, la práctica judicial y la actuación de los poderes públicos y sólo podrán ser alegados ante la Jurisdicción ordinaria de acuerdo con lo que dispongan las leyes que los desarrollen.

2. *Distribución de competencias en servicios sociales*

Para el desarrollo de los derechos reconocidos en la CE, se articula un sistema de competencias, regulado en el Título VIII relativo a la Organización Territorial del Estado.

Así, el art. 148.1.20ª. de la CE, permite a las Comunidades Autónomas asumir competencias en materia de Asistencia Social.

Mientras que en el art. 149 de la CE se reservan las materias que le corresponden en exclusiva al Estado, tales como, la regulación de las condiciones básicas que garanticen la igualdad de todos los españoles en el ejercicio de los derechos y en el cumplimiento de los deberes constitucionales; nacionalidad, inmigración, emigración, extranjería y derecho de asilo; entre otras.

El Tribunal Constitucional ha definido el alcance de la materia asistencia social.

En la STC 36/2012, de 15 de marzo, FJ 4 (*Tol 2502660*), indica: "atendiendo a las pautas de algunos instrumentos internacionales como la Carta social europea, la asistencia social, en sentido abstracto, abarca a una técnica de protección situada extramuros del sistema de la Seguridad Social, con caracteres propios, que la separan de otras afines o próximas a ella. Se trata de un mecanismo protector de situaciones de necesidad específicas, sentidas por grupos de población a los que no alcanza el sistema de Seguridad Social y que opera mediante técnicas distintas de las propias de ésta. Entre sus caracteres típicos se encuentran, de una parte, su sostenimiento al margen de toda obligación contributiva o previa colaboración económica de los destinatarios o beneficiarios, y, de otra, su dispensación por entes públicos o por organismos dependientes de entes públicos, cualesquiera que éstos sean. De esta forma, la asistencia social vendría conformada como una técnica pública de protección, lo que la distingue de la clásica beneficencia, en la que históricamente halla sus raíces".

3. Desarrollo normativo

En el ejercicio de las competencias que le atribuye el art. 149 de la CE el Estado ha promulgado las siguientes leyes, que han ido desarrollando los derechos previstos en la CE en la materia que nos ocupa:

- LO 1/1996, de 15 de enero, de Protección Jurídica del Menor, de modificación parcial del Código Civil y de la Ley de Enjuiciamiento Civil.
- LO 4/2000, de 11 de enero, sobre derechos y libertades de los extranjeros en España y su integración social.
- LO 1/2004, de 28 de diciembre, de Medidas de Protección Integral contra la Violencia de Género.
- Ley 39/2006, de 14 de diciembre, de Promoción de la Autonomía Personal y Atención a las personas en situación de dependencia.
- LO 3/2007, de 22 de marzo, para la igualdad efectiva de mujeres y hombres.
- RDLeg 1/2013, de 29 de noviembre, por el que se aprueba el Texto Refundido de la Ley General de derechos de las personas con discapacidad y de su inclusión social.
- LO 8/2015, de 22 de julio, de modificación del sistema de protección a la infancia y a la adolescencia.
- Ley 26/2015, de 28 de julio, de modificación del sistema de protección a la infancia y a la adolescencia.
- Ley 43/2015, de 9 de octubre, del Tercer Sector de Acción Social.
- Ley 45/2015, de 14 de octubre, de Voluntariado.
- Ley 1/2021, de 24 de marzo, de medidas urgentes en materia de protección y asistencia a las víctimas de violencia de género.

- LO 8/2021, de 4 de junio, de protección integral a la infancia y la adolescencia frente a la violencia.
- LO 2/2022, de 21 de marzo, de mejora de la protección de las personas huérfanas víctimas de la violencia de género.
- LO 6/2022, de 12 de julio, complementaria de la Ley 15/2022, de 12 de julio, integral para la igualdad de trato y la no discriminación, de modificación de la Ley Orgánica 10/1995, de 23 de noviembre, del Código Penal.
- Ley 15/2022, de 12 de julio, integral para la igualdad de trato y la no discriminación.
- LO 10/2022, de 6 de septiembre, de garantía integral de la libertad sexual.
- LO 1/2023, de 28 de febrero, por la que se modifica la Ley Orgánica 2/2010, de 3 de marzo, de salud sexual y reproductiva y de la interrupción voluntaria del embarazo.
- Ley 4/2023, de 28 de febrero, para la igualdad real y efectiva de las personas trans y para la garantía de los derechos de las personas LGTBI.
- Ley 12/2023, de 24 de mayo, por el derecho a la vivienda.
- Ley 3/2024, de 30 de octubre, para mejorar la calidad de vida de personas con Esclerosis Lateral Amiotrófica y otras enfermedades o procesos de alta complejidad y curso irreversible.

III. LOS SERVICIOS SOCIALES EN LA LO 10/1982, DE 10 DE AGOSTO, DE ESTATUTO DE AUTONOMÍA DE CANARIAS

1. *Régimen jurídico de los servicios sociales y competencias*

Cuando se aprueba el Estatuto de Autonomía de Canarias, mediante LO 1/1982, de 10 de agosto[2], reconoce que los ciudadanos de Canarias son titulares de los derechos y deberes fundamentales

---

[2] La Ley Orgánica 1/1982, de 10 de agosto ha sido derogada por la Ley Orgánica 1/2018, de 5 de noviembre, de reforma del Estatuto de Autonomía de Canarias.

establecidos en la Constitución y que los poderes públicos canarios, asumen como principios rectores de su política la promoción de las condiciones necesarias para el libre ejercicio de los derechos y libertades de los ciudadanos y la igualdad de los individuos y los grupos en que se integran.

En aquel momento no se definían expresamente los servicios sociales.

La referencia a los mismos, la encontramos en el régimen jurídico competencial. Así, en su artículo 29, se regulan las materias en las que la Comunidad Autónoma ostentaba competencias exclusivas, entre las que se incluyen "Asistencia social y servicios sociales".

Aparte de estas competencias exclusivas, también se han de tener en cuenta las competencias de ejecución en materia de "Instituciones públicas de protección y tutela de menores", y de "Ejecución de los Servicios de la Seguridad Social" previstas en el artículo 34 de la mencionada LO 1/1982, de 10 de agosto.

2. *Desarrollo normativo*

En ejercicio de estas competencias, la Comunidad Autónoma de Canarias promulgó la Ley 9/1987, de 28 de abril, de Servicios Sociales[3].

El objeto de esta Ley, según lo dispuesto en su artículo 1 es "garantizar el derecho de todos los ciudadanos a los servicios sociales, facilitando su acceso a los mismos, orientados a evitar, y superar conjuntamente con otros elementos del régimen público de Bienestar Social, las situaciones de necesidad y marginación social que presenten individuos, grupos y comunidades en el territorio canario, favoreciendo el pleno y libre desarrollo de éstos".

Para ello, creó un sistema de servicios sociales de responsabilidad pública que tenía, entre otras, las siguientes líneas de actuación:

a) Promover y potenciar todas aquellas actividades, servicios y recursos que permitan una mejora de la calidad de vida de los ciudada-

---

3 La Ley 9/1987, de 28 de abril, de Servicios Sociales ha sido derogada por la Ley 16/2019, de 2 de mayo, de Servicios Sociales de Canarias.

nos, en condiciones de igualdad, así como el incremento y mantenimiento del bienestar social

b) Prevenir y eliminar las causas que conducen a la marginación.

c) Atención y apoyo a las personas y grupos sociales, especialmente en casos de carencia y dependencia.

d) Rehabilitación y promoción social de individuos, grupos y comunidades, tendente a conseguir la integración de todos los ciudadanos en la sociedad, favoreciendo la participación y solidaridad ciudadana.

Esta Ley 9/1987, de 28 de abril, supuso el inicio del desarrollo del sistema de servicios sociales en Canarias, estableciendo las funciones, servicios, así como las prestaciones que lo integraban; los usuarios a los que iban dirigidos, la estructura del sistema de servicios sociales, etc. Si bien, en aquel momento, no se contemplaba el acceso a los servicios sociales como un auténtico derecho subjetivo.

Además de esta importante Ley, el sistema de servicios sociales se fue configurando a través de relevantes Leyes, como son las siguientes:

- Ley 1/1993, 26 marzo, de creación y regulación de la Escuela de Servicios Sanitarios y Sociales de Canarias.
- Ley 1/1994, de 13 de enero, del Instituto Canario de Igualdad[4].
- Ley 8/1995, de 6 de abril, de accesibilidad y supresión de barreras físicas y de la comunicación.
- Ley 3/1996, de 11 de julio, de participación de las personas mayores y de la solidaridad entre generaciones.

---

4 En virtud de la disposición adicional tercera de la Ley 1/2010, de 26 de febrero, Canaria de Igualdad entre Mujeres y Hombres, se modifica el artículo 1 de la Ley 1/1994, de 14 de enero, de tal manera que el Instituto Canario de la Mujer pasa a denominarse "Instituto Canario de Igualdad".

IV. LOS SERVICIOS SOCIALES EN LA LO 4/1996, DE 30 DE DICIEMBRE, DE REFORMA DE LA LO 10/1982, DE 10 DE AGOSTO, DE ESTATUTO DE AUTONOMÍA DE CANARIAS

1. *Régimen competencial*

A través de la LO 4/1996, de 30 de diciembre se reformó significativamente el Estatuto de Autonomía de Canarias.

Si bien, respecto a la materia que nos ocupa, el cambio tiene que ver con una ampliación de las competencias que asume la Comunidad Autónoma de Canarias.

En concreto, se mantiene la competencia exclusiva sobre "Asistencia Social y servicios sociales" (art. 30.13) y se atribuye competencia exclusiva en materia de "Instituciones públicas de protección y tutela de menores de conformidad con la legislación civil, penal y penitenciaria del Estado" (art. 30.14), que recordemos que solo ostentaba competencias de ejecución.

También, en virtud del art. 33, se le atribuyen competencias de ejecución en materia de "Gestión de las prestaciones sanitarias y sociales del sistema de la Seguridad Social y de los servicios del Instituto Nacional de la Salud, Instituto Nacional de Servicios Sociales e Instituto Social de la Marina".

2. *Desarrollo normativo*

A partir de esta reforma, se siguió desarrollando el sistema de servicios sociales en Canarias mediante las siguientes leyes:

- Ley 1/1997, 7 febrero, de Atención Integral a los Menores.
- Ley 4/1998, de 15 de mayo, de Voluntariado de Canarias.
- Ley 3/2017, de 26 de abril, de perros de asistencia para personas con discapacidad en la Comunidad Autónoma de Canarias.
- Ley 1/2007, de 17 de enero, por la que se regula la prestación canaria de inserción[5].

---

5 Derogada por la Ley 5/2022, de 19 de diciembre, de la renta canaria de ciudadanía.

- Ley 1/2010, de 26 de febrero, Canaria de Igualdad entre Mujeres y Hombres.
- Ley 16/2003, de 8 de abril, de prevención y protección integral de las mujeres contra la violencia de género.

A ello hay que añadir la aprobación de disposiciones de carácter general en desarrollo de las leyes indicadas que, también contribuyeron al avance de los servicios sociales en Canarias, entre las que se pueden citar el Decreto 40/2000, de 15 de marzo, por el que se aprueba el Reglamento de organización y funcionamiento de los centros de atención a menores en el ámbito de la Comunidad Autónoma Canaria; el Decreto 13/2002, de 13 de febrero por el que se desarrolla la Ley 4/1998, de 15 de mayo, de Voluntariado de Canarias; entre otras.

También es importante indicar la legislación de ámbito nacional que afectó a los servicios sociales, entre las que es imprescindible citar el Real Decreto Legislativo 1/2013, de 29 de noviembre, por el que se aprueba el Texto Refundido de la Ley General de derechos de las personas con discapacidad y de su inclusión social y la Ley 39/2006, de 14 de diciembre, de Promoción de la Autonomía Personal y Atención a las personas en situación de dependencia. Esta última necesitó la aprobación de normas autonómicas para su ejecución y desarrollo.

Por su relevancia, conviene detenernos en la citada Ley 39/2006, de 14 de diciembre.

El objeto de esta Ley es regular las condiciones básicas que garanticen la igualdad en el ejercicio del derecho subjetivo de ciudadanía a la promoción de la autonomía personal y atención a las personas en situación de dependencia, en los términos establecidos en las leyes, mediante la creación de un Sistema para la Autonomía y Atención a la Dependencia, con la colaboración y participación de todas las Administraciones Públicas y la garantía por la Administración General del Estado de un contenido mínimo común de derechos para todos los ciudadanos en cualquier parte del territorio del Estado español.

La aprobación de esta Ley cuestionó si afectaba a las competencias exclusivas en materia de asistencia social de las Comunidades Autónomas.

Al respecto resulta de interés la STC 33/2014, de 27 de febrero, FJ 4 (*Tol 4143260*) que señala: "La Constitución se refiere a la asistencia social en su art. 148.1.20 como una materia sobre la que las Comunidades Autónomas pueden asumir la competencia. Así lo ha hecho Cataluña en el artículo 166 de su vigente Estatuto de Autonomía que caracteriza las competencia de la Comunidad Autónoma en materia de asistencia social como exclusiva; no obstante tal caracterización, y como hemos tenido la oportunidad de reiterar, la competencia de la Comunidad Autónoma «no impide el ejercicio de las competencias del Estado *ex* art. 149.1 CE, sea cuando éstas concurran con las autonómicas sobre el mismo espacio físico o sea sobre el mismo objeto jurídico» [STC 31/2010, de 28 de junio, FJ 104 (*Tol 1880189*)]. Al respecto, debemos insistir una vez más que las competencias autonómicas sobre materias no incluidas en el art. 149.1 CE, aunque se enuncien como «competencias exclusivas», no cierran el paso a las competencias estatales previstas en aquel precepto constitucional. Por tanto, y como ya tuvimos ocasión de afirmar en relación, precisamente, con el artículo 166 del vigente Estatuto de Autonomía de Cataluña, «el enunciado de la competencia autonómica como exclusiva no enerva las diferentes competencias del Estado que puedan estar implicadas (art. 149.1.6, 7 y 17 CE, entre otras), debiendo insistir, no obstante, en que de ningún modo se precisa una expresa salvaguarda de las competencias constitucionalmente reservadas al Estado por el art. 149.1 CE, puesto que constituyen límites infranqueables a los enunciados estatutarios [STC 31/2010, FJ 104 (*Tol 1880189*)]".

Confirmada la constitucionalidad de dicha norma, ha sido aplicada en Canarias a través de las siguientes normas reglamentarias:

- Decreto 54/2008, de 25 de marzo, por el que se regula el procedimiento para el reconocimiento de la situación de dependencia y del derecho a las prestaciones del Sistema para la Autonomía y Atención a la Dependencia, establecido en la Ley 39/2006, de 14 de diciembre, de Promoción de la Autonomía Personal y Atención a las personas en situación de dependencia.
- Decreto 67/2012, de 20 de julio, por el que se aprueba el Reglamento regulador de los centros y servicios que actúen en el ámbito de la promoción de la autonomía personal y la atención a personas en situación de dependencia en Canarias.

- Decreto 131/2011, de 17 de mayo, por el que se establecen las intensidades de protección de los servicios y los criterios para determinar las compatibilidades y las incompatibilidades entre las prestaciones de atención a la dependencia del Sistema para la Autonomía y Atención a la Dependencia en el ámbito de la Comunidad Autónoma de Canarias.
- Decreto-ley 3/2023, de 23 de marzo, por el que se aprueban las condiciones y las cuantías máximas de las prestaciones económicas vinculada al servicio y la de cuidados en el entorno familiar y de apoyo a personas cuidadoras no profesionales, reguladas en la Ley 39/2006, de 14 de diciembre, de Promoción de la Autonomía Personal y Atención a las personas en situación de dependencia, aplicables en la Comunidad Autónoma de Canarias.

V. LOS SERVICIOS SOCIALES EN LA LO 1/2018, DE 5 DE NOVIEMBRE, DE REFORMA DEL ESTATUTO DE AUTONOMÍA DE CANARIAS

1. Régimen jurídico de los servicios sociales en el vigente EAcan

Mediante la LO 1/2018, de 5 de noviembre, de reforma del Estatuto de Autonomía de Canarias, se aprueba un nuevo Estatuto de Autonomía de Canarias.

Se trata de un Estatuto de Autonomía de los denominados de "Tercera generación". Entre otros aspectos, se caracteriza por incorporar una extensa lista de derechos.

Así, el Título I lo dedica a los "Derechos, deberes y principios rectores", comprendiendo los arts. 9 a 37.

En su art. 29 regula los derechos en el ámbito de los servicios sociales, bajo las siguientes premisas:

- En primer lugar, establece el derecho de acceso de todas las personas, en condiciones de igualdad, a las prestaciones y servicios del sistema público de servicios sociales de responsabilidad pública.

- En segundo lugar, garantiza el deber de información integral de los servicios y prestaciones.
- Y, por último, ordena a los poderes públicos establecer planes especializados de atención para las personas que garanticen los derechos dispuestos en el art. 16 (Derechos de las personas en situación de discapacidad y de dependencia) y en el art. 24 (Derecho a una renta de ciudadanía).

El contenido de este artículo ha sido desarrollado en el ejercicio de la competencia que le atribuye el artículo 142 del EACan, que establece:

> "1. Corresponde a la Comunidad Autónoma de Canarias la competencia exclusiva en materia de servicios sociales, que incluye, en todo caso:
>
> a) La regulación y la ordenación de los servicios sociales, las prestaciones técnicas y económicas con finalidad asistencial o complementaria de otros sistemas de previsión pública, así como de los planes y los programas específicos dirigidos a personas y colectivos en situación de pobreza o de necesidad social.
>
> b) El control de los sistemas privados de protección social complementaria.
>
> 2. Corresponde a la Comunidad Autónoma de Canarias el establecimiento de políticas públicas que favorezcan el regreso de los canarios que emigraron, así como el de sus descendientes".

2. Desarrollo normativo

2.1. En cuanto al derecho de acceso

Por su importancia, es imprescindible destacar la Ley 16/2019, de 2 de mayo, de servicios sociales de Canarias, modificada por Ley 3/2020, de 27 de octubre.

Según establece el Preámbulo de la citada Ley 16/2019, de 2 de mayo: "Los servicios sociales constituyen uno de los servicios públicos del Estado del bienestar, integrados por el conjunto de servicios y prestaciones orientados a garantizar el derecho de todas las personas y grupos en que se integran a la protección social, en los términos recogidos en las leyes, y tienen como finalidad la prevención, atención o cobertura de las necesidades individuales y sociales básicas de las personas en su entorno, con el fin de alcanzar o mejorar su bienestar. Estos servicios, configurados como un elemento esencial del Estado del bienestar, están dirigidos a alcanzar el pleno desarrollo de los derechos de las personas en la sociedad durante todas las etapas de su vida y a promocionar la cohesión social y la solidaridad".

Asimismo, indica que "el instrumento central de este nuevo marco legislativo para Canarias es la instauración del derecho a los servicios sociales, constituido como un derecho subjetivo y universal de la ciudadanía".

En efecto, en su art. 3 apdo. 1, dispone: "El acceso a las prestaciones del sistema público de servicios sociales se configura como derecho subjetivo, dentro del marco de los requisitos generales de acceso al mencionado sistema y de los requisitos de acceso específicos que se regulen para cada prestación o servicio en esta ley, su desarrollo reglamentario y la normativa en vigor en materia de servicios sociales".

Señalando en el apdo. 2 de ese art. 3: "Las personas titulares podrán reclamar en la vía administrativa y judicialmente, bien directamente, bien a través de las personas jurídicas legalmente habilitadas para la defensa de los derechos e intereses legítimos colectivos, el cumplimiento del derecho a las prestaciones y servicios que recoge la presente ley y las disposiciones que la desarrollen".

A la vista de lo expuesto, parece que ya está reconocido el derecho de acceso a las prestaciones del sistema público de servicios sociales como un derecho subjetivo, exigible ante la jurisdicción ordinaria.

Pues bien, la citada Ley 16/2019, de 2 de mayo, condiciona la efectividad jurídica de ese derecho al calendario de implantación fijado por el Catálogo de Servicios y Prestaciones, salvo los servicios y prestaciones contemplados en la Ley 39/2006, de 14 de diciembre, de Promoción de la Autonomía Personal y Atención a las personas en situación de dependencia (que tiene su propio calendario).

A este respecto, cabe señalar que en virtud del Decreto 57/2023, de 27 de abril, se aprueba el Catálogo de Servicios y Prestaciones del Sistema Público de Servicios Sociales de Canarias, se determinan los requisitos y condiciones de acceso a los servicios y prestaciones del Sistema y el procedimiento de su actualización y revisión.

En su disposición final segunda, relativa a la "Implementación y desarrollo" establece: "La garantía del cumplimiento de los derechos subjetivos contenidos en este Catálogo se concretará en la implementación y desarrollo de los servicios y prestaciones de obligada provisión por parte de las Administraciones públicas mediante el desarrollo del plan estratégico de servicios sociales, en los planes sectoriales y, en su caso, en los planes especiales, y su despliegue se supeditará a lo establecido en el Mapa de servicios sociales de Canarias, que permitirá conocer su adecuada distribución por todo el territorio de la Comunidad Autónoma de Canarias".

Por tanto, habrá que esperar al desarrollo de estos instrumentos para conseguir la efectividad jurídica plena del derecho de acceso a las prestaciones del sistema público de servicios sociales.

2.2. En cuanto a la garantía del deber de información integral de los servicios y prestaciones

La citada Ley 16/2019, de 2 de mayo, establece en su art. 10, que las personas usuarias del sistema público de servicios sociales tendrán garantizado el ejercicio de los siguientes derechos:

> "c) A recibir información profesional, suficiente, veraz y fácilmente comprensible, y si lo requiere por escrito, sobre:
>
> – Los servicios y prestaciones disponibles y los requisitos necesarios para acceder a los mismos.
>
> – Los derechos y deberes de las personas usuarias.
>
> – Los mecanismos de presentación de quejas y reclamaciones.
>
> (...)
>
> e) A conocer la valoración y diagnóstico técnico y a un itinerario individualizado de su situación y del tipo de intervención que se les asigne y, dentro de los plazos que reglamentariamente se determinen, a disponer de la misma en un lenguaje claro y comprensible".

Además, la "información" se configura como un servicio del sistema público de servicios sociales, definido en el art. 20.3 a) de la citada Ley 16/2019, de 2 de mayo, en los términos siguientes: "servicio que posibilita a las personas, familias y grupos acceder en tiempo y forma a un conocimiento adecuado y suficiente sobre los derechos, servicios y prestaciones que pueden favorecer su inclusión social, autonomía y bienestar social, garantizando una información veraz, accesible y facilitada en términos comprensibles".

Para garantizar el cumplimiento de este servicio, la citada Ley prevé distintos instrumentos, entre los que se encuentran el Sistema Canario Unificado de Información, la Historia Social Única, el Plan de Intervención Social, el Plan Estratégico de Servicios Sociales, los planes sectoriales de servicios sociales y el mapa de servicios sociales.

2.3. Planes especializados de atención para las personas que garanticen los derechos dispuestos en el artículo 16 (Derechos de las personas en situación de discapacidad y de dependencia) y 24 (Derecho a una renta de ciudadanía)

El art. 29.3 del EACan, establece que los poderes públicos canarios establecerán, en la forma que determine la ley, planes especializados de atención para las personas que garanticen los derechos dispuestos en los artículos 16 y 24 del presente Estatuto.

El art. 16 del EACan dispone:

> "1. Se garantiza el derecho a una vida digna e independiente de todas las personas que se encuentren en situación de discapacidad o de dependencia.
>
> 2. Los poderes públicos promoverán activamente el derecho de las personas en situación de discapacidad o de dependencia a acceder en términos de igualdad y sin discriminación alguna al ejercicio de sus derechos, garantizando su desarrollo personal y social.
>
> 3. Se garantizará por los poderes públicos un sistema de calidad de los servicios y prestaciones especializados para las personas en situación de discapacidad o de dependencia, con la supresión de barreras físicas y legales facilitando su desarrollo en todas las facetas, conforme se establezca en las leyes.
>
> 4. El uso de la lengua de signos española y las condiciones que permitan alcanzar la igualdad de trato de las personas sordas que opten por esta lengua, que será objeto de enseñanza, protección y respeto. A estos efectos, y entre otras acciones, se adoptarán las medidas necesarias que permitan la comunicación a través de la lengua de signos entre las personas sordas y las Administraciones de la Comunidad".

En ese sentido, y partiendo de la visión integradora del sistema público de servicios sociales de Canarias, que instaura la citada Ley 16/2019, de 2 de mayo, se deben aprovechar los instrumentos que se regulan en la misma para dar cumplimiento a los derechos reconocidos en el artículo 16 del EACan.

Por otro lado, es importante reseñar la Ley 12/2019, de 25 de abril, por la que se regula la atención temprana en Canarias.

En su art. 2 define la atención temprana como: "el conjunto de intervenciones dirigidas a la población infantil de 0 a 6 años, a la familia y al entorno, que tienen por objetivo dar respuesta lo más pronto posible a las necesidades transitorias o permanentes que presentan los niños y las niñas con trastornos en su desarrollo o que tienen el riesgo de padecerlos. Estas intervenciones, que deben considerar la globalidad del menor, han de ser planificadas por un equipo de profesionales de orientación interdisciplinar o transdisciplinar".

En cuanto al derecho a una renta de ciudadanía, el art. 24 del EACan, dispone:

> "1. Las personas que se encuentren en situación de exclusión social tienen derecho a acceder a una renta de ciudadanía en los términos que establezcan las leyes.
>
> 2. Los poderes públicos canarios velarán por erradicar los efectos de la pobreza y la exclusión social en las personas que viven en Canarias a través del desarrollo de los servicios públicos".
>
> Este derecho se ha concretado en la Ley 5/2022, de 19 de diciembre, de la renta canaria de ciudadanía.
>
> El objeto de dicha Ley, según lo establecido en su art. 1 es: "regular el derecho a la renta de ciudadanía, como prestación económica de percepción periódica, del sistema público de servicios sociales de la Comunidad Autónoma de Canarias dirigida a prevenir el riesgo de pobreza, paliar situaciones de exclusión social, garantizar el desarrollo de una vida digna y promover la plena inclusión en la sociedad y, en su marco: a) Reconocer el derecho a las prestaciones económicas que aseguren la cobertura de las necesidades básicas a la unidad de convivencia que carezca de recursos económicos suficientes para atender dichas necesidades. b) Regular el derecho a los programas y servicios de inclusión social y/o inserción laboral, con el fin de prevenir y atender a las personas en situación de exclusión o vulnerabilidad social"

En aplicación de la legislación citada, se ha producido el desarrollo reglamentario que se relaciona a continuación:

- Decreto 22/2021, de 15 de abril, por el que se aprueba el Reglamento de los órganos colegiados de la Ley 16/2019, de 2 de mayo, de Servicios Sociales de Canarias.
- Decreto 144/2021, de 29 de diciembre, por el que se aprueba el Reglamento del concierto social en el ámbito de los servicios sociales de la Comunidad Autónoma de Canarias.

- El ya citado Decreto 57/2023, de 27 de abril, por el que se aprueba el Catálogo de Servicios y Prestaciones del Sistema Público de Servicios Sociales de Canarias, se determinan los requisitos y condiciones de acceso a los servicios y prestaciones del Sistema y el procedimiento de su actualización y revisión.

V. LOS SERVICIOS SOCIALES COMO OBJETIVO NÚMERO 1 DEL GOBIERNO DE CANARIAS

Mediante Acuerdo del Gobierno de Canarias adoptado en sesión celebrada el día 6 de noviembre de 2023, se aprueba la misión, visión y objetivos del Gobierno de Canarias para 2024-2027 (BOC nº 219, de 8.11.2023).

Según lo dispuesto en ese Acuerdo, la Misión es "mejorar la calidad de vida y la modernización de Canarias, situando a sus ciudadanos y ciudadanas en el centro del sistema público y de la actividad administrativa".

Establece como objetivo 1: "Garantizar la sostenibilidad y la mejora del sistema de bienestar en Canarias que tiene a las personas como su principal referente en la Sanidad, en los Servicios Sociales, en el acceso a la vivienda".

Asimismo, ordena a los distintos departamentos a incorporar estos aspectos en su propuesta de planificación estratégica, alineándose con ellos y con los retos región, políticas aceleradoras, prioridades de actuación y metas de la Agenda Canaria de Desarrollo Sostenible 2030.

Por tanto, constituye un mandato del poder ejecutivo seguir desarrollando el sistema público de servicios sociales, no solo para dar cumplimiento a lo dispuesto en la vigente legislación, sino para garantizar la sostenibilidad y la mejora del sistema de bienestar en Canarias.

Por otra parte, cabe mencionar la oportunidad que han brindado los fondos procedentes del instrumento europeo de recuperación denominado "*Next Generation EU*".

La ejecución de los recursos financieros del Fondo Europeo de Recuperación se realiza a través del Plan de Recuperación Transformación y Resiliencia, aprobado por el Consejo de Ministros el 27 de abril de 2021, y de conformidad con lo establecido en la Decisión de Ejecución del Consejo relativa a la aprobación de la evaluación del Plan de Transformación, Recuperación y Resiliencia de España (*Council Implementing Decision* - CID) de 13 de julio de 2021 y evaluado favorablemente por la Comisión Europea el 16 de junio de 2021[6].

El Plan de Recuperación se estructura en diez políticas palanca que integran, a su vez, 31 componentes o líneas de acción, estructuradas en 111 reformas y 142 inversiones.

En el ámbito que nos ocupa, destacar la Palanca VIII "Nueva economía de los cuidados y políticas de empleo", que integra el componente 22: Plan de choque para la economía de los cuidados y refuerzo de las políticas de inclusión.

Por tanto, la Unión Europea también es consciente de la necesidad de avanzar en el desarrollo de los servicios sociales.

VI. CONSIDERACIONES FINALES

1. El vigente EAcan, aprobado en 2018, es el primer Estatuto de Autonomía de Canarias en el que se regulan derechos en el ámbito de los servicios sociales.

A ello dedica el artículo 29 y son:

a. El derecho de acceso en condiciones de igualdad a las prestaciones y servicios del sistema público de servicios sociales de responsabilidad pública.

b. Garantizar la información integral de los servicios y prestaciones.

c. Establecer planes especializados de atención para garantizar los derechos previstos en el artículo 16, como son garantizar el derecho a una vida digna e independiente de las personas en situación de discapacidad o de dependencia, la supresión de las barrera físicas

---

6 En fecha 16 de octubre de 2023 se ha emitido la Decisión de Ejecución del Consejo por la que se modifica la Decisión de Ejecución del Consejo, de 13 de julio de 2021, relativa a la aprobación de la evaluación del Plan de Recuperación, Transformación y Resiliencia de España, que modifica diversos aspectos del Plan.

y legales, así como el uso de la lengua de signos española y las condiciones que permitan alcanzar la igualdad de trato de las personas sordas que opten por esta lengua, y en el artículo 24 que contempla el derecho de las personas que se encuentren en situación de exclusión social a acceder a una renta de ciudadanía en los términos que establezcan las leyes.

El desarrollo de este artículo ha tenido lugar mediante la Ley 16/2019, de 2 de mayo, de servicios sociales de Canarias, la Ley 12/2019, de 25 de abril, por la que se regula la atención temprana en Canarias y la Ley 5/2022, de 19 de diciembre, de la renta canaria de ciudadanía, así como diversas disposiciones de carácter general.

2. Si bien se ha reconocido el derecho subjetivo de acceso a las prestaciones del sistema público de servicios sociales, su efectividad jurídica dependerá de la aprobación de una serie de instrumentos que prevé la citada Ley 16/2019, de 2 de mayo, y el mencionado Decreto 57/2023, de 27 de abril, por el que se aprueba el Catálogo de Servicios y Prestaciones del Sistema Público de Servicios Sociales de Canarias como son: el plan estratégico de servicios sociales, los planes sectoriales y, en su caso, los planes especiales, y su despliegue se supeditará a lo establecido en el Mapa de servicios sociales de Canarias.

3. La Unión Europea, el Gobierno de España y el Gobierno de Canarias, son conscientes de la importancia de los servicios sociales en una sociedad para que avance en su bienestar y en sus derechos.

Por lo que, el sistema público de servicios sociales tendrá que seguir desarrollándose por los poderes públicos para alcanzar la plena eficacia de los derechos reconocidos en las leyes, aprovechando los recursos a su alcance.

Referencias bibliográficas

Granados Calero, F. (2004). "El Estado Social y Democrático de Derecho". *Corts: Anuario de derecho parlamentario,* (15), 367-390.

Fernández-Miranda Campoamor, A. (2003). "El Estado Social". *Revista Española de Derecho* Constitucional, (69), 139-180.

López Aguilar, J. F. y García Mahamut, R. (2019). "El nuevo Estatuto de Autonomía de Canarias: «tercera generación», hecho diferencial y nuevo sistema electoral". *Revista Española de Derecho Constitucional,* (115), 13-45.

La tutela de la inclusión social a través de la renta canaria de ciudadanía

FRANCISCO JAVIER LÓPEZ HERNÁNDEZ
Letrado del Parlamento de Canarias
https://doi.org/10.36151/TLB_9788410955158.20

SUMARIO: I. Antecedentes. 1. La proclamación de la dimensión social del Estado democrático y de Derecho. 2. La organización del sistema autonómico de servicios sociales. 3. La articulación de la inclusión social en España. 4. La reforma del EACan de 2018 y la nueva ley de servicios sociales de Canarias de 2019. II. El marco estatutario canario de la renta de ciudadanía. 1. La naturaleza jurídica del derecho a la renta de ciudadanía que proclama el artículo 24 EACan. 2. La integración de la renta de ciudadanía en el ámbito de los servicios sociales de Canarias. 3. El desarrollo del art. 24 EACan. III. El desarrollo estatutario a través de la Ley 5/2022, de 19 de diciembre, de la renta canaria de ciudadanía. 1. La clave de la ley de renta canaria de ciudadanía: el derecho a la inclusión social como un doble derecho subjetivo. 2. Prestaciones económicas. 2.1. Renta de ciudadanía. 2.1.1. Concepto y caracteres. 2.1.2. Modalidades de la renta de ciudadanía. 2.1.3. El modelo de renta en la renta canaria de ciudadanía: recapitulación. 2.2. Complemento de vivienda y de educación. 2.3. Complemento a las pensiones no contributivas. 3. Programas y servicios de inclusión social y/o inserción laboral. 3.1. Titularidad del derecho a los programas y servicios de inclusión social y/o inserción laboral, y vías de su materialización. 3.2. El Plan de Atención Personalizado. Referencias bibliográficas.

I. ANTECEDENTES

1. *La proclamación de la dimensión social del Estado democrático y de Derecho*

La dimensión social del Estado de Derecho que proclama nuestra Constitución es una auténtica declaración de intenciones dirigida a corregir las consecuencias de una igualdad concebida exclusivamente en sentido formal, y "ha de proponerse favorecer la igualdad social real"[1]. Un Estado social de Derecho es aquel que "acepta e incorpora al orden jurídico, a partir de la propia Constitución, derechos sociales fundamentales junto a los clásicos derechos políticos y civiles (...)

---

[1] Villar Borda, L. (2007). "Estado de derecho y Estado social de Derecho". *Revista Derecho del Estado,* (20), 83.

los derechos sociales (...) que no plantean, como las libertades civiles y políticas, derechos negativos de defensa, sino fundan derechos de prestaciones a cargo del Estado"[2]. Y en ese contexto, la promoción de la igualdad real, es una tarea incuestionable que corresponde a los poderes públicos, ex art. 9.2 CE, pues "para poder integrarse en la sociedad actual es necesario participar en ella" (Preámbulo de la Ley 5/2022, de 19 de diciembre).

A este fin, los derechos sociales "entendidos como derechos subjetivos frente al Estado (...) se configuran como un derecho subjetivo fundamental a recibir un trato jurídico desigual y favorable en orden a obtener la igualdad real"[3]. Y en este plano es en el que se desenvuelve la política social que se ha articulado a través de los servicios sociales, prestados de manera sistemática por las Comunidades Autónomas en España.

2. *La organización del sistema autonómico de servicios sociales*

Al amparo de lo dispuesto en el Título VIII de la CE, fue asumida por la totalidad de las Comunidades Autónomas la competencia en materia de servicios sociales y asistencia social[4]. En ese sentido, en las autonomías se pusieron "las bases para la creación de sus propios sistemas públicos de Servicios Sociales (...) cada Comunidad Autónoma promulgó su correspondiente Ley de Servicios Sociales —aunque algunas la llaman de "Acción Social"—, así como procedió a reglamentar todos los aspectos que conciernen a su organización"[5].

En el ámbito canario, y al amparo de la competencia en materia de asistencia social y servicios sociales asumida en el EACan —en su primera redacción (Ley Orgánica 10/1982, de 10 de agosto, art. 29.7

---

2 *Ibidem*, pág. 82.

3 Seco Martínez, J. M. (2017). "De la igualdad formal a la igualdad material. Cuestiones previas y problemas a revisar". *Derechos y Libertades*, (36), 68.

4 Conviene destacar que a los efectos del artículo 15.1 de la Ley Orgánica 8/1980, de 22 de septiembre, de Financiación de las Comunidades Autónomas (LOFCA), se consideran servicios públicos fundamentales la educación, la sanidad y los servicios sociales esenciales.

5 Pelegrí Viaña, X. (2007). "El modelo de servicios sociales en España". *Revista Internacional de Ciencias Sociales y Humanidades*, (2), 133.

EACan)—, se aprobó la Ley 9/1987, 28 abril, de servicios sociales. Y aunque a esta norma le sucedieron otras ayudas o prestaciones[6] dirigidas a atender las situaciones de vulnerabilidad, no fue hasta el año 2007 en la que mediante ley, y con el título competencial del art. 30.13 del EACan —en su segunda redacción—, fue creada la prestación canaria de inserción (Ley 1/2007, de 17 de enero, en adelante LPCI) integrada por un lado, por una prestación económica, que recibía el nombre de ayuda económica básica, para cubrir las necesidades básicas de la vida a quienes carecieran de recursos materiales, y por otro, por apoyos a la integración social (art. 1 LPCI). Más lo cierto es que, aunque esta prestación atendió "la carencia o insuficiencia de ingresos de las personas en las islas" (Preámbulo de la Ley canaria 3/2020, de 27 de octubre), también lo es que "ante la situación de emergencia ocasionada por el COVID-19, la baja cobertura de la PCI se mostró insuficiente para proteger a las personas más afectadas por esta crisis" (Preámbulo de la Ley canaria 3/2020, de 27 de octubre).

La reforma estatutaria de 2018 y la crisis sanitaria y económica que arrancó en 2020, constituyeron el escenario determinante para el decisivo diseño de una nueva política de inclusión social y que fue precedida por dos mecanismos más: el ingreso canario de emergencia y el ingreso mínimo vital, que no hicieron más que evidenciar la necesidad de un nuevo marco prestacional. Sobre el ingreso mínimo vital volveremos más adelante. En suma, la fórmula de lucha contra la exclusión social que se venía implementando se vio sometida a una profunda revisión desde el marco de los servicios sociales, para lo que se tuvo en cuenta el importante avance y reconocimiento en el plano internacional[7].

---

6 Entre ellas deben citarse las ayudas económicas básicas establecidas por Decreto 133/1992, de 30 de julio, y reformadas por los decretos 194/1993, de 24 de junio y 83/1994 de 13 de mayo. Posteriormente, se regularon las ayudas económicas básicas en el Decreto 13/1998, que derogó el anterior bloque normativo.

7 Debe destacarse el innegable impulso que ha supuesto la Agenda 2030 para el Desarrollo Sostenible, territorializada en nuestro ámbito en la Agenda Canaria de Desarrollo Sostenible 2030, como plasmación en Canarias de esos grandes propósitos en los que destacamos el fin de la pobreza, el hambre cero, o la salud y bienestar.

3. La articulación de la inclusión social en España

En cuanto a la articulación de las políticas de inclusión o inserción social en España "el elemento originalmente excepcional en España fue la renuncia de la Administración Central a asumir un papel de liderazgo en este proceso y a contraponer un modelo de RMI propio al de las CCAA"[8]. En ese sentido, tal y como se desprende de la descentralización en materia de servicios sociales, la inclusión social ha sido una tarea abordada por las Comunidades Autónomas, no siempre sin dificultades, y por eso "[l]a normativa sobre la renta mínima estrictamente considerada hay que buscarla en las Comunidades Autónomas"[9], donde "todas (...), incluidas las Ciudades Autónomas de Ceuta y Melilla han establecido diversas prestaciones"[10] con diversas denominaciones pero a la postre, rentas mínimas, rentas mínimas de inserción, rentas garantizadas o rentas de inserción[11].

Ello no es óbice para que en la actualidad pueda impugnarse el aserto con el que comenzaba este apartado a la luz de la introducción por el Estado del ingreso mínimo vital, en lo que se ha calificado como una "una política social contra la pobreza sin precedentes en nuestro país"[12]. Fue creado por el Real Decreto-ley 20/2020, de 29 de mayo, norma que tras su convalidación, fue sucedida por la Ley 19/2021, de 20 de diciembre, por la que se establece el ingreso mínimo vital (en adelante LIMV), que consagra un derecho subjetivo en forma de una prestación de naturaleza económica que dirigida a

---

8 Sanzo González, L. (2005). "La introducción de la renta básica en España". *Cuadernos de Relaciones Laborales,* (23), 125.

9 Escobar Roca, G. (2020). "La renta mínima y el defensor del pueblo". *Revista jurídica de los Derechos Sociales Lex Social,* (10), 105.

10 Fuenmayor Fernández, A. y Granell Pérez, R. (2013). "Las rentas mínimas de inserción autonómicas: simulación de sus efectos sobre la pobreza" *XX Encuentro Economía Pública: estado del bienestar. Sostenibilidad y reformas,* 2.

11 Cuesta López, V. M. (2020). "Artículo 24. Derecho a una renta de ciudadanía". *Comentarios a la Ley Orgánica 1/2018, de 5 de noviembre, de reforma del Estatuto de Autonomía de Canarias.* Boletín Oficial del Estado, 169, efectúa aquí una breve referencia sobre derecho comparado autonómico.

12 López Hernández, F. J. (2021). "El desarrollo de la renta de ciudadanía de Canarias en la X Legislatura autonómica". *Estatuto de autonomía de Canarias ante el reto de su desarrollo en la X legislatura autonómica (2019-2023),* Gobierno de Canarias, ICAP y Wolters Kluwer, 120.

prevenir el riesgo de pobreza y exclusión social de las personas, pretende garantizar un nivel mínimo de renta a quienes se encuentren en situación de vulnerabilidad, todo ello en el marco de la acción protectora de la Seguridad Social en su modalidad no contributiva (arts. 1 y 2 de la LIMV y art. 42 del Texto Refundido de la Ley General de la Seguridad Social, aprobado por el Real Decreto Legislativo 8/2015, de 30 de octubre).

Y precisamente esta última pieza de su caracterización ha sido expresamente analizada por la STC 158/2021, de 16 de septiembre (*Tol 8604516*) que, enlazando con la competencia exclusiva del Estado en materia de legislación de Seguridad Social, recordó que "una interpretación del art. 41 CE en el marco del bloque de constitucionalidad permite inferir, junto a la «asistencia social» externa, proporcionada a nivel autonómico, una asistencia social «interna» al sistema de Seguridad Social [STC 239/2002, FJ 5 (*Tol 224791*)] configurada por prestaciones de naturaleza «no contributiva» —entre las que se encuentra el IMV— a través de las que el Estado cumple el mandato que le encomienda el citado precepto constitucional de garantizar «asistencia y prestaciones sociales suficientes ante situaciones de necesidad»" [STC 158/2021, FJ 5, de 16 de septiembre (*Tol 8604516*)].

De lo anterior, cabe colegir que, aunque la finalidad de estas prestaciones —estatal y autonómicas— pueda coincidir, su fundamento competencial es distinto[13], sin que ello sea óbice para su coexistencia y complementariedad[14].

---

[13] Y ello no supone impedimento para que las Comunidades Autónomas asuman en su ámbito territorial las funciones y servicios que correspondan al INSS sobre el ingreso mínimo vital, como ha resuelto el Tribunal Constitucional en la STC 32/2024, de 28 de febrero, y como contemplan las disposiciones adicionales cuarta y quinta LIMV.

[14] De hecho, el Preámbulo de la LIMV señala que "el ingreso mínimo vital se configura como una prestación «suelo» que se hace compatible con las prestaciones autonómicas que las comunidades autónomas, en el ejercicio de sus competencias estatutarias, puedan conceder en concepto de rentas mínimas". No en vano, el ingreso mínimo vital no solo se configura para lograr la compatibilidad con la percepción de rentas mínimas de inserción autonómicas, sino también con rendimientos de los trabajadores por cuenta ajena y los trabajadores autónomos, regulando esa compatibilidad el Real Decreto 89/2022, de 27 de septiembre.

4. *La reforma del EACan de 2018 y la nueva ley de servicios sociales de Canarias de 2019*

La propuesta de reforma del EACan que aprobó el Parlamento de Canarias en el año 2015[15] contemplaba el derecho a una renta de ciudadanía, pero sufrió modificaciones en su tramitación en las Cortes Generales[16]. Concretamente, en lo que al precepto del derecho a la renta de ciudadanía se refiere, el Parlamento de Canarias consideró en su informe que se había producido una modificación sustancial "mejor regulación del derecho a una renta de ciudadanía y para la erradicación de la pobreza y la exclusión social", y por ello, la Cámara accedió entre otras, a esa modificación. La redacción final del artículo 24 EACan quedó en estos términos:

> "1. Las personas que se encuentren en situación de exclusión social tienen derecho a acceder a una renta de ciudadanía en los términos que establezcan las leyes.
> 2. Los poderes públicos canarios velarán por erradicar los efectos de la pobreza y la exclusión social en las personas que viven en Canarias a través del desarrollo de los servicios públicos".

Sin embargo, el EACan se refirió también en otros de sus preceptos a la renta de ciudadanía, bien por remisión a su artículo, o bien por la cita de las circunstancias que determinan su propia existencia. Por un lado, en el artículo 29 EACan, donde se contemplan los derechos en el ámbito de los servicios sociales, indicando el apartado 3 que "Los poderes públicos canarios establecerán, en la forma que determine la ley, planes especializados de atención para las personas que garanticen los derechos dispuestos en los artículos 16 y 24 del presente Estatuto"; y por otro, en clave de competencias, en la atribución de competencia exclusiva a la Comunidad Autónoma de Canarias en materia de servicios sociales, en concreto, en la letra a) del art. 142 EACan: "La regulación y la ordenación de los servicios sociales, las prestaciones técnicas y económicas con finalidad asisten-

---

15 Vid. Art. 23 de la Propuesta de reforma del Estatuto de Autonomía de Canarias (8L/PREA-0001) BOPC núm. 151, de 13 de abril de 2015.

16 Vid. Informe del Parlamento de Canarias sobre modificaciones en la propuesta de reforma del Estatuto de Autonomía de Canarias, BOPC núm. 417, de 11 de octubre de 2018.

cial o complementaria de otros sistemas de previsión pública, así como de los planes y los programas específicos dirigidos a personas y colectivos en situación de pobreza o de necesidad social."

El 6 de noviembre de 2018, fecha en que la reforma estatutaria entró en vigor, el EACan entregó al legislador canario la misión de dar contenido al derecho de acceso a la renta de ciudadanía. En el proyecto de ley de servicios sociales[17], que se encontraba en tramitación parlamentaria en el Parlamento de Canarias desde noviembre de 2017, tuvo reflejo —en aquel entonces— la recientísima modificación estatutaria, pues la Ponencia en su informe de marzo de 2019[18] incorporó una nueva disposición adicional en ese proyecto de ley sobre el desarrollo del artículo 24 del EACan.

Así, en la ley resultante, la Ley 16/2019, de 2 de mayo, de Servicios Sociales de Canarias (en adelante, LSSC) la disposición adicional sexta recogió que:

> "En desarrollo de lo dispuesto por el artículo 24 del Estatuto de Autonomía de Canarias, el Gobierno presentará en el Parlamento de Canarias, dentro del plazo máximo de los dieciocho meses siguientes a la entrada en vigor de la presente ley, un proyecto de ley por el que se regule una prestación económica que tenga por objeto garantizar un mínimo de ingresos a aquellas personas o unidades de convivencia que se encuentren en situación de exclusión o en riesgo de estarlo".

Y de esta disposición adicional sexta en la Ley de Servicios Sociales, contextualizada en la finalización de la IX Legislatura del Parlamento de Canarias, se desprendió una idea fundamental: la "integración de la renta ciudadana en el marco del sistema de Servicios Sociales"[19] de Canarias, situando "este derecho social in fieri en el ámbito de los servicios sociales"[20]. En todo caso, antes de analizar el

---

17 Código de iniciativa en el Parlamento de Canarias, 9L/PL-0010.

18 Informe de la Ponencia nombrada en el Proyecto de Ley de Servicios Sociales de Canarias, BOPC núm. 182, de 20 de marzo de 2019.

19 López Hernández, F. J. (2021). "El desarrollo de la renta de ciudadanía de Canarias en la X Legislatura autonómica". *Estatuto de autonomía de Canarias ante el reto de su desarrollo en la X legislatura autonómica (2019-2023)*, Gobierno de Canarias, ICAP y Wolters Kluwer, 122.

20 *Ibidem*, 117.

desarrollo normativo conviene detallar el marco estatutario y el encaje de la renta de ciudadanía en el ámbito de los servicios sociales.

II. EL MARCO ESTATUTARIO CANARIO DE LA RENTA DE CIUDADANÍA

1. *La naturaleza jurídica del derecho a la renta de ciudadanía que proclama el artículo 24 EACan*

El artículo 24 EACan se inserta en el Capítulo II "Derechos y deberes" del Título I "De los derechos, deberes y principios rectores" del EACan. Prima facie, nos encontramos con la declaración de un derecho, y así Cuesta López afirmó que "La renta de ciudadanía alcanza en nuestro Estatuto de Autonomía el rango de derecho subjetivo que deberá ser garantizado por nuestros poderes públicos cuándo se cumplan las condiciones predeterminadas en la ley"[21]. No en vano, vincular la garantía del derecho a lo que dispongan las leyes que le den contenido, pone de relieve una problemática común a la declaraciones de derechos contenidas en los distintos Estatutos de Autonomía reformados a partir del año 2006, y no es otra que su cuestionable naturaleza jurídica como derechos *stricto sensu*, pues como ha indicado el Tribunal Constitucional en la STC 31/2010, de 28 de junio, FJ 16 (*Tol 1880189*) "[e]ste tipo de derechos estatutarios, que no son derechos subjetivos sino mandatos a los poderes públicos [STC 247/2007, FFJJ 13 a 15 (*Tol 1224508*)], operan técnicamente como pautas (prescriptivas o directivas, según los casos) para el ejercicio de las competencias autonómicas»"[22].

---

21 Cuesta López, V. M. (2020). "Artículo 24. Derecho a una renta de ciudadanía". *Comentarios a la Ley Orgánica 1/2018, de 5 de noviembre, de reforma del Estatuto de Autonomía de Canarias*. Boletín Oficial del Estado, 168.

22 Al respecto Calatayud Prats afirma que se ha producido una "desnaturalización que el Tribunal Constitucional realiza de los derechos sociales recogidos en los Estatutos, considerándolos mandatos de optimización que requieren necesariamente para su efectividad la intermediación del legislador" en Calatayud Prats, I. (2019). "Capítulo 5. Título I. Capítulo II. Derechos y Deberes". *El Estatuto de Autonomía de Canarias (Ley Orgánica 1/2018, de 5 de noviembre)*. Thomson Reuters Aranzadi, 153.

Por todo lo anterior, parece oportuno concluir que "para la delimitación de su naturaleza jurídica no puede atenderse en exclusiva al *nomen iuris* (…). De suerte que no puede afirmarse aún la existencia de un derecho subjetivo a la renta de ciudadanía sin ley de desarrollo del EACan"[23]. Y sobre la base de ello, concluimos que el artículo 24 EACan contempla "un mandato a los poderes públicos autonómicos para que se configure la renta de ciudadanía de Canarias"[24], siempre teniendo en cuenta que las leyes a las que llama el art. 24.1 EACan, evidencian unos contornos difusos que dificultan, solo con la norma institucional básica, considerar completamente proclamado un derecho subjetivo.

2. *La integración de la renta de ciudadanía en el ámbito de los servicios sociales de Canarias*

La renta de ciudadanía fue concebida desde su primera previsión con la reforma estatutaria de 2018 como una prestación propia del sistema de servicios sociales de Canarias. Y ello, no solo por las razones de sistemática y de competencias apuntadas con anterioridad —arts. 29.3 y 142 a) EACan—, sino por la propia configuración del nuevo sistema de servicios sociales de Canarias alumbrado por la LSSC. En efecto, esta última norma funda un nuevo sistema sobre un catálogo de servicios y prestaciones del sistema público de servicios sociales que se define como el instrumento que determina el conjunto de prestaciones y servicios del sistema cuya provisión deben garantizar las administraciones competentes (art. 16 LSSC), cuyo contenido detallan los arts. 20 y ss. LSSC. Las prestaciones económicas del mismo (art. 21 LSSC), deberán responder entre otras situaciones "al sostenimiento de las necesidades básicas y a la inclusión social de alguno de sus integrantes" (art. 21.2.a) LSSC), y entre las prestaciones económicas que deberán incluirse en el citado catálogo la ley mandata que se recojan entre otras: "La vinculada a cubrir las necesidades

---

[23] López Hernández, F. J. (2021). "El desarrollo de la renta de ciudadanía de Canarias en la X Legislatura autonómica". *Estatuto de autonomía de Canarias ante el reto de su desarrollo en la X legislatura autonómica (2019-2023)*, Gobierno de Canarias, ICAP y Wolters Kluwer, 117.

[24] *Ídem.*

básicas", así como la "Prestación económica de percepción periódica vinculada a la inclusión social" o la "Prestación económica de apoyo a la emancipación dirigida a jóvenes extutelados" (letras a), i), j), y k) del art. 21.3 LSSC).

Mediante el Decreto 57/2023, de 27 de abril, fue aprobado el catálogo de servicios y prestaciones del sistema público de servicios sociales de Canarias, que incluyó a la renta canaria de ciudadanía dentro de los servicios del Anexo I, en concreto en el de mayores, inmigración, voluntariado y prestaciones económicas, y como prestación en el Anexo II.

En todo caso, el catálogo no hace más que ratificar una integración que ya había adquirido carta de naturaleza con la Ley 5/2022, de 19 de diciembre, de la Renta Canaria de Ciudadanía (en adelante LRCC) cuyo artículo 1 la caracteriza "como prestación económica de percepción periódica, del sistema público de servicios sociales". Y aunque analizaremos posteriormente esta norma, conviene indicar para cerrar este apartado que, en su Preámbulo afirmó que "la presente disposición forma parte del bloque normativo sobre servicios sociales derivado de las competencias exclusivas en esa materia", sin perjuicio de que "deviene en desarrollo, no tanto de la Ley de Servicios Sociales citada, sino del mencionado artículo 24.1 del Estatuto de Autonomía" (Preámbulo LRCC). Por ello, procede el análisis del desarrollo estatutario.

3. El desarrollo del art. 24 EACan

Tras la reforma del EACan de 2018, y llamando a la ley para la concreción de los términos del artículo 24 del EACan, por dos grupos parlamentarios se presentaron proposiciones de ley ante el Parlamento de Canarias para regular la renta de ciudadanía que no llegaron a devenir en ley[25]. Así que fue más adelante, en la X Legis-

---

[25] Por el GP Podemos, en la IX Legislatura se presentó la proposición de ley de la renta de la ciudadanía de Canarias, cuya toma en consideración fue rechazada por la Cámara (Código de iniciativa en el Parlamento de Canarias: 9L/PPL-0033, presentada el 13 de diciembre de 2018). Y por el GP Nueva Canarias (NC), en la IX Legislatura, se presentó primero, la proposición de ley de renta de ciudadanía como garantía de ingresos mínimos (Código de iniciativa en el

latura, en febrero de 2022, cuando el Gobierno de Canarias aprobó y remitió al Parlamento de Canarias el proyecto de ley de la Renta Canaria de Ciudadanía[26], concluyendo su tramitación en la Cámara satisfactoriamente con la aprobación de la Ley 5/2022, de 19 de diciembre de la Renta Canaria de Ciudadanía (LRCC), norma que en la actualidad "constituye el desarrollo del derecho a la renta de ciudadanía que proclama el Estatuto de Autonomía de Canarias (...) en el marco del compromiso asumido por la Ley 16/2019, de 2 de mayo, de Servicios Sociales de Canarias". En consecuencia, debe examinarse la concreción del desarrollo estatutario a través de la precitada norma.

III. EL DESARROLLO ESTATUTARIO A TRAVÉS DE LA LEY 5/2022, DE 19 DE DICIEMBRE, DE LA RENTA CANARIA DE CIUDADANÍA

1. La clave de la ley de renta canaria de ciudadanía: el derecho a la inclusión social como un doble derecho subjetivo

La aprobación de una ley de renta canaria de ciudadanía no solo vino a dar cumplimiento al mandato estatutario del artículo 24.1 EACan, sino que a la vez vino a satisfacer otras de las metas que el EACan fija para los poderes públicos de Canarias, bien sea a través de los principios rectores del artículo 37 EACan, o bien sea por medio de mandatos concretos como, por ejemplo, la erradicación de la pobreza y la exclusión social en las personas que viven en Canarias (art. 24.2 EACan).

Parlamento de Canarias: 9L/PPL-0034, presentada el 9 de enero de 2019) a la que se opuso veto presupuestario por el Gobierno de Canarias; y segundo, otra proposición de ley de renta de ciudadanía como garantía de ingresos mínimos (Código de iniciativa en el Parlamento de Canarias: 9L/PPL-0037, presentada el 22 de febrero de 2019) cuya toma en consideración fue rechazada por la Cámara.

26 Código de iniciativa en el Parlamento de Canarias: 10L/PL-0019, presentada el 11 de febrero de 2022.

Ya López Hernández anticipaba también a modo de conclusión que "La articulación del derecho a la renta de ciudadanía (...) requiere de un cuerpo legal que contemple esta prestación, con carácter complementario y asistencial, y tenga como objeto garantizar la inclusión social"[27]. Y aunque el objeto inmediato de la ley es la regulación de una prestación económica, no es inconveniente afirmar que su objeto mediato, o si se prefiere su premisa ha sido hacer efectivo el derecho a la inclusión social. Así, se recoge en el artículo 1 de la LRCC, que identifica la finalidad de la ley: "prevenir el riesgo de pobreza, paliar situaciones de exclusión social, garantizar el desarrollo de una vida digna y promover la plena inclusión en la sociedad".

En ese enfoque, el objeto de la ley es regular el derecho a la renta de ciudadanía (art. 1 LRCC), y en su marco, no solo establecer prestaciones económicas sino regular el derecho a los programas y servicios de inclusión social y/o inserción laboral. Precisamente por esta última vertiente, se constata la asunción del carácter instrumental de la renta de ciudadanía, proclamándose en el artículo 2 LRCC el derecho a la inclusión social como manifestación del "derecho de todas las personas a recibir los apoyos y el acompañamiento personal personalizado por el personal profesional del trabajo social, junto con el equipo interdisciplinar de zona, teniendo en cuenta la perspectiva de género y la territorialidad, orientado a la inclusión plena y efectiva en la sociedad (...)".

Prestaciones económicas de un lado, y programas y servicios de inclusión social y/o inserción laboral de otro, constituyen de acuerdo con el art. 4 c) LRCC el doble derecho subjetivo, que integra estas dos herramientas que vertebran la renta canaria de ciudadanía en la que el fin último es garantizar la adecuada atención a las personas que se encuentren en situaciones de exclusión, vulnerabilidad social y pobreza[28] (art. 3 LRCC), para que así como sucede con el ingreso

---

27 López Hernández, F. J. (2021). "El desarrollo de la renta de ciudadanía de Canarias en la X Legislatura autonómica". *Estatuto de autonomía de Canarias ante el reto de su desarrollo en la X legislatura autonómica (2019-2023)*, Gobierno de Canarias, ICAP y Wolters Kluwer, 113.

28 El artículo 3 de la LRCC contiene las definiciones de las situaciones de exclusión social, vulnerabilidad social y de pobreza a los efectos de la ley, complementando y precisando así la definición de exclusión social de la LSSC.

mínimo vital, se pueda "evitar la llamada «trampa de pobreza», es decir, que la mera existencia de la prestación inhiba el objetivo de inclusión social y económica de las personas beneficiarias" (Exposición de Motivos del Real Decreto 789/2022, de 27 de septiembre). Y con esa clave, analizamos seguidamente las dos facetas del doble derecho subjetivo.

2. Prestaciones económicas

El Título I de la LRCC se denomina "Derecho a las prestaciones económicas", y aunque por el título de la ley pudiera parecer que la renta de ciudadanía, aún en sus distintas modalidades, fuera la única prestación, lo cierto es que la norma contempla otras prestaciones de naturaleza económica mediante la tipología de complementos. En consecuencia, se pueden sistematizar las siguientes prestaciones económicas conforme a la LRCC:

- Renta de ciudadanía, que se constituye en tres modalidades
    - Renta de ciudadanía para la inclusión y protección social.
    - Renta de ciudadanía para la inclusión social de jóvenes.
    - Renta de ciudadanía complementaria de ingresos de trabajo.
- Complemento de vivienda y de educación.
- Y, complemento a las pensiones no contributivas.

2.1. Renta de ciudadanía

2.1.1. Concepto y caracteres

La renta de ciudadanía es una prestación reglada, de naturaleza económica, otorgada a la unidad de convivencia, nominativa e intransferible (art. 10 LRCC) "dirigida a atender a situaciones de vulnerabilidad económica, a sufragar los gastos básicos de personas, familias u otras unidades de convivencia, que se encuentren en situación de pobreza o exclusión social en Canarias, incluyendo expresamente a los pensionistas y subsidiaria del IMV y de otras prestaciones públicas" (Preámbulo LRCC). De ello se desprenden las siguientes notas:

a) Es una prestación pecuniaria, y su importe se determinará con arreglo a lo dispuesto en el artículo 20 LRCC[29], siendo su cuantía la que se determina como renta garantizada de acuerdo con el artículo 13 LIMV[30].

b) Es una prestación periódica, y se devengará el primer día del mes siguiente al de la fecha de la resolución expresa estimatoria, efectuándose su pago por mensualidades vencidas (art. 22 LRCC).

c) Es una prestación coyuntural, pues se percibirá de forma ininterrumpida mientras persistan las circunstancias que motiven su concesión (art. 9 LRCC) y se cumplan las obligaciones previstas en la ley (art. 31 LRCC), sin perjuicio de su suspensión (art. 34 LRCC) o extinción (art. 35 LRCC).

d) Es una prestación nominativa, y por ende es de carácter individual, que se concede a su titular y a las personas que compongan la unidad de convivencia[31] de dicha persona (art. 6 LRCC). No obstante, sólo podrá concederse una prestación por unidad de convivencia (art. 18 LRCC).

e) Es una prestación intransferible, por lo que no puede ofrecerse en garantía de obligaciones, ni ser objeto de cesión, compensación, descuento, salvo en los casos de reintegro. Igualmente, no podrá ser objeto de retención o embargo, salvo en los supuestos y con los límites previstos en la legislación estatal (art. 10 LRCC).

---

29 Asimismo, conforme a la disposición adicional primera de la LRCC la ley de presupuestos generales de la Comunidad Autónoma de Canarias actualizará las cuantías de la renta de ciudadanía, como mínimo, en función de la variación interanual del índice de precios al consumo del ámbito canario u otros índices que se establezcan reglamentariamente.

30 Calatayud Prats plantea que "una de las debilidades de los derechos sociales prestacionales (y nos referimos a los derechos subjetivos reconocidos en las Leyes sociales) es su dependencia de las partidas presupuestarias" en Calatayud Prats, I. (2019). "Capítulo 5. Título I. Capítulo II. Derechos y Deberes". *El Estatuto de Autonomía de Canarias (Ley Orgánica 1/2018, de 5 de noviembre).* Thomson Reuters Aranzadi, 143.

31 La unidad de convivencia es un concepto que emplea la ley y que se define en el art. 7 LRCC.

f) Es una prestación de carácter subsidiario en relación las pensiones y otras prestaciones económicas del sistema de la Seguridad Social u otro régimen público de protección social, que pudieran percibir quienes integren la unidad de convivencia o la persona titular. Y ese carácter subsidiario se manifiesta en que su concesión queda condicionada a que la persona titular y, en su caso, la unidad de convivencia tenga derecho al ingreso mínimo vital (art. 11, apartados 1 y 2 LRCC, y art. 12.1.3º. LRCC). No obstante, y sin perjuicio de lo anterior la renta tendrá carácter complementario, hechas las deducciones correspondientes, hasta el importe que corresponda percibir a la unidad de convivencia beneficiaria de la prestación respecto de los recursos de que dispongan sus miembros, así como de las prestaciones económicas a que pudieran tener derecho (art. 11.3 LRCC).

g) Es una prestación reglada, pues la ley establece los requisitos para su acceso y el procedimiento para su concesión. En efecto, se contemplan requisitos generales de acceso (art. 12 LRCC), dentro de los que destaca la previa solicitud del ingreso mínimo vital u otras prestaciones o pensiones, así como el empadronamiento o residencia efectiva durante al menos doce meses en Canarias, la acreditación de la carencia de recursos económicos suficientes (art. 13 LRCC), y requisitos de edad y otras circunstancias personales (art. 14 LRCC). A propósito de estos últimos requisitos, la ley sitúa la horquilla de edad para las personas beneficiarias entre los 23 y 65 años, si bien se rebaja esta edad o se amplía en atención a las circunstancias especiales que concurran en la persona potencialmente beneficiaria de acuerdo con el art. 14 LRCC. Y no compromete el carácter reglado que, excepcionalmente se pueda conceder la renta de ciudadanía aun cuando no se cumplan los requisitos, toda vez que el artículo 41 LRCC prevé esa excepción a la exigencia legal para aquellas personas en situación de urgencia o emergencia social, cuando se acredite en el diagnóstico social efectuado según el art. 46 LRCC, según se estudiará posteriormente. Por último, se prevé el procedimiento para el acceso a la prestación en los artículos 23 a 29 LRCC, y sin perjuicio de la revisión, modificación, suspensión y extinción (arts. 30 y 32 a 37 LRCC).

h) Es una prestación instrumental, afectada al fin de inclusión social. Y aunque efectivamente se trate de un doble derecho subjetivo, las unidades de trabajo social de los municipios informarán, orientarán y asistirán a las unidades de convivencia solicitantes por primera vez de la renta de ciudadanía para que puedan ejercer el derecho a un proceso personalizado de inclusión social (art. 40.1 LRCC). Con todo, el diagnóstico social y el plan de atención personalizado de inclusión social y/o inserción laboral, que se estudiará en el apartado 3, incluirá el sistema de seguimiento con revisiones de la situación al menos en periodos de doce meses (art. 40.4 LRCC).

2.1.2. Modalidades de la renta de ciudadanía

En segundo término, la renta de ciudadanía se constituye en tres modalidades de prestaciones económicas en función de la situación de vulnerabilidad económica, social o laboral de la persona y su unidad de convivencia (art. 15 LRCC), siendo posible el cambio de modalidad a instancia de parte o de oficio (art. 17 LRCC). Las modalidades son las siguientes:

a) La renta de ciudadanía para la inclusión y protección social que se configura como el tipo general de prestación para las personas beneficiarias entre 23 y 65 años que carezcan de cualquier prestación o que, pese a percibir alguna, sus ingresos resulten insuficientes para hacer frente a la cobertura de las necesidades básicas (art. 15.2 LRCC).

b) La renta de ciudadanía para la inclusión social de jóvenes que por su parte se perfila como un ingreso económico y apoyo a la inclusión social para jóvenes emancipados, o entre 16 y 23 años, que no dispongan de recursos económicos suficientes. Junto a los requisitos que con carácter general se establecen para la primera modalidad o tipo general, deben valorarse para su acceso los previstos en el art. 16 LRCC. Esta modalidad de prestación llevará consigo el derecho a la inclusión social a través de planes individualizados de inclusión social (art. 15.3 LRCC).

c) Y la renta de ciudadanía complementaria de ingresos de trabajo que es una prestación económica, periódica, dirigida a complementar el nivel de ingresos de los núcleos de convivencia que, aun disponiendo de ingresos procedentes del trabajo, cuentan con un nivel mensual de ingresos que resulta insuficiente para hacer frente a los gastos asociados a la cobertura de las necesidades básicas (art. 15.4 LRCC). Esta modalidad se aplicará a las unidades de convivencia que, aplicados los estímulos al empleo (art. 21 LRCC), reúnan los requisitos que se establecen con carácter general.

2.1.3. El modelo de renta en la renta canaria de ciudadanía: recapitulación

De la caracterización legal y sus modalidades se puede concluir que, frente al modelo de renta básica incondicional, la renta canaria de ciudadanía sigue un modelo de renta mínima[32], en la opción escogida por la LRCC. Esto es así porque, de una parte, no es una prestación universal para toda la ciudadanía sino solo para aquellos que se encuentren en situación de exclusión, vulnerabilidad social y pobreza; y de otra parte, porque no es incondicionada, pues su percepción se supedita al cumplimiento de los requisitos a los que se anuda el derecho de acceso a la prestación. Así pues, la renta canaria de ciudadanía participa "del modelo de rentas mínimas en el que el papel de la Comunidad Autónoma sería operar como red de último

---

[32] Escobar Roca a propósito de los modelos de renta indica: "El deslinde conceptual que de entrada proponemos es el siguiente: a) renta básica es la atribución a todos los ciudadanos de una asignación económica; b) renta mínima es la atribución a quienes lo necesiten (las personas en situación de pobreza) de una asignación económica" en Escobar Roca, G. (2020). "La renta mínima y el defensor del pueblo". *Revista jurídica de los Derechos Sociales Lex Social,* (10), 94. Otra explicación sobre la contraposición de los modelos de renta se puede encontrar en López Hernández, F. J. (2021). "El desarrollo de la renta de ciudadanía de Canarias en la X Legislatura autonómica". *Estatuto de autonomía de Canarias ante el reto de su desarrollo en la X legislatura autonómica (2019-2023),* Gobierno de Canarias, ICAP y Wolters Kluwer, 115-117

recurso, que actuaría en garantía de los ciudadanos"[33], lo cual se ratificó tras el establecimiento del ingreso mínimo vital.

2.2. Complemento de vivienda y de educación

Los complementos de vivienda y educación (art. 42 LRCC) son prestaciones económicas y periódicas que podrán ser solicitados por aquellas unidades de convivencia que, siendo titulares de la renta de ciudadanía o del ingreso mínimo vital, cumplan el resto de los requisitos establecidos reglamentariamente. De ahí que dichos complementos sean complementarios de los ingresos que pudieran tener, y no son sustitutivos de las redes de vivienda y educación. Ambos complementos tienen carácter finalista, pues solo se podrán destinar al objeto para el que se conceden y debe acreditarse el desembolso, de modo que como ocurre con la renta de ciudadanía, son complementos intransferibles. Sin embargo, el percibo de estos complementos no se condiciona a la realización de actividades de inclusión social o de inserción laboral. Por último, debe precisarse que estos complementos quedan excluidos de la normativa general de subvenciones.

2.3. Complemento a las pensiones no contributivas

El complemento a las pensiones no contributivas (art. 43 LRCC) es una prestación económica, de carácter periódico, que tiene por finalidad elevar el nivel de vida de quienes perciben una pensión no contributiva del sistema de la Seguridad Social, dirigiéndose por tanto a aquellas unidades de convivencia con mayor necesidad de protección social. Así se configura con carácter complementario de los ingresos que pudieran tener las personas integrantes de la unidad de convivencia, y no condicionado a la realización de actividades de inclusión social o inserción laboral. Por todo lo anterior, este complemento tiene carácter nominativo, del que también se deriva su carácter intransferible. Para finalizar, este complemento también queda excluido de la normativa general de subvenciones.

---

[33] *Ibidem*, pág. 117.

3. Programas y servicios de inclusión social y/o inserción laboral

Y al otro elemento del doble derecho subjetivo se refiere el Título II de la LRCC que lleva por rúbrica "Derecho a los programas y servicios de inclusión social y/o inserción laboral", en lo que se erige en el pilar proactivo de la ley de renta de ciudadanía que, más allá de la cobertura económica de las necesidades básicas, viene a procurar una intervención adicional, ciertamente para revertir la situación de exclusión social de un modo más incisivo y dando sentido al carácter instrumental de la renta canaria de ciudadanía. Y a estos efectos, el art. 45 LRCC responsabiliza a las administraciones públicas canarias a garantizar el derecho de las personas a ser apoyadas en su proceso de inclusión social y/o inserción laboral según un plan de atención personalizado.

3.1. Titularidad del derecho a los programas y servicios de inclusión social y/o inserción laboral, y vías de su materialización

Son beneficiarias de este derecho todas las personas empadronadas o con residencia efectiva en Canarias que se encuentren en situación de pobreza, vulnerabilidad social o exclusión social, perciban o no la renta de ciudadanía (art. 44 LRCC), lo cual dota de universalidad a este derecho.

Las personas podrán ejercer este derecho de forma libre y voluntaria a través de los programas y servicios garantizados incluidos en el catálogo de servicios y prestaciones del Sistema Público de Servicios Sociales de Canarias, y también a través de programas y servicios no garantizados por este catálogo, mandatando a las administraciones públicas a procurar estos recursos (arts. 45.2 y 4 LRCC). Igualmente, podrá ejercerse este derecho a través de los programas de incorporación laboral competencia del Servicio Canario de Empleo, en coordinación con el Sistema de Servicios Sociales (art. 45.3 LRCC). Y en todo caso, las administraciones públicas canarias actuarán bajo los principios de complementariedad y coordinación tanto interadministrativa como intraadministrativa (art. 45.5 LRCC).

En cuanto al acceso a este derecho se realizará mediante un diagnóstico social (art. 46 LRCC) por parte de los servicios sociales de los ayuntamientos, a la que le sucederá la elaboración de una propuesta de acompañamiento social, fijando un plan de atención personalizado para el proceso de inclusión de la persona en todas sus dimensiones (art. 47 LRCC).

3.2. El Plan de Atención Personalizado

El Plan de Atención Personalizado, de acuerdo con el art. 47 LRCC es el instrumento técnico que incluye los objetivos, indicadores, intervenciones y acciones específicas, tanto de carácter individual como para el conjunto de la unidad de convivencia, dirigidos a prevenir o corregir la situación o el riesgo de exclusión social, y a promover la inclusión social y laboral de las personas beneficiarias de la renta de ciudadanía. Este plan incluirá un convenio de inclusión social y/o inserción laboral en el que se fijen su duración, objetivos, compromisos adquiridos por las personas participantes, resultados previstos, los servicios y programas que prestarán las administraciones públicas canarias y, en su caso, los prestados por las organizaciones de la sociedad civil especializadas en intervención social y sociolaboral, y el sistema de seguimiento y reorientación de actuaciones acordadas (art. 46.2 LRCC).

El plan de atención personalizado se establecerá sobre uno o varios itinerarios de inclusión, que se definen como el conjunto de actuaciones, instrumentos y procedimientos técnicos sobre los que se articula el plan (art. 48.1 LRCC). Las actuaciones del itinerario se formalizarán en un modelo de inclusión social que se firmará por la persona titular y por la persona profesional del trabajo social, y recogerá las acciones específicas a realizar (art. 48.3 LRCC).

El plan deberá ajustarse a las preferencias, capacidades y circunstancias de la persona, adecuándose a un modelo integral de intervención y a los objetivos de inserción (art. 47.2 LRCC). Por ello, este plan de atención personalizado se entenderá como un proceso dinámico, revisable y susceptible de modificación (art. 47.3 LRCC).

Para finalizar, la LRCC llama al reglamento para la determinación del procedimiento de diagnóstico social y el de elaboración, desarrollo y finalización del plan de atención personalizado (art. 46.4 LRCC)[34].

Referencias bibliográficas

Calatayud Prats, I. (2019). "Capítulo 5. Título I. Capítulo II. Derechos y Deberes". *El Estatuto de Autonomía de Canarias (Ley Orgánica 1/2018, de 5 de noviembre).* Thomson Reuters Aranzadi, 133-154.

Cuesta López, V. M. (2020). "Artículo 24. Derecho a una renta de ciudadanía". *Comentarios a la Ley Orgánica 1/2018, de 5 de noviembre, de reforma del Estatuto de Autonomía de Canarias.* Boletín Oficial del Estado, 167-170.

Escobar Roca, G. (2020). "La renta mínima y el defensor del pueblo". *Revista jurídica de los Derechos Sociales Lex Social,* (10), 91-139.

Fuenmayor Fernández, A. y Granell Pérez, R. (2013). "Las rentas mínimas de inserción autonómicas: simulación de sus efectos sobre la pobreza" *XX Encuentro Economía Pública: estado del bienestar. Sostenibilidad y reformas.*

López Hernández, F. J. (2021). "El desarrollo de la renta de ciudadanía de Canarias en la X Legislatura autonómica". *Estatuto de autonomía de Canarias ante el reto de su desarrollo en la X legislatura autonómica (2019-2023),* Gobierno de Canarias, ICAP y Wolters Kluwer, 113-123.

Pelegrí Viaña, X. (2007). "El modelo de servicios sociales en España". *Revista Internacional de Ciencias Sociales y Humanidades,* (2), 125-150.

Sanzo González, L. (2005). "La introducción de la renta básica en España". *Cuadernos de Relaciones Laborales,* (23), 123-149.

Seco Martínez, J. M. (2017). "De la igualdad formal a la igualdad material. Cuestiones previas y problemas a revisar". *Derechos y Libertades,* (36), 55-89.

Villar Borda, L. (2007). "Estado de derecho y Estado social de Derecho". *Revista Derecho del Estado,* (20), 73-96

---

34 Por Orden de la Consejera de Derechos Sociales, Igualdad, Diversidad y Juventud, de 10 de abril de 2023, se acordó el inicio del procedimiento de elaboración de una disposición reglamentaria relativa al proyecto de Decreto por el que se apruebe el Reglamento que regule el procedimiento de diagnóstico social, el plan de intervención, así como los informes sociales, derivados de la Ley 5/2022, de 19 de diciembre, de la Renta Canaria de Ciudadanía.

F. EL DERECHO A LA VIVIENDA EN EL ESTATUTO DE AUTONOMÍA DE CANARIAS

El derecho de acceso a la vivienda en el marco de un Estado de estructura territorial compleja

ELENA ZÁRATE ALTAMIRANO
Letrada del Consejo Consultivo de Canarias
https://doi.org/10.36151/TLB_9788410955158.21

1. El artículo 22 de la LO 1/2018, de 5 de noviembre, de Reforma del Estatuto de Autonomía de Canarias, relativo al derecho de acceso a la vivienda, dispone: *"Los poderes públicos canarios deberán garantizar el derecho de todas las personas a una vivienda digna y regular su función social, mediante un sistema de promoción pública, en condiciones de igualdad y en los términos que establezcan las leyes, poniendo especial atención sobre aquellos colectivos sociales más vulnerables. Se regulará el uso del suelo de acuerdo con el interés general para evitar la especulación."*

Este derecho es preciso ponerlo en conexión con el artículo 47 de la Constitución Española (CE), que dentro del capítulo tercero del título primero, sobre principios rectores de la política social y económica, reconoce el derecho de todos los españoles a disfrutar de una vivienda digna y adecuada, estableciendo la necesaria utilización del suelo de acuerdo con el interés general para impedir la especulación. Se dispone, asimismo, que la comunidad participará en las plusvalías que genere la acción urbanística de los entes públicos.

El art. 53.3 de la CE establece las garantías para el respeto y protección de los principios reconocidos en el capítulo tercero del título primero, al disponer que informarán la legislación positiva la práctica judicial y la actuación de los poderes públicos. Sólo podrán ser alegados ante la jurisdicción ordinaria de acuerdo con lo que dispongan las leyes que los desarrollen.

Estamos, por tanto, ante un derecho de configuración legal, no de invocación directa, que exigen estar a las leyes de desarrollo.

El derecho a la vivienda está relacionado con otros derechos como el de propiedad o libertad de empresa, que se subordinan respectivamente a la función social y a la economía general y la planificación (art. 33.2 y 38 CE).

Por otra parte, el artículo 143 del Estatuto de Autonomía de Canarias concreta la competencia exclusiva de la Comunidad Autónoma de Canarias en materia de vivienda, que incluye:

a) La ordenación, planificación, gestión, fomento, protección, control de calidad, inspección y sanción en materia de vivienda, de acuerdo con las necesidades sociales, de equilibrio territorial y de sostenibilidad

b) La promoción pública de la vivienda, con especial atención al patrimonio público del suelo.

Asimismo, corresponde a la Comunidad Autónoma, de acuerdo con la legislación estatal, la regulación de la función social y habitacional de la vivienda, las condiciones de accesibilidad de los edificios, la instalación de infraestructuras comunes y las innovaciones tecnológicas y de ahorro energético.

2. El Real Decreto Legislativo 7/2015 de 30 de octubre por el que se aprueba el Texto Refundido de la Ley del Suelo y Rehabilitación Urbana, reconoce en el artículo 5, que todos los ciudadanos tienen derecho a disfrutar de una vivienda digna adecuada y accesible, concebida con arreglo al principio de diseño para todas las personas, que constituya su domicilio libre de ruido u otras emisiones contaminantes de cualquier tipo que superen los límites máximos admitidos por la legislación aplicable y en un medio ambiente y en un paisaje adecuado. Asimismo, todos los ciudadanos tienen derecho a acceder en condiciones no discriminatorias y de accesibilidad universal a la utilización de las dotaciones públicas y los equipamientos colectivos abiertos al uso público de acuerdo con la legislación reguladora de la actividad de que se trate y acceder a la información de que dispongan las Administraciones Públicas sobre ordenación del territorio, ordenación urbanística y evaluación ambiental.

Para hacer efectivo el derecho a la vivienda, la Ley del Suelo estatal, exige que la ordenación territorial y urbanística prevea el suelo necesario para este fin, evitando la especulación, preservando de la urbanización el suelo que no sea necesario. Dentro del suelo residencial se debe reservar una parte a vivienda sujeta a un régimen de protección pública, con precios máximos en venta o alquiler u otras formas de acceso a la vivienda. La distribución de la vivienda en el territorio debe ser respetuosa con el principio de cohesión social y comprenderá un mínimo del 40% de la edificabilidad residencial prevista por la ordenación urbanística que se incluya en actuaciones de nueva urbanización y el 20% en suelo urbanizado que se someta a reforma o renovación de la urbanización.

La legislación territorial también podrá permitir excepcionalmente una reserva inferior o eximirla para determinados municipios, siempre y cuando se trata de actuaciones de nueva urbanización y se garantice en el instrumento de ordenación el cumplimiento de la reserva dentro de su ámbito territorial de aplicación y una distribución de la localización respetuosa con el principio de cohesión territorial.

El artículo 18 de la Ley del Suelo estatal concreta los deberes vinculados a la promoción de actuaciones de transformación urbanística y a las actuaciones edificatorias. Básicamente, se concretan en entregar a la administración competente el suelo para viales, espacios libres, zonas verdes y dotaciones públicas incluidas en la propia actuación o adscritos a ella para su obtención. También entregar a la administración, con destino a patrimonio público del suelo, el suelo libre de cargas de urbanización correspondiente al porcentaje de edificabilidad media ponderada de la actuación o del ámbito superior de referencia en el que se incluya, que fije la legislación de ordenación territorial y urbanística, que con carácter general, no podrá ser inferior al 5% ni superior al 15%. La legislación territorial y urbanística puede permitir excepcionalmente reducir o incrementar este porcentaje de forma proporcionada y motivada hasta alcanzar un máximo del 20% en el caso de su incremento, para las actuaciones o los ámbitos en los que el valor de las parcelas resultantes sea inferior o superior al medio en los restantes de su misma categoría de suelo. También se podrá prever la sustitución de entrega del suelo por otras formas de cumplimiento del deber, excepto cuando se pueda cumplir con suelo destinado a vivienda sometida a algún régimen de protección pública. También es preciso costear todas las obras de urbanización previstas en la actuación correspondiente, así como las infraestructuras de conexión con las redes generales de servicio y la de ampliación y reforzamiento de las existentes. Entre estas obras e infraestructuras se incluyen las de potabilización, suministro y depuración de agua, incluso las infraestructuras de transporte público que se requieren para una movilidad sostenible. También se configura como obligación en la Ley la de entregar a la administración las obras e infraestructuras que deben formar parte del dominio público como soporte inmueble de las instalaciones propias de cualquiera de las redes de dotaciones y servicios, así como las instalaciones cuando estén destinadas a la prestación de servicios de titularidad pública, garantizar el realojamiento o retorno de los ocupantes legales que sea preciso para desalojar inmuebles situados dentro del área de actuación que tengan en él su residencia habitual, indemnizar a los titulares de derechos sobre construcciones y edificaciones que deben ser demolidas, o bien obras, instalaciones o sembrados que no se puedan conservar.

Cuando se trata de actuaciones de dotación, se debe entregar también a la administración el suelo libre de cargas de urbanización correspondiente al porcentaje de edificabilidad media ponderada de la actuación del ámbito superior de referencia en que se incluya que fije la legislación correspondiente. Este deber se determinará atendiendo solo al incremento de edificabilidad media ponderada y dicho deber debe cumplirse mediante la sustitución de la entrega del suelo por su valor en metálico para costear la parte de financiación pública que pudiera estar prevista en la propia actuación o integrarse en el patrimonio público de suelo con destino a actuaciones de rehabilitación, regeneración o renovación urbana en caso de imposibilidad física de materializar estas cesiones. En caso de imposibilidad, se podrá entregar la superficie edificada o edificabilidad lucrativa en un complejo inmobiliario situado dentro del ámbito u otras formas de cumplimiento del deber en relación con la actuación edificatoria.

En relación con las actuaciones edificatorias, se matiza en la ley el alcance de estos deberes.

3. Antes de ver como se concretan estos deberes en la legislación canaria del suelo, es preciso hacer una referencia a la Ley estatal de Vivienda. La Ley 12/2023, de 24 de mayo, por el derecho a la vivienda, es la primera ley estatal reguladora del derecho a la vivienda desde la aprobación de la Constitución, si bien no se puede decir que el Estado haya estado ausente de las políticas de vivienda, pues ha asignado importantes fondos públicos a través del ámbito fiscal y

la aprobación durante toda la democracia de los planes de vivienda. A partir del Plan Estatal de vivienda y rehabilitación 2009-2012 regulado por el Real Decreto 2066/2008 de 12 de diciembre, confirmado por otros posteriores, comienza a fomentarse el alquiler de vivienda, la rehabilitación edificatoria y la regeneración y renovación urbana, estableciendo un cambio de modelo.

Entre 1962 y el año 2020 el 31,5% fueron viviendas protegidas, es decir, unos 5,7 millones de viviendas se promovieron al amparo algún régimen de protección pública. Pese a este importante esfuerzo público de promoción y construcción, muchas de estas viviendas han dejado de estar sujetas en un plazo relativamente corto a límites de venta o alquiler.

La Ley 12/2023 trata de garantizar el conocimiento efectivo por parte del adquirente o arrendatario de la calidad y prestaciones de la vivienda que es objeto de una operación inmobiliaria con el fin de garantizar que la vivienda sea efectivamente digna y adecuada para la persona o unidad de convivencia.

Conforme el artículo 148.3 de la Constitución todas las comunidades autónomas tienen asumida en sus Estatutos de Autonomía, sin excepción, la competencia plena en materia de vivienda. El Estado puede incidir con distintos títulos competenciales en la política de vivienda, si bien son los legisladores autonómicos quienes pueden formular un programa completo normativo en materia de vivienda.

La STC 15/1988 de 20 de julio (*Tol 80126*) tuvo por objeto analizar uno de los planes de viviendas estatales de promoción pública. Dicha sentencia señala que el Estado tiene competencia para aprobar planes de vivienda sobre la base del artículo 149.1.13 de la Constitución, que atribuye al Estado la competencia relativa a la planificación general de la actividad económica. También existen otros títulos competenciales que permiten al Estado abordar la tarea legislativa en materia de vivienda. Así por ejemplo, el artículo 149.1.1 CE permite regular las condiciones básicas que garanticen la igualdad de todos los españoles en el ejercicio de los derechos y en el cumplimiento de los deberes constitucionales. El Estado puede, asimismo, incidir sobre la política de vivienda a través de la legislación mercantil (artículo 149.1.6 de la CE) y la legislación civil (artículo 149.1.8 CE), a través de los contratos vinculados al acceso a la vivienda. También le corresponde al Estado las bases de la ordenación del crédito, banca y seguros, (artículo 149.1.11 de la CE) lo que permita al Estado tener un papel relevante en la política de vivienda, dado que para acceder a una vivienda la mayor parte de la ciudadanía requiere de forma mayoritaria préstamos otorgados por las entidades de crédito. Por otra parte, también el Estado tiene competencia relativa a la Hacienda General y deuda del Estado (artículo 149.1.14 CE) que es una competencia ejercida por el Estado en la regulación de los préstamos convenidos o cualificados o en el otorgamiento de ayudas económicas. Finalmente, hemos de subrayar que también le corresponde al Estado la competencia estatal para dictar la legislación básica sobre protección del medio ambiente, (artículo 149.1.23 CE) que también condiciona el proceso urbanizador y edificatorio.

La Ley de Vivienda del Estado trata de garantizar que las administraciones territoriales competentes desarrollen los respectivos parques públicos de vivienda para destinarlos con carácter prioritario a satisfacer la necesidad de vivienda de aquellos colectivos más desfavorecidos en situaciones de vulnerabilidad o exclusión social, o en general de quienes tienen dificultades de acceso a la vivienda en el mercado. Por otra parte, parte de que las políticas públicas deben favorecer la existencia de una oferta suficiente y adecuada de vivienda que responda a la demanda existente y permita el equilibrio del mercado. La ley establece un estatuto de derechos y deberes de los propietarios de viviendas, estableciendo el deber de destino al uso habitacional, y el deber de conservación, con el objeto de salvaguardar la función social.

Son fines de la Ley de Vivienda: la efectividad del derecho de acceso en condiciones asequibles a la vivienda digna y adecuada; promover el uso y disfrute efectivo de la vivienda; asegurar la habitabilidad de las viviendas entendida como unos requisitos mínimos de calidad, funcionalidad y accesibilidad universal; fomento de la colaboración interadministrativa; proteger la estabilidad y la seguridad jurídica en la propiedad, uso y disfrute de la vivienda; favorecer el desarrollo, gestión y mantenimiento de los parques públicos de vivienda para asegurar una oferta significativa y estable; impulsar la rehabilitación y mejora de las viviendas existente tanto el parque privado como público; impulsar y fomentar la existencia de una oferta suficiente y adecuada de vivienda en alquiler a precios asequibles especialmente para jóvenes y hogares en situación de riesgo de vulnerabilidad; apoyar la existencia de parques sociales de vivienda de entidades del tercer sector; procurar la máxima eficiencia en la gestión de los recursos disponibles; garantizar el derecho de información en la operación de compra y arrendamiento de vivienda; eliminar cualquier tipo de discriminación; impulsar la accesibilidad universal en el parque de vivienda; evitar cualquier tipo de especulación; garantizar la igualdad y garantizar el uso responsable de los recursos públicos para cumplir la política de vivienda por parte de la administración; priorizar la atención e información a familias, hogares y unidad de convivencia; corregir los desequilibrios territoriales; fomentar la transparencia y garantizar la participación en el desarrollo de las políticas públicas de vivienda de todos los agentes que intervienen en el mercado y potenciar la economía social.

La particularidad de la ley es que las administraciones competentes en materia de vivienda podrán declarar de acuerdo con los criterios y procedimientos establecidos en su normativa reguladora, zonas de mercado residencial tensionado, a efectos de orientar las actuaciones públicas en materia de vivienda en los ámbitos territoriales que tengan especial riesgo de oferta insuficiente de vivienda para la población en condiciones que la hagan asequible para su acceso, mediante la elaboración de un plan específico con las medidas necesarias, que afecta especialmente a los grandes tenedores de vivienda, a los que se atribuya la obligación de colaborar con las Administraciones Públicas y suministrar información sobre el uso y destino de las viviendas.

4. El art. 5 de la Ley 4/2017, de 13 de julio, del Suelo y de los Espacios Naturales de Canarias reconoce en su artículo 5.2 d) la promoción del acceso a la vivienda como derecho constitucionalmente protegido, de calidad adecuada, segura, eficiente y con acceso a las dotaciones, equipamientos y servicios y a un precio razonable. El artículo 8 se refiere a la función social del derecho de propiedad de tal manera que se produzca un reparto equitativo de beneficios y cargas por parte de todas las personas propietarias en proporción a sus aportaciones, la participación de la comunidad en las plusvalías generadas por la actuación urbanística de los entes públicos y la redistribución de los recursos para garantizar a todas las personas

el ejercicio de los derechos constitucionalmente protegidos. La Ley concreta, asimismo, el estatuto de derechos y deberes de los propietarios en las distintas clases de suelo.

5. La Ley 2/2003, de 30 de enero, de Vivienda de Canarias, considera que el derecho a acceder a una vivienda digna y adecuada es uno de los problemas más complejos a los que se ha enfrentado la Comunidad Autónoma de Canarias desde su constitución. Se reconoce el déficit que existe de viviendas accesibles por las familias canarias de rentas bajas y medias. La experiencia acumulada permite resumir tres dificultades fundamentales: la limitación de los recursos económicos disponibles, la escasez de suelo apto para edificación y la complejidad y lentitud en la tramitación de los proyectos y promociones de vivienda sujeta a un régimen de protección pública.

La ley encomienda la gestión de las competencias ejecutivas en materia de vivienda al Instituto Canario de la Vivienda, organismo autónomo del Gobierno de Canarias, en cuyo consejo de administración participan los cabildos insulares.

Se afecta directamente el suelo a la construcción de viviendas protegidas mediante el establecimiento de un estándar urbanístico mínimo que debe incorporar los instrumentos municipales de planeamiento. La ley atribuye a los planes insulares de ordenación la determinación de los problemas del territorio insular y en su caso también a los planes de vivienda, la determinación de los municipios en los que es prioritaria la construcción de viviendas protegidas y, por tanto, en las que debe centrarse el esfuerzo público, sin perjuicio de las actuaciones que fueran necesarias en municipios de otra naturaleza. Se establece la obligación de que los instrumentos de planeamiento general de esos municipios tengan por lo menos el 20% del suelo urbanizable de uso residencial y del suelo urbano afectado por reforma interior a esta clase de suelo residencial, sin que pueda destinar a este uso más del 50% del aprovechamiento del ámbito o sector,— porcentajes que hay que entender derogados sobrevenidamente por la Legislación estatal—. La ley admite la afectación expresa de bienes del patrimonio municipal del suelo, se declara el incumplimiento del deber de edificación en los plazos que se señalan y se establece el deber de los promotores turísticos de colaborar en la construcción de viviendas protegidas para la población de servicio.

Se establece un régimen común para las viviendas protegidas. Básicamente las normas fundamentales son: en cuanto a las viviendas protegidas de promoción privada se asimilan al régimen jurídico de viviendas libres reduciéndose la intervención a las limitaciones administrativas indispensables para garantizar el adecuado destino y empleo de los fondos públicos.

El plan de vivienda es el instrumento que ordena todas las acciones públicas en materia de fomento del suelo protegido y la vivienda. Los Presupuestos Generales de la Comunidad Autónoma deben contemplar los créditos suficientes para dar cobertura a los objetivos. Se impone un estándar urbanístico que obliga a los municipios y a los propietarios y promotores a ceder suelo necesario para la construcción de vivienda protegida y se establece la potestad de desahucio y la potestad sancionadora en materia de vivienda.

6. La STC 43/2018, de 26 de abril (*Tol 6599093*) declara inconstitucionales determinados artículos de la Ley 2/2014, de 20 de junio, de medidas para garantizar el acceso a la vivienda, por la que se modificó la Ley 2/2003, de 30 de enero de Vivienda de Canarias. Esta Ley fue dictada en un contexto social y económico-financiero muy complejo, en el que muchas familias se vieron en situación de vulnerabilidad por el desahucio de las viviendas en que residían por falta de pago, en un contexto de grave crisis económica.

La expropiación del uso de la vivienda objeto de un procedimiento de ejecución, por un plazo máximo de tres años a contar desde el lanzamiento acordado por el órgano judicial, se impugna por el Estado ante el TC por entender que infringe la competencia estatal del artículo 149.1.13 CE, en cuanto se pone en peligro la política económica del Estado en relación con la reestructuración del sector financiero y la estabilidad de las entidades de crédito (Leyes 8/2012, de saneamiento y venta de los activos inmobiliarios del sector financiero y 9/2012, de 14 de noviembre, de reestructuración y resolución de entidades de crédito), así como las medidas estatales de suspensión de lanzamientos (Ley 1/2013, de medidas para reforzar la protección a los deudores hipotecarios, reestructuración de deuda y alquiler social).

El Alto Tribunal señala que la STC 93/2015, FJ 18 (*Tol 5001983*) ya razonó que la medida autonómica, prevista en la disposición adicional segunda del Decreto-ley andaluz 6/2013, resulta incompatible con las medidas adoptadas por el Estado en ejercicio de su competencia ex artículo 149.1.13 CE para atender a las mismas necesidades. Esa misma conclusión, examinando las normas estatales posteriores al dictado de la STC 93/2015, se ratificó en la STC 16/2018, FJ 13 (*Tol 6537959*). Finalmente, en la STC 32/2018, FJ 5 (*Tol 8485295*), declara inconstitucional y nula la disposición adicional primera de la Ley andaluza 4/2013 por idéntica razón.

La disposición adicional cuarta de la Ley canaria 2/2014 regulaba la misma expropiación de uso orientada a cubrir la misma necesidad de vivienda, consecuentemente se declara asimismo inconstitucional y nula. Lo propio sucede con el artículo 8 n) de la Ley 2/2003, en la redacción dada al mismo por el artículo 1.6 de la Ley 2/2014, y con el artículo 18.8 de la Ley 2/2003, añadido por el artículo 1.7 de la Ley 2/2014, pues se refieren a esa misma expropiación de uso.

7. El Decreto Ley 24/2020, de 23 de diciembre, de medidas extraordinarias y urgentes en los ámbitos de vivienda, transportes y puertos de titularidad de la Comunidad Autónoma de Canarias, es convalidado por Acuerdo del Pleno del Parlamento de Canarias el 27 de enero de 2021. El Decreto ley establece de forma excepcional, en el marco del Plan de Vivienda de Canarias 2020-2025, un conjunto de medidas no económicas que permitan facilitar el acceso a una vivienda digna a los sectores de población con menos recursos y más desfavorecidos; estableciendo precios máximos de venta y de adjudicación de las viviendas protegidas, así como la fijación de precios máximos de renta en los arrendamientos. Además, se establecen los criterios del régimen de calificación de la vivienda protegida, que son necesarios para una eficaz y eficiente implementación del Plan, destacando la simplificación del régimen general de la vivienda protegida, que se reduce a uno solo, que hasta ese momento, se desglosaba en básico y medio; así como definiendo los parámetros básicos de protección, como la superficie útil y el establecimiento del Módulo Básico Canario (MBC) como valor de referencia para la determinación de los precios máximos de venta y arrendamiento. Asimismo, se implica a las entidades financieras y otras entidades que operan en el sector inmobiliario, propietarios de, al menos, quince viviendas, con el objetivo de promover convenios para conseguir un parque

público de vivienda adecuado a la demanda. Además, se autoriza el abono anticipado de las ayudas concedidas para contribuir a minimizar el impacto económico y social del COVID-19 en los alquileres de vivienda habitual

8. El tiempo ha demostrado que el marco legal existente no ha garantizado el derecho de las personas más vulnerables a disfrutar de vivienda protegida. En ese contexto de crisis habitacional, se ha dictado el Decreto— Ley 1/2024 de 19 de febrero, de medidas urgentes en materia de vivienda, que trata de garantizar el acceso a la vivienda.

El acceso a una vivienda digna y adecuada en Canarias desde la crisis inmobiliaria de 2008, a la que siguió la crisis económico-financiera que afectó a las Administraciones Públicas, determinó la falta de oferta suficiente tanto de vivienda libre como de vivienda protegida para atender a una demanda en constante crecimiento, tanto en propiedad como en alquiler. La escasez de viviendas protegidas construidas en los últimos años limita las posibilidades de acceso de las personas y las familias a la vivienda. El acceso a la vivienda libre es difícil por ser la oferta reducida. Asimismo, también existe un numeroso parque de viviendas desocupadas que pudiendo estar destinadas a alquiler no lo están. Influye también el auge de la vivienda vacacional, lo que ha producido un enorme impacto en las viviendas disponibles, tanto para los trabajadores, como los empleados públicos o los estudiantes, lo que dificulta el acceso a la vivienda, ya sea de manera permanente, ya sea en régimen de alquiler. Todas estas circunstancias han determinado una situación crítica que requiere de una importante bolsa de vivienda protegida para hacer frente a la demanda existente, razones que justifican que se haya declarado la emergencia habitacional por Decreto Ley. Se pretende regular el uso del suelo de acuerdo con el interés general para evitar la especulación. La preocupación por la búsqueda de soluciones para hacer efectivo el derecho a la vivienda se refleja en el pacto social y político por el derecho de acceso a una vivienda digna en Canarias suscrito el 12 de marzo de 2020 en el Parlamento de Canarias por los partidos políticos, las Administraciones Públicas y las organizaciones representativas de la sociedad civil. A pesar de todo, la realidad actual de las islas ha requerido la declaración de emergencia habitacional, al haber crecido la demanda mucho más que la oferta de vivienda, en especial de la vivienda protegida. Se adoptan medidas para facilitar el ofrecimiento del mayor número de viviendas posibles, con el fin de poner fin a la situación crítica existente. Se establecen incentivos fiscales también a la construcción y rehabilitación y garantías jurídicas que favorezcan el arrendamiento de las viviendas libres, y medidas para incrementar la disponibilidad del suelo y la utilización de edificaciones con destino de vivienda, así como para promover, impulsar y facilitar la construcción de viviendas protegidas. Dentro del primer grupo está el uso del suelo dotacional público para la construcción de viviendas protegidas de promoción pública, el uso del suelo de equipamiento para la construcción de viviendas protegidas, la ejecución directa con destino a vivienda protegida de sistemas generales adscritos a unidades de actuación, el derecho de superficie o concesión sobre bienes patrimoniales públicos, la compatibilidad del uso residencial y del turístico en suelos a desarrollar, el cambio de uso de parcelas a residencial, la recuperación del suelo urbanizable residencial que se encontraba previsto como tal en instrumentos de planeamiento y que fue desclasificado a rústico común por la Ley del Suelo 4/2017. Con estas medidas se trata de aumentar las posibilidades para que el suelo sea óptimo para albergar la construcción de viviendas protegidas más allá de los desarrollos tradicionales de suelo urbanizable o urbanos no consolidados con destino residencial. Se permite la concesión de obra pública para construir y gestionar o únicamente gestionar en este tipo de viviendas, como modo de llamar la atención a los operadores públicos y privados. También se contempla la dificultad de vivienda en zonas turísticas, en especial para algunos colectivos, por ello se permite que en los suelos urbanizables ordenados que no se encuentren completamente desarrollados y en los que se da la compatibilidad de los usos residenciales y turísticos se pueda destinar el resto completamente al residencial siempre que en un tercio se destine a vivienda protegida de promoción privada. Con ello se pretende aumentar la oferta de vivienda en la zona turística para aquellos colectivos que por razón de renta no pueden acceder a la vivienda pública para que puedan tener una oportunidad en el sector de promoción privada. El decreto ley establece otras medidas como la recalificación de locales y de edificios completos cambiando su uso actual al de vivienda, el incremento de edificabilidad de edificaciones existentes destinadas a vivienda, la división de viviendas existentes para generar en el espacio por ellas ocupado nuevas viviendas más adecuadas a las necesidades actuales, la rehabilitación de urbanizaciones y edificaciones no terminadas permitiendo que puedan finalizarse, el reconocimiento del derecho de adquisición preferente de la administración en el supuesto de transmisión de edificaciones cuando exista una o más viviendas en régimen de alquiler. También responden a este objetivo de aplicación directa y simplificación, la admisión de la cesión de suelo municipal en favor del Instituto Canario de la Vivienda con unos requerimientos mínimos que habiliten la rápida construcción, la calificación como proyectos de obra pública de interés general la construcción de viviendas de promoción pública, la no aplicación de la evaluación ambiental por razones excepcionales para las medidas recogida en el decreto ley, la declaración de urgencia a los efectos de reducir los plazos en el cumplimiento de trámites del procedimiento administrativo, la declaración de utilidad pública e interés social de los proyectos de construcción de viviendas de promoción pública, la posibilidad de contratación conjunta del proyecto y la obra para una mayor agilidad administrativa o el reconocimiento de la iniciativa privada sobre los suelos de titularidad pública para la construcción de viviendas de promoción pública, articulando un derecho de consulta.

Asimismo, se establece que la regulación del decreto ley prevalece y se impone sobre el planeamiento aprobado que sea disconforme, sin necesidad de llevar a cabo procesos de modificación o actuación que retrasen su efectividad. Se crea la vivienda protegida de promoción pública como obra de interés general con todos los efectos que esta calificación implica, de tal forma que una vez aprobado este proyecto, su contenido se impone y desplaza al planeamiento existente, tal y como sucede en las obras públicas de interés general reguladas en la legislación sectorial, con exclusión de evaluación de impacto ambiental, de acuerdo con la previsto en el artículo 8 de la Ley 21/2013 de 9 de diciembre de evaluación ambiental. Se reconoce por el mismo decreto ley la urgencia, para acortar los plazos para cumplimentar el trámite y procedimiento, buscando reducir la duración de los mismos lo máximo posible, lo que se refuerza con la declaración de utilidad pública e interés social a efectos expropiatorios de aquellos proyectos de obra. Se reconoce que es posible la contratación conjunta del proyecto y de la obra para no retrasar innecesariamente el plazo de ejecución, se establece el plazo de tres meses para la tramitación y resolución de la calificación provisional de las actuaciones con régimen de silencio positivo, además se autoriza que los propios promotores privados puedan consultar a la administración para conocer la viabilidad de una iniciativa privada de vivienda protegida sobre suelo público. Los cabildos insulares también pueden promover la construcción de vivienda protegida, se actualiza el valor de repercusión del suelo en el precio de venta y el módulo básico canario y se revisan los criterios y el precio máximo de referencia, se declara permanente la duración del régimen legal de protección en el caso de promoción pública y la cuantía máxima de renta que puede exigirse a los arrendatarios de viviendas protegidas se determina en proporción a sus ingresos. Todas estas medidas pretenden ser de máxima inmediatez y eficacia.

El Decreto Ley es convalidado por Acuerdo del Pleno del Parlamento de Canarias de 19 y 20 de marzo de 2024.

Referencias bibliográficas

Expósito Suárez, I. (Coord.) (2024). *Manual de Competencias de la Comunidad Autónoma de Canarias.* Francis Lefebvre.

G. DERECHOS DE LA CIUDADANÍA EN SU RELACIÓN CON LAS EMPRESAS, COMO TRABAJADOR Y COMO CONSUMIDOR

Significado, contenido y desarrollo de los derechos laborales y profesionales en el Estatuto de Autonomía de Canarias

DULCE MARÍA CAIRÓS BARRETO
Prof. Titular Derecho del Trabajo y de la Seguridad Social
Universidad de La Laguna
https://doi.org/10.36151/TLB_9788410955158.22

SUMARIO: I. Reconocimiento y alcance. II. La relación de derechos laborales y su significado. 1. Las políticas activas de empleo. 2. Los derechos laborales en el contrato de trabajo. 3. Los derechos de información, consulta y participación en la empresa. III. Concertación y Diálogo Social en Canarias. IV. Participación institucional. Referencias bibliográficas.

I. RECONOCIMIENTO Y ALCANCE

El art. 23 del Estatuto de Autonomía de Canarias (EAC) reconoce los derechos laborales y profesionales. Se enmarca en el capítulo II (Derechos y deberes) del Título Primero (De los derechos, deberes y principios rectores) de la nueva norma estatutaria, esto es, en un capítulo original y propio de los denominados Estatutos de Autonomía de tercera generación que ha recibido críticas, alabanzas y justificaciones por igual[1], dado que una declaración de derechos y deberes es materia propia de los textos constitucionales, y no parece jurídicamente viable que sea la norma autonómica la competente para atribuirse ese reconocimiento. Además, también se duda de su eficacia, porque no puede afirmarse, más bien al contrario, que los ciudadanos de las Comunidades Autónomas con estas cartas de derechos ostenten después de su promulgación más o mejores derechos que los disfrutados al amparo directo de la Constitución y las leyes

[1] A título de ejemplo, Díez Picazo, L. M. (2006). "¿Pueden los Estatutos de Autonomía declarar derechos y deberes y principios?". *Revista Española de Derecho Constitucional,* (78), 63-75, y Caamaño Domínguez, F. M. (2007). "Sí, Pueden (Declaraciones de derechos y Estatutos de Autonomía". *Revista Española de Derecho Constitucional,* (79), 33-46.

estatales, fundamentalmente porque tales derechos muchas veces se configuran como meras reiteraciones o especificaciones de derechos ya existentes, y además ni siquiera son propiamente estatutarios en su conformación, pues con mucha frecuencia esta última queda diferida a la normativa de desarrollo[2]. En el caso de los derechos de contenido laboral y profesional del EAC, lo cierto es que se trata de derechos reconocidos a nivel constitucional con arreglo a las tres categorías jurídicas de derechos que reconoce la CE, derechos fundamentales, derechos de los ciudadanos y principios rectores de la política social y económica.

La primera cuestión que se suscitó, y que fue resuelta bien pronto por el propio Tribunal Constitucional, fue la de una posible inconstitucionalidad de la inclusión de estos derechos de relevancia constitucional en un Estatuto de Autonomía. Algunas de la razones que se arguyeron ponían de manifiesto que el art. 147.2 CE no establece la posibilidad de incluir una carta de derechos; que en el ordenamiento jurídico español existe una reserva a la CE en materia de derechos fundamentales, de modo que su inclusión en los Estatutos de Autonomía supondría establecer límites materiales al legislador al acotar el ámbito de la regla de la decisión por mayorías y, así, limitar el proceso político democrático; o que, en definitiva, admitir que los Estatutos de Autonomía puedan recoger declaraciones de derechos supondría que las Cortes Generales pueden reconocer diferentes derechos fundamentales a los ciudadanos, en función de la Comunidad Autónoma en la que residan[3].

A ello se respondió que el hecho de que el art. 147 CE establezca un mínimo imprescindible y necesario para la configuración institucional de la autonomía política no supone la exclusión de otro contenido posible concretado en un título sobre derechos, deberes y principios[4]. También se ha justificado que la incorporación de este

---

2 Prieto Sánchís, L. (2010). "Sobre las declaraciones de derechos y los nuevos Estatutos de Autonomía". *Revista jurídica de Castilla-La Mancha*, (49), 127.

3 Los resume Calatayud Prats, I. (2019). "Título I. Capítulo II. Derechos y Deberes (artículos 19 a 24 y 29)". *El Estatuto de Autonomía de Canarias. Ley Orgánica 1/2018, de 5 de noviembre.* Gobierno de Canarias-Civitas-Thomson Reuters, 149.

4 Caamaño Domínguez, F. M. (2007). "Sí, Pueden (Declaraciones de derechos y Estatutos de Autonomía", *op. cit.*, 43.

elenco de derechos que nada tienen que ver con las materias que la CE reserva a los Estatutos de Autonomía es perfectamente posible, legítima y constitucional, porque cuando los Estatutos incluyen en su contenido un título de derechos, no están creando un nuevo marco de derechos fundamentales para los ciudadanos, sino que están legislando y regulando acerca del régimen de los derechos y libertades, en el marco de sus propias competencias, sin alterarlas ni arrogarse las de la propia CE: el contenido de los Estatutos de Autonomía no tiene por qué quedar restringido a la regulación de los aspectos autoorganizativos y a la fijación de las competencias que constituyen el autogobierno de las autonomías y las CC.AA. no están excluidas del poder de regulación sobre los derechos y deberes fundamentales del Título I de la CE, sino que a partir de su reconocimiento y constitución primaria, las CC.AA. participan en su despliegue normativo en el marco de las competencias que la CE fija y el Estatuto concreta[5].

A este respecto, la STC 247/2007, de 12 de diciembre (*Tol 1224508*) que analizó el Estatuto de Autonomía de Valencia, señaló que esta inclusión de derechos se configura, en todo caso, como un mandato al legislador y restantes poderes públicos autonómicos, con prescripciones que les son vinculantes y que en el ámbito de lo dispuesto por el art. 147.2, d) CE los Estatutos de Autonomía no pueden establecer por sí mismos derechos subjetivos en sentido estricto, sino directrices, objetivos o mandatos a los poderes públicos autonómicos. Y en la STC 31/2010, de 28 de junio (*Tol 1880189*), sobre el Estatuto de Autonomía de Cataluña, se reiteró que "bajo la misma categoría «derecho» pueden comprenderse realidades normativas muy distintas, y será a éstas a las que haya de atenderse, más allá del puro nomen, para concluir si su inclusión en un Estatuto es o no constitucionalmente posible" (...), que "ya en la propia Constitución bajo el término «derecho» se comprenden tanto verdaderos derechos subjetivos como cláusulas de legitimación para el desarrollo de determinadas opciones legislativas, si bien en ambos casos se trata siempre, al cabo, de mandatos dirigidos al legislador" y que "Este tipo de derechos estatutarios, que no son derechos subjetivos sino mandatos a los poderes públicos [STC 247/2007, FFJJ 13 a 15 (*Tol 1224508*)],

---

5 Carrillo, M. (2007). "Los derechos, un contenido constitucional de los Estatutos de Autonomía". *Revista Española de Derecho Constitucional*, (80), 49-73.

operan técnicamente como pautas (prescriptivas o directivas, según los casos) para el ejercicio de las competencias autonómicas. De lo que resulta, naturalmente, un principio de diferenciación que no puede confundirse con la desigualdad o el privilegio proscritos por los arts. 138.2 y 139.1 CE".

Esta es una interpretación relevante cuando se trata del reconocimiento de derechos que no cuentan con un precedente expreso en el texto constitucional. Los derechos sociales recogidos en los Estatutos de Autonomía no son auténticos derechos subjetivos sino, a lo sumo, mandatos de optimización que no se pueden alegar judicialmente de forma directa, pues requieren en todo caso la intermediación del legislador autonómico para su concreción y nacimiento como derecho subjetivo[6]. Pero entonces se abre, respecto de los derechos que constituyen una mera repetición de los contenidos expresamente dispuestos en los diversos artículos que en la CE se refieren a los derechos laborales, la cuestión de su alcance y eficacia, de su significado. Porque una cosa es que no pueda atacarse por la vía de una eventual inconstitucionalidad el reconocimiento de estos derechos en los EE.AA. y otra determinar cuál es la virtualidad de su incorporación. El propio artículo 10 EAC dispone que las disposiciones del título I no pueden ser desarrolladas, aplicadas o interpretadas de forma que reduzcan o limiten los derechos fundamentales reconocidos por la Constitución y los tratados y convenios internacionales ratificados por España, y los derechos, deberes y principios no supondrán una alteración del régimen de distribución de competencias, ni la creación de títulos competenciales nuevos o la modificación de los ya existentes.

Se ha afirmado que uno de los rasgos diferenciadores del nuevo EAC es el establecimiento de la "condición política de canarios", que se construye en círculos de identidad y ciudadanía compatibles entre sí, canaria, española y europea. Esta condición política de canarios incorpora los derechos de la CE y los nuevos derechos del EAC, particularmente extensos en los derechos sociales y en los principios rectores, junto con los derechos de la Unión Europea y los instru-

---

6 Calatayud Prats, I. (2019). "Título I. Capítulo II. Derechos y Deberes (artículos 19 a 24 y 29)". *Op. cit.*, 153

mentos internacionales de derechos humanos, configurando así un estatuto de ciudadanía canaria[7]. Su virtualidad parece, respecto de los derechos laborales y profesionales, limitada a una declaración programática expresiva de las preocupaciones del legislador canario en estas materias.

II. LA RELACIÓN DE DERECHOS LABORALES Y SU SIGNIFICADO

El art. 23 EAC reconoce los derechos en el ámbito laboral y profesional con un sesgo muy expresivo de los que se consideran problemas más acuciantes del mercado de trabajo canario, esto es, el elevado nivel de desempleo y las dificultades de acceso al trabajo. El art. 23 EAC se puede dividir en tres secciones, que abarcan las políticas activas de empleo, el ejercicio de los derechos fundamentales, a la igualdad y no discriminación, especialmente por razón de sexo, edad y discapacidad, salud laboral, acoso y violencia laboral y los derechos típicamente laborales de formación profesional, formación para el empleo y los derechos de información, consulta y participación en la empresa, así como la concertación y la participación social, esto es, derechos de los que son titulares, no las personas físicas, sino las organizaciones sindicales y empresariales más representativas en España: se ha señalado que su contenido se ha centrado en el derecho al trabajo, el empleo y la afirmación de la democracia industrial y se ha destacado que constituye una novedad muy relevante de este nuevo Estatuto de Autonomía y de los nuevos Estatutos que incorporan una relación de derecho en esta materia[8].

En concreto, en materia laboral, varios Estatutos de Autonomía incluyen una regulación semejante: el Estatuto de Autonomía de Cataluña (EA Cataluña, LO 6/2006, de 19 de julio) recoge los "dere-

---

7 López Aguilar, J. F. y García Mahamut, R. (2019). "El nuevo Estatuto de Autonomía de Canarias: "tercera generación". Hecho diferencial y nuevo sistema electoral". *Revista Española de Derecho Constitucional*, (115), 26.

8 Alemán Páez, F. (2020). "Derechos en el ámbito laboral y profesional". *Comentarios a la Ley Orgánica 1/2018, de 5 de noviembre, de Reforma del Estatuto de Autonomía de Canarias*, BOE-Parlamento de Canarias, 161.

chos en el ámbito laboral"[9]; el Estatuto de Autonomía de Andalucía (EA Andalucía, LO 2/2007, de 19 de marzo) se refiere al "trabajo"[10]; el Estatuto de Autonomía de Aragón (EA Aragón, LO 5/2007, de 20 de abril) incorpora "empleo y trabajo" como principio rector[11]; el Estatuto de Autonomía de Castilla y León (EA Castilla y León, LO 14/2007, de 30 de noviembre) se refiere extensamente a los "derechos sociales"[12]; el Estatuto de Autonomía de las Islas Baleares (EA Islas Baleares, LO 1/2007, de 28 de febrero) se refiere a los "derechos sociales" y "derechos relativos a la ocupación y al trabajo"[13].

Los derechos laborales y profesionales se reconocen con carácter general, con una clara intención de abarcar los derechos laborales tanto en el marco de la relación de trabajo asalariado, como fuera de ella, esto es, trabajo autónomo, empleo público, trabajo en cooperativas y otras entidades de la economía social, y tanto con carácter individual, como colectivo, porque se menciona especialmente el derecho de las organizaciones sindicales y empresariales al ejer-

---

9 Art. 25, derecho a la formación profesional, a la promoción profesional y al acceso a los servicios públicos de ocupación, prestaciones y recursos no contributivos, derecho a la salud, seguridad y dignidad, información, consulta y participación en las empresas, concertación social, participación y colaboración social.

10 Art. 26: acceso gratuito a los servicios públicos de empleo, al empleo público en condiciones de igualdad y según los principios constitucionales de mérito y capacidad, acceso a la formación profesional, derecho al descanso y al ocio y participación institucional.

11 Art. 26: los poderes públicos de Aragón promoverán el pleno empleo de calidad en condiciones de seguridad; la prevención de los riesgos laborales; la igualdad de oportunidades en el acceso al empleo y en las condiciones de trabajo; la formación y promoción profesionales, y la conciliación de la vida familiar y laboral

12 Art. 13.4, donde especifica en el ámbito laboral: Los ciudadanos de Castilla y León tienen derecho a acceder en condiciones de igualdad y de modo gratuito al Servicio Público de Empleo de Castilla y León. Los trabajadores tienen derecho a formarse y promoverse profesionalmente y a ejercer sus tareas de modo que se les garantice la salud, la seguridad y la dignidad.

13 Art. 16: la igualdad de derechos de hombres y mujeres en todos los ámbitos, en particular en materia de empleo y trabajo, y art. 27: la formación permanente, el acceso gratuito a los servicios públicos de ocupación y a la ocupación estable y de calidad, derecho a la seguridad, la dignidad y la salud en el trabajo, y la concertación y el diálogo social y la participación institucional.

cicio de sus funciones en materia de concertación, participación y colaboración.

Este reconocimiento de carácter general y amplio supone la intención de alejarse del ámbito de las competencias que, en materia laboral, seguridad social y otras conexas ha asumido la Comunidad Autónoma de Canarias, en el marco de los términos establecidos en la CE. Esto quiere decir que el precepto, con independencia del ámbito competencial que en estas materias haya incorporado el EAC, remite a los derechos de contenido laboral generales y con un anclaje constitucional y legal expreso. Su reconocimiento tiene un carácter más programático y político que jurídico en el sentido estricto del término, más declarativo que ejecutivo, sin perjuicio de que el desarrollo de estos derechos, en tanto se relacionen con las competencias asumidas, se realizará dentro de ese marco. Con carácter general, sin embargo, su ejercicio, defensa y protección debe remitirse a la CE y las leyes orgánicas y ordinarias de desarrollo a nivel estatal, pues la materia laboral y, en particular, el reconocimiento y desarrollo de los derechos laborales es una competencia exclusiva del Estado, que, como se sabe, se construye en torno al trabajo asalariado y no asalariado en el Real Decreto Legislativo 2/2015, de 23 de octubre, por el que se aprueba el texto refundido de la Ley del Estatuto de los Trabajadores y la Ley 20/2007, de 11 de julio, del Estatuto del Trabajo Autónomo y el resto de normas laborales que desarrollan determinados aspectos de la relación de trabajo, como la libertad sindical, la salud laboral, las infracciones y sanciones en el orden social, etc.: hay un monopolio normativo del Estado en materia laboral y queda claro que la expresión legislación incluye tanto las leyes como los reglamentos que los desarrollan, mientras que la ejecución autonómica será la gestión concreta en actos de aplicación de las normas del Estado en el territorio autonómico[14].

---

[14] Álvarez De la Rosa, M. (1996). "Artículo 29. siete". *Comentarios al Estatuto de Autonomía de Canarias*. Instituto Canario de Administración Pública-Marcial Pons, 373.

1. Las políticas activas de empleo

El art. 23.1 EAC dispone que los poderes públicos canarios promoverán cuantas políticas activas y medidas sean necesarias para garantizar el derecho de todas las personas al trabajo. Añade el art. 23.2, b) EAC que se garantiza el derecho de acceso al empleo público en condiciones de igualdad, con más intención, parece, de enfatizar el hecho de garantizar la igualdad en el acceso que el propio acceso, pero, en todo caso, se trata de garantizar el derecho al trabajo, público y privado, en condiciones de legalidad. Y, respecto al empleo privado, con una clara vocación de fomento y promoción, ante las dificultades de acceso al trabajo en esta región.

El art. 2 de la vigente Ley de Empleo, Ley 3/2023, de 28 de febrero, de Empleo, define qué se entiende por política de empleo: "1. Integran la política de empleo las políticas activas de empleo y las políticas de protección frente al desempleo, cuyo diseño y ejecución deberán coordinarse mediante la colaboración de las Administraciones públicas con competencias en la materia y con la participación de los interlocutores sociales. 2. Conforman las políticas activas de empleo el conjunto de decisiones, medidas, servicios y programas orientados a la contribución a la mejora de la empleabilidad y reducción del desempleo, al pleno desarrollo del derecho al empleo digno, estable y de calidad, a la generación de trabajo decente y a la consecución del objetivo de pleno empleo, de conformidad con lo dispuesto en los artículos 35 y 40 de la Constitución y en el marco de la estrategia coordinada para el empleo de la Unión Europea. La eficacia de la política de pleno empleo se referirá al cumplimiento de los objetivos señalados por la política europea de empleo. 3. Conforman las políticas de protección frente al desempleo el conjunto de prestaciones y subsidios orientados a la protección económica de las situaciones de desempleo, de conformidad con lo previsto por el artículo 41 de la Constitución".

Afirmar actualmente que la política de empleo constituye una competencia compartida entre el Estado y las Comunidades Autónomas es constatar un hecho legalmente afirmado[15]. El art. 7 Ley de

---

[15] Ya había afirmado su necesidad la doctrina. Véase Álvarez De la Rosa. (2005). "La política de empleo en las competencias de la Comunidad Autónoma de

Empleo establece que la política de empleo, en su diseño y modelo de gestión, debe tener en cuenta su dimensión autonómica y local para ajustarla a las necesidades del territorio y de las personas y entidades usuarias de los servicios de empleo, debiendo favorecerse las iniciativas de generación de empleo en esos ámbitos y garantizándose la atención personalizada, especializada y continuada de las personas demandantes de los servicios y de las personas, empresas y demás entidades empleadoras usuarias de los mismos. Añade a continuación que "En su ámbito territorial, corresponde a las Comunidades Autónomas, de conformidad con la Constitución y sus respectivos Estatutos de Autonomía, el desarrollo de la política de empleo, el fomento del empleo y la ejecución de la legislación laboral y de los programas y medidas que les hayan sido transferidos, así como de los programas comunes que se establezcan, conjuntamente con el desarrollo y diseño de los programas propios adaptados a las características territoriales".

Por su parte, el art. 139 EAC atribuye a la Comunidad Autónoma de Canarias, en el marco de la legislación del Estado, las competencias ejecutivas en materia de empleo y relaciones laborales, que incluyen, en todo caso: "a) Las políticas activas de empleo, que comprenderán la formación de los demandantes de empleo y de los trabajadores en activo, así como la gestión de las subvenciones correspondientes". Lo cierto es que Canarias es una región con graves problemas de empleo y con una de las tasas de desempleo más altas de España. Su acción en materia de políticas activas de empleo va más allá en el texto del nuevo EAC del reconocimiento de unas competencias que viene ejerciendo desde los inicios de la autonomía, y se refuerza con el reconocimiento expreso del derecho al trabajo precisamente a través de todas las medidas y acciones posibles de fomento y acceso al empleo, esto es, la política activa de empleo.

La Ley de Empleo diseña los siguientes instrumentos de planificación y coordinación de la política de empleo en España: la Estrategia Española de Apoyo Activo al Empleo, el Plan Anual para el Fomento

---

Canarias". *Constitución, Estado de la Autonomías y Justicia Constitucional. Libro Homenaje al profesor Gumersindo Trujillo.* Gobierno de Canarias, Tirant lo Blanch, 881.

del Empleo Digno y el Sistema Público Integrado de Información de los Servicios de Empleo, que se llevarán a cabo en colaboración con las Comunidades Autónomas. El Servicio Canario de Empleo[16], organismo autónomo dependiente de la consejería con competencias en materia de empleo, es el responsable de ejecutar la política activa de empleo. En su seno se elaboran y gestionan los planes y estrategias de empleo con una periodicidad variable. Actualmente se encuentra en ejecución la Estrategia Canaria de Apoyo Activo al Empleo (ECAE) 2021-2024[17], que incluye 5 objetivos estratégicos, 13 objetivos específicos y 37 medidas específicas[18] con la finalidad de reducir el desempleo, aumentar la actividad y reducir los períodos de desempleo, mejorar la participación de los servicios públicos de empleo en la cobertura de vacantes y mejorar el grado de satisfacción de los empleadores y a personas demandantes de empleo con los servicios estratégicos.

2. *Los derechos laborales en el contrato de trabajo*

De modo asistemático, el art. 23.2 EAC reconoce, en el ejercicio efectivo del derecho al trabajo, el derecho a la formación profesional para el empleo y la promoción profesional, asegurando las condiciones de igualdad, accesibilidad universal y no discriminación; el

---

16 Ley 12/2003, de 4 de abril, del Servicio Canario de Empleo. Vid. https://www.boe.es/buscar/doc.php?id=BOE-A-2003-11270

17 https://www.gobiernodecanarias.org/boc/2021/083/013.html

18 Objetivo estratégico 1: Transformar el Servicio Canario de Empleo hacia un enfoque centrado en las personas y en las empresas: evolución del modelo del Servicio Canario de Empleo de gestor de programas a prestador de servicios a personas (personas demandantes de empleo y empleados) y a empresas para la mejora de su empleabilidad.– Objetivo estratégico 2: Mejora de la adaptación de las Políticas Activas de Empleo a la estructura productiva y coordinación con otras políticas públicas para mejorar la eficiencia.– Objetivo Estratégico 3: Orientación de las Políticas Activas de Empleo hacia resultados mejorando la eficiencia y la eficacia a través del uso y gestión de datos y de sistemas de evaluación enfocados en la toma de decisiones basados en evidencia.– Objetivo estratégico 4: fortalecer las capacidades del SCE a través de un proceso de transformación digital, adecuación de la estructura y mejora de la organización interna.– Objetivo estratégico 5: Fomentar la cohesión del SCE y mejorar la gobernanza y coordinación con entidades colaboradoras y agentes externos para la optimización de los recursos de apoyo a personas demandantes de empleo.

derecho a ejercer las tareas laborales y profesionales en condiciones de garantía para su salud física y psíquica, su integridad, su seguridad y su dignidad y la adopción de medidas para impedir el acoso, la explotación o el maltrato en el ámbito laboral.

Se añade en el art. 23.3 EAC que se fomentará especialmente por los poderes públicos canarios la inserción, la formación profesional y la accesibilidad al trabajo remunerado en condiciones de igualdad a las mujeres, a las personas jóvenes y a las personas con discapacidad. Como puede observarse, se sigue poniendo especial énfasis en el acceso al trabajo.

El derecho al trabajo y el derecho a la promoción a través del trabajo están reconocidos en el art. 35.1 CE. El derecho a la formación profesional en España va desde su vertiente constitucional como parte del derecho fundamental a la educación (art. 27 CE y art. 3.2.e) LOE, según el cual la formación profesional se incardina dentro de las enseñanzas que ofrece el sistema educativo, hasta el derecho a la promoción a través del trabajo, que recoge el art. 35.1 CE y el principio rector que incluye el art. 40.2 CE, según el cual los poderes públicos fomentarán una política que garantice la formación y readaptación profesionales. A nivel internacional, además de la labor de la OIT, la Carta Social Europea 1996 (revisada) contiene uno de los reconocimientos más completos al establecer que los Estados parte se comprometen: "a asegurar o favorecer, según se requiera, la formación técnica y profesional de todas las personas, incluidos los discapacitados, previa consulta con las organizaciones profesionales de empleadores y trabajadores, y a arbitrar medios que permitan el acceso a la enseñanza técnica superior y a la enseñanza universitaria, con base únicamente en el criterio de la aptitud individual;" y a "asegurar o favorecer un sistema de aprendizaje y otros sistemas de formación de los jóvenes de ambos sexos en sus diversos empleos".

Por su parte, el art. 14.1 de la Carta de los Derechos Fundamentales de la Unión Europea dispone que "Toda persona tiene derecho a la educación y al acceso a la formación profesional y permanente".

El marco legal de la formación profesional en España se ha actualizado recientemente, posiblemente como consecuencia de la necesidad de su refuerzo en tiempos de economía y modelos de empresa en transición: la formación, recualificación y readaptación profesionales adquieren una importancia renovada ante la digitalización, robotización y ecologización de la economía.

La LO 3/2022, de 31 de marzo, de ordenación e integración de la Formación Profesional, garantiza el derecho a "la formación y acceso a la orientación profesional, así como una orientación, formación y readaptación profesionales respetuosa con la igualdad de oportunidades y el principio de igualdad de trato, que establece la Carta Social Europea" (art. 4.1.e) y define un modelo "que garantice el acceso a la formación y readaptación profesionales de personas trabajadoras a lo largo de la vida activa, en una perspectiva de aprendizaje a lo largo de la vida y de igualdad de oportunidades de la ciudadanía" (art. 4.2), que abre la formación profesional a toda la población, incluyendo la preparación para el primer acceso al mundo laboral, la formación profesional continua o permanente y la readaptación profesional, así como la orientación profesional, abarcando con ello las partes clásicas de la formación profesional: formación reglada, continua y ocupacional. Reconoce expresamente la adquisición, mantenimiento, adaptación o ampliación de las habilidades y competencias profesionales y el progreso en la carrera profesional, la reconversión profesional y la reconducción del itinerario profesional a un sector de actividad distinto y el reconocimiento y acreditación de competencias profesionales adquiridas por experiencia laboral u otras vías no formales o informales (art. 5.4). En el ámbito del contrato de trabajo, ninguna capacidad de reconocimiento adicional de derechos tiene la normativa autonómica, otra cosa será en el ámbito del derecho a la educación.

El derecho a la seguridad y salud en el trabajo, reconocido en los arts. 4 y 19 LET y desarrollado con profusión en todo el entramado normativo de la Ley de Prevención de Riesgos Laborales y sus reglamentos se eleva actualmente a la categoría de derecho fundamental, al haberse añadido por parte de la Organización Internacional del Trabajo el derecho a un entorno de trabajo seguro y saludable a los Principios y Derechos Fundamentales en el Trabajo (Convenios OIT núm. 155 y 187).

La referencia a la explotación laboral hay que entenderla en sentido laboral y extralaboral: para el Derecho del Trabajo la explotación supone la vulneración de cualquier tipo de derecho laboral reconocido legal o convencionalmente en España. En sentido extralaboral se adentra en el ámbito del Derecho Penal, que regula en sus arts. 311 a 318 los delitos contra los derechos de los trabajadores.

El acoso y el maltrato laboral son referencias claras tanto a la protección contra los riesgos de tipo psicosocial (violencia en el trabajo), como a la protección contra la discriminación, porque el acoso laboral constituye una acción discriminatoria, por tanto, caen bajo el amparo de la protección del derecho a la igualdad y no discriminación en las relaciones de trabajo en el marco de la CE y la LET. Lo mismo sucede con las prohibiciones de discriminación injustificadas por razón de edad, sexo y discapacidad.

3. Los derechos de información, consulta y participación en la empresa

Se trata de derechos de ejercicio típicamente colectivo que se desarrollan con base en el título II de la Ley del Estatuto de los Trabajadores (LET). Se corresponde este precepto con una transcripción literal del art. 4 LET. Se refiere a los derechos de información y consulta de los representantes de las personas trabajadoras, tanto los representantes unitarios, como los representantes sindicales, y la participación en cuantas acciones empresariales cuenten con su presencia, según dispongan las normas estatales, los convenios colectivos u otros acuerdos. El marco legal de referencia viene constituido por los artículos 4 y 8 LET (en este caso, el derecho de la persona trabajadora a conocer sus condiciones de trabajo), así como por los artículos 61 a 66 LET. Si se incluye dentro de este derecho el derecho de reunión en la empresa, también habría que referirse a los arts. 77 a 81 LET. En cuanto a los empleados públicos, el Real Decreto Legislativo 5/2015, de 30 de octubre, por el que se aprueba el texto refundido de la Ley del Estatuto Básico del Empleado Público contempla los derechos de participación y representación en sus arts. 31 a 46.

III. CONCERTACIÓN Y DIÁLOGO SOCIAL EN CANARIAS

El apartado número 4 del art. 23 EAC reconoce el derecho de las organizaciones sindicales y empresariales a ejercer sus funciones en los ámbitos de la concertación social, la participación y la colaboración social. Son derechos de titularidad colectiva, otorgados a los sindicatos y organizaciones empresariales llamadas a ejercer estas funciones de acuerdo con la legislación estatal y cuyo fundamento se encuentra en la búsqueda de una "delicada" legitimación social de las decisiones políticas directamente sobre el mercado político y social, y en la participación institucional del art. 129 CE, según el cual la ley establecerá las formas de participación de los interesados en la Seguridad Social y en la actividad de los organismos públicos cuya función afecte directamente a la calidad de la vida o al bienestar general, a lo que se añade que los poderes públicos deben promover eficazmente las diversas formas de participación en la empresa en el marco de la participación institucional.

El reconocimiento que hace el EAC es general y poco preciso y se refiere a todos los tipos de participación en la que puedan estar involucrados los agentes sociales, que son diferentes, aunque están íntimamente relacionadas: la típicamente laboral en el marco de la capacidad de acción que les confiere la CE y el propio Derecho del Trabajo, la institucional y la no institucional, que asumen de acuerdo con sus propios estatutos.

La concertación social se define como "un proceso de intercambio político entre los poderes públicos y la autonomía colectiva para la atención a las exigencias de gobierno y formación del consenso en las sociedades democráticas desarrolladas, a partir de una fórmula sutil de corrección y enriquecimiento del esquema constitucional clásico procedente de la tradición liberal"[19]. El diálogo se establece entre el gobierno y los interlocutores sociales, las organizaciones sindicales y empresariales representativas, con vistas a lograr acuerdos en materia socio económica, aunque en no todas las ocasiones se consigue que la tres partes acepten el acuerdo, e incluso la negociación, lo que determina que los procesos se desarrollen también a dos bandas (gobierno-sindicatos o gobierno-patronal). Hay que diferenciarlo técnicamente del diálogo social en sentido estricto, que normalmente se refiere a los acuerdos adoptados entre los interlocutores sociales al máximo nivel territorial posible, en este caso se trata del nivel

---

19 Palomeque López, C. y Álvarez de la Rosa, M. (2022). *Derecho del Trabajo,* 30ª y última ed. Centro de Estudios Ramón Areces, 463.

autonómico, y con carácter intersectorial o interprofesional, esto es, abarcando todos los sectores productivos, con vistas a alcanzar acuerdos para abordar los procesos de negociación colectiva en los niveles que territoriales y funcionales que corresponda. Y se diferencia técnicamente de la negociación colectiva, que es la determinación negociada de condiciones de trabajo por sectores de producción. Lo que caracteriza a la concertación social es que el diálogo se produce incorporando al gobierno, para hacer posible el cumplimiento de los eventuales acuerdos, ya sea en por razones de financiación o de ejecución, en tanto se requiera la acción de gobierno, e incluso con vistas a una posible propuesta de actividad normativa.

La negociación intersectorial, el diálogo social y la concertación social empezaron a desarrollarse en el ámbito nacional, pero la constitución y desarrollo de organizaciones empresariales y sindicales en los ámbitos territoriales de las Comunidades Autónoma dio lugar al desarrollo de procesos de diálogo social y concertación social también en este ámbito. No obstante, en el caso de Canarias no puede decirse que se haya desarrollado un marco propiamente autonómico de relaciones laborales, en sentido estricto, dado que Canarias no cuenta con sindicatos más representativos a nivel de Comunidad Autónoma. Los sindicatos de ámbito autonómico e inferior operan en las relaciones de trabajo a partir de su cualificación de suficientemente representativos en un ámbito territorial y funcional específico. La construcción del marco autonómico de relaciones de trabajo se ha hecho con base en la estructura territorial de las organizaciones más representativas a nivel estatal.

La historia formal de la concertación social en Canarias ha dado frutos interesantes que se han plasmado en la apertura de siete grandes procesos de concertación social y en la adopción de múltiples acuerdos (desde 1991 hasta la actualidad). Empezó con la adopción de diversos acuerdos sobre diferentes materias, referidos a empleo público y privado, agrupados bajo el I Acuerdo de Concertación Social de Canarias de 29 de abril de 1991 (BOC 65/1991, de 17 de mayo). Fueron adoptados estos acuerdos por el Gobierno de Canarias y las organizaciones sindicales más representativas, en este caso, en ausencia de la representación patronal. Las materias acordadas fueron desde el fomento de la formación profesional ocupacional, especialmente para el fomento de la economía social, la educación y la formación profesional medioambiental y la adopción de compromisos de carácter legislativo (ley de espacios naturales y ley de caza), hasta la creación del Instituto Canario de Formación Profesional y el desarrollo de la negociación colectiva de los empleados públicos autonómicos, así como otras cuestiones, como el procedimiento de consulta y participación institucional de las organizaciones sindicales más representativas en la Comunidad Autónoma.

El II Acuerdo de concertación social se adoptó el 11 de noviembre de 1994 (BOC 156/1994, de 23 de diciembre) y se denominó Acuerdo por el empleo, desde la solidaridad y la competitividad. En esta ocasión fue firmado por las representaciones de las organizaciones sindicales UGT y CC.OO., las representaciones empresariales (Confederación Canaria de Empresarios y la Confederación Provincial de empresarios de Santa Cruz de Tenerife) y el gobierno autónomo. Abarcó medidas de reactivación económica, fomento del empleo y de la formación profesional, creación del Consejo Canario de Relaciones Laborales y acuerdo sobre procedimientos extrajudiciales de resolución de conflictos de trabajo, política sanitaria y servicios sociales y salud laboral.

Un tercer Acuerdo de concertación social fue adoptado el 17 de diciembre de 1997 (BOC de 11 de marzo de 1998) por el Gobierno canario, la representación de la Confederación de Empresarios de Las Palmas, de la Confederación provincial de empresarios de Santa Cruz de Tenerife y de los sindicatos UGT y CC.OO. Llevó por título "Pacto Canario por el fomento del empleo estable y de la iniciativa empresarial" y abarcó materias de fomento del empleo y formación profesional, alcance y compromisos en materia de negociación colectiva, seguridad y salud laboral, creación del Instituto Canario de Seguridad Laboral, fomento de la actividad empresarial, inserción social contra la pobreza y la exclusión social y participación institucional.

El Acuerdo de la IV Concertación Social de Canarias se adoptó el 13 de febrero de 2003 (BOC de 28 de febrero). Participaron las representaciones del gobierno autónomo, los sindicatos UGT y CC.OO. y la Confederación Provincial de Empresarios de Santa Cruz de Tenerife y de Las Palmas. Se impulsó el proyecto de ley de creación del Servicio Canario de Empleo, el proyecto de Ley de Participación Institucional de las organizaciones sindicales y empresariales más representativas de Canarias, se adoptó el acuerdo sobre el Plan el estratégico de empleo e incentivos para la mejora y calidad del empleo en Canarias, el plan de reducción de la siniestralidad laboral, el acuerdo para la regularización de la economía sumergida de Canarias, para la consolidación y modernización del Tribunal Laboral Canario, el impulso del Consejo Canario de Relaciones Laborales y el Instituto de Cualificaciones Profesionales, así como otras políticas de integración, mejora de la calidad de vida y acceso al empleo.

El 25 de marzo de 2008 las representaciones del gobierno autónomo, CC.OO., UGT, Confederación Provincial de Empresarios de Santa Cruz de Tenerife y Confederación Canaria de Empresarios adoptaron la Declaración Institucional para el Diálogo Social en Canarias, que constituyó el compromiso para la adopción del V acuerdo de concertación social para el período 2008-2013, con el siguiente contenido: el convencimiento mutuo de la necesidad de profundizar en aquellos aspectos que habían quedado pendientes de desarrollar en los acuerdos anteriores, como eran la economía sumergida, el Tribunal Laboral de Canarias, y la Ley de Participación Institucional y delegar en una mesa técnica la concreción priorizada de los nuevos retos que darían contenido a los V Acuerdos de Concertación Social de Canarias. Resultado de este impulso, el 30 de julio de 2004 se publicó el Acuerdo Interprofesional Canario por el que se modifican y refunden los Acuerdos sobre procedimientos extrajudiciales de solución de conflictos de trabajo. Constituye un acuerdo marco sobre materias concretas, adoptado por los sindicatos UGT y CC.OO. y la Confederación Provincial de Empresarios de Santa Cruz de Tenerife y la Confederación Canaria de Empresarios, al amparo del art. 83 LET. Su objeto es proporcionar mecanismos de solución extrajudicial de conflictos de trabajo, tanto colectivos como individuales, dentro del ámbito de la Comunidad Autónoma, porque cuando el conflicto excede de este territorio será de aplicación el Acuerdo sobre Solución Autónoma de Conflictos Laborales de ámbito nacional (actualmente, ASAC, 2020), con idéntica naturaleza jurídica y objeto, pero de ámbito nacional. En su seno se reguló el Tribunal Laboral Canario, como órgano de gestión de estos conflictos[20].

---

[20] Un estudio del acuerdo canario de solución extrajudicial de conflictos laborales puede encontrarse en Vega López, J. J. (2000). "Los medios extrajudiciales de

El VI Acuerdo de Concertación Social se adoptó el 25 de enero de 2018 (BOC de 9 de abril), también a tres bandas y es, sin duda, el más largo y preciso. Se dedicó a la "Competitividad, economía sumergida y absentismo" y describió una prolija relación de objetivos y propuestas de actuación generales y sectoriales por cada uno de sus ámbitos de atención. Además, volvió a incorporar medidas de política de empleo y protección social, e impulso de la solución extrajudicial de conflictos laborales y de la labor del TLC en el ámbito de la negociación colectiva. Además, se adoptó el borrador de Proyecto de Decreto por el que se aprueba el Reglamento de la Ley 10/2014, de 18 de diciembre, de Participación Institucional de las organizaciones sindicales y empresariales más representativas de Canarias.

El proceso de la VII Concertación Social se ha cerrado finalmente el 31 de julio de 2024 con el acuerdo adoptado para favorecer la simplificación administrativa y la apertura del VIII proceso de concertación social. En estos VII acuerdos se han alcanzado los siguientes: la Estrategia Canaria de Apoyo Activo al Empleo 2021-2024, el Acuerdo sobre Igualdad y Brecha Salarial, la Estrategia Canaria de Formación Profesional Dual, la Estrategia Canaria de Seguridad y Salud en el Trabajo 2023-2027 y el mencionado Acuerdo de Simplificación Administrativa.

La concertación se institucionaliza con el Consejo Canario de Relaciones Laborales, (Ley 2/1995, de 30 de enero, de Creación del Consejo Canario de Relaciones Laborales), que constituye un órgano colegiado, dependiente de la Consejería con competencias en materia de trabajo, de diálogo institucional, concertación y participación, compuesto por sindicatos, organizaciones empresariales y la Administración Pública de la Comunidad Autónoma para el diseño y promoción de las competencias de la Comunidad Autónoma en materia de relaciones laborales y política de empleo, y en el seguimiento de su ejecución. Se diferencia del Consejo Económico y Social de Canarias, creado por Ley Territorial 1/1992, de 27 de abril, en que este se constituye como un organismo de Derecho Público de carácter consultivo con la finalidad de realizar informes y dictámenes en

---

solución de conflictos laborales en Canarias (El Tribunal Laboral Canario: un año de vigencia)". *Revista de Ciencias Jurídicas*, (5), 403-416.

materia económica, social y laboral y emitir informes previos sobre los anteproyectos de Ley y planes del Gobierno en dichas materias, con una composición mucho más amplia que los agentes sociales.

IV. PARTICIPACIÓN INSTITUCIONAL

La Ley 10/2014, de 18 de diciembre, de participación institucional de las organizaciones sindicales y empresariales más representativas de Canarias (BOC de 26 diciembre) define la participación institucional como "la defensa y promoción en el seno de la administración de los intereses generales, comunes, sectoriales e intersectoriales, que corresponden a todos los trabajadores y/o a todos los empresarios, distintos de los que derivan de su derecho a la negociación colectiva, que tiene su propia regulación sustantiva y procedimental" (art. 1.2). Establece el derecho de participación de las organizaciones sindicales y empresariales más representativas, en los términos establecidos por la Ley Orgánica de Libertad Sindical y el Estatuto de los Trabajadores, en los órganos colegiados de la Administración pública de la Comunidad Autónoma de Canarias y sus organismos autónomos que tengan atribuidas competencias en materias relativas a la política laboral o social directamente relacionadas con la actividad de las organizaciones sindicales y empresariales de Canarias más representativas, así como en los órganos colegiados dependientes de los departamentos de la Administración pública de la Comunidad Autónoma de Canarias y de organismos autónomos que tengan atribuidas competencias en materia de fomento de desarrollo económico, políticas sectoriales, sociales y otras materias con incidencia en el ámbito laboral y empresarial. Se incluyen dentro de la política laboral y social los siguientes ámbitos de participación: trabajo y empleo, empresas de economía social, prevención de riesgos laborales, personas trabajadoras emigrantes e inmigrantes, formación profesional y cualquier otra materia de política laboral o social.

Por lo que se refiere a las sociedades mercantiles públicas, se garantiza la participación de las organizaciones sindicales y empresariales más representativas, a través de las comisiones de seguimiento que a tal efecto se constituyan, en las sociedades mercantiles de capital íntegramente perteneciente a la Administración pública de la Comunidad Autónoma de Canarias o sus organismos autónomos, que tengan competencias, ejerzan funciones o realicen actividades que incidan en el ámbito económico-social y laboral.

El TC se ha pronunciado en numerosas ocasiones sobre la participación institucional de los sindicatos y su reserva a los más representativos, en supuestos heterogéneos, atendiendo a las circunstancias del caso y al tipo de participación y de órgano de que se trate y a la concreta aplicación normativa o administrativa, desde la perspectiva de analizar si la exclusión de las organizaciones sindicales que no cumpliesen el requisito de mayor representatividad establecido para el disfrute de los beneficios o medios de acción resulta o no compatible con los derechos de igualdad y libertad sindical. Ya se había admitido la constitucionalidad de la mayor representatividad como criterio de selección de las organizaciones sindicales en los supuestos de participación institucional ante órganos administrativos desde la STC 53/1982, de 22 de julio (*Tol 79026*). Salvando la constitucionalidad del 6.3 a) LOLS, el TC entendió también que este se limitaba "a establecer la capacidad representativa de los sindicatos que tengan el carácter de más representativos a nivel estatal o de Comunidad Autónoma (art. 7.1 del Proyecto), pero no impide que las Comunidades Autónomas, en el ejercicio de sus competencias de organización, integren además en sus propios órganos a otros sindicatos que no tengan esta consideración legal" [STC 98/1985, de 29 de julio (*Tol 79513*)]. La Ley 10/2014, de 18 de diciembre, de participación institucional de las organizaciones sindicales y empresariales más representativas de Canarias no aprovechó esa oportunidad y se limitó a reproducir el derecho de participación institucional establecido en la LOLS.

Referencias bibliográficas

Alemán Páez, F. (2020). "Derechos en el ámbito laboral y profesional". *Comentarios a la Ley Orgánica 1/2018, de 5 de noviembre, de Reforma del Estatuto de Autonomía de Canarias*, BOE-Parlamento de Canarias, 159-165.

Álvarez de la Rosa, M. (1996). "Artículo 29. siete". *Comentarios al Estatuto de Autonomía de Canarias*, Instituto Canario de Administración Pública-Marcial Pons.

Álvarez de la Rosa, M. (2005). "La política de empleo en las competencias de la Comunidad Autónoma de Canarias". *Constitución, Estado de la Autono-*

mías y Justicia Constitucional. Libro Homenaje al profesor Gumersindo Trujillo. Gobierno de Canarias, Tirant lo Blanch, 877-900.

Caamaño Domínguez, F. M. (2007). "Sí, Pueden (Declaraciones de derechos y Estatutos de Autonomía". *Revista Española de Derecho Constitucional,* (79), 33-46.

Calatayud Prats, I. (2019). "Título I. Capítulo II. Derechos y Deberes (artículos 19 a 24 y 29)". *El Estatuto de Autonomía de Canarias. Ley Orgánica 1/2018, de 5 de noviembre.* Gobierno de Canarias-Civitas-Thomson Reuters, 133-154.

Carrillo, M. (2007). "Los derechos, un contenido constitucional de los Estatutos de Autonomía". *Revista Española de Derecho Constitucional,* (80), 49-73.

Díez Picazo, L. M. (2006). "¿Pueden los Estatutos de Autonomía declarar derechos y deberes y principios?". *Revista Española de Derecho Constitucional,* (78), 63-75.

López Aguilar, J. F. y García Mahamut, R. (2019). "El nuevo Estatuto de Autonomía de Canarias: "tercera generación". Hecho diferencial y nuevo sistema electoral". *Revista Española de Derecho Constitucional,* (115), 13-45.

Prieto Sánchís, L. (2010). "Sobre las declaraciones de derechos y los nuevos Estatutos de Autonomía". *Revista jurídica de Castilla-La Mancha,* (49), 125-150.

Palomeque López, C. y Álvarez de la Rosa, M. (2022). *Derecho del Trabajo,* 30ª y última ed. Centro de Estudios Ramón Areces.

Vega López, J. J. (2000). "Los medios extrajudiciales de solución de conflictos laborales en Canarias (El Tribunal Laboral Canario: un año de vigencia)". *Revista de Ciencias Jurídicas,* (5), 403-416.

Derechos de los consumidores y usuarios en la Comunidad Autónoma de Canarias[1]

LOURDES V. MELERO BOSCH
Profesora Contratada Doctora de Derecho Mercantil (acred. Prof. titular)
Universidad de La Laguna
https://doi.org/10.36151/TLB_9788410955158.23

SUMARIO: I. Planteamiento general. II. Concepto de consumidor o usuario. III. Derechos específicos reconocidos en el artículo 25 EACan. 3.1. Derecho a que se garantice por los poderes públicos canarios la protección de su salud, seguridad e intereses económicos, y un régimen de garantías de los productos y servicios adquiridos. 3.1.1. Derecho a la protección integral de la salud y seguridad. 3.1.2. Derecho a la protección de los intereses económicos. 3.1.3. Régimen de garantías de los productos y servicios adquiridos. 3.2. Derecho a una información integral de los productos, servicios y prestaciones que se ofrezcan para su consumo. 3.3. Derecho a asociarse libremente y a participar activamente en lo referente a la administración pública. IV. Procedimientos de tutela del consumidor o usuario. Referencias bibliográficas.

I. PLANTEAMIENTO GENERAL

La Comunidad Autónoma de Canarias ha asumido la materia de consumo como competencia exclusiva (art. 121 EACan[2]). Esta competencia incluye en todo caso, según el tenor literal del precepto, la defensa, de conformidad con la legislación mercantil, procesal y civil, de los derechos de los consumidores y usuarios, el establecimiento y la aplicación de los procedimientos administrativos de queja y re-

---

1 Trabajo realizado en el marco del Proyecto I+D+i de generación del conocimiento "Sostenibilidad ambiental, social y económica de la justicia. Retos de la Agenda 2030" (PID2021-126145OB-I00).

2 Artículo 121. Consumo. Corresponde a la Comunidad Autónoma de Canarias la competencia exclusiva en materia de consumo, que incluye, en todo caso, la defensa, de conformidad con la legislación mercantil, procesal y civil, de los derechos de los consumidores y usuarios, el establecimiento y la aplicación de los procedimientos administrativos de queja y reclamación, el sistema de mediación, la regulación de la formación, información y divulgación en materia de consumo responsable y hábitos saludables, así como el de las asociaciones que puedan crearse en este ámbito.

clamación, el sistema de mediación, la regulación de la formación, información y divulgación en materia de consumo responsable y hábitos saludables, así como el de las asociaciones que puedan crearse en este ámbito[3].

Como es sabido, la defensa de los consumidores no se encuentra relacionada expresamente en los artículos 148 y 149 de la CE, por lo que, no tratándose de materias atribuidas expresamente al Estado, esta podrá ser asumida por las Comunidades Autónomas, en virtud de sus respectivos Estatutos (art. 149.3 CE). Se trata, por tanto, de una competencia residual que nuestro Estatuto de Autonomía ha asumido en virtud de su artículo 121.

No obstante, aunque se trate de una competencia asumida en términos de exclusividad, estamos en presencia de una materia multidisciplinar, que abarca asuntos de competencia estatal, tal y como reconoce el propio precepto cuando se refiere expresamente a tener presente la legislación mercantil, procesal y civil. La presencia de un consumidor o usuario se explica sólo desde el momento en el que del otro lado de la relación encontramos un empresario o profesional, y se incardina fundamentalmente dentro del derecho de obligaciones y contratos, lo que explica la naturaleza estatal de la mayoría de las normas que regulan estas relaciones contractuales y la imperatividad de muchas de ellas a favor de la parte más débil, el consumidor o usuario.

El carácter multidisciplinar de la materia ha sido confirmado desde hace tiempo por el Tribunal Constitucional, entre otras, en la STC 71/1982, de 30 de noviembre (*Tol 109347*)[4], con ocasión del recurso de inconstitucionalidad planteado contra la Ley 10/1981 del Parlamento Vasco sobre el Estatuto del Consumidor[5]. En este

---

3 Puede verse un comentario al precepto en Sánchez-Parodi Pascua, J. L. (2019). "Título V. Capítulo III. Económico-Financieras (artículos 120, 121 y 123)". *El Estatuto de Autonomía de Canarias,* Thomson Reuters-Civitas, 529-531.

4 Más recientemente, sobre las competencias de las comunidades autónomas en materia de consumo, vid. STC 119/2018, de 31 de octubre (*Tol 6919813).*

5 FJ 2°: "La defensa del consumidor y, por pareja razón, el mercado interior es, sin embargo, un concepto de tal amplitud y de contornos imprecisos que, con ser dificultosa en ocasiones la operación calificadora de una norma cuyo designio pudiera entenderse que es la protección del consumidor, la operación no

sentido, en la delimitación que se hace entre las competencias que pueden asumir las comunidades autónomas en materia de protección del consumidor y usuario se ha confirmado que es el límite de la unidad de mercado y la libre circulación de bienes, entre otros, el que en última instancia explica que determinadas materias tengan que ser, necesariamente, competencia del Estado[6].

Por lo demás, la concreción estatutaria que se hace en la norma fundamental canaria de los derechos de los consumidores y usuarios se realiza en el artículo 25 del EACan, bajo el siguiente tenor literal:

> Artículo 25. Derechos de consumidores y usuarios.
>
> Las personas, en su condición de consumidoras y usuarias de bienes y de servicios, tienen derecho, en los términos que se establece por ley:
>
> a) A que se garantice por los poderes públicos canarios la protección de su salud, seguridad e intereses económicos, y un régimen de garantías de los productos y servicios adquiridos.
>
> b) A una información integral de los productos, servicios y prestaciones que se ofrezcan para su consumo.
>
> c) A asociarse libremente y a participar activamente en lo referente a la Administración Pública.

El desarrollo legislativo de estos derechos se ha producido por la Ley 3/2003, de 12 de febrero, del Estatuto de los Consumidores y Usuarios de la Comunidad Autónoma de Canarias (en adelante, Ley 3/2003), dictada bajo la vigencia de la norma estatutaria anterior y que ya ha sido calificada de insuficiente tras la entrada en vigor del nuevo EACan, proclamando la necesidad de cambiar el marco legis-

---

resolvería el problema, pues la norma pudiera estar comprendida en más de una de las reglas definidoras de competencias. Y esto podrá ocurrir —y como veremos, ocurre en el caso que enjuiciamos— cuando una regla que tiene por fin la protección del consumidor pertenece también a conjuntos normativos configurados según un criterio de clasificación de disciplinas jurídicas presente, de algún modo, en el artículo 149.1, de la Constitución (nos referimos a la legislación civil, a la legislación procesal, etc.)."

6 Parra Lucán, M. A. (1987). "Algunos aspectos de las competencias de las Comunidades Autónomas sobre la legislación civil para la protección del consumidor". *Revista jurídica de Navarra*, (4), 1987, 150.

lativo en el sentido de hacerlo mucho más ambicioso, innovador y práctico[7].

A lo anterior debe añadirse la competencia autonómica en relación con la regulación de los derechos y deberes específicos de los usuarios de servicios turísticos (art. 129 EACan), en atención a la consideración de los turistas como una "clase especial" de consumidores de singular trascendencia en nuestro territorio. La concreción de los derechos de los usuarios turísticos en nuestra comunidad autónoma se contiene en la Ley 7/1995, de 6 de abril, de Ordenación del Turismo de Canarias (arts. 15 a 20). Con carácter general, el apartado segundo del artículo 15 reconoce al usuario turístico o turista los siguientes derechos, con independencia de los derechos que le asisten en cuanto consumidor conforme a la normativa general: a) A recibir información veraz, previa y completa sobre los bienes y servicios que se le oferten; b) A recibir del establecimiento turístico elegido bienes y servicios acordes, en naturaleza y calidad, con la categoría que aquel ostenta; c) A tener garantizada, en el establecimiento, su seguridad, su tranquilidad e intimidad personal y que se adopten las medidas adecuadas para la protección de su salud; d) A formular quejas y reclamaciones.

Por último, conviene recordar la competencia ejecutiva de los cabildos insulares en materia de defensa del consumidor. Así, tal y como reconoce el artículo 70.2 letra h) del EACan, los cabildos insulares, como instituciones de la comunidad autónoma, ejercerán funciones ejecutivas de carácter insular en el marco y dentro de los límites de la legislación aplicable en materia de defensa del consumidor.

II. CONCEPTO DE CONSUMIDOR O USUARIO

El ámbito subjetivo de aplicación del artículo 25 del EACan se refiere a *las personas, en su condición de consumidoras y usuarias de bienes y de servicios,* lo que obliga a delimitar el concepto de consumidor o

---

7 Hernández Padilla, F. (2021). "Desarrollo de las competencias sobre actividades industriales, comerciales y turísticas". *Estatuto de Autonomía de Canarias. Ante el reto de su desarrollo en la X Legislatura autonómica (2019-2023),* Wolters Kluwer, 150-151.

usuario. Los derechos que a continuación se relacionan en el precepto se reconocen a quien tenga la condición de consumidor o usuario en el ámbito de la Comunidad Autónoma de Canarias.

De conformidad con el artículo 2 de la Ley 3/2003 se entiende por consumidor o usuario "toda persona física o jurídica a la que se ofertan bienes, productos y servicios, o los adquiere, utiliza o disfruta, como destinatario final, para uso o consumo personal, familiar o colectivo, siempre que quien los ofrezca o ponga a su disposición ostente la condición de empresario o profesional, con independencia de su naturaleza pública o privada. No tendrán la consideración de consumidores y usuarios quienes, sin constituirse en destinatarios finales, adquieran, utilicen o disfruten bienes, productos y servicios dentro del ámbito de una actividad empresarial o profesional".

El concepto de consumidor o usuario se delimita por razón del destino del bien o servicio: destinatario final para uso o consumo personal. Pero también en relación con la contraparte en la relación jurídica: como ya apuntamos con anterioridad, el concepto de consumidor o usuario requiere que del otro lado de la relación contractual nos encontremos con un empresario o con un profesional.

Por su parte, el artículo 3 del Real Decreto Legislativo 1/2007, de 16 de noviembre, por el que se aprueba el texto refundido de la Ley General para la Defensa de los Consumidores y Usuarios y otras leyes complementarias (en adelante, TRLGDCU), advierte que son consumidores o usuarios las personas físicas que actúen con un propósito ajeno a su actividad comercial, empresarial, oficio o profesión. Pero también las personas jurídicas y las entidades sin personalidad jurídica que actúen sin ánimo de lucro en un ámbito ajeno a una actividad comercial o empresarial. En la delimitación del concepto en la norma canaria se pone el acento en el destino del bien o servicio, en consonancia con la Ley de Consumidores y Usuarios de 1984, mientras que la norma estatal se refiere al propósito de la actividad desarrollada (*propósito ajeno a la actividad empresarial*) como consecuencia de la transposición de las directivas en materia de consumo y a la que se adapta el TRLGDCU[8]. En cualquier caso, la presencia de un

---

[8] Sobre la evolución del concepto puede verse Cámara Lapuente, S. (2022). "Artículo 3. Conceptos de consumidor y usuario y de persona consumidora vulnera-

consumidor o usuario en el ámbito de nuestra comunidad autónoma se advertirá en aquellos supuestos en los que la persona física o jurídica (o ente sin personalidad jurídica) intervenga en la relación contractual como destinatario final del bien o servicio, al margen de cualquier actividad empresarial o profesional.

En la delimitación del concepto de consumidor tiene especial relevancia la consideración de las *personas consumidoras vulnerables* respecto de relaciones concretas de consumo, entendiendo por tales aquellas personas físicas —no las personas jurídicas ni los entes sin personalidad— que, de forma individual o colectiva, por sus características, necesidades o circunstancias personales, económicas, educativas o sociales, se encuentran, aunque sea territorial, sectorial o temporalmente, en una especial situación de subordinación, indefensión o desprotección que les impide el ejercicio de sus derechos como personas consumidoras en condiciones de igualdad (art. 3.2 TRLGDCU). El concepto fue introducido en la ley estatal en el año 2021, pero la normativa autonómica canaria reconoce a los colectivos especialmente protegidos desde la Ley 3/2003, advirtiendo que serán objeto de especial protección por las administraciones públicas de Canarias, los colectivos de consumidores y usuarios que, por circunstancias especiales, se encuentren en una situación de inferioridad, subordinación, indefensión o desprotección más acusada. Aunque no existe un listado normativo de qué consumidores deban integrar esta categoría, podrían encontrarse dentro de ella, entre otras, los menores, las personas de avanzada edad, los usuarios con bajo nivel de digitalización o los consumidores con discapacidad funcional, intelectual, cognitiva o sensorial. Con todo, en relación con el concepto de persona consumidora vulnerable hay que tener en cuenta, como ya se ha advertido en la doctrina, que se trata de un concepto dinámico, que requiere evaluación en cada relación concreta, de manera que cualquier persona puede considerarse consumidora vulnerable en algún momento y circunstancia[9].

---

ble". *Comentarios al Texto Refundido de la Ley de Consumidores y Usuarios,* Valencia. Tirant lo Blanch, 104-110.

9 *Ibidem,* pág. 146.

III. DERECHOS ESPECÍFICOS RECONOCIDOS EN EL ARTÍCULO 25 EACAN

El artículo 25 del EACan parece seguir la estructura constitucional del artículo 51 CE[10] cuando señala que *los poderes públicos garantizarán la defensa de los consumidores y usuarios, protegiendo, mediante procedimientos eficaces, la seguridad, la salud y los legítimos intereses económicos de los mismos.* No obstante, la norma estatutaria omite la referencia a la necesidad de contar con procedimientos eficaces para la protección de los intereses allí relacionados, a la vez que contiene un mayor detalle en la enumeración de dichos intereses, frente a la declaración más general de la norma constitucional que se refiere exclusivamente a la seguridad, la salud y los legítimos intereses económicos de los consumidores y usuarios.

Por lo demás, los derechos reconocidos en el artículo 25 EACan se han calificado como *catálogo de derechos básicos* de los consumidores y usuarios[11], por lo que el desarrollo normativo es fundamental en esta materia. Analizamos a continuación cada uno de los apartados a los que se refiere el artículo 25 EACan para acercarnos al contenido y concreción de cada uno de los intereses objeto de protección y su desarrollo ofrecido por la Ley 3/2003.

---

10 Art. 51 CE: 1. Los poderes públicos garantizarán la defensa de los consumidores y usuarios, protegiendo, mediante procedimientos eficaces, la seguridad, la salud y los legítimos intereses económicos de los mismos. 2. Los poderes públicos promoverán la información y la educación de los consumidores y usuarios, fomentarán sus organizaciones y oirán a éstas en las cuestiones que puedan afectar a aquéllos, en los términos que la ley establezca. 3. En el marco de lo dispuesto por los apartados anteriores, la ley regulará el comercio interior y el régimen de autorización de productos comerciales.

11 Bercedo Toledo, D. (2020). "Artículo 25. Derechos de consumidores y usuarios". *Comentarios al Estatuto de Autonomía de Canarias,* Agencia Estatal del BOE, 172.

3.1. Derecho a que se garantice por los poderes públicos canarios la protección de su salud, seguridad e intereses económicos, y un régimen de garantías de los productos y servicios adquiridos

Los poderes públicos canarios tienen la obligación de garantizar la protección de la salud, la seguridad y los intereses económicos de los consumidores y usuarios en el ámbito de la Comunidad Autónoma de Canarias. A la protección de dichos intereses se añade la obligación de velar por la existencia de un régimen de garantía de los productos y servicios adquiridos en dicho ámbito territorial.

Cuando el precepto se refiere a la protección de la salud y la seguridad debe entenderse, en este contexto, como la protección de dichos intereses en relación con la adquisición de bienes y servicios. Esto es, a que los productos o servicios adquiridos no pongan en riesgo la salud o la adecuada protección física o mental de los consumidores y usuarios. Las competencias autonómicas en relación con la protección de la salud y el reconocimiento de los respectivos derechos relacionados con ella o en relación con la seguridad pública están recogidas en los correspondientes preceptos de la norma estatutaria (arts. 19 y 141 en relación con los derechos en el ámbito de la salud y la competencia asumida en salud, sanidad y farmacia; y arts. 148 y ss. en relación con las competencias en seguridad).

El desarrollo de los derechos relacionados en el precepto se encuentra recogido, como ya se ha señalado, en el Estatuto de los Consumidores y Usuarios de la Comunidad Autónoma de Canarias (Ley 3/2003) y a él nos referimos a continuación.

3.1.1. Derecho a la protección integral de la salud y seguridad

La concreción de estos derechos se encuentra en los artículos 5 a 8 del mencionado Estatuto, partiendo del principio general de que *sólo se podrá comercializar productos, bienes y servicios seguros*. De conformidad con dichos preceptos, los productos, bienes y servicios que por cualquier título se pongan a disposición de los consumidores y usuarios deben ser seguros, no debiendo implicar ningún riesgo para su salud o su seguridad, entendida ésta de forma integral, así como cumplir con las normas medioambientales vigentes.

Por producto o bien seguro se entenderá aquel que se ajusta con idoneidad a las disposiciones específicas sobre seguridad de los reglamentos o normas de calidad que les resulten de aplicación. En defecto de tales normas, se entenderá por producto o bien seguro aquel que en condiciones normales o previsibles, incluidas las de duración y, si procede, de puesta en servicio, instalación y de mantenimiento, no presente riesgo alguno o únicamente riesgos mínimos compatibles con el uso del producto y considerados admisibles dentro del respeto de un elevado nivel de protección de la salud y de la seguridad de las personas, habida cuenta, en particular, de los siguientes elementos: a) Las características del producto y, entre ellas, su composición, embalaje y las instrucciones para su montaje y mantenimiento; b) El efecto sobre otros productos cuando, razonablemente, se pueda prever la utilización del primero junto con los segundos; c) La presentación del producto, su etiquetado, los posibles avisos e instrucciones de uso y eliminación, así como cualquier indicación o información por parte del productor; d) Las categorías de consumidores que estén en condiciones de mayor riesgo en la utilización del producto, en particular los colectivos especialmente protegidos.

Por servicio seguro se entenderá aquel que, en condiciones de prestación o utilización normales o previsibles, no presente riesgo alguno tanto para las personas como para el medio ambiente. En particular, un servicio seguro habrá de especificar: a) Las medidas de seguridad y de protección puestas a disposición por el oferente del servicio, y b) Las características del servicio y las recomendaciones acerca de su adecuada utilización.

En relación con los sujetos destinatarios de estas normas, a los que la Ley 3/2003 denomina como *sujetos responsables,* se incluyen los productores, importadores, distribuidores y primeros comercializadores de productos y bienes y los suministradores de servicios, quienes tendrán la obligación de poner en el mercado productos, bienes o prestar servicios seguros. Quienes se dediquen a la distribución, venta o prestación de productos, bienes y servicios, en su calidad de empresarios o profesionales, deberán actuar con diligencia para evitar la puesta en el mercado de productos, bienes y servicios inseguros. En especial, dentro de los límites de sus actividades respectivas, deberán participar en la vigilancia de la seguridad de los productos y bienes que comercialicen y de los servicios que presten, mediante la transmisión de información sobre los riesgos que presenten los productos, bienes y servicios y la colaboración en las actuaciones emprendidas para evitarlos.

Como ya hicimos notar, es necesario completar la competencia autonómica en estas materias con el desarrollo normativo que se haya realizado en normas estatales. En relación con la salud de los consumidores y la seguridad de los productos es importante recordar el régimen de responsabilidad civil por daños causados por bienes o servicios defectuosos contenido en el TRLGDCU (arts. 128 a 149) directamente aplicable a los asuntos que comentamos.

3.1.2. Derecho a la protección de los intereses económicos

Los intereses económicos y sociales de los consumidores y usuarios en el ámbito de la Comunidad Autónoma de Canarias se desarrollan en los artículos 9 a 11 de la Ley 3/2003. De conformidad con dichos preceptos las administraciones públicas de Canarias adoptarán las medidas precisas y oportunas para que, de conformidad con la legislación vigente[12], el contenido de la oferta, promoción y publicidad de los productos, bienes y servicios prevalezca, cuando no haya correspondencia entre lo ofertado y lo entregado, excepto cuando esto último resulte más beneficioso para los consumidores y usuarios. Además, velarán y adoptarán las medidas que sean de su competencia para que los contenidos contractuales se adecuen a la legislación vigente y para que las condiciones generales de los contratos no contengan cláusulas que sitúen a los consumidores y usuarios en una posición de desequilibrio[13]. Esta tutela se ejercerá prioritariamente respecto a los contratos de productos, bienes y servicios de uso o consumo común, ordinario y generalizado.

En particular, se establece un listado de *derechos reconocidos* en este ámbito, advirtiendo que las administraciones públicas de Canarias, de conformidad con lo establecido en la legislación vigente, adoptarán las medidas oportunas para que a los consumidores y usuarios

---

[12] En esta materia será de aplicación la Ley 7/1996, de 15 de enero, de Ordenación del Comercio Minorista.

[13] Será aplicable, en todo caso, la Ley 7/1998, de 13 de abril, sobre condiciones generales de la contratación.

se les reconozca el derecho a recibir de los proveedores de bienes, productos y servicios los siguientes documentos: a) Factura, recibo o documento acreditativo de las operaciones realizadas, debidamente desglosado, en su caso; b) Garantía por escrito en la compra o adquisición de bienes o productos de naturaleza duradera y en la reparación de los mismos o de sus componentes, con la única exclusión de aquellos productos en los que su utilización implique un desgaste o deterioro, salvo que dicho desgaste o deterioro sea consecuencia de una deficiencia del bien o producto, de su reparación o de la calidad de los componentes empleados para llevar a cabo dicha reparación; c) Presupuesto previo por escrito en la entrega demorada de bienes o productos y en la prestación de servicios, indicando expresamente en cualquiera de los casos el plazo de validez; d) Resguardo que acredite el depósito del bien o producto que se entregue con el fin de realizar una reparación, verificación, comprobación, sustitución o cualquier otro tipo de intervención, en el que deberá figura como mínimo, el depositante, la identificación del depositario, identificación del bien o producto depositado, operación a realizar, fecha de depósito y de entrega del bien o producto. Igualmente, tendrán derecho a que se les otorgue garantía de las operaciones realizadas; e) Notificación individual previa y concesión de plazo suficiente para subsanación del motivo causante de la supresión o suspensión del suministro de los servicios públicos básicos de prestación continua por el consumidor y usuario. Asimismo, las administraciones públicas de Canarias velarán por que a los consumidores y usuarios se les garantice un adecuado servicio técnico y suministro de piezas de repuesto respecto de los bienes y productos de naturaleza duradera adquiridos, en los términos establecidos en la legislación vigente[14].

---

[14] En relación con estas materias, recientemente ha sido aprobada la Directiva (UE) 2024/825 del Parlamento Europeo y del Consejo, de 28 de febrero de 2024, por la que se modifican las Directivas 2005/29/CE y 2011/83/UE en lo que respecta al empoderamiento de los consumidores para la transición ecológica mediante una mejor protección contra las prácticas desleales y mediante una mejor información, que incide en las obligaciones de información en relación con la obsolescencia programada, servicios de reparación y piezas de recambio.

3.1.3. Régimen de garantías de los productos y servicios adquiridos

En el apartado anterior nos hemos referido a algunas obligaciones específicas en relación a la garantía y reparación de productos que debe asumir el empresario o profesional frente al consumidor en el ámbito de nuestra Comunidad Autónoma, pero es necesario completarlo con las exigencias contenidas en las leyes estatales. En este sentido, el TRLGDCU define la *garantía comercial* como todo compromiso asumido por un empresario o un productor (el "garante") frente al consumidor o usuario, además de sus obligaciones legales con respecto a la garantía de conformidad, de reembolsar el precio pagado o de sustituir, reparar o prestar un servicio de mantenimiento relacionado con el bien o el contenido o servicio digital, en caso de que no se cumplan las especificaciones o cualquier otro requisito no relacionado con la conformidad del bien o del contenido o servicio digital con el contrato, enunciados en la declaración de garantía o en la publicidad, disponible en el momento o antes de la celebración del contrato [art. 59 bis.1 letra m)]. El mismo texto legal en los artículos 127 y 127 bis regula con detalle las obligaciones del empresario o profesional en relación con las garantías comerciales y servicios posventa.

3.2. Derecho a una información integral de los productos, servicios y prestaciones que se ofrezcan para su consumo

En relación con el derecho a la información sobre los productos o servicios destinados al consumo, el artículo 12 de la Ley 3/2003 impone que los productos, bienes y servicios puestos a disposición de los consumidores y usuarios deberán incorporar, llevar consigo o permitir, de forma cierta y objetiva, una información veraz, eficaz y suficiente sobre sus características esenciales. La información se orientará prioritariamente al conocimiento de los requisitos que resultan legalmente exigibles de los productos, bienes y servicios, de manera que los consumidores y usuarios puedan asegurarse de la identidad y del origen de los mismos, realizar su elección basándose en criterios de racionalidad y utilizarlos de modo satisfactorio. La obligación de informar será exigible a los sujetos responsables de la producción, comercialización, distribución, venta y suministro de productos, bienes y servicios.

El precepto contiene especiales deberes informativos cuando se trate de un contrato de adhesión, así como específicas indicaciones en relación con la identificación del precio total de los bienes o servicios o la obligación de que la información legalmente exigible deba figurar al menos en castellano.

Estos deberes informativos enlazan necesariamente con la publicidad comercial de productos y servicios y, en consecuencia, con la aplicación de las normas relativas a la publicidad ilícita y la proscripción de comportamientos desleales por parte del empresario o profesional. A los específicos deberes en relación con esta actividad publicitaria se refiere también el Estatuto de los Consumidores de Canarias (arts. 14), pero no debemos olvidar la aplicación directa de la Ley 34/1988, de 11 de noviembre, General de Publicidad y de la Ley 3/1991, de 10 de enero, de Competencia Desleal.

3.3. Derecho a asociarse libremente y a participar activamente en lo referente a la administración pública

El último apartado del artículo 25 del EACan recoge dos derechos distintos: el primero, el derecho de los consumidores a asociarse libremente y, el segundo, el derecho a participar, ya sea como consumidor individualmente considerado, ya sea a través de la asociación previamente creada, en las administraciones públicas canarias. En relación con el derecho de asociación, la Comunidad Autónoma de Canarias cuenta con la Ley 4/2003, de 28 de febrero, de Asociaciones de Canarias. No obstante, la norma canaria excluye de su aplicación a las asociaciones de consumidores y usuarios [art. 1.3 e)], cuyo régimen jurídico queda contenido en la Ley 3/2003 (arts. 19 a 21) y en donde se reconoce expresamente el derecho a participar en los órganos colegiados que se constituyan en el ámbito de la Comunidad Autónoma de Canarias, siempre que por razón de la materia se debatan temas de interés para la protección de los consumidores y usuarios [art. 21.1 b)][15].

---

15 El ejercicio de este y demás derechos reconocidos en la Ley 3/2003, requiere de la previa inscripción de la asociación en el registro de asociaciones de Canarias.

En relación con la participación activa de los consumidores en *lo referente a la administración pública,* la Comunidad Autónoma de Canarias cuenta con la Ley 5/2010, de 21 de junio, de fomento a la participación ciudadana. Para alcanzar los objetivos declarados en la norma, el Gobierno de Canarias pone a disposición de los ciudadanos un portal web a través del que se activan instrumentos de participación ciudadana tales como iniciativas o propuestas, consultas, foros o presupuestos participativos, entre otros[16].

IV. PROCEDIMIENTOS DE TUTELA DEL CONSUMIDOR O USUARIO

La protección de los derechos de los consumidores y usuarios enumerados anteriormente debe realizarse a través de "procedimientos eficaces" (art. 51 CE). Esta protección se puede articular a través de la tutela jurisdiccional o bien a través de medios alternativos de resolución de conflictos. La primera, la tutela judicial, requiere de la interposición, en su caso, de la correspondiente demanda, normalmente ante el orden jurisdiccional civil, aunque en los supuestos más graves podría incluso plantearse la concurrencia de una infracción penal. Entre los segundos, los medios alternativos a la jurisdicción, destacan la mediación y el arbitraje. Es en este ámbito donde las competencias de las comunidades autónomas tienen una mayor relevancia (art. 93 EACan)[17]. En este sentido, el Decreto 90/2023, de 25 de mayo, regula los servicios de atención a la clientela, las características y el procedimiento de obtención de las hojas de reclamaciones y su tramitación administrativa en las relaciones de consumo[18].

---

16 https://www.gobiernodecanarias.org/participacionciudadana/

17 Artículo 93. Solución extrajudicial de conflictos. La Comunidad Autónoma de Canarias impulsará los instrumentos y procedimientos de mediación, arbitraje y conciliación en la resolución de conflictos en las materias de su competencia.

18 Recordemos que el artículo 121 EACan señala que corresponde a la Comunidad Autónoma de Canarias la competencia exclusiva en el establecimiento y la aplicación de los procedimientos administrativos de queja y reclamación, así como de un sistema de mediación.

En relación con la mediación, Canarias no ha desarrollado normativamente los procedimientos de mediación[19], como sí han hecho otras autonomías como la catalana[20], aunque en el ámbito de la Comunidad Autónoma de Canarias, en la gestión de las reclamaciones realizadas por los consumidores se realiza siempre un intento de mediación o acuerdo. Y en caso de que la persona reclamante optara por el Sistema Arbitral de Consumo para la resolución del conflicto, la reclamación se tramitará y resolverá de conformidad con lo dispuesto en el Real Decreto 231/2008, de 15 de febrero, por el que se regula el Sistema Arbitral de Consumo, siempre que esta verse sobre materias susceptibles de arbitraje[21].

Junto a los medios anteriores, que implican una resolución del conflicto entre los sujetos afectados (consumidor frente a empresario o profesional), el ordenamiento jurídico actúa también a través de los correspondientes procedimientos sancionadores, imponiendo una sanción administrativa al sujeto infractor[22]. Estas sanciones, no obstante, tienen como objetivo la imposición de una sanción al empresario o profesional infractor, no el resarcimiento de los daños y perjuicios al consumidor o exigencias derivadas del incumplimiento contractual, si fuera el caso. En el ámbito de la Comunidad Autónoma de Canarias, las infracciones en materia de consumo, así como el procedimiento sancionador y las sanciones a imponer se regulan en la citada Ley 3/2003 (arts. 39 a 44), distinguiendo entre sanciones

---

19 En cualquier caso, en relación con la mediación, es aplicable la Ley 5/2012, de 6 de julio, de mediación en asuntos civiles y mercantiles.

20 Decreto 98/2014, de 8 de julio, sobre procedimiento de mediación en las relaciones de consumo. La existencia de una norma específica que desarrolle el procedimiento de mediación parece una excepción del caso catalán. El resto de comunidades autónomas se han limitado a prever la mediación como sistema alternativo de resolución de conflictos entre el empresario y el consumidor en sus normas reguladoras de la protección de los consumidores, sin desarrollo normativo.

21 Vid. artículo 18 del Decreto 90/2023.

22 Para Bercedo Toledo, D. (2020). "Artículo 25. Derechos de consumidores y usuarios", *op. cit.*, 174, el art. 25 EACan, ampara también la potestad sancionadora de la administración de la Comunidad Autónoma de Canarias.

leves, graves y muy graves y pudiendo llegar a imponerse multas de, incluso, más de 600.000 euros[23].

Referencias bibliográficas

Bercedo Toledo, D. (2020). "Artículo 25. Derechos de consumidores y usuarios". *Comentarios al Estatuto de Autonomía de Canarias,* Agencia Estatal del BOE, 171-174.

Cámara Lapuente, S. (2022). "Artículo 3. Conceptos de consumidor y usuario y de persona consumidora vulnerable". *Comentarios al Texto Refundido de la Ley de Consumidores y Usuarios,* Valencia. Tirant lo Blanch, 103-158.

Hernández Padilla, F. (2021). "Desarrollo de las competencias sobre actividades industriales, comerciales y turísticas". *Estatuto de Autonomía de Canarias. Ante el reto de su desarrollo en la X Legislatura autonómica (2019-2023),* Wolters Kluwer, 149-160.

Parra Lucán, M. A. (1987). "Algunos aspectos de las competencias de las Comunidades Autónomas sobre la legislación civil para la protección del consumidor". *Revista jurídica de Navarra,* (4), 1987, 149-165.

Sánchez-Parodi Pascua, J. L. (2019). "Título V. Capítulo III. Económico-Financieras (artículos 120, 121 y 123)". *El Estatuto de Autonomía de Canarias.* Thomson Reuters-Civitas, 527-532.

---

[23] Art. 42.1 c) Decreto 90/2023: *Infracciones muy graves, desde 15.000,01 a 600.000 euros, pudiendo rebasar dicha cantidad hasta alcanzar el quíntuplo del valor de los productos, bienes o servicios objeto de la infracción.*

H. DERECHOS RELACIONADOS CON EL MEDIO AMBIENTE Y LOS ANIMALES

Medio ambiente, cambio climático y desarrollo sostenible en Canarias

ANTONIO DOMÍNGUEZ VILA
Profesor Titular de Derecho Constitucional
Universidad de La Laguna
https://doi.org/10.36151/TLB_9788410955158.24

SUMARIO: I. Introducción. II. Estructura de la norma estatutaria. III. Referencia en otros Estatutos de Autonomía. IV. Desarrollo normativo. V. Jurisprudencia relevante. Referencias bibliográficas.

I. INTRODUCCIÓN

La constitucionalización y ahora la estatutorización del derecho al medio ambiente entre los derechos subjetivos (fundamentales en sede constitucional y derivados en sede estatutaria) es un fenómeno de los textos constitucionales de la década de los setenta en adelante (constitución griega de 1975, articulo 24, o portuguesa de 1976, articulo 66.1), que se ha desarrollado de manera dispersa por los ordenamientos estatal y autonómico, según distribución competencial con una fuerte presencia de la regulación comunitaria de la UE e internacional, sobre todo de la ONU. Los elementos que definen el contenido del supraconcepto medio ambiente son el aire, el agua, la tierra y la biodiversidad de lo que sobre estos elementos se asientan, la fauna y flora, así como el subsuelo, los fondos marinos y los elementos que los interconectan como el clima, el paisaje, los ecosistemas y sobre todo ello, la acción de la especie humana. En consecuencia, el ordenamiento jurídico referido a la protección y la garantía del derecho al medio ambiente debe ser bastante prolijo[1].

El supra concepto de Medio Ambiente natural y urbano, su consideración como Derecho Fundamental y en consecuencia la necesi-

---

[1] El BOE ha editado hasta 14 códigos en materias medioambientales: https://www.boe.es/biblioteca_juridica/index.php?tipo=C

dad de garantizar su protección, está mutando desde la concepción conservacionista, hacia la acción climática global o lucha contra el cambio climático con el fin de frenar, parar y revertir el deterioro del planeta, que puede llevar a degradar de tal manera la calidad de vida en la Tierra, que ponga en riesgo a la supervivencia de la especie humana y por supuesto a toda la biodiversidad.

Son conocidos los esfuerzos de la comunidad internacional, en especial de la ONU, para articular una política mundial que frene el deterioro del clima, entre sus declaraciones y acuerdos cabe destacar la Conferencia de Estocolmo de 1972, la creación del programa de las Naciones Unidas sobre el medio Ambiente de ese mismo año (PNAMA), la Conferencia de las Naciones Unidas sobre el medio ambiente de 1992, la Declaración de Rio de Janeiro, el Convenio Marco de la ONU sobre cambio climático de 1992, la Conferencia de Berlín de 1995, el Protocolo de Kioto de la Convención Marco de las Naciones Unidas sobre el Cambio Climático de 1997. Al tiempo se han ido desarrollando las Conferencias de la ONU sobre el cambio climático en el marco de la Convención Marco de la ONU sobre el cambio climático, habiéndose celebrado 28, debiéndose resalar, por sus resultados la de Paris de 2015.

En cuanto a la Unión Europea, nos encontramos con una numerosísima producción normativa destacando en primer lugar el artículo 37[2] de la Carta Europea de los Derechos Fundamentales de 7 de diciembre de 2000, el Tratado de la Unión Europea en sus artículos 3.d), 45, el Tratado de Funcionamiento de la Unión Europea, en sus artículos 191 a 193, que orienta la política medioambiental de la UE y por reciente y fuerza tractora, el Pacto Verde Europeo o *European Green Deal* de 11 de diciembre de 2019. El Pacto Verde Europeo establece una hoja de ruta con acciones para impulsar un uso eficiente de los recursos mediante el paso a una economía limpia y circular, restaurar la biodiversidad y reducir la contaminación.

---

2 "Protección del medio ambiente.– Las políticas de la Unión integrarán y garantizarán con arreglo al principio de desarrollo sostenible un alto nivel de protección del medio ambiente y la mejora de su calidad ".

II. ESTRUCTURA DE LA NORMA ESTATUTARIA

En el primer Estatuto de Autonomía (LO 10/1982) el medio ambiente solo se señalaba (artículo 33), como competencia ejecutiva para su protección. En la reforma operada por la LO 4/1996 ya se incluye entre las competencias de desarrollo legislativo y ejecución (artículo 32-12º).

El actual derecho estatutario[3] en el nuevo Estatuto de 2018, es un correlato del principio rector previsto en el artículo 45 de la CE: "Todos tienen el derecho a disfrutar de un medio ambiente adecuado para el desarrollo de la persona, así como el deber de conservarlo" es una actualización y modernización de lo que se ha convertido en un derecho fundamental. Dicho derecho estatutario se complementa con los principios rectores del articulo 37 en sus apartados 14, 15 y 28[4].

En la economía del precepto se puede encontrar los siguientes aspectos:

1. En su apartado 1 derecho y deber de la ciudadanía:

1.1. Por un lado un derecho de reconocimiento de un espacio de libertad de la ciudadanía cuando se expresa que: "[t]odas las personas tienen derecho a vivir en un medio ambiente equilibrado, sostenible, sin contaminación y respetuoso hacia la salud, y a gozar de los recursos naturales y del paisaje terrestre y marino en condiciones de igualdad", significa el derecho a que el medio ambiente urbano y natural en el que se desenvuelve la ciudadanía mantenga o recupe-

---

[3] Sobre el valor constitucional y fuerza de obligar de los derechos estatutarios, véase las SSTC 247/2007 sobre el Estatuto de Valencia, FJ 13 a 15 (*Tol 1224508*) y la STC 31/2010 sobre el Estatuto de Cataluña, FJ 16 (*Tol 1880189*).

[4] "14. La protección efectiva de los recursos naturales estratégicos básicos de Canarias, especialmente el agua y los recursos energéticos, asegurando su control público por las administraciones canarias, en el marco de su competencia.
15. La preservación y mejora de la calidad medioambiental y la biodiversidad del Archipiélago como patrimonio común para mitigar los efectos del cambio climático.
28. El fomento de la actividad turística y su ordenación se llevarán a cabo con el objetivo de lograr un modelo de desarrollo sostenible, especialmente respetuoso con el medio ambiente, el patrimonio cultural canario y el territorio.

re la características de equilibrado, sostenible, sin contaminación o saludable. Esto cabe relacionarlo con el principio constitucional de garantizar el libre desarrollo de la personalidad del artículo 10 de la CE y el principio rector previsto en el artículo 37.1 del Estatuto[5]

Ello se enmarca en cuatro de los objetivos del desarrollo sostenible aprobados por la ONU en 2015, en el número 11, la consecución de ciudades y comunidades sostenibles medioambientalmente, reduciendo los índices de contaminación, implementando el acceso a los espacios abiertos, en el número 13, la acción por el clima, en el número 14 la protección de las aguas marinas y el 15 la protección de los ecosistemas terrestres.

1.2 Que ese disfrute en libertad vaya acompañado *de un uso responsable de los mismos.* Esto es, que la ciudadanía no debe de propiciar un deterioro del espacio natural o habitacional ocupado por el ser humano, siendo responsable del mismo.

1.3 Que la ciudadanía, no solo los poderes públicos, como veremos en el apartado 2 "en los términos que determinen las leyes, tienen el correlativo deber de protegerlo y mejorarlo para las generaciones presentes y futuras, así como soportar las limitaciones que tal protección puedan afectar a sus intereses". Como puede observarse, el derecho tiene también un correlativo deber.

2. En su apartado 2, como derecho de provisión, con las obligaciones de los poderes públicos:

2.1 Se encomienda a todos los poderes públicos canarios (autonómicos, insulares y municipales) el garantizar "la defensa y protección de la naturaleza, el medio ambiente, el paisaje y la biodiversidad sea en espacios terrestres como marinos". En consecuencia, deberán asegurar la protección y defensa de los tres elementos que componen el medio ambiente agua, aire y tierra en su integridad, pues habla de espacios terrestres y marinos sin distinguir si son naturales o transformados por la acción humana, las ciudades, los pueblos y sus áreas de influencia, que incluye lo que se denomina "*el suelo*" como espacio

---

5 1. La promoción de las condiciones necesarias para el libre ejercicio de los derechos y libertades reconocidas en la Constitución y en el presente Estatuto"

ocupado, o a ocupar por los usos humanos y lo que se realice sobre y debajo del mismo.

2.2 Marca, de manera vinculante e impositiva, para los antedichos poderes públicos canarios, la orientación necesaria de las políticas públicas al respecto de las obligaciones anteriores: "[s]e establecerán políticas de gestión, ordenación y mejora de su calidad, con arreglo al principio de desarrollo sostenible, armonizándolas con las transformaciones que se produzcan por la evolución social, económica y ambiental, evitando la especulación urbanística sobre el territorio". Estas obligaciones se desagregan en los siguientes parámetros:

2.2.1. Políticas de ordenación, gestión, y mejora de su calidad, con arreglo al principio de desarrollo sostenible. Ello exige que los poderes públicos autonómicos, cada uno en su nivel competencial, desarrollen política de ordenación de los recursos naturales que constituyen el medio ambiente, gestionen la utilización de dichos recursos de manera sostenible y que todas sus políticas tengan como finalidad, no solo su mantenimiento o preservación en el nivel que se encuentran sino se dirijan a mejorar su calidad

2.2.2. Dichas políticas deberán armonizarse con las transformaciones que se produzcan por la evolución social, económica y ambiental, evitando la especulación urbanística sobre el territorio. Esto es, el desarrollo económico y social ha de armonizarse con las políticas de ordenación, gestión y mejora del medio ambiente para conseguir el objetivo de un desarrollo sostenible que garantice los recursos naturales y el mantenimiento y incremento del bienestar económico a las generaciones futuras.

3. En su apartado 3, el precepto eleva a derecho estatutario la obligación de la transparencia en materia de medioambiental de la información, prevista ya en la Ley 27/2006, de 18 de julio, por la que se regulan los derechos de acceso a la información, de participación pública y de acceso a la justicia en materia de medio ambiente (incorpora las Directivas 2003/4/CE y 2003/35/CE). Dicha norma tiene carácter básico, conforme el artículo 149.1.23° de la Constitución, salvo los artículos que exceptúa en si Disposición Final Tercera y como expresa en su Disposición Final Cuarta, desarrolla determinados derechos y obligaciones reconocidos en el Convenio sobre acceso a la información, la participación del público en la toma de decisio-

nes y el acceso a la justicia en materia de medio ambiente, hecho en Aarhus, Dinamarca, el 25 de junio de 1998 y adapta el ordenamiento jurídico vigente a las disposiciones contenidas en la Directiva 2003/4/CE, del Parlamento Europeo y del Consejo, de 28 de enero de 2003, relativa al acceso del público a la información ambiental y en la Directiva 2003/35/CE, del Parlamento Europeo y del Consejo, de 26 de mayo de 2003, por la que se establecen medidas para la participación del público en la elaboración de determinados planes y programas relacionados con el medio ambiente y por la que se modifican, en lo que se refiere a la participación del público y el acceso a la justicia, las Directivas 85/337/CEE y 96/61/CE del Consejo.

Este precepto hay que entenderlo en conexión con los otros del Estatuto: el derecho estatutario del artículo 22, en su inciso final "Se regulará el uso del suelo de acuerdo con el interés general para evitar la especulación", los principios rectores del artículo 37, apartados 15ª y 28º: "La preservación y mejora de la calidad medioambiental y la biodiversidad del Archipiélago como patrimonio común para mitigar los efectos del cambio climático". Y "El fomento de la actividad turística y su ordenación se llevarán a cabo con el objetivo de lograr un modelo de desarrollo sostenible, especialmente respetuoso con el medio ambiente, el patrimonio cultural canario y el territorio".

A su vez estos derechos estatutarios deben ser puestos en conexión con las competencias de desarrollo legislativo y ejecución de las básicas del Estado, asumidas por la CA en materia de medio ambiente (artículo 153) conforme el artículo 149.1.23º CE y ordenación del litoral (artículo 157) que incluye la gestión del dominio público marítimo-terrestre conforme el artículo 132 CE y también con las competencias exclusivas sobre: espacios naturales protegidos (artículo 154) salvo la de declaración de parques nacionales, ordenación del territorio y paisaje (artículo 156), urbanismo (articulo 158). Mas delante se volverá sobre esto al estudiar el desarrollo legislativo

III. REFERENCIA EN OTROS ESTATUTOS DE AUTONOMÍA

De igual manera que el de Canarias, otros Estatutos de Autonomía de última generación ha recogido este derecho. El Estatuto de

Cataluña en su artículo 27, el de Andalucía, en el artículo 10.3.5°. y 7°. como uno de los objetivos de la Comunidad Autónoma y en el artículo 28 como derecho estatutario, el de Aragón en el artículo 18, el de Extremadura en el artículo 7.7°., el de las Islas Baleares en el artículo 23, el de Castilla-León en al artículo 16.15°.

IV. DESARROLLO NORMATIVO

El ordenamiento medioambiental es muy extenso, tanto comunitario de la UE, como estatal y autonómico. Comoquiera que la legislación de la Unión Europea es inmensa, se trascribe un enlace para su examen, en la página web oficial de la misma[6]: Las normas esenciales del sistema normativo[7] español se pueden considerar que son:

1. Derecho básico estatal: la Ley 42/2007, de 13 de diciembre, del Patrimonio Natural y de la Biodiversidad; la Ley 41/2010, de 29 de diciembre, de protección del medio marino; la Ley 30/2014, de 3 de diciembre, de Parques Nacionales; Ley 43/2003, de 21 de noviembre, de Montes; la Ley 21/2013, de 9 de diciembre, de evaluación ambiental; la Ley 7/2021, de 20 de mayo, de cambio climático y transición energética, la Ley 34/2007, de 15 de noviembre, de calidad del aire y protección de la atmósfera: la Ley 37/2003, de 17 de noviembre, del Ruido; la Ley 1/2005, de 9 de marzo, por la que se regula el régimen del comercio de derechos de emisión de gases de efecto invernadero; la Ley 27/2006, de 18 de julio, por la que se regulan los derechos de acceso a la información, de participación pública y de acceso a la justicia en materia de medio ambiente (incorpora las Directivas 2003/4/CE y 2003/35/CE); el Real Decreto Legislativo 1/2016, de 16 de diciembre, por el que se aprueba el texto refundido de la Ley de prevención y control integrados de la contaminación; la Ley 26/2007, de 23 de octubre, de Responsabilidad Medioambiental; la Ley 7/2022, de 8 de abril, de residuos y suelos contaminados para

---

6 https://eur-lex.europa.eu/summary/chapter/20.html.

7 Utilizamos el concepto de sistema normativo, en lugar del de ordenamiento jurídico, pues, como explica Santamaría Pastor, J. A. (2023). *Principios de Derecho Administrativo General*, Iustel, 136 y ss. la estructuración organizada se ajusta mejor a la regulación de la materia medio ambiente.

una economía circular; el Real Decreto Legislativo 1/2001, de 20 de julio, por el que se aprueba el texto refundido de la Ley de Aguas; la Ley 10/2001, de 5 de julio, del Plan Hidrológico Nacional y la Ley 22/1988, de 28 de julio, de Costas.

2. Derecho autonómico canario: la Ley 4/2017, de 13 de julio, del Suelo y de los Espacios Naturales Protegidos de Canarias[8]; El Decreto Legislativo 1/2000, de 8 de mayo, ha sido derogado por la anterior, con excepción del anexo de Reclasificación de los Espacios Naturales de Canarias[9]; la Ley 6/2022, de 27 de diciembre, de cambio climático y transición energética de Canarias[10]; la Ley 14/2014, de 26 de diciembre, de Armonización y Simplificación en materia de Protección del Territorio y de los Recursos Naturales, derogada por la primera salvo las excepciones contempladas en la letra f) del apartado 1 de la Disposición derogatoria única de la citada Ley; Decreto 70/2011, de 11 de marzo, por el que se crea la Red Canaria de Parques Nacionales; Ley 7/1991, de 30 de abril, de símbolos de la naturaleza para las Islas Canarias; Ley 1/1999, de 29 de enero, de Residuos de Canarias[11]; Ley 19/2003, de 14 de abril, por la que se aprueban las Direc-

---

8 Modificada por el Decreto 182/2018, de 26 de diciembre, por el que se aprueba el Reglamento de Intervención y Protección de la Legalidad Urbanística de Canarias. El Decreto-ley 2/2019, de 25 de febrero. La Ley 5/2021, de 21 de diciembre, de medidas urgentes de impulso de los sectores primario, energético, turístico y territorial de Canarias. La Ley 6/2022, de 27 de diciembre, de cambio climático y transición energética de Canarias. La Ley 3/2023, de 6 de marzo y el Decreto ley 1/2024, de 19 de febrero, de medidas urgentes en materia de vivienda.

9 El citado anexo ha sido modificado por las siguientes disposiciones: Disposición adicional decimoctava de la Ley 14/2014, de 26 de diciembre, de Armonización y Simplificación en materia de Protección del Territorio y de los Recursos Naturales. Disposición final decimoquinta de la Ley 9/2014, de 6 de noviembre, de medidas tributarias, administrativas y sociales de Canarias y Ley 13/2006, de 29 de diciembre, de ampliación de la reserva natural especial a la totalidad del Malpaís de Güímar.

10 Modificado recientemente por el Decreto-Ley 5/2024, de 24 de junio (BOC nº 123, 25 de junio de 2024.

11 En la anterior legislatura se redactó por un equipo multidisciplinar que dirigió el que suscribe y se tramitó en el Gobierno, un Proyecto de Ley Canaria de Economía Circular, que incluía la sustitución de la vigente Ley de Residuos y la adaptación de la regulación autonómica a la básica Ley 7/2022, de residuos

trices de Ordenación General y las Directrices de Ordenación del Turismo de Canarias; Decreto 111/2002, de 9 de agosto, de traspaso de funciones de la Administración Pública de la Comunidad Autónoma de Canarias a los Cabildos Insulares en materia de servicios forestales, vías pecuarias y pastos; protección del medio ambiente y gestión y conservación de espacios naturales protegidos;

De esta legislación se pueden destacar dos normas que son cocabeceras del sistema normativo en materia ambiental:

3. La Ley del Suelo y Espacios Naturales de Canarias 4/2017. Esta norma es la tercera ley reguladora integral del uso del suelo y ordenación del territorio, incluyendo el medio ambiente natural, que se promulga en la CA de Canarias, después de la Ley de Ordenación del Territorio 9/1999 y su Texto Refundido 1/2000, con la anterior Ley de Espacios Naturales de 12/1994. Como puede observarse la ordenación del territorio y la protección del medio ambiente han estado siempre interconectados en la legislación canaria. En la Exposición de Motivos de la Ley 4/2017 se declara que se aplica el principio de no regresión de las decisiones estructurales básicas tomadas por las normas anteriores respecto a los espacios naturales. La ley, en su objeto, confiesa que pretende ordenar el recurso natural suelo o territorio y también el *aquitorio*[12][13], las políticas públicas sobre el mismo y coordinar estas con la general protección del medio ambiente

---

y suelos contaminados para una economía circular. Dicho proyecto llegó a superar el Dictamen del Consejo Consultivo (DICTAMEN 362/2023, de 19 de septiembre de 2023), no habiendo sido remitido al Parlamento de Canarias por el actual Gobierno, a la fecha de escribir estas líneas, lo que significa que, dado el tiempo que resta, tendrá muy difícil conseguirse su tramitación y aprobación en la presente legislatura.

12 El término es empleado por Parejo Navajas, T. (2011). *La proyección de la ordenación física de los usos sobre la costa y el mar próximo: la planificación de aquitorio.* Iustel. Lo hacemos nuestro para señalar que las competencias de la CA de Canarias en el Estatuto de 2018 no solo abarcan el territorio del archipiélago sino el espacio marítimo que comprende las aguas interiores y el mar territorial que señala dicho Estatuto como aguas canarias.

13 Sobre este tema véase: Domínguez Vila, A. y Pérez Sánchez, G. (2024). "Las superiores competencias de la Comunidad Autónoma de Canarias (en relación con las demás) como archipiélago atlántico, en materia de costas y el mar territorial". *Revista Canaria de Administración Pública,* (3), 73-128.

(artículo 1). En cuanto a sus principios rectores el artículo 3° en sus apartados 4 y 5 establecen en cuanto al medio ambiente el principio de precaución, el preventivo, el de mínimo impacto y el de equidad infra e intergeneracional. Siempre en el marco de la consecución de un desarrollo sostenible, estableciéndose en el artículo 5[14] los principios específicos para el medio ambiente natural.

En cuanto a la ordenación o planificación con incidencia medioambiental en desarrollo y especialización del planeamiento de ordenación territorial (Directrices de Ordenación y Planes Insulares) los artículos 104[15] y siguientes desarrollan la tipología para ca-

---

14 Artículo 5 Principios específicos
Son principios que inspiran esta ley:
1. En relación con los espacios naturales, el medio natural y el paisaje:
a) La conservación y la restauración de los espacios naturales protegidos, de la biodiversidad y de la geodiversidad, protegiendo los procesos ecológicos, su diversidad y el equilibrio entre los mismos en armonía con la mejora del nivel de vida de las personas.
b) La utilización ordenada de los recursos naturales, tanto geológicos como biológicos, promoviendo un aprovechamiento que garantice la conservación de las especies y los ecosistemas sin alterar sus equilibrios básicos.
c) La mejora, la restauración y el mantenimiento de los aspectos característicos del paisaje, justificados por su valor patrimonial derivado de su configuración natural y/o la acción del hombre.
d) La prevalencia de la protección ambiental sobre la ordenación territorial y urbanística, y la aplicación del principio de precaución en las intervenciones que puedan afectar a espacios naturales o a sus ecosistemas.
e) El principio de no regresión de los espacios naturales, sin perjuicio de la revisión de las categorías de protección, como de la incorporación de nuevos espacios, cuando resulte legalmente procedente con sujeción a la legislación básica estatal.
f) La implicación de los poderes públicos, la ciudadanía y los agentes económicos y sociales en las tareas de protección, conservación y mejora de los espacios naturales.
g) El incentivo de las actuaciones promovidas por la iniciativa privada, destinadas a la mejora y conservación de los recursos naturales y del paisaje.
h) La protección y el desarrollo de las actividades agrarias tradicionales que se realicen en los espacios naturales, propiciando la mejora socioeconómica de la población residente y su acceso a servicios públicos suficientes y de calidad.

15 Artículo 104 Tipología
1. El planeamiento de los espacios naturales, que incluirá los usos del territorio en toda su extensión, podrá adoptar la forma de:
a) Planes rectores de uso y gestión de parques nacionales, naturales y rurales.

da uno de los espacios naturales. La principal característica de estas figuras de ordenación es que establecen una ordenación integral, incluso urbanística, que prevalece sobre el resto de los instrumentos de ordenación territorial y urbanística salvo los anteriores.

4. La Ley 6/2022, de 27 de diciembre, de cambio climático y transición energética de Canarias[16]

4.1. Cambio climático y Comunidad Autónoma de Canarias

El ejercicio de esta iniciativa legislativa supuso un cambio de perspectiva en Canarias, sobre política medioambiental pasando de una visión pasiva, museística, de conservacionismo y protección, a una activa de mitigar, adaptar y revertir los procesos de deterioro de los elementos del medio ambiente natural, agua, aire y tierra por la acción humana.

El proyecto de ley debía afrontar un nuevo paradigma en la política ambiental, acompañado con la aprobación de los proyectos de ley sobre la regulación de la economía circular[17] y los residuos, en desarrollo de la nueva ley estatal Ley 7/2022, de 8 de abril, de residuos y suelos contaminados para una economía circular; junto con el proyecto de ley de Biodiversidad y Recursos Naturales; además del

---

b) Planes directores de reservas naturales integrales y especiales.

c) Planes especiales de los paisajes protegidos.

d) Normas de conservación de monumentos naturales y sitios de interés científico.

e) Planes de protección y gestión de lugares de la Red Natura 2000 no incluidos en la red canaria de espacios protegidos.

2. La elaboración y el contenido de los planes rectores de uso y gestión de los parques nacionales se regirán por su normativa específica.

3. Los planes de protección y gestión de la Red Natura 2000 se regulan en el título IV de la presente ley.

16 Véase un análisis mas detallado en: Domínguez Vila, A. (2021). "La Ley 6/2022 de 27 de diciembre de cambio climático y transición energética de Canarias". *Revista Española de la Función Consultiva*, (36), 17-37.

17 El proyecto de Ley Canaria de Economía Circular, que incluida la adaptación en materia de residuos a la nueva Ley estatal y sustituir la anterior ley canaria de 2011, se quedó s aprobó por el Consejo de Gobierno y se quedó pendiente del informe del Consejo Consultivo al final de la legislatura, no pudiendo remitirse al Parlamento de Canarias.

proyecto de reforma de la Ley del Transporte Terrestre impulsado desde otra Consejería, referente a la movilidad y el transporte[18].

En este sentido, es relevante resaltar la novedosa jurisprudencia del Tribunal Constitucional Alemán (24 de marzo de 2021, BvR 2656/18) respecto a la constitucionalidad de su ley de cambio climático y la imposición de un deber especial de cuidado al legislador, por su responsabilidad frente a las generaciones futuras[19]

Como se afirma en la Exposición de Motivos de la LCC:

> "El cambio climático, concebido como el proceso en el que se produce un cambio de clima debido directa o indirectamente a la actividad humana que altera la composición de la atmósfera global y que se suma a la variabilidad natural del clima, observada durante períodos de tiempo siempre comparables, se pretende mitigar por medio de la acción climática, entendida como cualquier política, plan, programa o medida cuya intención sea reducir los gases de efecto invernadero, construir y generar

---

18 En el anteproyecto de modificación de la Ley 13/2007, de 17 de mayo, de Ordenación del Transporte por Carretera de Canarias se disponían los siguientes planes de movilidad:
a) Plan Estratégico de Movilidad y Transportes
b) Planes Insulares de Movilidad Sostenible y Transportes
c) Planes locales o supramunicipales de Movilidad Sostenible y Transportes
d) Planes de centros y actividades

19 "**4**. Bajo determinadas condiciones, la Ley Fundamental impone la obligación de asegurar la libertad fundamental garantizada por los derechos fundamentales a lo largo del tiempo y de distribuir de forma proporcional entre generaciones las posibilidades de disponer de la libertad. En su dimensión subjetiva y como garantías de libertad sin límites temporales, los derechos fundamentales brindan protección contra un traslado unilateral hacia el futuro de la carga de reducción de gases de efecto invernadero indicada por el art. 20a LF. Además, en su dimensión objetiva, el mandato de protección estipulado en el art. 20ª LF incluye la necesidad de tratar los fundamentos naturales de la vida con mucho cuidado y dejarlos para la posteridad en una condición tal que las generaciones siguientes que deseen seguir preservando estos fundamentos no se vean obligadas a emprender una abstinencia radical. La preservación de la libertad en el futuro requiere también que la transición a la neutralidad climática se inicie de forma oportuna. En términos concretos, esto exige que se deben formular lo antes posible especificaciones transparentes que indiquen cómo se configurará la reducción de gases de efecto invernadero de una forma tal que ofrezcan una orientación a los procesos de desarrollo e implementación necesarios y proporcionen un nivel suficiente de presión sobre estos procesos y seguridad en su planificación".

resiliencia y adaptación al cambio climático, y financiados esos objetivos mediante un sistema de gobernanza climática".

La competencia compartida asumida en el artículo 153.1 ñ) del Estatuto de Autonomía de 2018 (EAC) que corresponde al desarrollo legislativo y de ejecución de la legislación estatal en materia de medio ambiente, comprende en todo caso, las medidas que en el ámbito de sus competencias, puedan adoptarse para la lucha contra el cambio climático. Materia trasversal según la Exposición de Motivos de la LCC que incide, en otros títulos competenciales, como pueden ser los de transportes (artículo 160 EAC), turismo (artículo 129 EAC), agricultura y ganadería (artículo 130 EAC), industria (artículo 124 EAC), comercio (artículo 126 EAC), recursos hídricos (artículo 152 EAC), ordenación del litoral (artículo 157 EAC), urbanismo y vivienda (artículo 158 EAC), montes y gestión forestal (artículo 130 EAC), salud (artículo 141 EAC), servicios sociales (artículo 142 EAC), emergencias y protección civil (artículo 149 EAC), educación (artículo 133 EAC) investigación (artículo 135 EAC), energía (artículo 163 EAC) y economía (artículo 165 y ss), que Canarias ha de ejercer con respeto a la competencia estatal para establecer las bases y llevar a cabo la coordinación de la planificación general de la actividad económica (artículo 149.1.13ª CE), así como para determinar las bases del régimen energético (artículo 149.1.25ª CE) y por último la competencia exclusiva para establecer la organización y el régimen de funcionamiento de su Administración, sin perjuicio de lo dispuesto en el art. 149.1.18ª CE (artículo 104 EAC).

4.2. Objeto y Finalidades de la Ley[20].– Aunque el objeto, finalidades de la ley y sus principios generales permanecen, se ha descargado de la responsabilidad de su impulso al Gobierno de Canarias y se ha desconectado de las políticas en materia de economía circular y de aguas.

La estructura central de la LCC se asentaba sobre los siguientes pilares:

---

[20] La original Ley de Cambio Climático ha sido modificada sustancialmente por el Decreto-Ley autonómico 5/2024, de 24 de junio, por el que se modifica la Ley 6/2022, de 27 de diciembre, de cambio climático y transición energética de Canarias.

a) Una nueva organización administrativa del área medioambiental del Gobierno de Canarias. El Decreto-ley citado ahora elimina la Agencia Canaria de Acción Climática, Energía y Agua como administración independiente y la sustituye por una "*oficina*" con menor nivel competencial, entendida como un área o servicio inserto en la estructura orgánica de la Consejería.

b) Un sistema de planificación de acción climática, mediante la configuración de un sistema de planes sectoriales distintos y separados de la planificación territorial y urbanística. Se mantiene en el D-Ley dicho sistema, pero se aligera eliminando la Estrategia Canarias de Acción Climática y el Plan de Transición Energética de Canarias e introduciendo el Plan Integrado de Energía y Clima de Canarias y los Proyectos de Acción Climática.

c) Se mantiene en el Decreto-ley las obligaciones de incorporar la perspectiva de acción climática a los instrumentos de ordenación urbanística y los proyectos de edificación[21].

d) Implantación de políticas sectoriales por el carácter trasversal de la Ley. Se aligeran, y en algún caso suprimen en el Decreto-ley, las obligaciones a los ordenamientos sectoriales, aunque se mantienen con algún cambio, las disposiciones que pretenden dar ejemplo desde el sector público autonómico, en materia presupuestaria, de contratación pública, de adquisición de vehículos para el sector público, el origen renovable del consumo eléctrico.

e) Impulso de la transparencia, la participación ciudadana, la sensibilización y la educación en materia de acción climática.

Ha de advertirse al operador que la propia norma con fuerza de ley, el Decreto-Ley 5/2024, tiene disposiciones propias, en concreto cinco Disposiciones Adicionales, cuatro Disposiciones Transitorias, una Disposición Derogatoria de un artículo de otra ley sectorial y además, por las seis Disposiciones Adicionales del propio Decreto-Ley, modifica además la Ley 11/1997 del sector eléctrico canario (DA 1ª) y la Ley 4/2017 del Suelo y de los Espacios Naturales de Canarias (DA 2ª), lo que exige en aras del principio constitucional de segu-

---

21 En todo caso la perspectiva climática de la planificación urbanística ya viene exigida por la Ley básica estatal Ley 7/2021, de 20 de mayo, de Cambio Climático y Transición Energética en su artículo 21

ridad jurídica (artículo 9 CE) un texto refundido de las leyes que modifica. Por último, por su DA 6ª deslegaliza la posibilidad de modificar los artículos 9 a 11 de la Ley de Cambio Climático que modifica, referentes a la organización administrativa.

V. JURISPRUDENCIA RELEVANTE[22]

La Sentencia que marca la doctrina en la mayoría de medio ambiente en el marco de la Constitución Española es la producida por la STC 102/1995 que en sus FJ 4 y 5 (*Tol 82841*) definen la materia y su contenido y su prevalencia sobre cualquier otra competencia de ordenación del territorio. Referenciar también la jurisprudencia del TEDH sobre la conexión del derecho al medio ambiente con otros derechos fundamentales como el derecho a la intimidad o a la inviolabilidad del domicilio, en el sentido del derecho a la pacífica estancia y disfrute de la tranquilidad en el mismo con ausencia de agresiones acústicas que comienza con la Sentencia del Tribunal Europeo de Derechos Humanos, de 9 Dic. 1994, Rec. 41/1993 (*Tol 120072*) y consolida con la Sentencia, Sección 4ª, de 16 Nov. 2004, Rec. 4143/2002 (*Tol 9086351*).

Referencias bibliográficas

Arnaldo Alcubilla E. e Iglesias Machado Salvador (Coords.) (2024). *La Comunidad Autónoma de Canarias ante el Tribunal Constitucional: 1982-2022,* Parlamento de Canarias-La Ley.

Domínguez Vila, A. (2021). "La Ley 6/2022 de 27 de diciembre de cambio climático y transición energética de Canarias". *Revista Española de la Función Consultiva,* (36), 17-37.

Domínguez Vila, A. y Pérez Sánchez, G. (2024). "Las superiores competencias de la Comunidad Autónoma de Canarias (en relación con las demás) como archipiélago atlántico, en materia de costas y el mar territorial". *Revista Canaria de Administración Pública,* (3), 73-128.

Jordá Capitán, E. (2001). *Derecho a un medio ambiente adecuado,* Aranzadi.

---

22 Sobre la jurisprudencia del Tribunal Constitucional relacionada con Canarias, véase Arnaldo Alcubilla E. e Iglesias Machado Salvador (Coords.) (2024). *La Comunidad Autónoma de Canarias ante el Tribunal Constitucional: 1982-2022.* Parlamento de Canarias-La Ley, 53 y ss.

López Ramón, F. (2014). *Manual de derecho ambiental y urbanístico,* Universidad de Zaragoza.

Lozano Cutanda, B. (2010). *Derecho ambiental administrativo,* La Ley.

Lozano Cutanda, B. (2014). *Tratado de derecho ambiental,* CEF.

Parejo Navajas, T. (2011). *La proyección de la ordenación física de los usos sobre la costa y el mar próximo: la planificación de aquitorio.* Iustel.

Santamaría Pastor, J. A. (2023). *Principios de Derecho Administrativo General,* Iustel.

La protección de los ¿derechos? de los animales en Canarias[1]

DANIEL LÓPEZ RUBIO
Profesor Contratado Doctor de Derecho Constitucional
Universidad de La Laguna
https://doi.org/10.36151/TLB_9788410955158.25

SUMARIO: I. Introducción. ¿Derechos de los animales o Derecho de los animales? II. Contexto normativo. 1. Ámbito internacional. 2. Ámbito estatal. 3. Ámbito autonómico. 4. Reparto competencial en la materia. III. Desarrollo del mandato estatutario. IV. Conclusiones. Referencias bibliográficas.

I. INTRODUCCIÓN. ¿DERECHOS DE LOS ANIMALES O DERECHO DE LOS ANIMALES?

El artículo 35 de la Ley Orgánica 1/2018, de 5 de noviembre, de reforma del Estatuto de Autonomía de Canarias establece que "las administraciones públicas canarias velarán por el mantenimiento y la salvaguarda de los animales, además de reconocerlos como seres que sienten y con derecho a no ser utilizados en actividades que conlleven maltrato o crueldad".

Como afirma Alemán, es la primera ocasión en que un Estatuto de Autonomía recoge una disposición tendente a la protección jurídica de los animales[2]. Nuestro país ha mostrado históricamente cierta pasividad en este ámbito, siendo normas como la que ahora se analiza parte relevante de un evidente cambio de tendencia al respecto. En efecto, de manera relativamente reciente varias Comunidades Autónomas han previsto modernas normativas de protección animal, a lo

---

1 Este trabajo forma parte del proyecto de investigación «Vulnerabilidad, precariedad y brechas sociales. ¿Hacia una redefinición de los derechos fundamentales?», PID2020-114718RB-100, financiado por MICIU/AEI/10.13039/501100011033.

2 Alemán Páez, F. (2020). "Artículo 35. Derechos de los animales". *Comentarios a la Ley Orgánica 1/2018, de 5 de noviembre, de Reforma del Estatuto de Autonomía de Canarias*. Boletín Oficial del Estado, Madrid, 221.

que cabría añadir las dos leyes estatales en la materia —Ley 17/2021, sobre el régimen jurídico de los animales, y Ley 7/2023, de protección de los derechos y el bienestar de los animales— y, en lo que ahora nos afecta, el artículo 35 del Estatuto de Autonomía de Canarias.

El debate que no podemos desconocer en este punto es el de si procede hablar de genuinos derechos de los animales o si, por el contrario, no estaríamos más que ante normas que imponen límites a la acción de los seres humanos y obligaciones de promover y respetar éstos por los poderes públicos canarios. Pues bien, en este sentido podemos aportar algunas reflexiones.

En primer lugar, resulta evidente que la tradición jurídica de la que bebe nuestro Derecho Civil parte de la consideración de que los animales no constituyen sujetos del derecho sino objetos de este. Decían nuestras Partidas que "por causa, razón y favor de las personas se hacen y componen los derechos". En efecto, la construcción de los derechos subjetivos parte de los clásicos conceptos de capacidad jurídica y capacidad de obrar. La capacidad jurídica, entendida como la aptitud genérica para ser sujeto de derechos y obligaciones, se concede, por el principio básico de la dignidad humana, a todo ser humano. Pero ésta no es suficiente para poder operar de manera válida en el tráfico jurídico, siendo preciso para ello disponer de capacidad de obrar (o, en los términos empleados por nuestro Código Civil tras la Ley 8/2021, capacidad de ejercer la capacidad jurídica). Como señala De Pablo, "la capacidad de obrar está estrechamente relacionada, si bien de forma indirecta, con la llamada capacidad natural de conocer y querer; es decir, con la aptitud natural para atender alguien por sí mismo al cuidado de su persona y bienes"[3].

Siendo así ¿procede hablar de derechos de los animales? Respecto de la capacidad jurídica, las construcciones teóricas sobre la dignidad, fundamento de los derechos fundamentales, han venido siempre referidas a los seres humanos. Así, como afirma Sayago, la dignidad sería "un rasgo distintivo que posee y con el que nace todo ser humano, sin excepción, que lo diferencia de todos los demás seres vivos, y que instituye a la persona como un principio y fin en sí mismo (...), impidiendo que sea considerado como un instrumento, cosa o

---

[3] De Pablo Contreras, P. (Coord.). (2021). *Derecho de la persona*, Edisofer, 31.

un medio para otro fin"[4]. Si preservamos esta concepción, no pareciera que pudiéramos hablar de capacidad jurídica de los animales, y sin ella la posibilidad de considerarlos como titulares de derechos subjetivos decaería inmediatamente.

En lo relativo a la capacidad de obrar, la cuestión sería aún más compleja. Si, como se ha dicho, esta parte de la capacidad de "conocer y querer", esto es, de la posibilidad de realizar un juicio sobre la mejor manera de ejercer las facultades que a uno otorga el ordenamiento, resultaría imposible predicarla de los animales.

A las anteriores consideraciones no faltan respuestas que tratan de superar los marcos tradicionales para instaurar otros de mayor apertura y flexibilidad. Constructos como el animalismo, el ecocentrismo o el geocentrismo critican que las concepciones expuestas parten de un evidente antropocentrismo, incapaz de asumir que la Tierra es habitada por otros muchos animales sintientes además de por los humanos, y de que la vida terrestre no puede girar solo alrededor de los designios de éstos. Si se parte de esta diferente manera de mirar las cosas, las respuestas dejan de ser tan evidentes. Como afirma De Lucas, si nos detenemos a preguntarnos por el motivo por el que la dignidad sería un atributo privativo de los seres humanos, "la respuesta suele ser circular: sólo los seres humanos tienen dignidad y la dignidad es un atributo exclusivo de los seres humanos"[5]. Ello supondría, pues, que el resto de seres vivos sí pueden ser un instrumento al servicio de los humanos, meros objetos de nuestro derecho de propiedad. Así, continúa diciendo,

> No en balde esa construcción romana que es el derecho de propiedad y del que en rigor sólo es titular el paterfamilias y que se extiende a su propia familia, a los esclavos, a los animales y a los bienes, será el arquetipo sobre el que la dogmática iuspublicista alemana construirá la teoría de los derechos públicos subjetivos, que está a su vez en la base de la teoría de los derechos humanos y fundamentales[6].

---

[4] Sayago Armas, D. (2021). *Dignidad y Derecho,* Tirant lo Blanch, 48.

[5] De Lucas Martín, J. (2023). "El largo proceso de garantía y protección de los derechos de los animales: la cuestión de la tauromaquia". *Revista Catalana de Dret Ambiental,* (XIV, 2), 6.

[6] *Ibid.*, 7.

Si se abandonaran, sin embargo, las concepciones antropocéntricas y se pusiera el foco en la capacidad de sentir, esto es, en la posibilidad de diferenciar el disfrute del sufrimiento, sería difícil descartar la conclusión de que los seres vivos sintientes son titulares de intereses que merecerían protección jurídica. Desde este punto de vista, y tal vez sin necesidad de teorizar sobre una hipotética dignidad de los animales, la capacidad de experimentar sufrimiento podría llegar a considerarse suficiente para entender a los animales como titulares de derechos. Del mismo modo, podría afirmarse que, al igual que un menor o una persona con ciertas discapacidades no cuentan con una plena capacidad de obrar, existiendo figuras en el ordenamiento para complementar la misma, los animales también podrían ser asistidos por los humanos en este punto sin que ello cuestione aquella titularidad.

No es este el lugar para trazar una reflexión exhaustiva sobre la viabilidad jurídica de este tipo de construcciones. Pero sí deseamos hacer algunas consideraciones. En primer lugar, es importante preservar en favor de estas el debido respeto y no reducirlas a simple caricatura, pues cuando uno se desprende del inevitable prejuicio que el antropocentrismo genera en nuestra mirada, las respuestas dejan de ser obvias y a menudo solo vienen a nuestra mente argumentos tautológicos. Ese desprendimiento no es, evidentemente, sencillo. La historia del ser humano sobre la faz de la tierra ha partido siempre de su intento de controlar el resto de los animales para emplearlos como instrumentos y progresar a partir de ellos, y no solo en un sentido nutricional. Pero el progreso de las sociedades consiste, precisamente, en la toma de conciencia de por qué prácticas inveteradas podrían no ser las más convenientes. En efecto, como subraya De Lucas, "lo que nos hace humanos no es un tipo de inteligencia, ni la capacidad de memoria, ni la conciencia de sufrimiento, ni la risa o el lenguaje. Es saber el valor de la vida de los otros, de cualquier otro, y actuar de conformidad a ello. O, por mejor decir, esa es la idea regulativa que guía el progreso moral de la humanidad, a la que deben encaminarse el mejor Derecho, la mejor política"[7].

---

7 *Ibid.*, 10.

En segundo lugar, cabría reflexionar sobre si, para proteger los intereses que los animales detentarían en su condición de seres sintientes, la construcción de los derechos subjetivos resulta imprescindible o si, por el contrario, podrían obtenerse resultados similares a partir de la creación de simples obligaciones jurídicas para los seres humanos. Dicho de otro modo, si el objetivo es proteger a los animales para evitar someterlos a sufrimientos injustificados —no es otro el núcleo esencial de las reivindicaciones animalistas—, ¿no podría ser igualmente útil la generación de más fuertes limitaciones jurídicas en la acción de las personas? Especialmente si partimos de la evidencia de que los hipotéticos derechos de los animales nunca podrían ser ejercidos de manera autónoma por los mismos, exigiendo siempre la intermediación de seres humanos.

Parece de esta opinión Vaquer, quien en relación con la Ley 7/2023, que más adelante analizaremos, y con su propósito de garantizar el buen trato, respeto y protección de los animales, afirma que "todo ello habría sido igualmente posible configurando el bienestar animal como un fin de interés general, sin atribuir subjetividad ni derechos a los animales (...) porque la ley ni les atribuye a los sujetos titulares de los derechos facultades concretas, ni la legitimidad para ejercer acciones en su tutela"[8].

¿Qué valor añadido aporta entonces el hecho de hablar de supuestos derechos en lugar de simples obligaciones para las personas? Desde un punto de vista estrictamente jurídico, a mi juicio poco. Pueden lograrse muy altas cotas de protección del bienestar animal a través de las fórmulas de limitación clásicas: desde la tipificación rigurosa del maltrato animal como delito hasta la limitación de las condiciones esenciales de los contratos para evitar ciertas transacciones con animales o la imposición de obligaciones de actuar concretas a las personas que posean animales. No puede desconocerse, sin embargo, el potencial simbólico que estas expresiones juegan en el terreno social y político. En efecto, la afirmación de "derechos de los animales" tiene un evidente potencial transformador de conductas entre la ciudadanía y supone un impulso considerable hacia la causa

---

8 Vaquer Caballería, M. (2023). "El humanismo del Derecho Administrativo de nuestro tiempo". *Revista de Administración Pública,* (222), 53.

de buscar mayores cotas de protección ante el abuso hacia los demás seres vivos.

Señala con acierto Alemán que el artículo 35 del Estatuto canario tiene una notoria carga simbólica, transmitiendo su letra algo más que un simple mandato de acción a los poderes públicos autonómicos. En su criterio, "sus códigos propenden remover el supremacismo antropocéntrico que ha venido legitimando la conducta instrumental del ser humano con los animales y el medio ambiente ecológico (…). Los cánones inspirados del art. 35 rubrican, en fin, una visión holística de nuestro encaje ecológico en la naturaleza, y enhebran una responsabilidad ético-ambiental de los ciudadanos canarios con los animales"[9].

No podemos perder de vista, en efecto, que un Estatuto de Autonomía tiene, como norma institucional básica de una Comunidad, un papel relevante en la configuración de principios y valores esenciales a respetar por el ordenamiento y los poderes regionales[10]. Es dentro de esta capacidad de creación principial donde debemos situar este novedoso precepto, del que resulta oportuno destacar las siguientes consideraciones.

En primer lugar, el artículo se sitúa dentro del Título I del Estatuto, denominado "De los derechos, deberes y principios rectores", y como parte de su Capítulo II, dedicado a los "Derechos y deberes". La ubicación del precepto no es baladí, pues el Título referido comienza con un artículo 9 encargado de determinar los titulares de los derechos en él reconocidos. Según éste, "las personas que ostentan la condición política de canarios son titulares de los derechos, deberes y libertades reconocidos en la Constitución española y en el presente

9 Alemán Páez, F. (2020). "Artículo 35. Derechos de los animales", *op. cit.*, 223.

10 Como afirma Carrillo, M. (2011). "Los derechos estatutarios y sus garantías en la sentencia 31/2010, de 28 de junio, sobre la reforma del Estatuto de Autonomía de Cataluña". *Revista Española de Derecho Constitucional*, (92), 334, forma parte del contenido lógico del Estatuto de Autonomía "tanto la determinación de los objetivos de las competencias previamente asumidas, que suponen la inclusión de fórmulas de impulso en la acción de los poderes públicos, para la consecución y el mantenimiento de los mencionados objetivos, (…) como también el establecimiento de límites a su actividad a fin de proteger otros bienes jurídicos conexos".

Estatuto". La conclusión a la que obliga una lectura sistemática del Estatuto es clara: no estamos ante genuinos derechos en favor de los animales, pese a la retórica empleada por el artículo 35, sino ante un mandato de protección dirigido a los poderes públicos canarios.

Centrándonos ya en el contenido estrictamente considerado del artículo, comprobamos que éste vincula a las administraciones públicas canarias a velar por el "mantenimiento y la salvaguarda de los animales". Los términos empleados para la configuración de este mandato son especialmente indeterminados, pero ambos parecen unidos por el hilo común de la protección frente a lo innecesario o arbitrario. La ambigüedad y la abstracción en la construcción del artículo es la propia de un texto general y programático como es un Estatuto de Autonomía, pero tiene también especial sentido desde la óptica de su imprescindible equilibrio con la preservación de los derechos de la ciudadanía. Dicho de otro modo, la protección de los animales parte de la limitación a ciertos derechos de las personas, y no parece sencillo que un texto como el Estatuto de Autonomía agote con minuciosidad las posibles soluciones a estos conflictos entre los intereses de los animales y los derechos ciudadanos. La abstracción, pues, sirve para que el texto se limite a plantear la problemática, con la lógica postergación de sus soluciones concretas a normas de inferior nivel.

Ello nos conduce a otro de los pilares de su contenido: el artículo establece que esta protección se dispensará "en los términos que se fijen por ley, de acuerdo con la Constitución y el Tratado de Funcionamiento de la Unión Europea". En efecto, como venimos diciendo, habrá de ser el legislador el que, partiendo de los mimbres básicos aportados por el Estatuto, concrete las soluciones de protección para los animales y la paralela limitación de las facultades humanas.

Tanto el mandato de protección como la apelación a la ley para la concreción de sus reglas esenciales han de partir del elemento nuclear que decide asentar el precepto: los animales son "seres que sienten" y, por tanto, "con derecho a no ser utilizados en actividades que conlleven maltrato o crueldad". Como señalábamos anteriormente, se parte de la capacidad de los animales para sentir y, por tanto, para discriminar el disfrute del sufrimiento, como elemento básico que irradia la necesidad de conservar ciertos límites en nuestras relaciones con ellos. Y, aunque el legislador será quién concrete éstos, el artículo parece situar una línea roja infranqueable: no cabe emplear a los animales en actividades que impliquen su maltrato o un ejercicio cruel. El legislador estatutario ha decidido cargar toda la fuerza valorativa sobre este punto del precepto, de ahí el lenguaje empleado y la apelación a que esto sería un "derecho" de los animales. Como hemos explicado de manera precedente, más que ante un derecho subjetivo en sentido escrito estaríamos ante un mandato reforzado que se dirige a los poderes públicos, que deberán hacer todo lo que competencialmente esté en sus manos para cumplirlo y hacerlo cumplir.

Los puntos anteriores vienen rematados por la apelación a la necesidad de crear un régimen sancionador que garantice el efectivo cumplimiento de los mandatos de protección que vengan a crearse. Como parece lógico pensar, las limitaciones que el legislador pueda crear a las facultades jurídicas de las que disfrutamos las personas podrían tener escaso recorrido si no vinieran revestidas de un efectivo sistema de control que sancionara a aquellos que las desconocen.

II. CONTEXTO NORMATIVO

1. *Ámbito internacional*

Conviene empezar señalando que en el ámbito de Naciones Unidas no existe ninguna Declaración o Convenio que recoja un marco de protección para los animales. Con frecuencia pueden leerse referencias a una supuesta Declaración Universal de de los Derechos de los Animales que la ONU habría aprobado en 1975, pero la realidad es algo diferente. En 1973 un grupo de biólogos liderado por George Heuse redactó una versión inicial de la Declaración, que no tuvo excesiva repercusión. Sus autores fundaron entonces la llamada Liga Internacional de los Derechos de los Animales, que dio una nueva redacción al texto en 1977 y que logró su presentación pública en 1978 tanto en la Universidad de Bruselas como en la Casa de la UNESCO en París. La Declaración recoge lo que vendrían a ser algunos derechos esenciales de los animales, entre los que cabría citar el derecho al respeto, al cuidado y a la protección (art. 2), el derecho a no ser sometido a malos tratos ni a actos crueles (art. 3a), o el derecho a que su muerte, en caso de ser necesaria, resulte indolora (art. 3b).

Pues bien, Capacete relata que, tras aquella presentación, surgieron no pocas voces discrepantes con el contenido del texto, especialmente desde ciertos sectores industriales[11]. Ello provocó que, pese a la extendida creencia en otro sentido, ni la UNESCO ni la ONU llegaran nunca a entrar a considerar la Declaración. En consecuencia, continúa afirmando el autor, el texto es válido como referencia, "pero no tiene validez jurídica ni legal. Esto no significa que el esfuerzo realizado por sus promotores haya sido en vano. Algunos de los derechos recogidos (…) ya forman parte de la legislación de muchos países"[12].

Mayor relevancia jurídica presenta el Convenio Europeo para la protección de los animales de compañía, aprobado en 1987 en el ámbito del Consejo de Europa. Esta norma, que tiene entre sus principios básicos la prohibición de "infligir innecesariamente dolor, sufrimiento o angustia a un animal de compañía" (art. 3.1), así como de abandonarlos (art. 3.2), no fue ratificado por España hasta 2017[13], treinta años después de su nacimiento. De los veinticuatro Estados que lo han ratificado, el nuestro ha sido el último. La norma tiene repercusiones directas en la legislación que el Estado aprobó con posterioridad, e incorpora exigencias básicas como las siguientes: i) las personas que decidan tener un animal de compañía deberán ser responsables de su salud y bienestar y procurarle el alojamiento, cuidados y atención que precisen sus necesidades etológicas (art. 4); ii) los menores de dieciséis años no pueden adquirir animales de compañía sin el consentimiento de sus padres (art. 6); iii) el adiestramiento de los animales no puede realizarse de modo que perjudique su salud y bienestar (art. 7); iv) solo podrán emplearse animales de compañía en publicidad, espectáculos, muestras o concursos si se garantiza su salud y bienestar (art. 9); o v) se prohíben intervenciones quirúrgicas como el corte de la cola cuando el objetivo sea meramente estético (art. 10).

---

11 Capacete González, F. J. (2018). "La declaración universal de los derechos del animal". *Derecho Animal*, (9/3), 144.

12 *Ibid.*, 145.

13 El Instrumento de ratificación del Convenio fue publicado en el BOE nº 245, de 11 de octubre de 2017.

La Unión Europea también ha sido un actor relevante en esta materia. El artículo 13 del Tratado de Funcionamiento de la Unión Europea recoge, en la redacción dada por el Tratado de Lisboa, que "al formular y aplicar las políticas de la Unión en materia de agricultura, pesca, transporte, mercado interior, investigación y desarrollo tecnológico y espacio, la Unión y los Estados miembros tendrán plenamente en cuenta las exigencias en materia de bienestar de los animales como seres sensibles, respetando al mismo tiempo las disposiciones legales o administrativas y las costumbres de los Estados miembros relativas, en particular, a ritos religiosos, tradiciones culturales y patrimonio regional". No es de extrañar, pues, que el artículo 35 del Estatuto canario realice una mención directa a este Tratado, pues bebe del principio en él declarado de que los animales son seres que sienten y cuyo bienestar debe ser protegido y respetado.

2. *Ámbito estatal*

Como se dijo con anterioridad, el legislador estatal ha mantenido hasta muy recientes fechas una muy censurable pasividad. En efecto, hasta la década de los veinte del presente siglo el legislador no ha configurado un régimen legal que ampare a los animales como seres sintientes y que proteja y garantice su bienestar con medidas positivas y exigencias concretas para los seres humanos responsables de su cuidado. Como nos subrayan Cantero y Méndez, hasta 2022 "el artículo 333 del Código Civil español estipulaba que los animales se consideraban meras 'cosas' desde un prisma jurídico"[14].

Ello no quiere decir que hasta ese momento no haya existido ningún límite legal en nuestras relaciones con los animales. Desde el año 2003 el Código Penal tipificó el delito de maltrato animal. Con

---

14 Cantero Berlanga, M. D. y Méndez Rocasolano, M. (2024). "La protección de los animales en España: los derechos de los animales como respuesta a las injusticias humanas". *Actualidad Jurídica Ambiental*, (143), 6.

posterioridad, las reformas de 2010[15], 2015[16] y 2023[17] han ido ampliando la protección que el Derecho Penal brinda a los animales, no solo incrementando las penas sino también recogiendo nuevas modalidades de maltrato, así como determinadas circunstancias agravantes como el ensañamiento o la gravedad de la lesión. Lo relevante ahora a nuestros fines es constatar que, hasta hace muy poco tiempo, la protección del animal se limitaba a las conductas más extremas en perjuicio de su bienestar y a través del ámbito penal, sin que existiera un marco civil y administrativo robusto que garantizara un determinado estatus jurídico a los animales y que estipulara obligaciones concretas en lo relativo a su tenencia, adquisición, etc.

Ello cambió, como decimos, en los albores de la década de los años veinte del presente siglo. Así, en primer lugar, nació la Ley 17/2021, de 15 de diciembre, de modificación del Código Civil, la Ley Hipotecaria y la Ley de Enjuiciamiento Civil, sobre el régimen jurídico de los animales. Su exposición de motivos parte de la exigencia destacada por el artículo 13 del Tratado de Funcionamiento de la Unión Europea, y afirma en este sentido que su propósito es "sentar el importante principio de que la naturaleza de los animales es distinta de la naturaleza de las cosas o bienes, principio que ha de presidir la interpretación de todo el ordenamiento".

La nueva norma sigue partiendo de presupuestos inequívocamente antropocéntricos, considerando que los animales son medios o instrumentos de los que el hombre puede disponer, y por tanto no predicando de ellos su carácter de fin en sí mismos que impida disponer de ellos. Esto trata de hacerse compatible con el principio de que estos seres son capaces de sentir, lo que debe modular limitaciones a la acción sobre ellos por parte de los humanos.

La Ley incorpora al Código Civil un nuevo artículo, el 333 bis, que establece que "los animales son seres vivos dotados de sensibilidad", solo resultando a ellos aplicable el régimen propio de los bienes y las

---

15 Ley Orgánica 5/2010, de 22 de junio, por la que se modifica la Ley Orgánica 10/1995, de 23 de noviembre, del Código Penal.

16 Ley Orgánica 1/2015, de 30 de marzo, por la que se modifica la Ley Orgánica 10/1995, de 23 de noviembre, del Código Penal.

17 Ley Orgánica 3/2023, de 28 de marzo, de modificación de la Ley Orgánica 10/1995, de 23 de noviembre, del Código Penal, en materia de maltrato animal.

cosas "en la medida en que sea compatible con su naturaleza o con las disposiciones destinadas a su protección". Además, continúa afirmando el precepto, las personas propietarias, poseedoras o que asuman algún derecho en relación con un animal deberán "ejercer sus derechos sobre él y sus deberes de cuidado respetando su cualidad de ser sintiente, asegurando su bienestar conforme a las características de cada especie y respetando las limitaciones establecidas en ésta y las demás normas vigentes"[18].

Por otro lado, la Ley incluyó, también, algunas reglas a tener en cuenta en los procesos de nulidad, separación y divorcio de parejas que tuvieran algún animal, y que parten del principio general de respeto y protección del bienestar del mismo en los acuerdos y resoluciones que vengan a ordenar tales procesos.

La Ley de 2021 abrió brecha, sin duda, en un asunto que cada vez ha ido preocupando más a la sociedad española. En efecto, poco tiempo después este proceso de sensibilización y toma de conciencia por el trato que dispensamos a los animales llevó a la aprobación por las Cortes Generales de una norma de regulación general de la materia: la Ley 7/2023, de 28 de marzo, de protección de los derechos y el bienestar de los animales.

La norma toma la senda abierta por el legislador de 2021 y decide "establecer un régimen jurídico básico de aplicación en todo el territorio nacional para la protección de los derechos y bienestar de los animales de compañía y silvestres en cautividad" (art. 1). Como destacan Cantero y Méndez, "la ley establece disposiciones claras y contundentes que buscan garantizar una protección integral, adecuándose a las exigencias contemporáneas y los compromisos inter-

---

18 Cerdeira Bravo de Mansilla, G. (2023). "Entre personas y cosas, los animales". ¿Derecho o derechos de los animales?". *Persona y Derecho Civil, los retos del Siglo XXI (persona, género, transgénero, inteligencia artificial y animales sensibles).* Tirant lo Blanch,.231, califica la norma de prudente y moderada, al no "hablar de la dignidad de los derechos del animal, ni de su interés (sino de su bienestar), ni de tantas otras cualidades de la persona que los pro-animalistas más fervientes pretenden atribuirle, pero sí habla la ley, conforme al Derecho europeo, de su bienestar".

nacionales asumidos por el Estado en materia de derechos de los animales"[19]. Sobre esta norma proceden algunos apuntes mínimos:

En primer lugar, vemos que la norma apela a la expresión "derechos de los animales", incluso en su título, lo que comparte con el tenor del artículo 35 del Estatuto canario. Como ya explicamos con anterioridad, debemos entender estos enunciados más en un sentido simbólico que técnico-jurídico, como una apelación a una mayor intensidad en la protección que los poderes públicos deben mantener y hacer mantener en relación con los animales. En efecto, difícil resulta pensar en genuinos derechos subjetivos en favor de estos seres y, como dijimos, no encontramos una especial utilidad en emplear esta construcción en lugar del esquema clásico de afirmación de limitaciones y prohibiciones para los seres humanos en su trato con ellos. La Ley afirma en su artículo 1.2 que por derechos de los animales debemos entender "su derecho al buen trato, respeto y protección, inherentes y derivados de su naturaleza de seres sintientes, y con las obligaciones que el ordenamiento jurídico impone a las personas, en particular a aquéllas que mantienen contacto o relación con ellos". Como puede comprobarse, el legislador apela a las obligaciones —jurídicas— que las personas tenemos en relación con los animales y que resultarían paralelas a los derechos de éstos —como concepto más simbólico y político.

En segundo lugar, y para mayor refuerzo de la idea precedente, la norma incorpora importantes exclusiones. Es decir, no resulta de aplicación a determinados animales, como: i) los utilizados en festejos taurinos; ii) los animales de producción; iii) los animales empleados en experimentación científica; iv) los animales silvestres; o v) los perros de caza. ¿Qué mayor prueba puede haber de que no estamos ante genuinos derechos? La construcción teórica de los derechos de los animales parte inevitablemente de una mirada geocéntrica en la que se asume que la sensibilidad de que están dotados estos seres impide emplearlos como un medio para nuestros fines, al ser un fin en sí mismos. Si esto fuera así, huelga decir que no sería posible es-

---

19 Cantero Berlanga, M. D. y Méndez Rocasolano, M. (2024). "La protección de los animales en España: los derechos de los animales como respuesta a las injusticias humanas". *Actualidad Jurídica Ambiental*, (143), *op. cit.*, 30.

tablecer un trato diferente entre unos animales y otros atendiendo a criterios de utilidad para el ser humano, como el empleo para fines científicos, determinados espectáculos o actividades de caza. Resulta, de hecho, bastante censurable que el legislador apele a que un perro de una determinada raza tiene "derechos" y otro perro de la misma raza que un humano use para cazar no[20]. La realidad, en definitiva, es que estas normativas mantienen una mirada antropocéntrica, asumiendo que los animales son un medio o instrumento para el ser humano, aunque marquen determinadas líneas rojas en relación con nuestro trato hacia algunos de ellos.

En tercer lugar, aunque la Ley incorpora interesantes mecanismos administrativos orientados a la protección animal (Título I), regulaciones exhaustivas de la cría, el comercio y el transporte de animales (Título III), reglas sobre el empleo de animales en actividades culturales y festivas (Título IV), sistemas de inspección y vigilancia (Título V), y un régimen sancionador (Título VI), la regulación de mayor interés es la relativa a la tenencia y convivencia responsable con animales (Título II), que incorpora importantísimas obligaciones y prohibiciones dirigidas a las personas que sean responsables de un animal, y entre las que destacan: mantenerlos en condiciones dignas y que garanticen su bienestar; educarlos con métodos que no provoquen sufrimiento; no dejarlos solos en vehículos cerrados; prestarles los cuidados sanitarios necesarios para garantizar su salud; no maltratarlos; no abandonarlos; no someterlos a trabajos excesivos o inadecuados; no utilizarlos en peleas; no impedir su movilidad en un punto fijo; etc.

2.3. Ámbito autonómico

Ciertamente las Comunidades Autónomas han sido tradicionalmente más activas en el ámbito de la protección animal que el Esta-

---

20 Comparte el juicio crítico Jiménez Carrero, J. A. (2023). "La Ley 7/2023, de 28 de marzo, de protección de los derechos y el bienestar de los animales: análisis y carencias". *Revista de Derecho UNED*, (32), 221: "Esta exclusión supone, a nuestro juicio, un sinsentido y una «carambola jurídica», si se nos permite la expresión, ya que significa tanto como establecer que un perro estará protegido o no en función de si su propietario es un cazador o una persona no cazadora".

do. Encontramos, así, no pocas Comunidades Autónomas con normativa en la materia, sirviendo como resumen el siguiente cuadro[21].

Comunidad/Ciudad Autónoma	Legislación
Andalucía	Ley 11/2003, de 24 de noviembre, de protección de los animales
Aragón	Ley 11/2003, de 19 de marzo, de Protección Animal en la Comunidad
Asturias	Ley 13/2002, de 23 de diciembre, de tenencia, protección y derechos de los animales
Canarias	Ley 8/1991, de 30 de abril, de protección de los animales
Cantabria	Ley 3/1992, de 18 de marzo, de Protección de los Animales
Castilla-La Mancha	Ley 7/2020, de 31 de agosto, de Bienestar, Protección y Defensa de los Animales de Castilla-La Mancha
Castilla y León	Ley 5/1997, de 24 de abril, de protección de los animales de compañía
Cataluña	Decreto Legislativo 2/2008, de 15 de abril, por el que se aprueba el Texto Refundido de la Ley de protección de los animales
Ceuta	Reglamento 2/2015, de 23 de marzo, de tenencia, protección y bienestar de animales de compañía de la Ciudad Autónoma de Ceuta
Comunidad Valenciana	Ley 2/2023, de 13 de marzo, de Protección, Bienestar y Tenencia de animales de compañía y otras medidas de bienestar animal
Extremadura	Ley 5/2002, de 23 de mayo, de Protección de los Animales en la Comunidad Autónoma de Extremadura
Galicia	Ley 4/2017, de 3 de octubre, de protección y bienestar de los animales de compañía en Galicia
Islas Baleares	Ley 1/1992, de 8 de abril, de Protección de los Animales que viven en el entorno humano
La Rioja	Ley 6/2018, de 26 de noviembre, de protección de los animales en la Comunidad Autónoma de La Rioja
Comunidad de Madrid	Ley 4/2016, de 22 de julio, de Protección de los Animales de Compañía en la Comunidad de Madrid

[21] Extraigo la información del cuadro resumen elaborado en la materia por la Dirección de Documentación, Biblioteca y Archivo del Congreso de los Diputados el 7 de septiembre de 2022, y que es accesible aquí: https://www.congreso.es/docu/docum/ddocum/dosieres/sleg/legislatura_14/spl_64/pdfs/10.pdf

Comunidad/Ciudad Autónoma	Legislación
Murcia	Ley 6/2017, de 8 de noviembre, de protección y defensa de los animales de compañía de la Región de Murcia
Navarra	Ley Foral 19/2019, de 4 de abril, de protección de los animales de compañía en Navarra
País Vasco	Ley 9/2022, de 30 de junio, de protección de los animales domésticos

Tres reflexiones se imponen. En primer lugar, merece la pena comprobar que varias Comunidades Autónomas tienen legislación de protección animal desde hace bastantes años. Posición destacada al respecto ocupa Canarias, segunda Comunidad con legislación específica en la materia, que data de 1991, más de treinta años antes del surgimiento de la Ley estatal. Solo Cataluña, en 1988, había legislado antes en protección de los animales. También en la franja de las tres décadas de adelanto encontramos a Cantabria y a Islas Baleares.

En segundo lugar, esta panoplia de normas autonómicas generaba un marco normativo heterogéneo y ciertamente dispar en función del territorio[22]. Esta circunstancia se encuentra en el mismo origen de la Ley estatal 7/2023 antes referenciada, que ya en su exposición de motivos afirmaba, ante el diferente alcance de la legislación autonómica, "la necesidad de dotar de coherencia al régimen jurídico de la protección de los animales en nuestro país, fijando un mínimo común de derechos y obligaciones con los animales con independencia del territorio en el que se desenvuelven".

En tercer y último lugar, la convivencia de normas autonómicas y estatales en la materia impone una pregunta: ¿cuál es exactamente el reparto competencial en la materia? ¿Hasta dónde llega la capacidad del Estado de marcar aquel "mínimo común de derechos y obligaciones con los animales"? A ello damos respuesta en el siguiente subapartado.

---

22 Afirma en este sentido Extremera Fernández, B. (2023). "Cuestiones competenciales en materia de protección animal", *op. cit.*, 392 que "esta disparidad regulativa ha ocasionado tal diversidad que lo que en el territorio de una Comunidad Autónoma está prohibido, en otra sí que está permitido".

2.4. Reparto competencial en la materia

De manera sintética, conviene aclarar hasta dónde llega la capacidad de actuar de cada Administración Pública en la materia de protección del bienestar animal. Así, en primer lugar, la Unión Europea no tiene una competencia específica en este asunto, pero puede —y así lo ha hecho— actuar en defensa de los animales a la hora de regular otras materias que sí son de su competencia, como agricultura, pesca, transporte, mercado interior o investigación[23].

En el ámbito interno, es cierto que la Constitución no previó un título competencial específico referido a la protección animal. Según su artículo 149.3, "las materias no atribuidas expresamente al Estado por esta Constitución podrán corresponder a las Comunidades Autónomas, en virtud de sus respectivos Estatutos". Pues bien, solo tres Comunidades han asumido en sus Estatutos de Autonomía competencia en la materia: Cataluña (art. 116.1 letra d del Estatuto de Autonomía de 2006), Andalucía (art. 48.3 letra a) del Estatuto de Autonomía de 2007), y Canarias (art. 130.1 letra e) del Estatuto de Autonomía de 2018). Ello no ha impedido, como se ha visto, que numerosas Comunidades Autónomas hayan aprobado leyes en la materia, lo que han hecho amparándose en títulos competenciales más amplios como planificación económica de la autonomía, comercio interior, agricultura y ganadería, pesca y caza, espectáculos, o protección del medio ambiente.

Dicho esto, ¿qué margen de actuación tiene el Estado en la materia? No son pocos los títulos competenciales que amparan al legislador estatal a dictar normas en la materia, en ocasiones con carácter básico y admitiendo el desarrollo autonómico, pero en otras de manera exclusiva. Ejemplo de lo primero serían los títulos competenciales en "bases y coordinación de la planificación general de la actividad económica" (art. 149.1.13 CE), "bases y coordinación general

---

[23] Sirvan como ejemplo, en este sentido, el Reglamento (CE) 1099/2009, del Consejo, de 24 de septiembre de 2009, relativo a la protección de los animales en el momento de la matanza; la Directiva 2010/63/UE, de 22 de septiembre de 2010, del Parlamento Europeo y del Consejo, relativa a la protección de los animales utilizados para fines científicos; o el Reglamento (CE) 1/2005 del Consejo, de 22 de diciembre de 2004, relativo a la protección de los animales durante el transporte y las operaciones conexas.

de la sanidad (art. 149.1.16), y "legislación básica sobre protección del medio ambiente (149.1.23). Ejemplo de lo segundo serían los títulos competenciales en legislación mercantil (art. 149.1.6), legislación civil (art. 149.1.8), régimen aduanero y arancelario y comercio exterior (art. 149.1.10), o seguridad pública (art. 149.1.29).

Especial importancia tiene en este punto el título relativo a la legislación civil. Muchas de las leyes autonómicas en la materia disponen determinados límites en relación con los sujetos y el objeto de los contratos relacionados con animales. Ocurre que ello caería dentro del ámbito competencial exclusivo del Estado, pues el art. 149.1.8 CE detalla que dentro de la legislación civil que a éste compete deben incluirse en todo caso "las bases de las obligaciones contractuales". Precisamente por ello, la sentencia del Tribunal Constitucional 81/2020, de 15 de julio (*Tol 8028512*), declaró inconstitucionales varias partes de la Ley 6/2018 de La Rioja, que establecían prohibiciones de realizar determinados negocios jurídicos con animales[24]. Es esperable que si sobre otras normas autonómicas que prevén reglas similares fuera interpuesta alguna cuestión de inconstitucionalidad el resultado fuera similar.

El Tribunal vino a reconocer que estamos ante una "materia relativamente novedosa en la que pueden concurrir diversos títulos competenciales, tanto estatales como autonómicos" (F. J. 3), y citó entre los que asisten al Estado los que ya hemos referenciado. Lo relevante es que el Tribunal no privilegió ninguno por encima del resto, sin que por tanto pueda afirmarse que existe un título material de aplicación preferente en la materia. La tentación sería seguramente la de considerar que la protección animal cae de manera natural en el ámbito de la protección del medio ambiente (art. 149.1.23 CE), pero el Tribunal rehuyó tal afirmación. Lo hizo, además, a pesar de que

---

24 Así, fueron declarados inconstitucionales los siguientes artículos: el 7.8, que prohibía hacer donaciones de los animales como regalo, sorteo, rifa, promoción, etc.; el 7.10, que prohibía venderlos, donarlos o cederlos a laboratorios o clínicas sin cumplir ciertas garantías; el 7.11 que prohibía venderlos, donarlos o cederlos a menores de 18 años; el 7.12, que prohibía utilizar animales en filmación de escenas para cine, televisión, etc., que conlleven la muerte, maltrato, crueldad o sufrimiento del animal; y el 7.14, que prohibía comercializar con animales fuera de los certámenes y establecimientos de venta o cría debidamente autorizados.

en el pasado su sentencia 102/1995 (*Tol 82841*) pareció sugerir una posición favorable a tal inclusión (FJ 6)[25].

La conclusión, apretada inevitablemente por las condiciones de este trabajo, es clara: al estar ante una materia sobre la que el Estado puede hacer valer múltiples títulos competenciales, en ocasiones de carácter básico, y en ocasiones de carácter exclusivo, el terreno para la actuación autonómica es relativamente incierto. Habrá que estar a la concreta medida que el legislador autonómico desee implementar para tratar de afinar lo más posible el título competencial estatal que podría ser afectado, y atender a los márgenes que, en su caso, brinde a la actuación de las Comunidades.

III. DESARROLLO DEL MANDATO ESTATUTARIO

Canarias ha sido una de las Comunidades Autónomas más activas en la generación de normativa de protección de los animales. Para empezar, y como se ha dicho, fue la segunda Comunidad Autónoma en aprobar una Ley en la materia (1991), solo por detrás de Cataluña (1988).

Pues bien, la Ley 8/1991, de 30 de abril, de protección de los animales, aún en vigor, supuso un auténtico adelanto en el propósito luego marcado por el artículo 35 del nuevo Estatuto de Autonomía de dar protección a los animales y evitar su maltrato. Ya su exposición de motivos afirmaba que su objetivo era el de "recoger en un cuerpo legal único todos los principios de respeto, defensa y protección de los animales que ya figuran en los tratados y convenios internacionales, en las legislaciones de los países socialmente más avanzados y en la Declaración Universal de los Derechos del Animal, proclamada el 15 de octubre de 1987". El carácter absolutamente pionero de la nor-

---

[25] Un interesante alegato en favor de la inclusión de los animales, incluidos los de compañía, en la materia de protección del medio ambiente se encuentra en Castro Álvarez, C. (2021). "Un freno más del Tribunal Constitucional a la protección jurídica de los animales (a propósito de la STC 81/2020, de 15 de julio, relativa a la Ley 6/2018, de 26 de noviembre, de protección de los animales en la Comunidad Autónoma de La Rioja)". *Revista Aranzadi de Derecho Ambiental*, (48), 235-256.

ma y el asentamiento de principios que al legislador estatal costaría reconocer nada menos que treinta años deben ser muy celebrados.

El artículo 4 de la Ley establece la obligación de mantener al animal doméstico "en buenas condiciones higiénico-sanitarias", y prohíbe, entre otras cuestiones, el maltrato, el abandono, el mantenimiento en instalaciones inadecuadas, la práctica de mutilaciones no justificadas desde el punto de vista sanitario, la donación de animales como reclamo publicitario, su venta a menores de dieciséis años, etc. Como puede comprobarse, la norma ya preveía muchas de las prohibiciones que en 2023 vendría a recoger la Ley estatal.

De interés también es la prohibición que recoge la Ley de utilizar animales en "peleas, fiestas, espectáculos u otras actividades que conlleven maltrato, crueldad o sufrimiento" (art. 5.1). Dos preguntas se imponen al respecto: la primera es en qué situación quedan las peleas de gallos, que encuentran triste arraigo en la Comunidad. Pues bien, la Ley permitió que siguieran realizándose en aquellas localidades en que tradicionalmente se vinieran celebrando, pero estableciendo algunos requisitos, como la prohibición de entrada a menores de dieciséis años, o que las instalaciones en que se desarrollaran tuvieran al menos un año de antigüedad (art. 5.2).

La segunda tiene que ver, naturalmente, con las corridas de toros. Aunque no se mencionan expresamente, bien podrían encajar en la definición legal de "espectáculo que conlleva maltrato, crueldad o sufrimiento". Ocurre que, en principio, la Ley establece que su ámbito de aplicación abarca a los animales domésticos, definiendo a éstos como aquellos que "dependen de la mano del hombre para su subsistencia" (art. 2.1). ¿Encajan aquí los toros criados para la liada? Ciertamente, y en tanto que "criados", parecería que sí. La cuestión está ciertamente abierta a interpretación, no siendo irrazonable poder encajar a estos animales en la expresión "animales salvajes cautivos", que expresamente se excluyen del objeto de la Ley (art. 3.2). Pero ocurre que, incluso respecto de estos, la norma señala que no podrán ser "objeto de malos tratos".

Más allá de estas interpretaciones legales, en Canarias el debate no existe, en la medida en que ninguna corrida se había celebrado en la Comunidad desde 1984, es decir, siete años antes del surgimiento de la Ley. En todo caso, y en el supuesto de que se considerara que la Ley sí prohíbe estas corridas, una eventual cuestión de inconstitucionalidad podría llegar a generar un pronunciamiento del Tribunal Constitucional no favorable. Recuérdese, en este sentido, que el Tribunal anuló en su sentencia 177/2016, de 20 de octubre (*Tol 5920314*), la Ley catalana 28/2010, de 3 de agosto, que prohibía la celebración en Cataluña de corridas de toros, por considerar que invadía las competencias del Estado derivadas del artículo 149.2 CE ("considerar el servicio de la cultura como deber y atribución esencial y facilitará la comunicación cultural entre las Comunidades Autónomas, de acuerdo con ellas").

De manera también previa a la reforma del Estatuto canario en 2018 ha existido un importante intento de actualizar la normativa en materia de protección animal. Nos referimos al Anteproyecto de Ley de protección y tenencia de animales de compañía de Canarias, del año 2017. La propuesta de norma, que finalmente no vio la luz, era ciertamente vanguardista. Además de reforzar las obligaciones de las personas titulares de derechos en relación con los animales y de ampliar las acciones prohibidas, retiraba la excepción que ampara las peleas de gallos y se aplicaba incluso a los animales empleados en la caza.

IV. CONCLUSIONES

El artículo 35 del Estatuto de Autonomía de Canarias tiene un carácter pionero cuando se atiende a la cuestión comparada estatutaria. En efecto, aunque ya antes Cataluña y Andalucía habían recogido un título competencial específico en la materia de protección animal, nunca antes un Estatuto había previsto, en su declaración de derechos, un mandato de protección tal, que incluso mencionara el derecho de los animales a no sufrir maltrato o crueldad.

Hemos tratado de explicar que la apelación a tal "derecho" sería más una cuestión política o simbólica que técnico-jurídica. En efecto, para que la construcción de los derechos subjetivos fuera aplicable debería entenderse que el principio de que los animales son seres sintientes obliga a no poder emplearlos como medios o instrumentos, siendo fines en sí mismos. No estamos, nos parece, en ese punto de la evolución de la cuestión. Ciertamente, el progreso social ha ido generando una paulatina sensibilización de la sociedad española en general, y canaria en particular, sobre la necesidad de dar una protección básica a los animales que impida que sobre ellos se practiquen actividades o acciones que supongan maltrato, abandono o crueldad. Sin embargo, no está instaurado, ni en nuestra sociedad ni en nuestro ordenamiento, un principio equivalente al de la dignidad humana que ampare a los animales. Prueba de ellos es que incluso las leyes que en la materia se han dictado se han permitido excluir de su ámbito de protección a determinados animales solo en base a la función o utilidad que de ellos hagan algunas personas, sirviendo como ejemplo los perros dedicados a la caza. Si verdaderamente se creyera que los animales poseen derechos dado un principio general que obliga a considerar que su sensibilidad los convierte en fines en sí mismos, no existiría justificación alguna para proteger a unos sí y a otros no. Si el legislador, estatal y autonómico, sigue permitiéndose crear cláusulas de excepción es porque no estamos ante genuinos derechos sino ante obligaciones que limitan la actividad humana.

Lo anterior no permite negar la potencia del mandato del artículo 35 del Estatuto, que refuerza la obligación de los poderes públicos de velar por la protección de los animales, y que parte de la necesidad de que el ser humano respete a aquellos seres con los que comparte el planeta. La previsión estatutaria, pues, tiene un recorrido evidente no solo como mandato directo a las administraciones sino también como instauración de un valor a tener siempre presente en la puesta en marcha de políticas públicas. Su conexión, además, con el principio asentado por el Tratado de Funcionamiento de la Unión Europea consistente en considerar a los animales como seres sensibles, pone a la Comunidad canaria al frente del respeto a unas normas que constituyen fiel indicador del progreso moral de una sociedad.

Referencias bibliográficas

Alemán Páez, F. (2020). “Artículo 35. Derechos de los animales”. *Comentarios a la Ley Orgánica 1/2018, de 5 de noviembre, de Reforma del Estatuto de Autonomía de Canarias*. Boletín Oficial del Estado, Madrid, 221-229.

Cantero Berlanga, M. D. y Méndez Rocasolano, M. (2024). “La protección de los animales en España: los derechos de los animales como respuesta a las injusticias humanas”. *Actualidad Jurídica Ambiental*, (143), 1-49.

Capacete González, F. J. (2018). "La declaración universal de los derechos del animal". *Derecho Animal,* (9/3), 143-146.

Castro Álvarez, C. (2021). "Un freno más del Tribunal Constitucional a la protección jurídica de los animales (a propósito de la STC 81/2020, de 15 de julio, relativa a la Ley 6/2018, de 26 de noviembre, de protección de los animales en la Comunidad Autónoma de La Rioja)". *Revista Aranzadi de Derecho Ambiental,* (48), 235-256.

Carrillo, M. (2011). "Los derechos estatutarios y sus garantías en la sentencia 31/2010, de 28 de junio, sobre la reforma del Estatuto de Autonomía de Cataluña". *Revista Española de Derecho Constitucional,* (92), 331-354.

Cerdeira Bravo de Mansilla, G. (2023). "Entre personas y cosas, los animales". ¿Derecho o derechos de los animales?". *Persona y Derecho Civil, los retos del Siglo XXI (persona, género, transgénero, inteligencia artificial y animales sensibles).* Tirant lo Blanch, 217-252.

De Lucas Martín, J. (2023). "El largo proceso de garantía y protección de los derechos de los animales: la cuestión de la tauromaquia". *Revista Catalana de Dret Ambiental,* (XIV, 2), 1-17.

De Pablo Contreras, P. (Coord.). (2021). *Derecho de la persona,* Edisofer.

Extremera Fernández, B. (2023). "Cuestiones competenciales en materia de protección animal". *Persona y Derecho Civil, los retos del Siglo XXI (persona, género, transgénero, inteligencia artificial y animales sensibles).* Tirant lo Blanch, 391-401.

Jiménez Carrero, J. A. (2023). "La Ley 7/2023, de 28 de marzo, de protección de los derechos y el bienestar de los animales: análisis y carencias". *Revista de Derecho UNED,* (32), 207-230.

Sayago Armas, D. (2021). *Dignidad y Derecho,* Tirant lo Blanch.

Vaquer Caballería, M. (2023). "El humanismo del Derecho Administrativo de nuestro tiempo". *Revista de Administración Pública,* (222), 33-64.

I. DERECHOS DE ACCESO A LAS TECNOLOGÍAS DE LA INFORMACIÓN Y LA COMUNICACIÓN Y A LA PROTECCIÓN DE LOS DATOS PERSONALES DE LA CIUDADANÍA

El derecho de acceso a las nuevas tecnologías en el ámbito internacional, estatal y autonómico: especial referencia al artículo 28 del Estatuto de Autonomía de Canarias[1]

RUBÉN GARCÍA HIGUERA
Investigador García-Pelayo
Centro de Estudios Políticos y Constitucionales
https://doi.org/10.36151/TLB_9788410955158.26

SUMARIO: I. Introducción. II. El reconocimiento el derecho de acceso a las tecnologías de la información y de la comunicación en el ámbito internacional y europeo. III. El derecho de acceso a las nuevas tecnologías en perspectiva estatal. IV. La recepción del derecho de acceso a las nuevas tecnologías en los Estatutos de autonomía de segunda y tercera generación y su potencial desarrollo: especial atención al caso de la Comunidad Autónoma de Canarias. Referencias bibliográficas

I. INTRODUCCIÓN

Los avances en tecnologías de la comunicación durante las más de dos décadas que llevamos de siglo XXI ha supuesto una verdadera disrupción en la manera en que se organizan las sociedades contemporáneas. Internet se ha convertido en una herramienta esencial para la búsqueda de información; la realización de trámites ante la administración pública y otras entidades privadas; la utilización de recursos docentes; la interacción con otras personas; el acceso a pla-

[1] Esta publicación es parte del proyecto de I+D+i PID2023-149303OB-I00 ("Derechos políticos emergentes"), financiado por MCIN/AEI /10.13039/501100011033 /10.13039/501100011033 y por FEDER, UE, y del proyecto Construcción de derechos emergentes. Debates para la fundamentación de nuevos parámetros de constitucionalidad [CDREM], financiado por la Agencia Estatal de Investigación, número de expediente PID2019-106904RB-I00 / AEI / 10.13039/501100011033.

taformas de entretenimiento, etc. La imposibilidad de participar en el ciberespacio casi equivale hoy a verse privado de múltiples interacciones personales e institucionales básicas de la vida cotidiana. La condición de ciudadanía está hoy altamente imbricada con la participación en la esfera digital.

En este contexto han surgido los denominados como "derechos digitales"[2]. Estos derechos comprenden tanto la proyección de derechos tradicionales en el entorno digital —como pueden ser el derecho a la educación, la libertad de información, la libertad de expresión o los derechos de participación— como un haz de nuevos derechos, propios de esta esfera —como el propio derecho de acceso a internet, el derecho a la identidad digital o la seudoanonimización—[3].

El derecho de acceso a internet o, más generalmente, a las tecnologías de la información y de la comunicación se ha incorporado en diversas disposiciones normativas. Igualmente, la promoción de políticas públicas para la formación en el uso de estas tecnologías. Estos derechos se encuentran regulados en la mayoría de los Estatutos de autonomía de segunda y tercera generación[4]; en el caso de Canarias, en su artículo 28 (LO 1/2018, de 5 de noviembre, de reforma del Estatuto de Autonomía de Canarias).

En este trabajo vamos a realizar, en primer lugar, una breve exposición del reconocimiento del derecho de acceso a las tecnologías de la información y de la comunicación en normas de ámbito internacional, europeo y nacional. Posteriormente, analizaremos su contenido y posición en el ordenamiento jurídico español. En último

---

2 Barrio Andrés, M. (2021). "Génesis y desarrollo de los derechos digitales". *Revista de las Cortes Generales*, (110), 207. https://doi.org/10.33426/rcg/2021/110/1572.

3 Álvarez Robles, T. (2022). "Las garantías de los derechos fundamentales en y desde la red: el contexto español". *Revista Chilena de Derecho y Tecnología*, (11.1), 7; Cotino Hueso, L. (2018). "La necesaria actualización de los derechos fundamentales como derechos digitales ante el desarrollo de internet y las nuevas tecnologías". *España constitucional. Trayectorias y perspectivas (Vol. III)*. Centro de Estudios Políticos y Constitucionales, Madrid, 2347-2361.

4 López Aguilar, J. F. y García Mahamut, R. (2019). "El nuevo Estatuto de Autonomía de Canarias: «tercera generación», hecho diferencial y nuevo sistema electoral". *Revista Española de Derecho Constitucional*, (115), 13-45.

lugar, mostraremos su reconocimiento en los distintos Estatutos de autonomía y, concretamente, en el caso canario.

II. EL RECONOCIMIENTO EL DERECHO DE ACCESO A LAS TECNOLOGÍAS DE LA INFORMACIÓN Y DE LA COMUNICACIÓN EN EL ÁMBITO INTERNACIONAL Y EUROPEO

El reconocimiento del derecho de acceso a las nuevas tecnologías de la información tuvo un hito fundamental a nivel internacional al ser recogido como uno de los objetivos del Milenio, en la conocida declaración adoptada por la Asamblea General de la ONU el 8 de septiembre del 2000. Concretamente, el párrafo 20 de dicha resolución conminó a los Estados a "velar por que todos puedan aprovechar los beneficios de las nuevas tecnologías, en particular de las tecnologías de la información y de las comunicaciones"[5].

A partir de ese momento, el derecho de acceso será reconocido en distintas resoluciones de la organización que han versado sobre el ejercicio de derechos humanos en el contexto de internet y también en informes temáticos sobre determinados derechos —particularmente, el derecho a la libertad de expresión—. Dentro del primer grupo podemos mencionar la *Declaración de principios de Ginebra* (2003) y el *Compromiso de Túnez* y la *Agenda de Túnez para la Sociedad de la Información* (2005), dentro de la Cumbre Mundial sobre la Sociedad de la Información; también la resolución sobre "Promoción, protección y disfrute de los derechos humanos en Internet"[6], adoptada por el Consejo de Derechos Humanos en 2012, donde se exhorta a los Estados "a que promuevan y faciliten el acceso a Internet".

Dentro de los informes temáticos destacan los elaborados por el relator especial sobre la promoción y protección del derecho a la libertad de expresión y opinión. En un primer informe de 2011[7],

---

[5] ONU, Asamblea General, A/RES/55/2.

[6] ONU, Consejo de Derechos Humanos, A/HRC/20/L.13.

[7] ONU, Consejo de Derechos Humanos, Informe del relator especial para la promoción y protección del derecho a la libertad de expresión y opinión de 2011, A/HRC/17/27.

el entonces relator Frank de la Rue sostuvo que facilitar el acceso a internet a toda la población debería ser un objetivo prioritario de los Estados (par. 2). Este derecho tendría dos dimensiones: por un lado, la posibilidad de acceder a contenidos online sin cortapisas, más allá de las admisibles de acuerdo con el derecho internacional de los derechos humanos; por otro lado, el desarrollo de la infraestructuras y tecnologías necesarias para que dicho acceso sea materialmente posible (par. 3). El relator especial abogó también por la elaboración de planes y políticas públicas que reduzcan la "brecha digital", ya que es una fuente de inequidades para el desarrollo socioeconómico y el disfrute de los derechos humanos (pars. 60-62). En sucesivos informes se ha seguido la línea del reconocimiento del derecho de acceso a internet como un medio esencial para el ejercicio de derechos como la libertad de expresión[8].

En el ámbito del Consejo de Europa, la *Guía de los Derechos Humanos para los usuarios de Internet*[9] reconoce que el acceso a internet es un instrumento importante para el ejercicio de derechos y libertades y la participación en el sistema democrático. Por ello, se debería procurar el acceso de forma asequible y no discriminatoria; se censuran las desconexiones involuntarias, salvo por decisión judicial; se promueve el mayor acceso posible a las aplicaciones y servicios de Internet, y se aboga por politicas públicas que salven los obstáculos que puedan existir en entornos rurales, con grupos de bajos recursos o con necesidades especiales. La asamblea parlamentaria del Consejo de Europa se pronunció en el mismo sentido en su resolution 1987 (2014) y también el Tribunal Europeo de Derechos Humanos ha reconocido el derecho de acceso a internet, en conexión con el artículo 10 del Convenio Europeo de Derechos Humanos, que protege la libertad de expresión[10].

---

8 Cfr. ONU, Consejo de Derechos Humanos, Informe del relator especial para la promoción y protección del derecho a la libertad de expresión y opinión de 2017, A/HRC/35/22; Informe del relator especial para la promoción y protección del derecho a la libertad de expresión y opinión de 2018, A/HRC/38/35, par. 6.

9 Recomendación CM/Rec(2014)6 y exposición de motivos.

10 Véase, por ejemplo, STEDH, Ahmet Yildirim v. Turquía, 18 de diciembre de 2012 (*Tol 9062270*); Times Newspapers Ltd v. Reino Unido, 10 de marzo de 2009 (*Tol 9073632*).

Por su parte, en la Unión Europea el derecho de acceso a internet se comenzó a desarrollar a partir de la directiva 2002/22/CE, relativa al servicio universal y los derechos de los usuarios en relación con las redes y los servicios de comunicaciones electrónicas, que garantizaba a los usuarios el acceso universal a la red telefónica a un precio asequible y con independencia de la localización. Dicha directiva ha sido modificada en varias ocasiones, entre ellas por el Reglamento (UE) 2015/2120 del Parlamento Europeo y del Consejo, de 25 de noviembre de 2015, en cuyo considerando 6 se indica "derecho a acceder a información y contenidos, a distribuirlos, y a utilizar y ofrecer aplicaciones y servicios sin discriminación, a través de su servicio de acceso a internet" y por la directiva 2018/1972, de 11 de diciembre de 2018, con la que se promulgó el Código Europeo de las Comunicaciones Electrónicas, donde se recoge la obligación de los Estados miembros de velar porque todos los usuarios tengan acceso a una internet de banda ancha a un precio asequible (art. 84).

Más recientemente, el Parlamento Europeo, el Consejo y la Comisión adoptaron la "Declaración Europea sobre los Derechos y Principios Digitales para la Década Digital" (2023/C 23/01). Se trata de un documento de *soft law* que delinea las líneas fundamentales que deben guiar la transformación digital en los países de la UE, poniendo a las personas en el centro y respetando "la solidaridad y la integración, mediante la conectividad, la educación, la formación y las capacidades digitales, unas condiciones de trabajo justas y equitativas" (Considerando 7). En esta misma línea, el Plan de Acción de Educación Digital (2021-2027) busca encarar los principales obstáculos para garantizar el acceso a internet efectivo, entre los que destaca el desarrollo de competencias digitales en todas las capas de población.

III. EL DERECHO DE ACCESO A LAS NUEVAS TECNOLOGÍAS EN PERSPECTIVA ESTATAL

Desde la perspectiva estatal, el derecho de acceso a internet fue expresamente recogido por primera vez en la Ley Orgánica 3/2018, de Protección de Datos Personales y Garantía de los Derechos Digitales (LOPDPGD). Su artículo 81 afirma que "todos tienen derecho a acceder a Internet independientemente de su condición personal, social, económica o geográfica". El acceso debe garantizarse de forma que sea universal, asequible, de calidad, no discriminatorio, tendente a superar las brechas de género, generacionales y los obstáculos que puedan tener las personas con necesidades especiales. Este derecho está relacionado con el recogido en el artículo anterior, que garantiza la neutralidad de la red.

Además, el artículo 83 de dicha ley reconoce el derecho a la educación digital. Este derecho busca insertar al alumnado en la sociedad digital desde una perspectiva crítica y se vincula a una cultura de respeto a los valores constitucionales y los derechos fundamentales. El derecho a la educación digital obliga a su inclusión en los planes educativos de los niveles primarios, secundario y universitario; a la formación del profesorado en competencias digitales, y a su inclusión en los temarios de los exámenes de acceso a cuerpos superiores de la administración o aquellos relacionados con el acceso a datos personales.

La más reciente Ley General de Telecomunicaciones (Ley 11/2022) ha sido la primera norma que detalla el contenido del derecho de acceso a internet. Su artículo 76 reconoce el derecho de los usuarios a acceder, distribuir, usar y suministrar información, contenidos, aplicaciones y servicios sin que importe su ubicación, el origen o destino de la información, contenido, aplicación o servicio, a salvo de la posible normativa sobre la licitud de los mismos. No obstante, la principal novedad se encuentra en el anexo tres de la norma, en la que se enumera el conenido mínimo del derecho. Este contenido abarca el acceso adecuado a: correo electrónico; motores de búsqueda que permitan la búsqueda y obtención de información de todo tipo; herramientas básicas de formación y educación en línea; prensa o noticias en línea; adquisición o encargo de bienes o servicios en línea; búsqueda de empleo y herramientas para la búsqueda de empleo; establecimiento de redes profesionales; banca por internet; utilización de servicios de administración electrónica; redes sociales y mensajería instantánea, y llamadas telefónicas y videollamadas (calidad estándar).

El catálogo de referencias normativas al derecho de acceso a internet se completa con la denominada *Carta de Derechos Digitales*, aprobada en julio de 2021. Este documento carece de fuerza normativa, pero está llamado a ser la clave de bóveda para la adopción de futuras iniciativas legislativas el desarrollo de políticas públicas en el ámbito digital[11]. La función de la carta no es sólo desarrollar un nuevo catálogo de derechos, sino también delinear el contenido protegido por los derechos tradicionales en el entorno digital. En relación con el derecho de acceso, su artículo 9 regoce el derecho de acceso a internet y conmina a que se promueva de modo “universal, asequible, de calidad y no discriminatorio (...) para toda la población”. Del mismo modo, se requiere de los poderes públicos que promuevan políticas públicas que garanticen el acceso efectivo de todas las personas, sin que las brechas geográficas, de género, económica, de edad y de discapacidad sean un impedimento (art. 9 y también el art. 12).

Siguiendo a Álvarez Robles, el derecho de acceso a internet se conformaría en nuestro ordenamiento por tres pilares, cada uno con su respectivo engarce constitucional. El primero de ellos tiene que ver con la infraestructura y tecnologías que hacen posible el acceso al ciberespacio, materia relacionada con el derecho de las telecomunicaciones (art. 149.1. 1ª, 13ª y 21ª CE). En segundo lugar, se encuentra la educación digital y obtención de competencias funcionales para desenvolverse en el mundo digital (art. 27 CE). El último pilar está relacionado con la moderación de contenidos en internet y su relación con las libertades informativas y de expresión (art. 20 CE)[12].

El derecho de acceso, en relación con los dos primeros pilares, tendría una dimensión positiva, esto es, contiene una obligación de prestación por parte del Estado[13]. Esta dimensión prestacional incluye tanto la adopción de medidas que hagan efectivo el acceso para los individuos y grupos que no cuenten con los recursos técnicos o económicos necesarios para la utilización de internet —por ejemplo, a través de la imposición de obligaciones a los operadores o la con-

---

11 Barrio Andrés, M. (2021). “Génesis y desarrollo de los derechos digitales”, *op. cit.*, 219-220.

12 Álvarez Robles, T. (2024). *El Derecho de acceso a Internet. Especial referencia al constitucionalismo español.* Tirant lo Blanch, Valencia, 130 y 144.

13 Cotino Hueso, L. (2020). “Online-offline. Las garantías para el acceso a internet y para la desconexión, bloqueo, filtrado y otras restricciones de la red y sus contenidos”. *UNED. Revista de Derecho Político,* (108), 17.

cesión de bonos sociales— como la facilitación de los medios necesarios para la capacitación en el uso del entorno digital[14].

La naturaleza jurídica del derecho de acceso sería, o bien el de un principio programático, equiparable al de un principio rector, o bien el de un posible derecho fundamental de configuración legal. Para esto último tendría que pronunciarse el Tribunal Constitucional y, a través de la interpretación, reconocer al mismo dicho estatus en conexión con el artículo 18.4 CE, el art. 20.1 CE o el art. 27 CE, o a través de su incorporación por el 10.2 CE[15]. De acuerdo con la profesora Álvarez, la opción más plausible por ahora es la primera, dado que la disposición final primera da al art. 81 de la LOPDPGD una naturaleza ordinaria —pese a que el apartado cuarto del preámbulo se indique la necesidad de dotar al derecho de acceso a internet un rango constitucional— y que de la redacción de la regulación del derecho de acceso en la mayoría de normas se colige que es bien jurídico a promover[16].

Así las cosas, la normativa estatal se completa con la referencia a una serie de planes que buscan impulsar estos derechos y cuya referencia normativa es el art. 97 LOPDPGD. En dicha norma se conmina a las Administraciones públicas, estatal y autonómica, a que impulsen políticas que garanticen el acceso a Internet, superando las brechas digitales[17], y a que fomenten políticas educativas que doten a toda la ciudadanía de competencia digital básica. Entre estos planes se encuentra el "Plan de Acceso a Internet", que busca garantizar el acceso a Internet de colectivos vulnerables, impulsar los espacios de conexión de acceso público y fomentar medidas educativas y de formación, y el "Plan de Actuación", cuya finalidad es la de promover

---

14 Rallo Lombarte, A. (2020). "Una nueva generación de derechos digitales". *Revista de Estudios Políticos*, (187), 113. https://doi.org/10.18042/cepc/rep.187.04

15 Álvarez Robles, T. (2024). *El Derecho de acceso a Internet. Especial referencia al constitucionalismo español*, *op. cit.*, 146, 167-168; Álvarez Robles, T. (2022). "Las garantías de los derechos fundamentales en y desde la red: el contexto español", *op. cit.*, 29.

16 Álvarez Robles, T. (2022). "Las garantías de los derechos fundamentales en y desde la red: el contexto español", *op. cit.*, 30.

17 Vañó Vañó, M. J. (2022). "El derecho de acceso a las nuevas tecnologías". *Drets. Revista valenciana de reformes democràtiques*, (6), 383-388.

las acciones de formación, difusión y concienciación para que niños y adolescentes hagan un uso responsable de la red.

IV. LA RECEPCIÓN DEL DERECHO DE ACCESO A LAS NUEVAS TECNOLOGÍAS EN LOS ESTATUTOS DE AUTONOMÍA DE SEGUNDA Y TERCERA GENERACIÓN Y SU POTENCIAL DESARROLLO: ESPECIAL ATENCIÓN AL CASO DE LA COMUNIDAD AUTÓNOMA DE CANARIAS

La segunda y tercera generación de Estatutos de autonomía incorporaron el derecho de acceso a las nuevas tecnologías[18]. Algunas comunidades como Andalucía (art. 34) y la Comunitat Valenciana (art. 19) decidieron incorporarlo a sus respectivos estatutos en forma de derecho. En este último caso, se reconoce como derecho el acceso a las nuevas tecnologías y se establece el principio de crear políticas activas que impulsen la formación, las infraestructuras y su utilización.

En la mayoría de casos, por el contrario, se incluye el derecho de acceso en forma de principio rector. Este es el caso de Aragón (art. 28.2), Baleares (art. 29), Castilla y León (art. 16.21), Cataluña (art. 53) y Extremadura (art. 7.6). En estos casos, el acceso a las nuevas tecnologías de la información se configura como un principio rector, que debe informar las políticas públicas llevadas a cabo desde la administración autonómica, siendo el legislador autonómico el que deba dotarlo de concreción en términos de exigibilidad, garantías y protección[19].

En el caso de la comunidad autónoma de Canarias, el nuevo Estatuto fue promulgado por mediante la Ley Orgánica 1/2018, de 5 de noviembre (EAC), y se incorpora a los denominados de «terce-

---

18 Murcia, La Rioja, Galicia, Madrid, Navarra, País Vasco y Castilla La Mancha serían las comunidades autónomas que no cuentan con esta previsión en sus estatutos. En la mayoría de casos, salvo el de esta última, porque no han llevado a cabo reformas integrales de sus estatutos.

19 Barrio Andrés, M. (2020). *Fundamentos del Derecho de Internet (2ª ed.)*. Centro de Estudios Políticos y Constitucionales, Madrid, 278.

ra generación»[20]. El artículo 28 incluye el derecho de acceso como principio rector, con la siguiente redacción: "Los poderes públicos canarios fomentarán la formación y el acceso a las nuevas tecnologías, participando activamente en la sociedad del conocimiento, la información y la comunicación".

Para analizar la proyección que dicho art. 28 ha tenido hasta el momento y pueda tener a futuro en la comunidad autónoma canaria debemos comenzar relacionando su objeto material de aplicación con la delimitación competencial entre Estado y CCAA en este ámbito. En la STC 31/2010, de 28 de junio, FJ 16°. (*Tol 6442111*) —la conocida sentencia sobre el Estatuto de Autonomía de Cataluña—, el Tribunal Constitucional admitió la constitucionalidad de que en los estatutos de autonomía se reconozcan derechos, siempre y cuando se trate de materias vinculadas al ámbito competencial propio de la Comunidad Autónoma. Cuando se trate de cláusulas programáticas, que mandatan a los poderes públicos a la persecución de determinados fines sin prescribirle el modo de alcanzarlos, éstas vincularán al legislador y a los demás poderes públicos autonómicos, que deberán ordenar los medios públicos al servicio del fin prescrito.

En cuanto a las materias afectadas por el derecho de acceso a internet, el pilar relacionado con el desarrollo de la infraestructura y tecnologías que hacen posible el acceso al ciberespacio cae dentro de la competencia exclusiva estatal en materia de régimen general de telecomunicaciones (art. 149.1.21 CE). En este ámbito, las Comunidades Autónomas no cuentan con competencias, sean normativas o de ejecución[21]. Esto implica que el Estado es competente, en exclusiva, para "definir los elementos estructurales del sector a través tanto del establecimiento del marco institucional del mercado (regulación de la competencia) como de la intervención en los procesos del propio mercado (obligaciones de hacer o no hacer de los operadores del sector, en el ámbito del acceso a redes, interconexión o garantía de

20 López Aguilar, J. F. y García Mahamut, R. (2019). "El nuevo Estatuto de Autonomía de Canarias: «tercera generación», hecho diferencial y nuevo sistema electoral", *op. cit.*

21 Álvarez Robles, T. (2022). "Las garantías de los derechos fundamentales en y desde la red: el contexto español", *op. cit.*, 17.

cobertura, por ejemplo)"[22]. Esta materia incluye el desarrollo de las comunicaciones y de las nuevas tecnologías de la información, de modo que se garanticen los derechos de los ciudadanos en el marco de la sociedad del conocimiento[23]. Aún así, el Estatuto de Autonomía de Canarias se reserva el desarrollo normativo y ejecución en materia de régimen de las nuevas tecnologías relacionadas con la sociedad de la información y del conocimiento, respetando la legislación del Estado (art. 124.3 EAC). Este artículo se ubica dentro del capítulo IV del título V, dedicado a las competencias en actividades industriales, comerciales y turísticas.

Más allá de esto, como el propio TC indica, el impulso y del desarrollo de las infraestructuras de la sociedad de telecomunicaciones puede afectar competencias autonómicas en materias de ordenación del territorio, urbanismo y protección del medio ambiente, dado que todas ellas se proyectan sobre el mismo espacio físico y se afectan mutuamente, aunque tengan distinto objeto jurídico[24]. Así ocurre, por ejemplo, en los desarrollos urbanísticos, donde planifica el despliegue de las redes públicas de comunicaciones y los servicios mínimos[25]. Esto obliga a que su desarrollo deba llevarse a través de fórmulas de cooperación y colaboración, que en el caso de la Comunidad Autónoma Canaria deberá estar inspirada por el mandato del art. 28 EAC de coadyudar en hacer efectivo el acceso a las nuevas tecnologías.

En relación con los medios de comunicación social, la CE reserva al Estado la facultad de dictar la normativa básica, mientras que las CCAA pueden asumir el desarrollo y ejecución en su respectivo territorio (art. 149.1.27 CE). Así lo recoge el Estatuto canario, cuando en su art. 164 prevé la asunción de la competencia de "desarrollo legislativo y de ejecución en materia de medios de comunicación social y audiovisual, con independencia de la tecnología que se utilice".

---

[22] STC 8/2016, de 21 de enero, FJ 3 (*Tol 5647975*).

[23] *Ibid.*, FJ 3.

[24] STC 8/2016, de 21 de enero, FJ 3 ((*Tol 5647975*).

[25] Zárate Altamirano, E. (2020). "Artículo 28. Derecho de acceso a las tecnologías de la información y de la comunicación". *Comentarios a la Ley Orgánica 1/2018, de 5 de noviembre, de Reforma del Estatuto de Autonomía de Canarias.* Boletín Oficial del Estado, Madrid, 190.

Estas habilitaciones competenciales han servido para el despliegue de una serie de políticas públicas en la comunidad autónoma de Canarias, destinadas al fomento de la formación y el acceso a las nuevas tecnologías, en línea con lo prescrito en el art. 28 EAC. Algunas de estas vienen de antes de la entrada en vigor del nuevo Estatuto, en 2018, si bien ahora han debenido en mandatos al legislador autonómico y a las administraciones públicas de las islas.

Entre las políticas desplegadas en los últimos años destaca la labor de la "Agencia Canaria de Investigación, Innovación y Sociedad de la Información", creada por el plan Plan Canario de I+D+i+d (2007-2010). Las competencias de esta Agencia incluyen el desarrollo de infraestructuras de telecomunicación y de servicios de la sociedad de la información en áreas como el apoyo a la cobertura de la Televisión Digital Terrestre (TDT), la difusión del uso responsable y seguro de la TIC en la familia y en la escuela, y el fomento de las competencias digitales. Estas dos últimas se incardinan en segundo pilar del derecho de acceso a las nuevas tecnologías, que está relacionado con la educación digital. Relacionado con la Agencia, también cabe destacar el "Observatorio Canario de las Telecomunicaciones y de la Sociedad de la Información", que entró en funcionamiento en 2007. Se trata de un órgano de carácter técnico dedicado a la elaboración de indicadores de desarrollo de las telecomunicaciones y de la sociedad de la información, y a la realización de estudios, informes y análisis acerca de la situación del sector de las nuevas tecnologías de la información y de las comunicaciones en el territorio canario.

La "Agenda Digital de Canarias 2025" es otra de las políticas públicas encaminadas a dar cumplimiento al mandato del art. 28 EAC, en relación con el art. 123.4 EAC. En este caso se trata de un plan impulsado desde la Consejería de Economía, Conocimiento y Empleo, que persigue el objetivo de transformar, digitalizar y hacer más sostenible el tejido productivo de las islas, mediante una hoja de ruta basada en tres ejes: mejorar la conectividad, la competitividad y la capacitación digital[26].

---

[26] Cfr. Gobierno de Canarias. Agenda Digital de Canarias 2025. https://www.gobiernodecanarias.org/cmsweb/export/sites/conocimiento/galerias/doc/ADCAN2025.pdf

Un último ejemplo de fomento e impulso del acceso a las nuevas tecnologías lo encontramos en el Área de Tecnología Educativa, perteneciente a la Dirección General de Ordenación de las Enseñanzas, Inclusión e Innovación de la Consejería de Educación, Formación Profesional, Actividad Física y Deportes del Gobierno de Canarias. Este departamento, a través del Plan para la Educación Digital de Canarias en el siglo XXI y otras políticas, impulsa la educación digital a través de la integración de las TICs en el sistema educativo de las Islas Canarias.

Estas políticas, entre otras posibles, encuentran legitimación en el mandato del art. 28 EAC y son opciones de políticas públicas que persiguen el cumplimiento del principio programático de fomento de la formación y el acceso a las nuevas tecnologías de la información, dentro del campo de competencias de la comunidad autónoma de Canarias. Como hemos tratado de mostrar en este trabajo, el desarrollo de este principio es coherente con las obligaciones internacionales de España, con la normativa de la Unión Europea y con el reconocimiento del derecho de acceso en el ámbito estatal. La previsión del art. 28 EAC es un mandato que se fundamenta en la importancia de la incorporación de toda la ciudadanía a las nuevas tecnologías de la información y la sociedad digital, trasladando al ámbito de actuación de los órganos autonómicos de canarias el desarrollo normativo y de políticas públicas que busquen la materialización efectiva de dicho objetivo.

Referencias bibliográficas

Álvarez Robles, T. (2020). "El derecho de acceso universal a internet en el marco normativo español: presente y futuro". *Derecho Digital e Innovación. Digital Law and Innovation Review,* (7), 101-124.

Álvarez Robles, T. (2022). "Las garantías de los derechos fundamentales en y desde la red: el contexto español". *Revista Chilena de Derecho y Tecnología,* (11.1), 5-40.

Álvarez Robles, T. (2024). *El Derecho de acceso a Internet. Especial referencia al constitucionalismo español.* Tirant lo Blanch, Valencia.

Barrio Andrés, M. (2021). "Génesis y desarrollo de los derechos digitales". *Revista de las Cortes Generales,* (110), 197-233. https://doi.org/10.33426/rcg/2021/110/1572

Barrio Andrés, M. (2020). *Fundamentos del Derecho de Internet (2ª ed.).* Centro de Estudios Políticos y Constitucionales, Madrid.

Cotino Hueso, L. (2020). "Online-offline. Las garantías para el acceso a internet y para la desconexión, bloqueo, filtrado y otras restricciones de la red y sus contenidos". *UNED. Revista de Derecho Político,* (108), 13-39.

Cotino Hueso, L. (2018). "La necesaria actualización de los derechos fundamentales como derechos digitales ante el desarrollo de internet y las nuevas tecnologías". *España constitucional. Trayectorias y perspectivas (Vol. III).* Centro de Estudios Políticos y Constitucionales, Madrid, 2347-2361.

López Aguilar, J. F. y García Mahamut, R. (2019). "El nuevo Estatuto de Autonomía de Canarias: «tercera generación», hecho diferencial y nuevo sistema electoral". *Revista Española de Derecho Constitucional,* (115), 13-45.

Rallo Lombarte, A. (2020). "Una nueva generación de derechos digitales". *Revista de Estudios Políticos,* (187), 101-135. https://doi.org/10.18042/cepc/rep.187.04

Vañó Vañó, M. J. (2022). "El derecho de acceso a las nuevas tecnologías". *Drets. Revista valenciana de reformes democràtiques,* (6), 377-390.

Zárate Altamirano, E. (2020). "Artículo 28. Derecho de acceso a las tecnologías de la información y de la comunicación". *Comentarios a la Ley Orgánica 1/2018, de 5 de noviembre, de Reforma del Estatuto de Autonomía de Canarias.* Boletín Oficial del Estado, Madrid, 189-192.

La importancia de los requisitos de cumplimiento en protección de datos para calificar una tecnología como cualificada para el uso por las Administraciones Públicas

LUIS FAJARDO LÓPEZ
Profesor Contratado Doctor
Universidad de La Laguna
https://doi.org/10.36151/TLB_9788410955158.27

SUMARIO: I. La protección de datos de carácter personal: nacimiento y contenido del derecho. II. La protección de datos como criterio de cualificación de las tecnologías que pueden usar las Administraciones Públicas. 1. Tech contra lex: el imperio tecnológico. Capitalismo de la vigilancia y democracia. 2. Tecnologías éticas, o el imperio de la ley. Un mandato para las Administraciones Públicas. 2.1. Criterios generales. 2.2. Criterios específicos. 2.2.1. La licitud del tratamiento no se puede basar en el consentimiento. 2.2.2. Los tratamientos han de estar determinados en normas jurídicas. 2.2.3. Recomendable evaluación de impacto. 2.2.4. Se exige asesoramiento especializado. 2.2.5. Publicación del Registro de Actividades de Tratamiento. Referencias bibliográficas

I. LA PROTECCIÓN DE DATOS DE CARÁCTER PERSONAL: NACIMIENTO Y CONTENIDO DEL DERECHO

Las tecnologías no son jurídicamente neutrales. El mandato de los artículos 28 y 30 EAC, al reconocer el derecho de acceso a las tecnologías de la información y de la comunicación, y la obligación de hacerlo con respeto a la privacidad y a la protección de datos, no hace sino trasladar los de la propia Constitución (remoción de obstáculos para la plena integración del individuo, artículo 9.2 CE, para lo que hoy en día la tecnología es fundamental, y limitaciones de ésta para que no afecte a los derechos y libertades de aquellos, artículo 18.4 CE)[1].

---

1 Véase respecto al desarrollo y significado de la protección de datos en el EAC Fajardo López, L. (2019). "Derechos en el ámbito de las tecnologías de la infor-

Por tanto puede decirse que cuando la Constitución exige que la ley limite el uso de la informática, está obligando a definir unos criterios que, en un estado de Derecho, son de especial cumplimiento para la Administración Pública.

De hecho el uso de la informática se ve limitado por tres vías: por el desarrollo de la normativa en protección de datos[2], hoy el RGPD[3];

---

mación y de la comunicación. La protección de los derechos y libertades con ocasión del tratamiento de datos de carácter personal". *El Estatuto de Autonomía de Canarias*. Thomson Reuters Aranzadi, 144-174, donde se explica la evolución normativa desde la sociedad de la comunicación, con la profusión de la tecnología; la información, con su uso para acercarnos muy diversas fuentes de información; y finalmente del conocimiento, tendente a integrar dicha información en saberes útiles e inmediatamente utilizables.

2 En la evolución del derecho a la protección de datos, ganando autonomía como derecho diferenciado de la intimidad, del ordinal 4 del artículo 18 CE, es fundamental el papel del TC, desde la STC 254/1993, de 20 de julio (*Tol 82275*) aunque ciertamente no será hasta la STC 292/2000, de 30 de noviembre (*Tol 2772*) que la reconocerá como un derecho autónomo. Para una comprensión de la configuración como derecho fundamental autónomo de la protección de datos, desde el derecho de autodeterminación informativa del Tribunal Constitucional Alemán, así como su ponderación con otros derechos, véase, por todos, Martínez Martínez, R. (2009). "El derecho fundamental a la protección de datos: perspectivas". *Internet, derecho y política: las transformaciones del derecho y la política en 15 artículos*. UOC, 142-166. Esa doctrina es acogida por el TC que termina independizando este derecho del derecho a la intimidad en la STC 292/2000, de 30 de noviembre (*Tol 2772*), que define en su FD sexto (afecta "a cualquier tipo de dato personal, sea íntimo o no, cuyo conocimiento o empleo por terceros pueda afectar a sus derechos, sean o no fundamentales").

3 Reglamento General de Protección de Datos (RGPD, Reglamento Europeo 2016/679, del Parlamento y del Consejo, de 27 de abril de 2016, relativo a la protección de las personas físicas en lo que respecta al tratamiento de datos personales y a la libre circulación de estos datos y por el que se deroga la Directiva 95/46/CE). Cuando la Autoridad Pública actúa en relación con la prevención, investigación, detección o enjuiciamiento de sanciones penales será en su lugar de aplicación la Directiva 2016/680, de 27 de abril, traspuesta por la Ley Orgánica 7/2021, de 26 de mayo, y otra normativa sectorial, como en el caso del uso de videocámaras por los cuerpos y fuerzas de seguridad, sometidos a la Ley Orgánica 4/1997, de 4 de agosto. Estas normas afectan a la Administración canaria en tanto que provee los medios personales de la justicia, en la medida que incluye la jurisdicción penal, y sus medios materiales (artículos 85 a 89 EAC) y respecto a las labores realizadas por la policía canaria (artículo 148 EAC) y la ordenación general y coordinación supramunicipal de las locales (que le corresponde según su ordinal 3).

por las normas que trasladan los principios rectores del funcionamiento de la Administración Pública al ámbito tecnológico (incorporados ya en las leyes 39 y 40/2015, junto a los Decretos reguladores de los Esquemas Nacionales de Seguridad y de Interoperabilidad)[4]; y en tercer lugar por las exigencias de las concretas competencias a las que las tecnologías deben servir, así por ejemplo educación, justicia o salud que requieren que las tecnologías sean las adecuadas al propósito sectorial perseguido por la Administración[5]. Complicación adicional para el aplicador de la norma, es que todos estos requisitos deben satisfacerse simultáneamente. Sin embargo, la comprensión de los valores en juego permite que sea razonablemente sencillo, y los procedimientos de compartición y reutilización, así como el asesoramiento previsto, si funciona adecuadamente, no deberían generar las complicaciones que *de facto* genera su práctica, ciertamente, las tensiones económicas subyacentes no son menores.

La importancia de las tecnologías de la información como soporte de importantes aspectos de la vida económica[6], social, cultural y

---

4 Real Decreto 311/2022, de 3 de mayo, por el que se regula el Esquema Nacional de Seguridad; y Real Decreto 4/2010, de 8 de enero, por el que se regula el Esquema Nacional de Interoperabilidad en el ámbito de la Administración Electrónica. Además de estas dos, y por sólo citar las normas más relevantes, que hoy en día caen totalmente bajo la órbita del Derecho de la UE, dado el uso del Reglamento como medio de legislación en esta materia, comenzando con el Reglamento eIDAS, 910/2014, que dota de un marco común a la identificación electrónica, y antecedente inmediato en este punto de las leyes 39 y 40/2015; y recientemente de los Reglamentos comunitarios, señaladamente los Reglamentos 2022/1925 de Mercados Digitales, 2022/2065 de Servicios Digitales, y 2024/1689 de Inteligencia Artificial.

5 Así por ejemplo una tecnología que “engancha” a los menores al punto de causar problemas psicológicos o anomalías de la conducta a algunos de ellos no puede considerarse adecuada en educación.

6 Aunque abordaremos fundamentalmente la vertiente pública, ligada a la calidad de la democracia y de derechos del ciudadano frente a las Administraciones públicas, no puede negarse que toda política pública incide de un modo u otro en la economía, y que ésta viene fuertemente influida hoy en día desde la tecnología (dirigida por unos pocos monopolios con interés en promover un determinado orden económico). La normativa de propiedad intelectual (junto a la protección de datos personales) debe fijar con qué extensión y límites se permite el uso de bienes que son colectivos (conocimiento y cultura, propiedad intelectual), o que o en principio indisponibles por estar en la base de nuestro

administrativa[7], está fuera de toda duda; igualmente, en el desarrollo de cualquier política pública se utilizan profusamente tecnologías[8] de la información. Y ello no sólo como herramienta sectorial (pongamos planos para conocer el territorio, sensores para conocer la calidad del aire, o cámaras de tráfico) hiperconectadas en tiempo real, sino por el hecho de que tanto la relación con el administrado, que se ha hecho en gran medida telemática (artículo 41 de la Ley 39/2015), como la gestión de los procedimientos administrativos que sustentan cualquier política, son necesariamente electrónicos por mandato de la Ley 39/2015 (artículo 36.1). Por ello influye decididamente hoy en la calidad de los servicios públicos, son garantía de su correcto funcionamiento, tanto a nivel de transparencia como de buen funcionamiento o corrección procedimental. Es por ello que se exige de los productos y servicios tecnológicos empleados por la Administración una serie de requisitos, como transparencia en su funcionamiento, trazabilidad (que se pueda asegurar que no hay terceros que puedan usarla para obtener información privilegiada), que no favorezca a unos sectores frente a otros, que no cree dependencias para la Administración, que se conozcan los razonamientos en que se basan los procedimientos automatizados para no lesionar ni la obligación de motivar ni el derecho al recurso. Cuestiones todas

---

modelo democrático (privacidad, y su encaje como bien de la personalidad). Para las cuestiones económicas v. citas nota en pág. 8.

7 Como acreditan la Ley 39/2015, o la Ley 19/2013, en relación con el funcionamiento de las Administraciones Públicas; o el acceso de todos los ciudadanos a las redes de comunicación garantizado mediante el servicio universal regulado en la Ley 9/2014, de 9 de mayo, General de Telecomunicaciones.

8 Dicha participación tienes unos riesgos que ya reconoce, desde los orígenes primigenios de la tecnología que después evolucionaría enormemente, la propia Constitución española, exigiendo que la ley limite el uso de la informática (art. 18.4), para garantizar el pleno ejercicio de los derechos de los ciudadanos, mediante la protección de la intimidad personal y familiar, adelantando un pernicioso modelo que la doctrina denomina del capitalismo de la vigilancia. Es sin duda una muestra de la avidez del constituyente español, que supo sentar las bases de lo que hoy es la norma europea que vela por cuidar que el ejercicio de los derechos de todos no se vea afectado por un mal uso de las tecnologías, el Reglamento General de Protección de Datos. Pasado el tiempo la precaución de nuestra Constitución se convierte en la esencia del RGPD, luchar contra las tecnologías que utilizan los datos personales con fines de ingeniería social.

que se plasman en los principios que, tras una larga evolución[9], se recogen ahora en el marco general del artículo 3 de la Ley 40/2015, y se concretan en su artículo 38, aplicable no sólo a la sede electrónica, sino como reza el capítulo V que dicho artículo preside, al "funcionamiento electrónico del sector público"[10]: transparencia, publicidad, responsabilidad, calidad, seguridad, disponibilidad, accesibilidad, neutralidad e interoperabilidad. Estos se desarrollan después en el Esquema Nacional de Interoperabilidad (ENI) y en el Esquema Nacional de Seguridad (ENS), de carácter vinculante para toda la Administración, donde se concreta la preferencia por el software libre (de fuentes abiertas y libertad de reutilización)[11], interoperables, y tecnológicamente neutrales[12]. Se trata de obligaciones que modulan la tecnología que puede usar la Administración, como traslación de sus principios de funcionamiento al ámbito tecnológico.

---

9 Evolución plagada de progresos y retrocesos, pues este sector es uno de los que más implicaciones económicas tiene en el mundo actual

10 Y ello porque los principios del artículo 38 están al servicio de los objetivos recogidos en el artículo 3.

11 Siendo obligatorio en entornos que requieran un alto nivel de seguridad (ENS, al que remite el artículo 156 de la Ley 40/2015). El ENS, en su versión primigenia y hoy en su versión dada por el Real Decreto 311/2022, de 3 de mayo, exige en la Metodología de desarrollo seguro (R2), aplicable a entornos que requieran un nivel alto de seguridad, la inspección del código fuente (5.6, desarrollo de aplicaciones informáticas, requiere la revisión del código tanto en el desarrollo 5.6.1 como en la puesta en servicio, punto 5.6.2, en el que se añade la auditoría del código fuente). Por tanto, desde la perspectiva de la seguridad, cuanto más delicada sea la información, cuanto más alto deba ser el nivel de seguridad, más es exigible disponer del código fuente (que es un valor también desde el punto de vista del ENI, y de los principios de eficiencia económica e interoperabilidad que rigen la actuación de las AAPP). Los programas de fuentes abiertas son un valor para la protección de datos, que se refuerza por el hecho de que además suelen posibilitar el ofrecer soluciones autoalojadas, gestionadas por la propia Administración, o monitorizadas por estas en sus Centros de Procesamiento de Datos, con lo que aun prestándolo terceros hay posibilidad real de establecer un control y garantías sobre el acceso a y el flujo de la información.

12 Los sistemas de la Administración han de permitir el intercambio de información entre Administraciones y con los particulares (interoperabilidad); y no generar dependencias para los ciudadanos ni para la Administración obligando a usar una u otra tecnología ni limitar artificiosamente las posibilidades o las formas de uso de ésta (neutralidad tecnológica).

Aunque la protección de datos mandatada en el artículo 18.4 CE y desarrollada en el RGPD es un requisito más, adicional y de otra naturaleza al contemplado en el artículo 13 de la Ley 39/2015, sus desarrollos han sido conjuntos, se influyen, compenetran y en parte se solapan. Para aportar claridad en una materia tan necesitada de ello hay que ser claro y reducir a unas pocas palabras el objetivo del RGPD: la lucha contra las tecnologías del capitalismo de la vigilancia[13]. Afirmación chocante sólo aparentemente, pues no es nada novedoso ni para la legislación comunitaria[14], ni en el desarrollo de

---

13 Evidencia de ello es la confirmación del TJUE de prohibición de exportación de datos a Estados Unidos, por la no equivalencia de sus garantías en protección de datos a las nuestras. Es este el país desde el que se ha promovido el modelo de capitalismo de la vigilancia contrario al ordenamiento europeo, con base en la Electronic Communication Act, que deja en corporaciones privadas la cuestión de la privacidad (véase Barber, B. R. (2009). "¿Hasta qué punto son democráticas las nuevas tecnologías de la comunicación?". *Internet, derecho y política: las transformaciones del derecho y la política en 15 artículos*. UOC, 17-32, quien considera que fue en ella cuando en la opción entre entregar la cuestión de la privacidad al Estado o a los ciudadanos se optó por un tercer modelo, entregarlo a las corporaciones). Es por ello que la célebre Sentencia del Tribunal de Justicia de la Unión Europea "Schremm II" recuerda que la prohibición de exportar los datos persiste por no existir un nivel de protección de los derechos de los usuarios, en cuanto que titulares de datos de caracter personal, análogo al europeo. En realidad, se usa una simplificación, y se dice que no se puede exportar a EEUU porque las autoridades supervisan los datos sin control judicial. Es verdad que la Sentencia señala que hay que tener en cuenta "un eventual acceso de las autoridades públicas de ese país tercero a los datos personales [...] transferidos", pero sin solución de continuidad añade otras dos cuestiones: hay también que tener en cuenta "los elementos pertinentes del sistema jurídico de dicho país y, en particular, los mencionados en el artículo 45, apartado 2, del referido Reglamento". Tan grave es que las autoridades norteamericanas puedan acceder a los datos, como que el Derecho de dicho país fomente y proteja su industria del capitalismo de la vigilancia. A nuestro juicio es más grave esto segundo, cuestión que suele olvidarse o soslayarse, centrándose sólo en el primer aspecto.

14 Véase su considerando 71 que establece una fuerte limitación a esta práctica: "Las decisiones automatizadas y la elaboración de perfiles sobre la base de categorías particulares de datos personales únicamente deben permitirse en condiciones específicas". Definido en el artículo 4.4, y explicado el considerando 30, entre otros. El artículo 22 es claro respecto al derecho de los interesados a que no se tomen decisiones automatizadas y, en particular, a la generación de perfiles, si bien resulta más importante en consonancia con otras reglas que limitan la implantación de tratamientos que realicen elaboración de perfiles, así por ejemplo con la exigencia de realizar una evaluación de impacto (artículo

nuestro cuerpo de Derecho constitucional[15]. De ahí que puede ser un sencillo criterio orientador de los servidores públicos al decidir qué tecnología debe usarse en el desarrollo de las competencias que la Administración tiene atribuidas: huir del capitalismo de la vigilancia.

La competencia normativa en protección de datos es principalmente europea, con una norma nacional que cuestionablemente remeda a la de la Unión, añadiendo la experiencia de la rica doctrina de la AEPD, que queda así fosilizada normativamente. La competencia normativa autonómica, además de la de ejecución, se circunscribe al pequeño marco regulatorio de la autoridad autonómica, y a concretar para cada título competencial cómo se lleva a cabo el cumplimiento del Derecho europeo presidido por el RGPD (cuestión esta que recuerda el artículo 113 EAC). Es en esta labor de concretar para cada uno de los ámbitos competenciales de la comunidad autónoma la correcta aplicación de las normas que garantizan la calidad democrática y el respeto a los derechos del ciudadano, máximas ambas que forman parte del funcionamiento normal de la Administración[16],

---

35.3.a), o los refuerzos en los deberes de información (artículos 13 y 14) cuando se realicen, además de quedar debidamente justificada la legitimación de dicho tratamiento, como cualquier otro, debiendo igualmente justificarse el plazo de duración y el ejercicio de los derechos que confiere el RGPD (como el de acceso, rectificación, supresión u oposición, artículos 15 ss.).

15 Llama la atención como ya la LORTAD, pese a estar en los orígenes de la conformación del derecho a la protección de datos, apuntaba a lo que ha venido a ser el objetivo principal del actual RGPD, la lucha contra la generación de perfiles, como se denomina por éste, especialmente si se van a utilizar para la toma de decisiones personales automáticas. Si el *big data* es el principal problema de la privacidad en nuestros días, la lucha contra este tipo de tratamientos es la principal preocupación del RGPD. Evidentemente, la evolución tecnológica ha hecho la norma más necesaria, y su casuística es mucho más rica, pero su sentido, su orientación, es la misma de entonces.

16 En este sentido, Zárate Altamirano, E. (2020). "Artículo 28, Derecho de acceso a las tecnologías de la información y de la comunicación". *Comentarios a la Ley Orgánica 1/2018, de 5 de noviembre, de Reforma del Estatuto de Autonomía de Canarias.* BOE, pág. 190, señala "La proclamación de derechos puede quedar vacía de contenido, si no va a acompañada del reconocimiento de competencias en la materia, que permitan unas políticas públicas para alcanzar unos objetivos. La mayor parte de las competencias en esta materia [derechos de acceso a las tecnologías de la información y de la comunicación, dice comentando el artículo 28 EAC] son exclusivas del Estado". Y, ciertamente, lo son, como lo es, con la ex-

donde se despliega el verdadero poder (sumamente importante) de la comunidad autónoma en relación con la protección de datos.

Ya desde la primera Sentencia del Tribunal Constitucional sobre la materia, la STC 254/1993, de 20 de julio (*Tol 82275*) quedó claro que el honor y la intimidad no son el único derecho a proteger al regular el uso de la informática, lo que cobra plena vigencia con el tratamiento que realiza el RGPD, que, continuando la línea de la Directiva 95/46/CE "trata de armonizar la protección de los derechos y las libertades fundamentales de las personas físicas en relación con las actividades de tratamiento de datos de carácter personal" (considerando 3); esto es, busca "la protección de los derechos y libertades de las personas físicas" que se puedan poner en peligro con ocasión de cualesquiera tratamientos de datos personales (considerando 9)[17]. Es decir, es un derecho al servicio de otros, para proteger otros:

cepción señalada en el artículo 113 EAC, la protección de datos. Sin embargo, el ejercicio de casi cualquier competencia conlleva el uso de tecnologías de la información, y la labor de acercarlas al ciudadano; y se ha de hacer con respeto a los principios que rigen el funcionamiento de la Administración, que en un mundo donde una de las principales amenazas a la democracia (si no la mayor) proviene de la manipulación y la desinformación por medio de la tecnología, el aplicar las normas que previenen de dicho mal uso no es precisamente baladí.

17 Sin perjuicio de su autonomía como derecho, dicha función tuitiva de otros derechos, y no sólo de la privacidad o intimidad, la ha puesto también de relieve el Tribunal de Justicia de la UE en varias ocasiones. Así por ejemplo en su Sentencia de 13-05-2014 (*Tol 3785116*), caso Google Spain y Google Inc. contra España (AEPD y un particular), señala (apartado 66): "procede recordar que, como se desprende de su artículo 1 y de su considerando 10, la Directiva 95/46 tiene por objeto garantizar un nivel elevado de protección de las libertades y los derechos fundamentales de las personas físicas, sobre todo de su vida privada, en relación con el tratamiento de datos personales [véase, en este sentido, la sentencia IPI (*Tol 9915592*), apartado 28]"; y en el apartado 68: "El Tribunal de Justicia ya ha declarado que las disposiciones de la Directiva 95/46, en la medida en que regulan el tratamiento de datos personales que pueden atentar contra las libertades fundamentales y, en particular, contra el derecho a la intimidad, deben ser interpretadas a la luz de los derechos fundamentales que, según reiterada jurisprudencia, forman parte de los principios generales del Derecho cuyo respeto garantiza el Tribunal de Justicia y que están actualmente recogidos en la Carta [véanse, en particular, las sentencias Connolly/Comisión, C-274/99 P (*Tol 4626178*), apartado 37, y Österreichischer Rundfunk y otros, EU:C:2003:294, apartado 68]". Esta línea es la seguida por el TJUE hasta la actualidad, STJUE 14-02-2019 (*Tol 7047082*), o de 10-07-2018 (*Tol 6667342*).

una garantía y, como tal, puede usarse como uno de los criterios (no el único, aunque tal vez sí el más importante) para valorar la cualificación de determinada tecnología al uso público para el que se pretende utilizar (valoración que ha de hacerse siempre *ex ante*, como plasmación del principio de protección de datos desde el diseño).

El derecho a la protección de datos en el EAC es un derecho que se otorga a cualquier persona frente a los tratamientos de datos que realizan las Administraciones Públicas canarias. Por tanto surge de ello una obligación para éstas de adecuar su actuación a garantizar la privacidad y la protección de los datos que utilizan. Dicha exigencia debería disuadir a las Administraciones Públicas de utilizar sistemas de mensajería o redes sociales cuyo cumplimiento de las exigencias impuestas a los poderes públicos pudiera resultar de dudosa legalidad (recuérdese el principio de la privacidad por defecto, hay que probar que se cumple, por lo que la duda no cabe en esta materia)[18], como cuando basen su negocio precisamente en la generación de perfiles con vocación de marketing, la más de las veces muy sutil, porque no es percibido por el público objetivo (reordenar las informaciones que les llegan en la plataforma que se use, formas y momentos de presentación de dicha información, manejo de noticias con finalidades de modificación de tendencias de mercado...), y tampoco por los técnicos de la Administración, a los que no se suele mostrar el tratamiento en toda su dimensión[19].

---

[18] Lo mismo cabría decir de la técnica muy extendida de utilizar métricas de uso de la web, incrustar en ellas tipografías, mapas o botonería de compartir en redes sociales que permiten informar a terceros del uso que concretos ciudadanos realizan del portal web o sede electrónica de la Administración en que dichos medios se insertan.

[19] Estos analizan los datos del procedimiento administrativo, los que usa la Administración, cuando el estudio del flujo de datos debe realizarse desde un punto de vista tecnológico, algunos innecesarios para el procedimiento administrativo, pero imprescindibles en toda conexión entre ordenadores (por ejemplo, la dirección ip), o no necesaria pero generada en el curso de las conexiones (identificación o huella del navegador o dispositivo, cookies utilizadas en la prestación del servicio telemático,...). Tomemos como ejemplo las analíticas embebidas en los portales web y en las sedes electrónicas de la Administración canaria (https://sede.gobiernodecanarias.org/sede/). Entre las llamadas a estos (líneas 46 a 56 del html) observamos hasta tres sistemas de métricas, dos del capitalismo de la vigilancia (Google Analytics y Clarity de Microsoft); y un

II. LA PROTECCIÓN DE DATOS COMO CRITERIO DE CUALIFICACIÓN DE LAS TECNOLOGÍAS QUE PUEDEN USAR LAS ADMINISTRACIONES PÚBLICAS

1. *Tech contra lex: el imperio tecnológico. Capitalismo de la vigilancia y democracia*

En una sociedad altamente tecnificada, y donde existen poderosísimos actores que utilizan la tecnología para interferir en los procesos volitivos humanos[20], explotando las debilidades de su forma

---

tercero autogestionado por los propios servicios de la Comunidad (Matomo). Una de las llamadas, por ejemplo (www.googletagmanager.com/gtag/js?G-8GEN76RS4T), se encarga de cargar los scripts que hacen el seguimiento de la navegación, enviando no sólo la ip, sino todo el "fingerprint" del navegador o dispositivo, e incluso de las posibles cuentas de usuario de Google abiertas desde el mismo. En esas condiciones, el hecho de que, como efectivamente se hace, en la configuración del script se indique que se quiere anonimizar la ip ('anonymize_ip': true // by default), no ofrece ninguna garantía técnica de qué es lo que haga Google del lado del servidor, sirviendo únicamente para tranquilizar al observador poco adentrado en el funcionamiento de la tecnología. Google no mostrará la ip ni el resto de información a la Administración, pero sí puede saber antes que la Administración qué persona está solicitando una ayuda por violencia de género, por ejemplo. Que la Administración (responsable del tratamiento) no conozca la información de los usuarios que visitan su sede (hasta que se registren, obviamente) no quiere decir que el encargado del tratamiento de análisis web (en este caso Google) no los conozca, ni que no los use para otros fines. Asé hemos convertido el acceso a un servicio público en una rica fuente de alimentación de los perfiles de esas plataformas, sin que nada pueda hacer la Administración para evitarlo: es una tecnología que no puede ofrecer garantías del cumplimiento RGPD, salvo insuficientes acuerdos, cuando el RGPD exige medidas técnicas. La sede lo advierte al pie: "Información estadística. Esta página web utiliza Google Analytics [...] en [...] Estados Unidos ("Google"). [...] utiliza "cookies", [...] Google no asociará su dirección IP con ningún otro dato del que disponga. Puede Usted rechazar el tratamiento de los datos [...con] la configuración apropiada de su navegador [...] si lo hace puede ser que no pueda usar la plena funcionabilidad (sic) de este website. Al utilizar este website Usted consiente el tratamiento [...] por Google en la forma y para los fines arriba indicados.

20 El reconocimiento por el Derecho de la Unión de la existencia de la llamada "tecnología persuasiva" (creada en torno al *Stanford Persuasive Technology Lab*, hoy *Stanford Behavior Design Lab*), en la que se basan los desarrollos tecnológicos de las herramientas del capitalismo de la vigilancia, para obtener el comportamiento deseado del usuario, a fin de conseguir un mayor volumen de datos

de ser[21], la obligación de remover los obstáculos para el pleno desarrollo del individuo que le atribuye a todos los poderes públicos el artículo 9.2 CE, conlleva necesariamente un cuidado uso de dichas herramientas. La Administración tiene desde luego el papel de disponer y fomentar la existencia de medios técnicos que faciliten dicha plena integración (tecnología humana o al servicio del ser humano, mandato que el Estatuto de Autonomía de Canarias ha querido concretar en su artículo 28), pero debe evitar que la tecnificación suponga construir mecanismos de control y manipulación, que puedan menoscabar los derechos individuales y la calidad democrática[22],

---

personales de éste, es la existencia de una norma para atajarlo, el artículo 25 del Reglamento 2022/2065, de 19 de octubre, de Servicios Digitales.

21 Tal es así que hoy tanto desde la economía, sociología, la filosofía, y desde el mundo del Derecho se vienen alzando voces preocupadas por lo que se llama capitalismo de la vigilancia, con efectos muy nocivos en términos de calidad democrática. En este sentido, véanse Zuboff, S. (2020). *La era del capitalismo de la vigilancia.* Paidós; Véliz, C. (2020). *Privacy is power.* Bantam Press, págs. 27-46, donde explica el proceso de pérdida de la privacidad; Faini, F. (2019). *Data society.* Lefebvre, págs. 377 ss., donde aboga por una nueva ética digital; o Balaguer Callejón, F. (2020). "Redes sociales, compañías tecnológicas y democracia". *Derechos fundamentales, desarrollo y crisis del constitucionalismo multinivel.* Civitas, pág. 107, quien apunta que "la forma en que se están gestionando por las grandes compañías tecnológicas han puesto en cuestión su funcionamiento desde el punto de vista de su compatibilidad con los derechos constitucionales, su incidencia negativa en los procesos democráticos [...] y el respeto a las reglas de la competencia". Por tanto la Administración debe ser muy cuidadosa con qué tecnologías y cómo utiliza para que cumplan los estándares de calidad democrática que requieren. Unos principios tienden a garantizar la disponibilidad y la igualdad de oportunidades (interoperabilidad, neutralidad tecnológica, interconexión de redes...) mientras que otros se dirigen a garantizar la no injerencia en la vida de las personas en tanto que de estas puedan resultar lesiones a sus derechos. Este es el conjunto de reglas que se conocen por protección de datos, y suponen que la promoción de la tecnología mandatada en el artículo 28 EAC, como plasmación del 9.2 CE, requiere ser modulada o adjetivada, por mandato del artículo 18.4 CE, en lo que se puede denominar ya un derecho del ciudadano, o una obligación de los poderes públicos, de promover un acceso cualificado a las TICs. Cuál es el contenido de estas normas, y cómo influyen en las políticas públicas es el objeto de las siguientes páginas.

22 A estas alturas de la evolución de lo que se viene llamando sociedad de la información está generalmente aceptado que es un deber de las Administraciones Públicas no sólo garantizar el acceso a las tecnologías de la información a todos en términos de igualdad (telecomunicaciones y territorio, garantía de intero-

amén de desequilibrar el mercado, monopolizar y dificultar el acceso a ciertos recursos culturales, o afectar a la salud o a la protección del medio ambiente. El objeto de este trabajo es señalar que no cualquier tecnología cumple los estándares que tiene que exigir la Administración (modulado pues por el artículo 30 EAC, conforme al mandato del ordinal 4 del artículo 18 CE, y a su amplio desarrollo en el RGPD). De hecho, como veremos, gran parte de los despliegues tecnológicos son inadecuados, por lo que se requiere replantearse cómo reemplazarlos. Por suerte existe tecnología disponible (no es tanto una cuestión de qué tecnología, sino de cómo se implante) y su coste no es significativamente distinto, incluso podría resultar en

---

perabilidad y neutralidad y otros aspectos que impidan las brechas digitales), sino "alcanzar una democracia avanzada" (Zárate Altamirano, E. (2020). "Artículo 28, Derecho de acceso a las tecnologías de la información y de la comunicación". *Comentarios a la Ley Orgánica 1/2018, de 5 de noviembre, de Reforma del Estatuto de Autonomía de Canarias.* BOE, pág. 190), pues entre los mandatos a los poderes públicos está el fomentar la calidad y participación de los ciudadanos en los asuntos públicos, por lo que el acceso a los nuevos medios tecnológicos de la información y el conocimiento configura la vertiente objetiva del derecho en torno a la idea de la calidad de la democracia. La afectación de la calidad democrática por la tecnología se refleja en obras como Sánchez Navarro, A. y Fernández Riveira, R. M. (2021). *Reflexiones para una democracia de calidad en una época tecnológica.* Aranzadi, o Barber, B. R. (2009). "¿Hasta qué punto son democráticas las nuevas tecnologías de la comunicación?". *Internet, derecho y política: las transformaciones del derecho y la política en 15 artículos.* UOC, 17-32, quien parece situar el problema en la Federal Communications Act de 1996, que puso en manos de corporaciones privadas la privacidad en la red, y propone: "(...) no hay que permitir a la tecnología hacer lo que hace y asumir que obtendremos una buena democracia de ello. La lucha real, siempre, es para conseguir la democracia a través de la política y, después, una tecnología que podamos usar". Es precisamente en el despliegue de las competencias de la Administración donde puede plantarse la batalla por la calidad democrática frente al su principal enemigo actual, con el correcto uso de la tecnología, un uso respetuoso con la privacidad. En la misma línea Vial-Dumas, M. (2024). "El fin está cerca: Estado, tecnología y distopía". *Revista de Internet, Derecho y Política,* (40), 1-12, señala que ante una tecnología al margen del Derecho, con advertencias como la declaración del Center for IA Saftey (https://www.safe.ai/work/statement-on-ai-risk#open-letter) que urge a convertir en una prioridad mundial la mitigación del riesgo de extinción de la especie humana provocado por la IA, es necesario "el gobierno de la tecnología y del poder, de lo contrario [nuestro] destino será distópico".

importantes ahorros, si se aplican los principios propugnados por la Ley 40/2015.

Digámoslo en términos negativos para que se entienda: la Administración no puede promover tecnologías que socavan la democracia, o que amenazan con constreñir los derechos de los individuos[23], modelos ajenos al marco legal y de valores europeo, aunque ciertamente dichos servicios estén plenamente asentados en nuestra economía[24]. Efectivamente, también en las Administraciones Públicas

---

[23] Si bien, como acabamos de señalar, el RGPD pretende bien expulsar de Europa a, bien reconducir la práctica, de, las empresas del capitalismo de la vigilancia, nuevas normas han venido a aportar, desde un realismo de su arraigo en la economía de nuestras sociedades, nuevas obligaciones. Tal es el caso del Reglamento UE 2022/1925, de 14 de septiembre, de Mercados Digitales, que crea el concepto de guardián de acceso para imponer especiales obligaciones a las empresas que tienen una especial posición de mercado, de tal modo que no utilicen su predominio para hacerse con negocios de quienes distribuyen sus servicios a través de sus plataformas. Entre esas obligaciones hay un reforzamiento de la prohibición de tratar ciertos datos personales (artículo 5, ordinal 2) que tiene como consecuencia de su posición de intermediario (encargado del tratamiento). Ya el RGPD le impide realizar nuevos tratamientos (al menos sin autorización). Ahora se indica que, en líneas generales, no puede realizar otros tratamientos (publicidad) o generar perfiles (combinar o cruzar datos), salvo, dice, que se pida autorización al titular de los datos. Lo que resulta paradójico es que algo que prohíbe el RGPD, se tome como práctica, se reconozca que es masiva (declarando que el proveedor es un guardián de acceso), y se le impongan nuevamente las mismas obligaciones, con la posibilidad de encontrar grietas o excepciones por la normativa concurrente. Nótese que son guardianes de acceso (por designación realizada por Decisión de la Comisión de 5 de septiembre de 2023, C(2023) 6101 final) las mismas empresas (a título ejemplificativo, Meta) gestoras de plataformas (Instagram, WhatsApp, Facebok, por continuar con el ejemplo) que habían sido requeridas poco antes por acuerdo del Comité Europeo de Protección de Datos mediante una Decisión vinculante (acuerdo de todas las autoridades nacionales que lo integran) para cesar en el uso que realizan de los datos personales de los europeos; es decir, cesar en su modelo de negocio (decisiones vinculantes 4/2022, 5/2022, y 1/2023). En otras palabras, aunque la aproximación de la "Ley" de Mercados Digitales pretende ser realista, dar una categoría jurídica a una práctica contraria a Derecho, sin posibilidad de establecer controles, resulta cuanto menos paradójico, y requiere el máximo cuidado de los poderes públicos en su relación o utilización de los mismos.

[24] El problema es que cuando se diseñan políticas públicas que afectan a TICs, se afirma con contundencia y con toda la razón cosas como que "cualquier plan de futuro debe contar con las TIC", entendiendo por ellas las grandes empre-

imperan tecnologías de terceros (ajenos a la Administración) que utilizan los datos para fines distintos de la gestión de los servicios públicos, únicos fines para los que puede hablarse de licitud del tratamiento en el marco de la Administración. Es decir, se realizan sistemáticamente cesiones de datos *contra legem*. De ahí que en lo que sigue se desgranarán los criterios que justifican lo aquí resumido.

2. *Tecnologías éticas, o el imperio de la ley. Un mandato para las Administraciones Públicas*

Como acabamos de ver, el mercado y sus operadores, movidos no desde el espíritu de ofrecer una mejor tecnología en el marco de la libre competencia sino a través de unas dependencias creadas desde el diseño de los productos y servicios tecnológicos, han generado

---

sas tecnológicas, como Alphabet (Google), Apple, Meta (Facebook), Amazon, Microsoft, (conocidas por las siglas Gafam), u otras de que compiten con el mismo modelo de negocio (las chinas Alibaba, o Tencent, por ejemplo), y se olvida que se trata de un mercado donde las empresas que se han posicionado en la cúspide lo han hecho con *dumping social*, saltándose las normas, lo que es un gran secreto a voces. Por eso no sorprendió a nadie la STJUE de 6 de octubre de 2015 (Schrem I) (Blasi Casagrán, C. (2017). "Nuevo régimen jurídico para la transferencia de datos entra la UE y los Estados Unidos ¿Es compatible con la normativa europea de protección de datos?". *Revista General de Derecho Europeo*, (42), pág. 215), por cuanto los conceptos de privacidad que se han podido incorporar a los acuerdos con EEUU, necesarios para mantener la operativa en Europa de dichas empresas, no equivalen a los que se encuentran en las normas europeas; y porque ya desde entonces se auguraba el resultado de Schrem II, pues en el TJUE ya había señalado que la vigilancia masiva por parte de EEUU vulnera el derecho fundamental de protección de datos y privacidad de la UE. Analizaremos seguidamente porqué dichas plataformas, no pueden ser utilizadas por las Administraciones Públicas para proveer las soluciones tecnológicas con las que "tienen que contar cualquier plan de futuro", razones que no obedecen lógicamente a su posición de mercado, sino al hecho de operar un modelo conocido como de capitalismo de la vigilancia, que ciertamente es el que les ha dado dicho dominio de mercado y, por tanto, también afecta a la garantía de juego económico limpio por la que, en otro plano, también debe velar la Administración Pública. Dicho así, se comprenderá que la Administración no puede fomentar cualquier tecnología, ni cualquier uso de ésta, sino que ha de hacerlo en línea con la protección de los derechos.

un ambiente reacio a la recta aplicación de la ley[25]. Procede ahora valorar qué tecnología está pidiendo nuestro Derecho. Porque ésta existe y está disponible en el mercado, y los operadores jurídicos necesitan saberlo para exigir el cumplimiento de los requisitos que la ley impone a la técnica. Frente al imperio tecnológico, se impone el de la ley; frente a las tecnologías de la vigilancia, tecnologías éticas. Es, como viene diciéndose, no sólo la única garantía de protección del ciudadano frente a la manipulación de los grandes operadores, sino también la única garantía colectiva para reconstruir y conservar una democracia de calidad.

2.1. Criterios generales

Razones de concisión no nos permiten desarrollar los criterios generales (del Derecho administrativo) y su imbricación con la protección de datos, pero realizaremos una somera enumeración para poner de relieve que lo que parecen meros requisitos técnicos que el jurista suele despreciar, son las garantías que fundamentan el respeto a valores jurídicos fundamentales, como la protección de datos con toda la significación que hemos venido señalando (respeto del individuo en múltiples facetas, y finalmente construcción democrática). Exigir neutralidad tecnológica, interoperabilidad, o software libre no es baladí.

Como señalamos, la protección de datos no protege un concreto bien jurídico, sino que está al servicio de proteger otros derechos: es en este sentido un derecho accesorio, una herramienta al servicio de

---

25 Probablemente la única política viable sea la de comparar las infraestructuras de la sociedad de la información a las de transporte, y mantener unas autopistas de la información públicas. Ejemplo de ello en el ámbito canario podría ser la de ofrecer la contratación al por menor desde los registros turísticos públicos, dando una garantía de cumplimiento normativo que sólo la Administración puede otorgar, como vía de impedir prácticas monopolísticas exclusionarias y, especialmente, explotativas como las que condena la Resolución del Consejo de la CNMC de 29 de julio de 2024, expediente S/0005/21. Es verdad que la regulación de las plataformas va por otro camino, que aunque condiciona no impide la realización de estas a mi juicio necesarias políticas públicas.

la protección de los derechos (cualquier derecho) del individuo[26], una garantía como lo pueda ser la forma *ad solemnitatem* o *ad substantiam*. Al no tener un fin en sí mismo, es necesario ponerla en contexto de qué derechos se quiere proteger o, desde el lado pasivo del derecho, desde la Administración, qué principios deben cumplirse para asegurar la no lesión de los derechos de los administrados, que será el orientarse a "alcanzar los objetivos que establecen las leyes y el resto del ordenamiento jurídico" mandatado en el ordinal 3 del artículo 3 de la Ley 39/2015, concreción del principio del sometimiento a la ley del estado (social y democrático) de derecho que no en vano principia nuestra Constitución (ordinal 1 del artículo 1), y articula en el 9.1 y 9.3. En el respeto a los derechos de los administrados en el uso de la tecnología juega un papel central (aunque no único) la protección de datos. Por ello no debemos olvidar la relación del artículo 3 de la Ley 39/2015 con el 38 de la misma y con otras normas que concretan aquellos principios generales en el ámbito de la tecnología (principalmente ENI y ENS). Podemos establecer la siguiente relación, que también predispone para un correcto enfoque en protección de datos:

- La transparencia, entendida como la posibilidad de conocer el funcionamiento o forma en que se toman las decisiones y se gestiona la información, impide el uso de cajas negras (por ejemplo en el área de la inteligencia artificial[27], garantiza la

---

26 No decimos con ello que no sea un derecho plenamente autónomo, cuestión superada entre nosotros desde la STC 292/2000, de 30 de noviembre (*Tol 2772*) y hoy innegable a la luz de su desarrollo legislativo de imbricación Constitucional (evolución bajo la cobertura del artículo 18.4 CE, su desarrollo mediante leyes orgánicas, su plasmación en el artículo 8 de la Carta Europea de Derechos Fundamentales, y finalmente su relevancia actual en el RGPD).

27 Un ejemplo es la aplicación BOSCO, que determina de forma automática si un ciudadano puede ver estimada o denegada su solicitud para acceder al bono social. La motivación de las desestimaciones de la solicitud de esta ayuda no están fundamentadas, limitándose a que el el programa informático "ha dicho no". La Fundación Ciudadana Civio detectó algunos errores en su funcionamiento, y solicitó el código fuente del programa para comprobar en qué modo funciona, siéndoles denegado hasta la fecha, lo que ha sido ratificado por SSAN de 30 de diciembre de 2021 (*Tol 8915908*) y 30 de abril de 2024 (*Tol 10005554*), invocando como razones para dicha desestimación, la propiedad intelectual (cuando, a nuestro juicio, existe una obligación de publicidad de esta por las

claridad (b), la objetividad y (obviamente) transparencia de la actuación administrativa (c); la confianza legítima y lealtad institucional (e), la responsabilidad por la gestión pública (f), el control de la gestión y evaluación de los resultados de las políticas públicas (g), la colaboración y coordinación entre las Administraciones Públicas (h); la seguridad de los sistemas y soluciones, y la garantía en la protección de los datos de carácter personal (ordinal 2).

- La publicidad, que requiere la puesta a disposición de la información pública de forma clara, accesible, objetiva, y con garantía en la protección de los datos de carácter personal. Ello implica que toda la información ha de estar, con carácter previo a su publicación en las redes sociales del capitalismo

---

AAPP, véase más arriba la nota 11 en pág. 4) o la seguridad (frente al criterio del ENS de que en entornos de seguridad alta la transparencia es una de las mejores herramientas para combatirla, y no el secretismo, que impide la supervisión concurrente de múltiples agentes, en la idea de seguridad por ofuscación, cuando la seguridad es una cuestión de exposición pública del funcionamiento de las soluciones). En la Estrategia de Inteligencia Artificial 2024, aprobada por el Gobierno de España en Consejo de Ministros del martes 14 de mayo de 2024 (https://portal.mineco.gob.es/es-es/digitalizacionIA/Documents/Estrategia_IA_2024.pdf) se establecen como requisitos de ésta que sea transparente, ética y humanística, velando por ello la Agencia Española de Inteligencia Artificial, cuyos estatutos se aprobaron por Real Decreto 729/2023, de 22 de agosto, según los cuales (ordinal 2 de su artículo 4) su actividad se orientará a eliminar o reducir los riesgos para la integridad, la intimidad, la igualdad de trato y la no discriminación, en particular entre mujeres y hombres, y demás derechos fundamentales que pueden verse afectados por el mal uso de los sistemas. Es una apuesta nacional en línea con el reciente Reglamento UE 2024/1689, de 13 de junio, de Inteligencia Artificial, una de las consecuencias del uso masivo de los datos personales con la generación de perfiles, que sin embargo tiene también efectos positivos, que deben ser explorados, siempre con las debidas garantías: es preferible no avanzar, que construir un mal edificio. La protección de datos no es de probabilidad o apariencia de que se cumplen sus criterios, sino que exige una prueba del cumplimiento, el establecimiento de garantías eficaces pensadas y adecuadas para cada tratamiento. La IA más en boga necesita datos masivos para su entrenamiento, que muchas veces son datos personales. El uso de estos de forma ética (con arreglo a los criterios exigidos por el RGPD) es uno de los requisitos para que la IA sea a su vez ética, pero no el único. Aún tendremos que esperar para saber si se constituirá como un nuevo derecho, como ocurriera con la protección de datos respecto del derecho a la intimidad, o si es sólo una concreta proyección de éste derecho.

de la vigilancia, disponible en lugares en que se cumplan los referidos criterios[28].

- La responsabilidad, requiere transparencia de la actuación administrativa y seguridad de los sistemas y soluciones, que garanticen la acreditación de las causas del daño acontecido (o en términos de conducta, la realización de una gestión responsable, relacionada p. ej. con la diligente gestión de brechas de seguridad: recogida de información, contención, comunicación, reporte, averiguación del alcance y origen, medidas de superación y mejora, nueva comunicación): justo lo que en protección de datos hace el Registro de Actividades de Tratamiento.
- La calidad está íntimamente relacionada con un servicio efectivo con la simplicidad, claridad y proximidad a los ciudadanos, con la transparencia y objetividad, y con la racionalización y agilidad de los procedimientos administrativos, que tanto tienen que ver con una buena planificación desde el diseño, con la minimización de datos (que además de exponer sólo los datos necesarios simplifica la gestión), con sistemas interoperables que funcionan bien en cualquier plataforma (ahora veremos cuán importante para la privacidad).
- La seguridad, pese a su importancia y la incidencia sobre ella de la estrategia de ciberseguridad, no debe ser nunca confundida con cumplimiento en protección de datos. Un entorno muy seguro puede no ser nada adecuado para ningún tratamiento, si por ejemplo está en manos de un gestor que sabemos o sospechamos que utiliza los datos para realizar otros tratamientos adicionales distintos de los previstos por el responsable: esta

---

[28] Se cumple con ese principio desde el punto de vista de publicidad activa si la publicación se realiza en el portal de internet a que se refiere el artículo 39 de la Ley 40/2015, y sólo entonces en redes sociales del capitalismo de la vigilancia. Para cumplir también con la publicidad pasiva, esto es, la posibilidad de que el ciudadano realice consultas sobre dicho contenido, se requiere bien articular mecanismos de respuesta en el mismo portal (por ejemplo, vía chat embebido, o usando correo electrónico, siempre que uno y otro no utilicen servicios del capitalismo de la vigilancia), bien incorporar redes sociales o servicios de comunicación bidireccional éticos (Mastodon, Diaspora, Jabber, Correo autoalojado...).

es la situación de las nubes públicas y otros servicios de las empresas del capitalismo de la vigilancia: no es posible establecer medidas técnicas ni organizativas para asegurar que los datos sólo serán usados para los propósitos pretendidos por el responsable del tratamiento, por mucho que el encargado del tratamiento pueda ofrecer certificaciones de calidad y seguridad del más variado tipo. Seguridad no es protección de datos, no es privacidad; aunque sea una herramienta (no la única ni la más importante) a su servicio. Conviene recordar que la seguridad no se consigue por oscurantismo: el desconocimiento sólo tapa un problema técnico, o una brecha de seguridad; la transparencia debe ser un principio clave en lo referido a la seguridad: saber cómo funciona la parte técnica y la lógica de los procedimientos, para poder evaluar, prever y auditar los problemas, garantizando así el cumplimiento de la normativa, incluida pero no sólo la de protección de datos.

- La neutralidad permite dar un servicio efectivo a los ciudadanos, que podrán acceder a la Administración con independencia de la tecnología de que dispongan[29] (en esto coincide con la interoperabilidad técnica), al mantener la competencia e independencia tecnológica (la Administración pude cambiar de una a otra tecnología en el futuro, porque así se ha planificado) permite una mejor y más eficiente asignación de recursos públicos, facilitando también la cooperación, colaboración y coordinación entre las Administraciones Públicas. La independencia respecto a las soluciones tecnológicas también facilita tomar las mejores decisiones en punto a la garantía en la protección de los datos de carácter personal. Así por ejemplo, si yo desarrollo aplicaciones de gestión administrativa que se integran con un concreto procesador de textos, un concreto navegador, o un concreto sistema operativo, mi capacidad de cambiar el procesador de textos, el navegador o el sistema ope-

[29] Siendo un caballo de batalla de las tensiones socioeconómicas que experimenta nuestra sociedad, ha ido escurriéndose entre distintas normas, diluyendo o afianzando su concepto. Hoy se encuentra también, aunque sólo referido a internet, en el artículo 80 LOPDgdd que lo afianza en nuestro ordenamiento como uno de los derechos digitales.

rativo en el futuro será más compleja y costosa, lo que dificulta los cambios de decisiones que comprometen una correcta política de protección de datos. Por ello debe planificarse procurando no depender de una concreta tecnología.

- La interoperabilidad es una pieza clave para un servicio efectivo a los ciudadanos, pero también para la posibilidad de cooperación, colaboración y coordinación entre las Administraciones Públicas (a ello contribuye tanto la técnica como la interoperabilidad semántica, centrada fundamentalmente en los metadatos y la estructura de los documentos y procedimientos). La interoperabilidad es un requisito para la elección de tecnología por el administrado: no hay empoderamiento tecnológico ni soberanía digital del ciudadano si es obligado a usar una concreta tecnología, máxime si esta tiene un alto precio en protección de datos.
- El uso preferente de sistemas de fuentes y estándares abiertos[30]: permite cumplir mejor con las exigencias de seguridad e interoperabilidad, transparencia, confianza legítima, coordinación y colaboración; si además de abiertas se permite el uso libre de la solución, se refuerza la eficiencia en la asignación y utilización de los recursos públicos. Facilita también las labores de auditoría, y el flujo de datos y por tanto su compromiso, en su caso, queda patente, con lo que es significativo en aras a garantizar el cumplimiento de las políticas de protección de datos (sabríamos *de facto*, a ciencia cierta, qué se hace con los datos: podríamos constatarlo).

Como se ve, los requisitos técnicos tienen grandes implicaciones en los principios de gestión administrativa, y una íntima relación con la protección de datos. Elegir entre usar una u otra tecnología es una

---

[30] Los estándares abiertos están establecidos en el ordinal 5 del artículo 3 L. 40/2015 claramente al servicio de la accesibilidad, si bien debe ser puesto también en conexión con la interoperabilidad que, como hemos visto, permite la organización razonable de los servicios públicos, la coordinación y es por ello que es una obligación que establece el Esquema Nacional de Interoperabilidad (artículo 11) "al objeto de garantizar la independencia en la elección de alternativas tecnológicas por los ciudadanos y las Administraciones públicas y la adaptabilidad al progreso de la tecnología".

decisión eminentemente jurídica que, paradójicamente, en la práctica resuelven mejor los informáticos que los juristas, por la sencilla razón de que entender los principios de la ley es una cuestión más sencilla, y hasta de sentido común, que entender el funcionamiento de una u otra solución tecnológica.

La transparencia, la publicidad, responsabilidad, la neutralidad, o el uso preferente de estándares y fuentes abiertas están íntimamente relacionados con una correcta gestión de la protección de datos. Procede ahora adentrarnos en las exigencias que el Derecho impone a la tecnología para su uso por la Administración provenientes exclusivamente de las normativas de protección de datos personales.

2.2. Criterios específicos

La normativa de protección de datos tiene especificidades dirigidas a la Administración Pública, obligaciones que sólo ésta debe cumplir[31],

---

31 Evidentemente, dependerá del concreto tratamiento. Queremos señalar las cuestiones que debe considerar la Administración, en tanto que tal, para el uso de la tecnología. No se abordan todas las singularidades de las Administraciones Públicas, dejando fuera cosas como las prerrogativas en la materia, cuales son el no estar sometidas al mecanismo de ventanilla única ni de autoridad de control principal, o las especificidades en el régimen sancionatorio, que ha incluso perdido ese nombre por la corrección de errores del RGPD publicada en el DOUE de 4 de marzo de 2021, para pasar a señalar denominarse sólo apercibimientos. No modifica el régimen, pero lo separa del procedimiento sancionador, lo que ya se ha trasladado al artículo 77 LOPDgdd. Respecto al no sometimiento al mecanismo de ventanilla única ni de autoridad de control principal, debe subrayarse la repercusión en el ámbito autonómico: la posibilidad si el EA lo contempla (como ocurre con el EAC, a su favor v. Hernández López, J. M. (2020). "Artículo 113, protección de datos". *Comentarios a la Ley Orgánica 1/2018, de 5 de noviembre, de Reforma del Estatuto de Autonomía de Canarias*. BOE, 677-680.) de constituir Autoridades autonómicas, así la Autoridad Catalana de Protección de Datos (creada por Ley 32/2010, siendo aprobado su Estatuto por Decreto 48/2003); la Agencia Vasca de Protección de Datos (regulada en la Ley 16/2023, que entró en vigor el pasado 5 de enero de este año, 2024, veinte años después de su constitución por la Ley 2/2004, y cuyo Estatuto se aprobó por Decreto 309/2005, de 18 de octubre), y el Consejo de Transparencia y Protección de Datos de Andalucía (Ley 1/2014, Estatutos aprobados por Decreto 434/2015, de 29 de septiembre).

adicionales a las impuestas a cualquier otro responsable del tratamiento[32]; destacamos los siguientes aspectos:

2.2.1. La licitud del tratamiento no se puede basar en el consentimiento

Los tratamientos realizados por las Administraciones Públicas en el ejercicio de sus competencias no pueden fundamentar su licitud en el consentimiento del administrado[33]. "La razón [...] resulta obvia, el ciudadano interesado está en una situación de desigualdad frente a la Administración responsable del tratamiento", según prevé el considerando 43 del propio RGPD[34], por lo que el consentimiento

---

32 Señalados en el art. 5 RGPD: ordinal 1, letras a) licitud, lealtad y transparencia; b) limitación de la finalidad; c) minimización de datos; d) exactitud; e) limitación del plazo de conservación; f) integridad y confidencialidad; y, ordinal 2, responsabilidad proactiva.

33 Los sujetos obligados por el RGPD son aquellos que utilizan (tratan) datos personales (y de ahí que a dichos sujetos se les denomine responsables del tratamiento) para cualquier propósito (actividad de tratamiento). Cada actividad de tratamiento requiere de una legitimación (artículo 6 RGPD, "licitud del tratamiento"), de una "autorización" para el uso de los datos personales para ese específico propósito. Este es uno de los principales errores de quienes se acercan por primera vez a la normativa de protección de datos, pensar que se requiere autorización del titular de los datos para la realización del tratamiento. Ciertamente, es ese uno de los motivos que convierte el tratamiento en lícito; pero será también lícito sin necesidad de consentimiento del titular de los datos si el tratamiento es necesario para el cumplimiento de un contrato, de una obligación legal, para proteger intereses vitales del interesado o de otra persona física, para satisfacer intereses legítimos del responsable del tratamiento o de un tercero (siempre de difícil ponderación), y cuando el tratamiento sea requerido para el ejercicio de potestades públicas, que es la justificación o criterio de licitud del tratamiento realizado por las Administraciones Públicas. Es en este sentido de tener una autorización legal, de la enumeración recién efectuada del artículo 6 RGPD, en el que usamos la expresión, autorizado por tanto por el artículo 6 RGPD.

34 González Mendoza, D. P. (2024). *El alcance del derecho a la protección de datos personales en las Administraciones Públicas.* Aranzadi, pág. 170, considera que es posible sin embargo encontrar ámbitos, como la investigación biomédica, en el que por mandato legal la licitud del tratamiento se deba basar en el consentimiento, aún cuando sea una Administración quien lleve a cabo la actividad investigadora en que los datos son tratados; o licitud basada en la protección de intereses vitales en el ámbito sanitario (nota 556, pág. 173). Sin embargo, como vemos,

no se prestaría libremente, requisito esencial de validez del mismo[35]. El giro propio de una Administración es el ejercicio de sus competencias y, en todas las actividades de tratamiento que se realicen en ejercicio de estas la licitud del mismo procede de esta competencia (y no del consentimiento del titular de los datos) o, en términos del RGPD, por cumplir una misión realizada en interés público o en el ejercicio de poderes públicos conferidos al responsable del tratamiento[36].

2.2.2. Los tratamientos han de estar determinados en normas jurídicas

Los tratamientos necesarios para el cumplimiento de una misión realizada en interés público o en el ejercicio de poderes públicos, esto es, los realizados por las autoridades públicas, deben venir determinados en una norma jurídica de carácter general (v. considerando 45), ligándose así aún más al ejercicio de una competencia y, por ende, subrayando que la legitimación no es el consentimiento.

2.2.3. Recomendable evaluación de impacto

Según el considerando 93 RGPD, resulta recomendable la realización de una evaluación de impacto con carácter previo al tratamiento (regulada en su artículo 35) cuando éste vaya a ser realizado

---

son supuestos que escapan a la regla general de licitud de los tratamientos en el ámbito de la Administración Pública.

35 Ello no exime a la Administración del deber de informar de las condiciones del tratamiento, de los derechos del administrado frente al mismo, y del modo de su ejercicio; pero dicha información, propia de la transparencia, la lealtad y la obligación de publicación del Registro de Actividades de Tratamiento, no supone en absoluto solicitar el consentimiento para la realización del tratamiento.

36 Frente a este claro criterio, contrasta la práctica de solicitar el consentimiento para, por ejemplo, el uso de servicios de grandes corporaciones tecnológicas en el ámbito de la educación. A ello contribuye sin duda el asesoramiento de dichas corporaciones, que a los efectos de garantizar la licitud de los tratamientos adicionales (distintos a los realizados para la Administración y por encargo de aquella) que sólo a ésta interesan recomienda que la Administración lo solicite (en este caso a los padres, respecto de los datos de aquellos menores que tuvieren menos de 14 años, con arreglo al ordinal 1 del artículo 7 LOPDgdd, que rebaja en este punto, excesivamente a juicio de quien suscribe, la edad de los 16 años que establece el artículo 8 RGPD, aunque es verdad que éste permite rebajarla hasta los 13).

por una autoridad u organismo público, buena práctica que toda Administración debe implementar[37].

2.2.4. Se exige asesoramiento especializado

Como es bien sabido (considerando 97), toda Administración Pública debe contar con un Delegado de Protección de Datos (artículo 37.1.a RGPD)[38], que a su vez ha de participar "de forma adecuada y en tiempo oportuno" (artículo 38.1 RGPD) en todas las cuestiones relativas a la protección de datos, por lo que para que esta sea desde el diseño y por defecto requiere que participe desde el inicio, incluso como hemos visto anticipando la evaluación de impacto, en la que debe prestar su asesoramiento (artículo 35.2 RGPD)[39].

---

37 Pese a dicha recomendación, la evaluación de impacto es obligatoria para las AA.PP. sólo cuando "implementen y hagan uso de aplicaciones o nuevas tecnologías para conocer la localización de las personas, para identificarlas [...] a través de sus datos biométricos, [...traten] datos relativos al estado de salud de las personas o cualquier otra cuestión que suponga un riesgo significativo para los derechos y libertades de los ciudadanos, [estando] así previsto en el nuevo ENS". Véase González Mendoza, D. P. (2024), *op. cit.*, pág. 183.

38 La LOPDgdd, en el ordinal 1 de su artículo 34, amplía este extremo para exigir un DPD en "los centros docentes que ofrezcan enseñanzas en cualquiera de los niveles establecidos en la legislación reguladora del derecho a la educación" (letra b); y "los centros sanitarios legalmente obligados al mantenimiento de las historias clínicas de los pacientes" (letra l [ele]). Ello no quiere decir que por ejemplo cada colegio o instituto necesite un único Delegado de Protección de Datos (ni que un centro sanitario grande no pueda necesitar más de una persona), y que el mismo no pueda ser utilizado por varios centros, pero desde luego debe de estar debidamente dimensionado, y tener interlocución directa con la dirección del centro. Ella no es siempre la práctica, especialmente en el ámbito de la educación, cuando se centraliza la función del DPD.

39 Ello requiere, ciertamente, conocimientos jurídicos para detectar los posibles derechos y libertades afectados, y la medida de dicha posible afectación; pero como quiera que todo tratamiento de datos, al ser una actividad que se realiza en el plano físico, supone el empleo de una tecnología (desde el uso del papel o archivadores, a la más sofisticada inteligencia artificial), es al menos tan importante como los conocimientos jurídicos la comprensión del funcionamiento y posibilidades de la tecnología, y del abanico de tecnologías disponibles. Máxime porque dicha evaluación de impacto debe incluir, en particular, las medidas, garantías y mecanismos previstos para mitigar el riesgo, garantizar la protección de los datos personales y demostrar la conformidad con el presente Reglamento. Es por ello que para la evaluación hay que conocer las posibilida-

2.2.5. Publicación del Registro de Actividades de Tratamiento

El artículo 31.2 (rel. 77.1c) de la LOPDgdd impone a las Administraciones Públicas la obligación de hacer "público un inventario de sus actividades de tratamiento accesible por medios electrónicos

---

des técnicas existentes para realizar el tratamiento, puesto que se trata de valorar cuáles resulten más adecuadas a la finalidad tuitiva que se quiere alcanzar. En buena parte de los supuestos encontramos en las Administraciones Públicas Delegados de Protección de Datos con una sólida formación jurídica, normalmente personal adscrito a las Secretarías Generales Técnicas, pero con escasos conocimientos tecnológicos, por lo que acostumbran a centrar su actividad en el análisis de textos y acuerdos. Frente a ello debe recordarse que la evaluación de un tratamiento es antes que nada una valoración técnica, que acredita que lo que se hace (no lo que se asume como obligaciones en un documento) cumple con las exigencias de la norma. Por ello, y aunque el considerando 97 señala a este respecto que el asesoramiento especializado ha de ser de "una persona con conocimientos especializados en Derecho y la práctica en materia de protección de datos", la correcta lectura de esta indicación, lejos de lo que suele pensarse debe cargarse las tintas en "la práctica", apuntando a que un DPD debe tener una alta formación tecnológica, incluso antes que jurídica; siendo cierto que debe de aprehender la finalidad de las normas protectoras, esto es, tener conocimientos y buena orientación jurídica. Una muy adecuada solución en el ámbito de las Administraciones Públicas es el nombramiento de DPD de un órgano y no nominativo (no parece que la expresión "una persona" impida esta interpretación), dotando debidamente a dicho órgano del personal con las adecuadas competencias técnicas y jurídicas, cuidando, eso sí, que estos, individualmente considerados, tengan conocimientos mixtos, pues de lo contrario el diálogo entre unos y otros se hace muy difícil, y tiende a preponderar una u otra visión, que siempre resulta insuficiente, e inadecuada (no se trata de solucionar un problema técnico con criterios técnicos, ni jurídico con acuerdos y redacciones, sino problemas jurídicos mediante el empleo de tecnología: el diálogo es fundamental). La idoneidad de los DPDs puede acreditarse mediante un esquema de certificación de la AEPD (junto con la Agencia Nacional de Acreditación), norma UNE-EN ISO/IEC 17024:2012, que sin embargo viene centrando los conocimientos, a nuestro entender, demasiado en el lado jurídico (por más que a los juristas suela parecerles que exige muchos conocimientos técnicos). No siendo necesaria la acreditación de la idoneidad mediante el esquema de certificación, es frecuente en la Administración Pública cubrirlo con personal funcionario, que luego se va especializando. Debe asegurarse su independencia, por lo que no puede el DPD ser a la vez responsable (ENS) de la seguridad (de la información y de los sistemas), por cuanto éste se somete a las instrucciones del responsable del tratamiento.

en el que constará la información" de su Registro de Actividades de Tratamiento, en los términos del artículo 30 RGPD[40].

Si observamos el Registro de Actividades de Tratamiento de la Comunidad Autónoma canaria[41], podemos ver qué la declaración de actividades se ha incrementado en los últimos años, síntoma de que se trabaja en la adecuación de las mismas. Sin embargo aún se observa una excesiva disparidad de soluciones para los mismos tratamientos, y cierto formalismo vacuo en la determinación, por ejemplo, de las medidas de seguridad[42].

---

40 El RAT es un elemento esencial para el cumplimiento de principio de responsabilidad proactiva, puesto que va a ser el instrumento que va a permitir poder demostrar en cada momento el cumplimiento efectivo de los principios del RGPD. Véase Romeo Ruiz, A. (2020). "La responsabilidad proactiva de las administraciones públicas en la protección de datos personales". *Revista Vasca de Gestión de Personas y Organizaciones Públicas.* (18), pág. 147. Es más, el RAT es la base sobre la que se construye la responsabilidad proactiva y la gestión del riesgo. Así, cuando por cambios tecnológicos, normativos u organizativos es preciso modificar la forma de realización del tratamiento, se realizará un análisis de riesgo, de espectro más limitado que la evaluación de impacto; este "debe dirigirse, fundamentalmente, a parámetros de la seguridad de la información. Se trata de una evaluación de riesgos que no va dirigida a analizar las amenazas que pudiera causar en la organización, sino que debe centrar el foco en la prevención de posibles vulneraciones los derechos y libertades de los ciudadanos y ciudadanas" (*Ibidem*, pág. 146,). Del mismo modo, en los supuestos en los que se produzcan brechas o violaciones de seguridad, debe desencadenarse un protocolo de actuación tendente a conocer su origen, impedir o mitigar sus efectos (contramedidas) e implementar modificaciones en la seguridad para impedir que vuelvan a ocurrir en el futuro. Tanto el análisis de riesgo como las actuaciones propias de una violación de seguridad, conllevan una revisión de las medidas de seguridad, que deben trasladarse al RAT. De ahí que, como es lamentablemente muy frecuente, en la determinación de las medidas de seguridad que deben especificarse en el RAT se limitan a especificar que se implementarán las dispuestas en el ENS para el nivel de seguridad del tratamiento, resulta meramente formulario, nada que ver con la responsabilidad proactiva que se requiere.

41 Disponible a fecha de cierre de este artículo (15/07/2024) en https://www.gobiernodecanarias.org/protecciondedatos/registrotratamiento/, y organizado por Consejerías, y dentro de éstas, Viceconsejerías, Direcciones Generales y Secretarías Generales Técnicas.

42 También se acusa una falta de análisis de riesgo, centrado en los sistemas, donde se deberían detectar los problemas; o, donde se podría revisar cuestiones como la disponibilidad de las Apps desarrolladas por Gobierno de Canarias, actual-

Con esta exposición queremos contribuir a devolver la centralidad del Derecho, el imperio de la Ley, a un ámbito tomado por la tecnología. Consideramos necesario olvidarnos de los despliegues de tecnologías, que obligan a justificar el cumplimiento normativo, y proponemos hablar en su lugar de desplegar la ley usando las tecnologías adecuadas a ésta, que son las tecnologías éticas al servicio de las normas, de la sociedad y sus valores.

Referencias bibliográficas

Álvarez-Ossorio Micheo, F. (2012). "Comentario al artículo 21". *Comentarios al Estatuto de Autonomía de Andalucía.* Parlamento de Andalucía.

Balaguer Callejón, F. (2020). "Redes sociales, compañías tecnológicas y democracia". *Derechos fundamentales, desarrollo y crisis del constitucionalismo multinivel.* Civitas, 107-128.

Barber, B. R. (2009). "¿Hasta qué punto son democráticas las nuevas tecnologías de la comunicación?". *Internet, derecho y política: las transformaciones del derecho y la política en 15 artículos.* UOC, 17-32.

Blasi Casagrán, C. (2017). "Nuevo régimen jurídico para la transferencia de datos entra la UE y los Estados Unidos ¿Es compatible con la normativa europea de protección de datos?". *Revista General de Derecho Europeo,* (42), 193-217.

Faini, F. (2019). *Data society.* Lefebvre.

Fajardo López, L. (2019). "Derechos en el ámbito de las tecnologías de la información y de la comunicación. La protección de los derechos y libertades con ocasión del tratamiento de datos de carácter personal". *El Estatuto de Autonomía de Canarias.* Thomson Reuters Aranzadi, 144-174.

González Mendoza, D. P. (2024). *El alcance del derecho a la protección de datos personales en las Administraciones Públicas.* Aranzadi.

Guadix, I., Cuesta Cano, L, y Flores, J. (2023). *Impacto del aumento del uso de Internet y las redes sociales en la salud mental de jóvenes y adolescentes.* Ontsi.

Hernández López, J. M. (2020). "Artículo 113, protección de datos". *Comentarios a la Ley Orgánica 1/2018, de 5 de noviembre, de Reforma del Estatuto de Autonomía de Canarias.* BOE, 677-680.

López Ulla, J. M. (2012). "Comentario al artículo 32". *Comentarios al Estatuto de Autonomía de Andalucía.* Parlamento de Andalucía.

---

mente ninguna de ellas disponibles desde servicios de descargas gestionados por la propia Administración Canaria.

Martínez Martínez, R. (2009). "El derecho fundamental a la protección de datos: perspectivas". *Internet, derecho y política: las transformaciones del derecho y la política en 15 artículos.* UOC, 142-166.

Romeo Ruiz, A. (2020). "La responsabilidad proactiva de las administraciones públicas en la protección de datos personales". *Revista Vasca de Gestión de Personas y Organizaciones Públicas.* (18), 138-153.

Sánchez Navarro, A. y Fernández Riveira, R. M. (2021). *Reflexiones para una democracia de calidad en una época tecnológica.* Aranzadi.

VV.AA. (2018). *Programación robótica y pensamiento computacional en el aula.* Instituto Nacional de Tecnologías Educativas y de Formación del Profesorado.

Véliz, C. (2020). *Privacy is power.* Bantam Press.

Vial-Dumas, M. (2024). "El fin está cerca: Estado, tecnología y distopía". *Revista de Internet, Derecho y Política,* (40), 1-12.

Zárate Altamirano, E. (2020). "Artículo 28, Derecho de acceso a las tecnologías de la información y de la comunicación". *Comentarios a la Ley Orgánica 1/2018, de 5 de noviembre, de Reforma del Estatuto de Autonomía de Canarias.* BOE, 182-192.

Zuboff, S. (2020). *La era del capitalismo de la vigilancia.* Paidós.